HEYNE

HANS HERBERT
VON ARNIM

Macht braucht Kontrolle

Warum wir unsere Demokratie neu denken müssen

Erfahrungen mit 75 Jahren Parteienstaat – Ansichten eines streitbaren Demokraten

WILHELM HEYNE VERLAG
MÜNCHEN

MIX
Papier | Fördert gute Waldnutzung
FSC® C014496
FSC www.fsc.org

Penguin Random House Verlagsgruppe FSC® N001967

Originalausgabe 2024

Redaktion: Caroline Kaum
Umschlaggestaltung und Motiv:
Hauptmann & Kompanie Werbeagentur, Zürich
Satz: Satzwerk Huber, Germering
Druck: GGP Media GmbH, Pößneck
Printed in Germany
ISBN: 978-3-453-20031-9

www.heyne.de

Für Tulli

Inhalt

In eigener Sache

Gegenstand dieses Buches ist einmal mein privater und beruflicher Werdegang. Dazu gehören auch die spektakulären Erfolge, die ich vor allem im Bereich der Politikfinanzierung und des Wahlrechts erzielen konnte. Im Zusammenwirken mit Medien und oft auch dem Bund der Steuerzahler gelang es, krasse politische Missbräuche aufzudecken und sogar abzustellen. Doch die Verhältnisse haben sich inzwischen gewandelt, nicht zuletzt durch das Wirken der Parteien selbst. Was früher gelang – die Öffentlichkeit zu mobilisieren und Fälle von parteilicher Selbstbedienung zu verhindern –, scheint seit einigen Jahren immer weniger möglich. Welche Ursachen es dafür gibt und wie dem abzuhelfen wäre, das will dieses Buch aufzuklären helfen.

In eigener Sache meint aber auch »In eigener Sache entscheiden« und betrifft Abgeordnete, Regierungen, Fraktionen und Stiftungen (und die hinter ihnen stehenden politische Parteien), die bei Beschlüssen über ihren eigenen Status nicht unbefangen sind. Sie sind deshalb leicht versucht, sich der Parlamente, der Gesetzgebung und sonstiger Institutionen des Staates zu bedienen, um seine Macht und seine Ressourcen an Geld und Posten auszubeuten. Umso wichtiger wäre es, die mangelnde Neutralität der parteilichen Akteure beim Handeln in eigener Sache wirksam auszugleichen. Doch die Kontrollen leiden Not: Die Gewaltenteilung, deren klassischer Zweck die Verhinderung von Missbrauch ist, läuft leer. Das sieht man schon daran, dass Mitglieder der Regierung, also der Führung der Exekutive, gleichzeitig der Legislative, dem Parlament, angehören. Profitiert dann auch noch die parlamentarische Opposition von der »Selbstbedienung«, erlahmt auch ihr Widerstand. Der Wettstreit von Regierung und Opposition und die daraus resultierende Mäßigung der Staatsmacht entfallen. Selbst in Verfassungsgerichte, Rechnungshöfe, Sachverständigenräte, Einrichtungen der politischen Bildung und den öffentlichen Dienst berufen die Parteien ihre Leute. Die Folge ist: Die »politische Klasse« gestaltet die Regeln, die sie eigentlich zügeln sollten, oft selbst und in ihrem Sinne. Das aufzuzeigen und möglichst gegenzuhalten, war Ansporn für meine Arbeit. Um die Mechanismen, die hierbei am Werk sind, und die Gründe für das zunehmende politische Unbehagen, das die fatale Entwicklung begleitet, geht es in diesem Buch.

Einleitung: Konstruktive Kritik hält Demokratie lebendig

Von der Zukunft unserer Demokratie: Warum es jede Mühe wert ist, um dieses Gut zu streiten

Politik über die Köpfe der Menschen hinweg

Als ich im Frühjahr 2019 damit begann, diesen Text zu verfassen, wurde viel über die Erosion der Demokratie diskutiert. Zeitungen und Talkrunden im Fernsehen waren voll davon. Ein allgemeines Unbehagen am Funktionieren der zentralen Mechanismen unserer politischen Willensbildung machte sich unter den Menschen breit.[1] Immer mehr Bürger meinten, Politik werde über ihre Köpfe hinweg gemacht[2] und dringende Maßnahmen würden verschleppt. Ein unübersehbares Beispiel, wenn auch vielleicht nicht das wichtigste, war die lange überfällige Verkleinerung des viel zu großen Bundestags. Ganz im Gegensatz zu diesem lang andauernden Findungsprozess gingen und gehen Erhöhungen von Diäten oder Parteienfinanzierung oft blitzschnell über die parlamentarische Bühne, ohne dass der Bürger darauf auch nur den mindesten Einfluss besitzt.

Bundespräsidenten hatten immer wieder zu Reformen aufgerufen, so Richard von Weizsäcker mit seinem Vorwurf, die meisten würden die zentrale »Rolle der Parteien entweder nicht durchschauen oder lieber mit Schweigen übergehen«. Roman Herzog hatte einen Ruck gefordert, der durch Deutschland gehen müsse, ohne allerdings eine Lösung der Probleme aufzuzeigen. Im Herbst 2018 hatte Frank-Walter Steinmeier zusammen mit der *Frankfurter Allgemeinen Zeitung* einen »call for papers« ausgerufen, mit dem er vor allem junge Politikwissenschaftler animieren wollte, sich Gedanken über unsere Staatsform zu machen und entsprechende Analysen und Vorschläge zur Verbesserung der Demokratie vorzulegen.[3] Doch der Demokratiepessimismus hat seither nicht nachgelassen,[4] wie auch die Rechtswissenschaftlerin Angelika Nußberger 2021 in ihrem Mannheimer Referat auf der Staatsrechtslehrertagung darlegte[5] und Umfragen es bestätigen.

Mich erinnert das gegenwärtige Unwohlsein über den Status quo unserer bundesrepublikanischen Demokratie unwillkürlich an die öffentliche Rede, die ich am 2. November 1993, also vor rund 30 Jahren, bei Übernahme des Rektorats der Speyerer Hochschule gehalten hatte. Bereits damals beschäftigte ich mich mit der Ausgestaltung dieser – trotz aller Mängel – immer noch besten aller Staatsformen. Angesichts der momentanen Verfasstheit unserer Republik erscheint meine damalige Kritik heute umso mehr berechtigt. Viele der seinerzeit georteten Defizite bestehen immer noch, und neue sind hinzugekommen. Umso wichtiger, dieses wertvolle Gut wieder zu stärken, selbst wenn das notwendigerweise bedeutet, bestehende Schwachstellen im Sinne einer positiven Veränderung genau auszuleuchten.

»Hat unsere Demokratie Zukunft?«,[6] hieß mein Vortrag 1993 nicht von ungefähr: Drei Jahre zuvor war das kommunistische Regime zusammengebrochen, der 80 Jahre währende Kampf der Systeme schien endgültig für Marktwirtschaft und freiheitliche Demokratie entschieden. Doch mit dem Triumph des Westens und der Abwendung der Menschen vom totalitären Kommunismus und seinen Verheißungen waren auch die von ihm ausgehende existenzielle Bedrohung und die Bindungen entfallen, die uns bis dahin zusammengehalten hatten. Im Vergleich zur Praxis des ideologischen Gegners hatte das westliche System immer noch gut ausgesehen. Doch mit dem Wegfall der Alternative wurden wir freier, auch nach seinen Schwächen und seiner Zukunft zu fragen und es auf den Prüfstand zu stellen.

Bei meinem Vortrag damals war die Aula der Hochschule brechend voll; die Veranstaltung wurde sogar in das benachbarte Auditorium Maximum übertragen. Der damalige Bundespräsident Richard von Weizsäcker hatte gerade seine viel beachtete Parteienkritik[7] veröffentlicht und mich in die von ihm berufene Parteienfinanzierungskommission geholt, deren Bericht[8] inzwischen vorlag. Ich selbst hatte, zusammen mit dem Bund der Steuerzahler, in zähem öffentlichem Kampf eine Reihe von Versorgungsskandalen aufgedeckt, etwa in Hessen und im Saarland, worüber die Medien ausführlich berichtet hatten (siehe S. 154 ff., 172 ff.). Kurz vor Antritt des Rektorats hatte ich zudem zwei Bestseller geschrieben[9] und eine Sammlung von Aufsätzen in Buchform publiziert.[10] Kurzum, ich war mit meinen Themen öffentlich präsent.

Und auch mit der Resonanz auf meine Rektoratsrede hätte ich eigentlich zufrieden sein können. Die *FAZ* druckte sie ab[11] und die *Teleakademie* des Süddeutschen Rundfunks sendete sie in voller Länge.[12]

Weniger erfreulich aber war die Reaktion unter Politikern. Hier erhob sich ein ebenso unerwarteter wie heftiger Sturm der aufgesetzten Entrüstung. Sogar im Plenum des Deutschen Bundestags – es ging in der Sitzung vom 12. November 1993[13] um eine neue gesetzliche Regelung für die Fraktionen (siehe S. 132 f.) – überboten sich die Volksvertreter in Beschimpfungen und unverhohlenen Drohungen gegen den Professor aus Speyer: »Wir müssen uns diesen Kritiker etwas genauer ansehen«, kündigte der Parlamentarische Geschäftsführer der CDU/CSU-Bundestagsfraktion Joachim Hörster damals an.[14] Und Torsten Wolfgramm, Parlamentarischer Geschäftsführer der FDP, wurde – unter »Heiterkeit im ganzen Haus« und »lebhaftem Beifall der FDP, der CDU/CSU und der SPD«, wie das offizielle Protokoll vermerkt, – noch deutlicher: »Wenn mir Hans Herbert ›ohne Bindestrich‹ vor's Schienbein tritt«, dann haut »Torsten ohne ›h‹ … ihn … auf die Nase.«[15] Statt auf meine Kritik einzugehen und Gegenargumente anzuführen, drohte man mit Repressalien. »Das Hohe Haus«, so kommentierte der Staatsrechtler Hans Meyer, konnte sich »nicht genug tun, ein Scherbengericht […] auf Kosten eines abwesenden Dritten […]

abzuhalten und dabei die Grenzen […] des guten Geschmacks weit hinter sich zu lassen.«[16] Sarkastisch merkte der Abgeordnete Werner Schulz (Bündnis 90/Die Grünen) an, man hätte meinen können, »das Gespenst derer von Arnim« schwebe »über dieser Debatte«. Die »Unbelehrbarkeit« der großen Mehrheit des Hauses »in Sachen Geld« kenne »offenbar keine Grenzen«.[17]

Die Äußerungen der Abgeordneten, die hier wörtlich wiedergegeben werden, um das Niveau der Diskussion zu illustrieren, und der Applaus ihrer Fraktionen zeigten: Wer Kritik äußert und dabei Dinge anspricht, die der Politik unangenehm sind, der muss mit Beschimpfungen und Drohungen rechnen. Heute klagen viele über Populismus und abwegige Parolen, die sich der Realität verweigern. Genau damit aber wurde ich immer wieder konfrontiert. Statt sich mit meinen Argumenten auseinanderzusetzen, erlebte ich persönliche Diskreditierung, man stellte mich in die populistische Ecke – und zwar seitens der etablierten Politik selbst.[18]

Das war übrigens kein Einzelfall. Auch bei anderen Auseinandersetzungen zeigte sich immer wieder, wie sklavisch die Verteidiger aufgedeckter Kungeleien Arthur Schopenhauers ironisch-sarkastischem Ratschlag für Streitgespräche folgen, man solle, wenn sachliche Argumente fehlen, zu persönlichen Beleidigungen des Gegners übergehen und seine Motive in Zweifel ziehen (siehe S. 164 f.): Für denjenigen aber, der etwas bewegen will, darf eine derartige »Rhetorik« kein Grund sein, sein Engagement einzustellen. Ein Grundsatz, der mein Handeln stets geleitet hat.

»Das Imperium schlägt zurück«

…überschrieb die *Hamburger Morgenpost* ihren Artikel, als kurz nach den geradezu kindlich-albernen Verlautbarungen und Drohungen von 1993 aus dem Bundestag der Bundesrechnungshof nach Speyer in Marsch gesetzt wurde, um das vom Bund mitfinanzierte Forschungsinstitut der Hochschule zu durchleuchten.[19] Den Leuten vom Rechnungshof war ihr Auftauchen in Speyer spürbar peinlich, als sie mir dann im Rektoratszimmer gegenübersaßen. Schließlich ist ihre Unabhängigkeit im Grundgesetz verankert. Wenn aber der Bundestag sie bitte, meinten sie, könnten sie sich dem kaum versagen.

Der Rechnungshof hielt die Hochschule zwar wochenlang in Atem, konnte aber nichts Anstößiges feststellen. Er empfahl im Gegenteil eine Aufstockung des Personals der Hochschule und des Speyerer Forschungsinstituts. Das kam uns in den Folgejahren bei Haushaltsverhandlungen mit der rheinland-pfälzischen Staatskanzlei (und später mit dem Wissenschaftsministerium) sehr zupass. Der Schuss, mit dem der Bundestag als Reaktion auf meine Rektoratsrede auf die Hochschule gezielt hatte, ging also nach hinten los. Als die Universität (wie sie neuerdings heißt) im Jahre 2022 ihren 75. Geburtstag feierte, habe ich daran wieder erinnert.[20]

Sicher war es auch kein Zufall, dass ich persönlich einer Steuerprüfung des Finanzamts unterzogen wurde, die aber ohne Beanstandung blieb. Vielleicht um Nadelstiche der Politik gegen mich etwas zu kaschieren, wurden, wie man mir berichtete, auch andere Speyerer Professoren geprüft. Ein ebenfalls vom Finanzamt heimgesuchter Kollege gab jedenfalls mir, und das auch nur halb belustigt, dafür »die Schuld«.

Ich zog daraus einen Schluss, der sich im Laufe meines weiteren Lebens immer wieder aufs Neue bewahrheitet hat: Die Folge von Schmähungen und Drohungen einerseits und Lobpreisungen andererseits bestätigt, dass man sich durch nichts vom einmal als richtig erkannten Weg abbringen lassen sollte, auch wenn man dafür öffentlich unter Beschuss gerät. Erst recht heißt es, Erfolge nicht überzubewerten und die Bodenhaftung nicht zu verlieren, selbst wenn man gelegentlich in den Himmel gehoben wird. Der nächste Tiefschlag ist schon unterwegs. Im besten Fall weiß man, ihn zu nehmen.

Mein Tennispartner Ulrich Maierski präsentierte mir einst als Motto Bert Brechts Worte:

»Die Schwachen kämpfen nicht.
Die Starken kämpfen vielleicht eine Stunde lang.
Die noch stärker sind, kämpfen viele Jahre.

Aber die Stärksten kämpfen ihr Leben lang.
Diese sind unentbehrlich.«

Eine Aussage, die vielleicht etwas hochgegriffen erscheinen mag. Wenn sie uns alle jedoch zu mehr Aufrichtigkeit und Engagement bewegen kann, hat sie bereits ihren Zweck erfüllt.

Wenn notwendiger Kritik kaum noch Taten folgen

Die unerwartet gehässige Verteufelung meiner Person nach dem Rektoratsvortrag und der Versuch, mich »mores zu lehren«, indem man den Rechnungshof und wohl auch die Steuerprüfung nach Speyer in Gang setzte, erscheinen mir, rückblickend gesehen, geradezu als Vorboten sich verstärkenden Widerstandes gegen Kritik, so berechtigt letztere auch immer sein mag.

Im Laufe meiner Karriere konnte ich spektakuläre Fälle krasser »Selbstbedienung« im parlamentarischen Betrieb aufdecken. Spürte aber auch zunehmend den daraufhin einsetzenden Gegenwind. Nach meiner Erfahrung kann ich sagen – und tue das mit Sorge: Am Ende haben die andauernden Bemühungen politischer Kartelle, sich den Kontrollen zu entziehen, sie zu schwächen oder die Kontrollinstanzen selbst zu übernehmen, zur Folge, dass es den »Selbstbedienern« neuerdings gelingt, mit Gegenmaßnahmen, zu denen auch Angriffe auf die Persönlichkeit gehören, oder aufgrund für sie günstiger Entwicklungen grob missbräuchliche Regelungen durchzusetzen. In dieser Hinsicht seien auch die Grünen genannt, die sich nun selbst unangemessene Versorgungsprivilegien bewilligen, was früher undenkbar gewesen wäre (siehe S. 308 f).

Vor 30 Jahren war die Lage noch anders. Ich erlebte selbst, was begründete und öffentlichkeitswirksam platzierte Kritik hier bewegen konnte wie beispielsweise im Diäten- und Versorgungsfall in *Hamburg* geschehen. Dort konnte 1991 nach langer öffentlicher Auseinandersetzung ein unmögliches Abgeordnetengesetz verhindert und zugleich erreicht werden, dass ein Versorgungsgesetz für Senatoren, an dem das Abgeordnetengesetz Maß genommen hatte, mit

Rückwirkung aufgehoben wurde. Dieses vier Jahre vorher beschlossene Gesetz war in einem regelrechten Camouflage-Verfahren in nur zwei Stunden durch mehrere Ausschuss- und Plenarsitzungen des Hamburger Parlaments gepeitscht worden. Als beide Gesetze gescheitert waren und das ganze Ausmaß der heimlichen Selbstbereicherung nicht mehr vertuscht werden konnte, kamen Kommissionen zum Einsatz, um die kaum glaublichen Vorgänge zu untersuchen und vorbildliche Regelungen zu erarbeiten (siehe S. 161 ff.).

Diese Zeiten aber scheinen inzwischen vorbei, seitdem die Politik es versteht, Kritik auf verschiedene Weise abzumildern und auszumanövrieren. Das zeigt das Beispiel des Landes *Berlin*. Im Jahre 2020 hatte das viel zu große Abgeordnetenhaus seine Diäten mitten in der Wahlperiode um 58 Prozent erhöht, womit seine Mitglieder sich um 51 Millionen Euro reicher machten. Das gelang ihnen auch deshalb, weil Grüne und Linke mit von der Partie waren. Früher hatten diese mich beim Kampf gegen missbräuchliche Gesetze noch meist unterstützt. Zudem stand Corona vor der Tür und stellte medial alles andere in den Schatten.

Aber das war es nicht allein. Warum gelang 2020 nicht, was 1991 erreicht werden konnte: ein völlig maßloses Selbstbedienungsgesetz durch öffentlichen Druck zu kippen? Welche Mittel und Methoden haben die Parteien entwickelt, um sich auch berechtigter öffentlicher Kritik zu entziehen? Dies sind Fragen, die wir in diesem Buch immer wieder zu beantworten versuchen.

Eines aber ist ganz klar: Wenn im Folgenden den idealen Zielen die bundesrepublikanische Wirklichkeit gegenübergestellt und daraus demokratische Defizite abgeleitet werden, sollte doch das Kind nicht mit dem Bade ausgeschüttet werden. Unsere Demokratie ist zwar verbesserungsbedürftig. Das darf aber nicht dazu führen, ihre Prinzipien zu verleugnen, sondern immer wieder zu versuchen, deren Realisierung näher zu kommen. Insofern sei deutlich formuliert: Dieses Buch eignet sich definitiv nicht dazu, von Extremisten missbraucht zu werden. Es ist ganz im Gegenteil ein Plädoyer, Demokratie und Rechtsstaat zu stärken.

Wie alles begann: Parteilichem Machtmissbrauch wird kein Riegel vorgeschoben

1949: »Cave canem« - Angst vor dem Volk

Viele Defizite unseres politischen Systems hängen damit zusammen, dass unsere Republik sich von Anfang an einem Dilemma gegenübergesehen hatte: Als die Bundesrepublik aus der Taufe gehoben wurde, hielt man nicht mehr viel vom Volk, wollte aber dennoch eine Demokratie errichten. Der Parlamentarische Rat war, als er 1948/49 das Grundgesetz unter erheblicher Einflussnahme der westlichen Besatzungsmächte ausarbeitete, von einem gewissen Misstrauen gegenüber den Menschen erfüllt, die – so jedenfalls die übliche Lesart – Hitler an die Macht gebracht hatten. Tatsächlich waren es der Reichspräsident Hindenburg und der Reichstag, die – auch mit Unterstützung anderer Parteien als den Nationalsozialisten – Hitler zum Reichskanzler gemacht und das Ermächtigungsgesetz beschlossen hatten. Der spätere Bundespräsident, Theodor Heuss, der 1933 selbst dem Ermächtigungsgesetz zugestimmt hatte, nannte das Volk damals im Parlamentarischen Rat einen tollwütigen Hund, vor dem man die junge Republik schützen müsse. »Cave canem!« lautete seine Warnung.[21]

Zudem waren die meisten Mitglieder des Parlamentarischen Rats in ihrer Aufbruchsstimmung nach Überwindung der Nazidiktatur von ethischem Ideal und Gemeinsinn erfüllt, ohne zu berücksichtigen, dass diese Werte bei späteren Politikergenerationen nicht mehr unbedingt vorausgesetzt werden konnten. Jedenfalls wurde die Einführung auch von direkter Demokratie zum guten Teil durch die Idee von – am Gemeinwohl orientierten – Amtsträgern ersetzt. Das mag auch erklären, wie sehr die Beratungen zum Grundgesetz als innere Angelegenheit der Ratsmitglieder, der Parteien und der Besatzungsmächte betrachtet wurden und wie wenig sie in Kontakt mit der Öffentlichkeit standen. Tatsächlich war kaum je eine andere westliche Verfassung unter so wenig Publizität zustande gekommen.[22]

Man sah damals im Volk ein unreifes Mündel, das erst noch zur Demokratie erzogen werden müsse. Deshalb scheute man davor zurück, ihm Macht anzuvertrauen. Das hatte und hat gravierende Folgen für den verfassungsmäßigen Status der Republik: Weder war der Parlamentarische Rat vom Volk gewählt worden, noch wurde das Grundgesetz einer Volksabstimmung unterzogen. Referenden, Volksbegehren und Volksentscheide wurden und werden den Bürgern im Bund vorenthalten, obwohl solche Volksrechte in den Nachkriegsverfassungen von Ländern wie Bayern und Hessen ganz selbstverständlich enthalten sind – und diese Verfassungen waren damals übrigens selbst per Volksentscheid angenommen worden.

Auch von wichtigen Personalentscheidungen wird das Volk bis heute ferngehalten: Der Bundespräsident wird nicht vom Volk gewählt, sondern faktisch von Parteiführern bestimmt. Der Bundesrat besteht nicht aus direkt vom Volk gekürten Senatoren, sondern aus den Ministerpräsidenten der Länder. Selbst die meisten Parlamentsabgeordneten werden in Wahrheit nicht vom Volk gewählt, sondern von den Parteien bestimmt. Damit wird den Bürgern ihr demokratisches Königsrecht genommen. Sie bestimmen zwar die Größe der Parlamentsfraktionen, doch selbst dieses Recht wird einem Teil von ihnen durch Sperrklauseln entzogen. Auch über Verfassungs- und Bundesrichter sowie Rechnungshofpräsidenten entscheiden die Parteien. Wer Kanzler (oder Ministerpräsident in den Ländern) wird, liegt ebenfalls zum guten Teil in der Hand von Parteiführern.

Nach gängiger Doktrin bestimmen die Wähler, wer regiert. Sieht man aber genauer hin, trifft das nur ausnahmsweise zu, dann nämlich, wenn ein »Parteien-Lager« gewinnt, das sich schon vor der Wahl auf eine Koalition festgelegt hatte. Solche von Politikern als »Ausschlusseritis« verächtlich gemachte vorherige Festlegungen gibt es heute aber nur noch selten. Stattdessen schließen die Parteien vor der Wahl kaum eine Koalitionsmöglichkeit aus. Sind, wie zum Beispiel nach der Bundestagswahl 2021, drei oder vier Regierungsmehrheiten rechnerisch möglich, entscheiden faktisch Partei- und

Fraktionsführungen in Koalitionsverhandlungen, also *nach* der Wahl und über die Köpfe der Bürger hinweg, wer die Mehrheit im Parlament erhält und die Regierung stellt. Die Bürger kaufen bei der Wahl also, zugespitzt formuliert, »die Katze im Sack«,[23] ihre Stimme wird teilweise entwertet. Nach demokratischen Prinzipien sollten jedoch eigentlich *sie* darüber entscheiden, wer regiert und wer opponiert.[24]

Dass dem Volk möglichst wenig Macht anvertraut wurde, wollte man aber nicht offen zugeben und dekorierte deshalb die Realität mit demokratischen Formeln wie »Volksherrschaft« und »Volkssouveränität«.

Angesichts dieser demokratischen Defizite sprach ich in meinem Vortrag 1993 auch davon, dass wir in Wahrheit keine echte Demokratie hätten. Das war vielleicht etwas zugespitzt, schien mir aber mit Blick auf die zahlreichen Schwachstellen nicht unberechtigt. Ich wollte meine Hörer aufrütteln. Denn auch Jahrzehnte nach dem Neuanfang, als das Volk sich längst demokratisch bewährt hatte, war seine Machtlosigkeit nicht revidiert, sondern im Gegenteil weiter vertieft worden. Dabei hatte man damals eine solche Revision für die Zukunft versprochen, im Grundgesetz also ein bloßes Provisorium gesehen. Nach einem Dreivierteljahrhundert demokratischer Praxis aber sollte das Volk nicht mehr im Stadium teilweiser Unmündigkeit gehalten werden.

Wenig erstaunlich, doch höchst prekär: Dem längst fälligen Abbau von Demokratiemängeln widersetzen sich diejenigen Kräfte, die sich inzwischen etabliert haben, vor allem die politischen Parteien, die längst die Position des Volkes eingenommen hatten. Schlimmer noch: Sie besetzen auch die rechtsstaatlichen Einrichtungen und versuchen damit die Kontrolle eigenen Machtmissbrauchs lahmzulegen.

Wie konnte es dazu kommen? Nach dem Zusammenbruch 1945 waren die demokratischen Parteien in der sogenannten Stunde Null in ein Machtvakuum gestoßen – auch angesichts der politischen Vorbelastung mancher konkurrierender Einflussgruppen.[25] Über Jahrzehnte hinweg haben sie in der Folge ihre Stellung gestärkt und ihre Macht in praktisch alle politisch relevanten Bereiche hinein ausgedehnt.[26] Ihre Übermacht wollen sie nun nicht wieder hergeben – sei es auch an den eigentlichen demokratischen Souverän, von dem im Grunde alle Macht ausgehen müsste. Die Parteien sind zwar gewiss unerlässlich, der Missbrauch ihrer Macht aber muss im demokratischen Rechtsstaat möglichst verhindert werden.

1990: Demokratiereform verpasst

Nach der Vereinigung Deutschlands wäre der richtige Zeitpunkt gewesen, das Grundgesetz zu reformieren und das Volk voll in seine Rechte einzusetzen. Wie ein Haus, das allmählich in die Jahre kommt, bedarf eben auch die Demokratie von Zeit zu Zeit der Renovierung. Konsequenterweise hatte die nach 1989 berufene *Gemeinsame Verfassungskommission* zum Beispiel die Einführung direkter Demokratie auch auf Bundesebene mehrheitlich befürwortet. Da die Parteien aber vorher durchgesetzt hatten, Beschlüsse dürften nur mit Zweidrittelmehrheit getroffen werden, kam es dazu nicht. Dabei hatte das Grundgesetz in Art. 146 doch versprochen, nach der Wiedervereinigung solle sich das Volk eine neue Verfassung geben. Von Zweidrittelmehrheit war nicht die Rede.

Nach jüngsten Erfahrungen könnte der direktdemokratischen Entscheidung durchaus auch ein Bürgerrat vorgeschaltet werden. Bürgerräte sind nach Zufallsgrundsätzen zusammengesetzte Gremien normaler Bürger, die zu bestimmten Themen Gutachten erarbeiten.[27] Vorbild ist die von dem Soziologen Peter Dienel erfundene sog. Planungszelle. Dadurch sollen Sachthemen allseitig diskutiert und möglichst unabhängig, also frei von Verbands- und Eigeninteressen, erörtert werden. Irland hat damit gute Erfahrungen gemacht. Bürgerräte allein sind aber kein Ersatz für bürgerinitiierte direktdemokratische Entscheidungen, selbst wenn ein entsprechendes Antragsrecht »von unten« bestünde. Denn ihr Votum könnte nur ein unverbindlicher Vorschlag sein. Die Politik und nicht die Bürgerschaft entschiede also letztlich über seine Realisierung.

Obwohl sich nach dem Fall des Eisernen Vorhangs und der Wiedervereinigung Deutschlands eine Überprüfung unserer Verfassung aufgedrängt hätte, wollten viele nichts von den zwischenzeitlich aufgetretenen negativen Entwicklungen hören, erst recht nicht Politiker, die für den Zustand der Republik einen Gutteil der Verantwortung tragen. Man ging allgemein von einem umfassenden Siegeszug westlicher Demokratievorstellungen über die kommunistische Zwangsherrschaft aus. Der amerikanische Politikwissenschaftler Francis Fukuyama verkündete in seinem Erfolgsbuch sogar das »Ende der Geschichte«[28] und beschrieb, wie die Demokratie sich nun schnell über den ganzen Erdball ausbreiten würde. In der allgemeinen Euphorie über den Zusammenbruch der östlichen Ideologie neigten besonders Politiker dazu, Schwachpunkte und Defizite der eigenen Staatsform, wie ich sie diagnostiziert hatte, auszublenden. Viele dieser Missstände bestehen auch heute noch, und manche sind inzwischen sogar dazugekommen.

Parlamentarische Crux: Missbrauchsgefahr bei Entscheidungen in eigener Sache

Auch gegen das Fundamentalproblem, Entscheidungen des Parlaments in eigener Sache, hatte der Parlamentarische Rat noch keine Vorkehrungen getroffen. Dabei geht es vor allem um die sogenannten Regeln der Macht, welche die Mächtigen selbst festlegen. Beamte und Richter werden, wenn ein Beschluss ihnen persönlich unmittelbare Vor- oder Nachteile bringen kann, wegen Besorgnis der Befangenheit ausgeschlossen und müssen andere entscheiden lassen. Abgeordnete, Parteien und Fraktionen dagegen können selbst über staatliches Geld, das ihnen zufließt, beschließen und sich auf diese Weise auch Posten, Einfluss und Status verschaffen.

Das bringt uns zum entscheidenden Punkt, nämlich der Frage: Wer kann in dieser Lage eigentlich noch das Parlament kontrollieren? Das Problem der »Selbstbedienung« wird beim Geld besonders deutlich. Profitiert von der geplanten Maßnahme auch die Opposition, weil sie, wie das oft geschieht, mitbedacht wird, verzichtet sie gern auf Kritik oder beteiligt sich sogar am Beschluss, sodass der wichtigste Mechanismus, Machtmissbrauch zu verhindern, ausfällt. Dann bildet die parlamentarische Opposition zusammen mit den Regierungsparteien die sogenannte politische Klasse, ein Begriff, der letztendlich nichts anderes beschreibt, als dass die im Politikbetrieb Entscheidenden gemeinsame Eigeninteressen haben und sie durchzusetzen suchen. Die Folge: Das Parlament ist bei Beschlussfassungen in eigener Sache unübersehbar befangen. Und es gibt niemanden, der stattdessen entscheiden könnte, solange den Bürgern direkte Demokratie vorenthalten wird. Hinzu kommt, dass auch mögliche Kontrollorgane von der Politik selbst besetzt werden. Damit entsteht die Gefahr, dass geneigte Richter berufen und Gefälligkeitskommissionen bestellt werden.

Was bleibt, ist die öffentliche Kontrolle. Nicht selten erleben wir aber, wie die politische Klasse in der »Einigkeit der Demokraten« die Öffentlichkeit durch blitzartig durchgepaukte oder ganz unverständliche Gesetze auszuschalten versucht. Auch werden Geldleistungen, statt sie durch ein öffentlichkeitswirksames Gesetz zu regeln, in letzter Sekunde im Haushaltsplan versteckt, wo sie dann in der Fülle der Titel untergehen. Das widerspricht zwar dem sogenannten Gesetzesvorbehalt, den das Bundesverfassungsgericht verlangt, um öffentliche Kontrolle zu ermöglichen. Den Bürgern aber wird das Recht, dagegen zu klagen, vielfach vorenthalten, sodass eine Fülle von Verfassungswidrigkeiten weiterhin besteht[29] und die Fehlentwicklungen überhandnehmen. Anhand der Bereiche Politikfinanzierung (siehe S. 70 ff. und 124 f.), Ämterpatronage (siehe S. 102 ff.) sowie Wahlrecht (siehe S. 256 ff. und 289 ff.) werde ich das weiter behandeln.

Indemnität von Abgeordneten: Verhinderte Waffengleichheit bei Kritik am Parlament

Abgeordnete des deutschen Bundestages genießen das Privileg der parlamentarischen Unverantwortlichkeit, der sogenannten Indemnität. Zu Ausfällen gegen unbotmäßige Kritiker werden sie durch dieses Recht groteskerweise geradezu ermutigt. Nach Art. 46 Abs. 1 GG darf kein Abgeordneter wegen einer Äußerung, die er im Bundestag getan hat, gerichtlich oder dienstlich verfolgt oder sonst außerhalb des Parlaments zur Verantwortung gezogen werden. Verleumderische Beleidigungen fallen zwar nicht darunter, sind aber kaum je nachzuweisen. Entsprechende Privilegien genießen Landtags- und Europa-Abgeordnete.

Während Kritiker ihre Worte also abwägen und ihre Aussagen sorgfältig belegen müssen, können Abgeordnete ungestraft Gräuelmärchen über ihre verbalen Gegner verbreiten und sie diskreditieren. Mit dem Grundsatz der Waffengleichheit in öffentlichen Auseinandersetzungen ist dieses überkommene Vorrecht nicht zu vereinbaren. Dem Kritiker parlamentarischer Missbräuche bleibt nur, auch gemeine Schmähungen seiner Person stoisch zu ertragen und darauf zu setzen, dass sachliche Argumente sich dennoch in der Öffentlichkeit durchsetzen.

Trotz aller berechtigten Kritik in diesem Kontext muss man allerdings einräumen, dass wir uns, verglichen mit manch anderen Ländern, alles in allem durchaus auf einem einigermaßen rechtsstaatlichen Niveau bewegen. Keiner wird hier vergiftet oder landet im Straflager, sobald er Missstände anprangert. »In Argentinien wärst du schon lange im Kittchen oder tot«, hatte mir mein Tennisfreund Mario Löwenstein Anfang der 80er-Jahre gesagt, dessen Heimatland autoritär regiert wurde. Im Gegensatz zu solchen Systemen, die mangels öffentlicher Kritik leicht versteinern und schließlich kollabieren, ist es eben geradezu ein Markenzeichen rechtsstaatlicher Demokratien, dass sie (sachorientierte) Kritik zulassen, ja mehr noch, sie benötigen sie, um gesund und lebensfähig zu bleiben. Das sollten aber auch die Kritisierten nicht ganz vergessen.

Zur demokratischen Perspektive: »von unten« statt »von oben«

Das Grundgesetz feierte 2019 sein 70-jähriges Bestehen. Wie stets bei derartigen Anlässen übernahmen die Oberen im Staat das Organisieren, öffentliche Darstellen und Inszenieren dieses Gedenktages. Gewiss kamen dabei auch demokratische Mängel und Fehlentwicklungen zur Sprache. Dennoch ergab sich hier ein Dilemma: Wie sollten Amtsträger mit dem Jubelfest umgehen? Können sie die Frage, ob und inwieweit das etablierte System heute wieder auf den Prüfstand gehört, noch offen und unvoreingenommen behandeln, obwohl sie doch selbst Exponenten eben dieses Systems sind?

Zwei Jahre zuvor, am 18. Mai 2017, war in Rheinland-Pfalz der 70. Geburtstag der Landesverfassung begangen worden. Hier kam die »verkehrte Welt« besonders krass zum Ausdruck: Die Politiker hielten große Reden und stellten ihre Erfolge zur Schau; dabei hatten sie gerade kurz zuvor mit unlauteren Mitteln eine beträchtliche Erhöhung ihrer Abgeordnetendiäten durchgesetzt (siehe S. 282 ff.).

Wie bereits angesprochen: Richard von Weizsäcker hatte es als Bundespräsident einmal gewagt, Fehlentwicklungen, wie sie etwa aus der Herrschaft der Parteien resultieren, frontal auf die Hörner zu nehmen.[30] Darauf ging eine Suada von Diskreditierungen – heute würde man das einen Shitstorm nennen – auf ihn nieder. Schließlich dürfe er doch nicht vergessen, dass er selbst sein Amt den kritisierten Parteien verdanke. Jedenfalls war Weizsäcker über den massiven Aufschrei der Etablierten derart verschreckt, dass er das Thema fürderhin mied.

Über Einzelfälle hinaus stellt sich auch für den mit Politik und Recht befassten Wissenschaftler ganz grundlegend die Frage, aus welchem Blickwinkel Staat und Verwaltung verstanden, interpretiert und bewertet werden sollten: von oben oder von unten? Aus der Perspektive der Regierung oder aus der Perspektive der Regierten, der Bürger?[31]

Die Verfassung ist in dieser Frage eindeutig: Ihr wird man nur gerecht, wenn man den Staat aus der Sicht der Bürger betrachtet. Im Mittelpunkt des Grundgesetzes steht der Mensch. Seinen Eigenwert und seine Würde zu achten und zu schützen, ist die Aufgabe des Staates und aller Aktivitäten seiner Gewalten. Dazu bekennt sich Artikel 1 ausdrücklich. Der Staat und alle seine Funktionen und Funktionäre sind kein Selbstzweck, sondern um der Menschen willen da.[32] Deren Interessen, d. h. dem Gemeinwohl, haben sie zu dienen.

Auch ideengeschichtlich drängt sich die Bürgerperspektive förmlich auf. Die großen Philosophen und Staatsdenker der Aufklärung, der Demokratie, des Rechts- und des Sozialstaats, von John Locke über Immanuel Kant und Jean-Jacques Rousseau bis hin zu den Vätern und Müttern der Weimarer Reichsverfassung und des Grundgesetzes, die gemeinsam die gedankliche Grundlage unseres heutigen Staatsverständnisses legten, sie alle dachten und argumentierten aus der Sicht der Menschen.[33] Volkssouveränität statt monarchischen Gottesgnadentums war ihre Losung. Staat und Verwaltung waren für sie nur legitim, wenn sie gedacht und entwickelt waren aus dem Willen und Interesse des Volkes.

Wenn die Interessen der politischen Klasse mit denen der Bürger kollidieren, folgt aus dieser Sichtweise eine klare Entscheidungsregel: Es kommt auf die Belange der Menschen an; die der Politiker sind nur insoweit zu berücksichtigen, als sie die Rahmenbedingungen ihrer Arbeit und ihres Engagements *im Sinne des Gemeinwohls* betreffen. Aufgeblähte Parlamente zum Beispiel entsprechen allein dem Interesse der politischen Klasse an möglichst großen Volksvertretungen (siehe S. 289 ff.), nicht aber dem Wohl der Bürger.

Was passiert aber, wenn die politische Willensbildung von oben nach unten verläuft und nicht umgekehrt, wie in einem von Politikern selbst beschlossenen Wahlrecht und überbordender Politikfinanzierung besonders deutlich wird? Kann dann noch von

Regierung *durch* und *für* das Volk die Rede sein, wie die bekannte Demokratieformel nach Abraham Lincoln sie definiert?

Und opferten nicht auch die Grünen zugunsten allseitiger Koalitionsfähigkeit und einem erleichterten Machtzugang die Bürgersicht, als sie auf ihrem Parteitag im Herbst 2020 die Forderung nach direkter Demokratie aus ihrem Programm strichen (siehe S. 308 f.)? Schon unter Joschka Fischer hatten sie das parteiinterne Verbot aufgehoben, gleichzeitig Amt und Mandat auszuüben (und sich doppelt bezahlen zu lassen). Damit haben sie, für jedermann erkennbar, die Perspektive ihrer Gründerzeit aufgegeben.

Die Frage, die der Perspektive »von unten« allein gerecht wird, muss deshalb heute lauten: Sind die Verhältnisse in unserer real existierenden Demokratie wirklich so beschaffen, dass man sie sich aus dem Willen aller Bürger hervorgegangen vorstellen könnte? Oder lässt sich diese Frage, die für die Philosophen und Staatstheoretiker *das* Kriterium für die Beurteilung des demokratischen Staates und seiner Organisation bildet, kaum noch ohne Zynismus auf unsere bundesrepublikanische Wirklichkeit anwenden? Das Ende der Geschichte ist, anders als Francis Fukuyama gemeint hat, keineswegs erreicht und eine grundlegende und schonungslose Bestandsaufnahme der Strukturelemente unserer eigenen (Real-)Verfassung nötiger denn je.

Genau eine solche Überprüfung ist im Laufe der Jahre zu meinem wissenschaftlichen Lebensthema geworden – und zwar immer »von unten« gedacht, also aus der Perspektive des Souveräns in der Demokratie, dem Volk.

Zwar wird mir gelegentlich vorgeworfen, meine Kritik untergrabe das Vertrauen in die Demokratie. Wird dabei aber die Demokratie nicht mit den Inhabern der Macht verwechselt? Wer Kritik an missbräuchlichen Maßnahmen der Mächtigen übt und das immer auf der Grundlage sorgfältig recherchierter Fakten, kann derjenige der Demokratie wirklich schaden?

Gleichzeitig unterbreitete ich regelmäßig ausführliche Verbesserungsvorschläge, was mir auch hochrangige Politiker immer wieder bescheinigten.[34] Liegt es also nicht gerade in ihrem Wesen, dass die rechtsstaatliche Demokratie, wie bereits angesprochen, Kritik erlaubt und sich dadurch auch immer wieder erneuern kann?

Ein allerdings ziemlich drastisches Demonstrieren »von unten« hatten wohl auch viele Bürger im Sinn, als der Bundeskanzler 1985 mit dem amerikanischen Präsidenten Ronald Reagan – in Erinnerung an das Hambacher Fest von 1832, der pfälzischen Wiege der Demokratie – zum Hambacher Schloss hinauffuhr. Dort sollte Reagan, wie Helmut Kohl in seiner Biografie schrieb, »eine Rede vor 10 000 Jugendlichen« halten. Doch plötzlich geschah, in echter Hambacher Tradition, etwas höchst Aufmüpfig-Despektierliches, was Kohl Jahre später noch immer empörte: »Etwa 200 erwachsene Menschen« säumten rechts und links die Wegstrecke und »ließen schlagartig ihre Hosen und Röcke herunter, als die Kolonne mit dem Staatsgast an ihnen vorbeifuhr.« Sie zeigten dem Bundeskanzler in Gegenwart eines hochrangigen Staatsgastes sprichwörtlich »den nackten Hintern«[35] – vielleicht in Reaktion auf den umstrittenen gemeinsamen Besuch eines Friedhofs in Bitburg am Vortag, in dem auch Soldaten der früheren Waffen-SS lagen. Diese geradezu »handgreifliche« Kritik an der Obrigkeit »von unten« war kennzeichnend für das Hambacher Fest, wenn dort meist auch sehr viel beredter argumentiert worden war. Kohl wollte das aus der Sicht des regierenden Kanzlers natürlich nicht verstehen.

von Arnim, der »Parteienkritiker« – Was dieses »Etikett« im wirklichen Leben bedeutet

Meine jahrzehntelangen Einmischungen in die Politik haben mir die ungeliebte Bezeichnung »Parteienkritiker« eingetragen, wobei das Wort von den Medien mal anerkennend,[36] mal auch voller Häme[37] gebraucht wird. Mir geht es keineswegs um die Beseitigung der Parteien, sondern um die Bekämpfung von Missbräuchen, die aus nicht ausreichend kontrollierter Macht resultieren. Ohne Parteien kann Demokratie nicht funktionieren. Beispiele für die vielen Versuche, mich als lästigen Kritiker etwa durch Diffamierung kaltzustellen, wurden schon genannt. Sogar unmoralischer Angebote musste ich mich erwehren. So stellte mir der Vorsitzende eines Bundestagsausschusses bei »Wohlverhalten« Forschungsaufträge in Aussicht. Die Freiheit, die ich am Status des Professors über alles schätze, wollte ich mir aber auf keinen Fall abkaufen lassen.

Anders als das Wort »Parteienkritiker« nahelegt, behandle ich keineswegs nur Auswüchse des Parteienstaats, sondern z. B. auch Probleme des Verbandswesens,[38] der Wirtschaft[39] und der Medien[40] – alles vor dem Hintergrund einer umfassenden Analyse der Grundlagen von Staat und Gesellschaft. Schlüssige und gut dokumentierte Kritik am Missbrauch von Macht wiederum konnte in Zeiten zunehmender Parteien- und Politikerverdrossenheit besondere Resonanz finden. Meine Themen wurden deshalb immer wieder von den Medien aufgegriffen und brachten fast zwangsläufig scharfe öffentliche Auseinandersetzungen mit Parteien und Parlamenten mit sich.

Wer jedoch wie ich den elfenbeinernen Turm der Wissenschaft verlässt, sich in die Politik einmischt und das gelegentlich sogar mit Erfolg, muss auf die in der politischen Arena verbreiteten rücksichtslosen Formen der Auseinandersetzung gefasst sein. Wer Missstände untersucht und dabei den Nerv trifft, wird, ob er will oder nicht, von den dafür Verantwortlichen als Gegner angesehen. Wenn man noch dazu Mängel und Fehlentwicklungen thematisiert, die nicht nur Regierung oder Opposition, sondern *beide* betreffen, ist mit Gegenfeuer der gesamten politischen Klasse zu rechnen. Eine Erfahrung, die auch ich oft gemacht habe. In der Politik wird eben nicht nur mit dem Florett gefochten, sondern oft auch mit der Keule zugeschlagen, sobald persönliche Machtpositionen infrage gestellt werden. Hinzu kommt: Wer Missstände angeht und sie wirklich beseitigen will, muss heute oft eine grobe, fast marktschreierische Sprache führen und seine Beispiele zuspitzen, will er in unserer überfütterten Mediengesellschaft überhaupt noch Gehör finden und den öffentlichen Druck erzeugen, ohne den Verbesserungen oft kaum möglich sind. Das gilt auch für einen Wissenschaftler wie mich. Diese Rhetorik macht selbstverständlich vordergründig angreifbar. Vertreter wie auch immer gearteter Systeminstanzen können mithilfe wohlgesetzter *Worte* so tun, als ob, tatsächlich aber in ihrem Sinne *handeln* und ihr eigentliches Vorhaben geräuschlos und ohne viel Aufhebens über die Bühne bringen. Wer dagegen nur über das kritische Argument an sich verfügt, muss sehr laut werden, um gegen den Widerstand der Mächtigen überhaupt etwas auszurichten. Insofern ist mit durchaus harschen Reaktionen der Gegenseite zu rechnen, die es im Interesse der Sache nun einmal auszuhalten gilt.

Dabei soll allerdings nicht unerwähnt bleiben, dass ich bei der Bekämpfung von Machtmissbrauch immer wieder einmal auch Unterstützung von wichtigen Politikern erhielt. So rief der frühere Vorsitzende der SPD-Fraktion im Bundestag, Hans-Jochen Vogel, als ich ihm meine Unterlagen zugesandt hatte, seine Hamburger Genossen zur Ordnung und trug damit zur Bereinigung des bereits angesprochenen Hamburger Diätenskandals 1991 bei (siehe S. 166 f.).

Selbstverständlich ist es mit pointierten öffentlichkeitswirksamen Aussagen als »Parteienkritiker« nicht getan. Spürsinn, Glaubwürdigkeit und Unvoreingenommenheit sind entscheidende Grundlagen jeden Tuns, gepaart mit Fachkompetenz, vor allem, wenn der berufliche Hintergrund wissenschaftlicher Natur ist wie in meinem Fall. Dass man Kontroversen nicht scheuen sollte, liegt auf der Hand. Die (mindestens) vier notwendigen Bedingungen für eine möglichst erfolgreiche Kritik lauten meiner Erfahrung nach also:

- fächerübergreifende Sachkompetenz
- Unabhängigkeit
- Konfliktbereitschaft
- Öffentlichkeit.

Eine andere »Front«, der ich mich gegenübersah, war erstaunlicherweise die Wissenschaft selbst. Wer tatsächlich existierende Systeme und Machtkonstellationen in der Praxis wirksam beeinflussen will, muss an den Problemen konkret ansetzen und versuchen, die Erkenntnisse und Methoden *aller* wissenschaftlichen Disziplinen heranzuziehen, die etwas zur Erfassung und Bewältigung der jeweiligen Problematik beitragen können. Das heißt auch, den Blick der eigenen Disziplin (in meinem Fall: Staatsrecht und Wirtschaftswissenschaft) zu weiten und Fragen zu stellen, die andere Disziplinen und ihre jeweilige, oft sehr eigene wissenschaftliche Herangehensweise in den Fokus rücken. In meinem Fall waren das zum Beispiel die Politikwissenschaft, die politische Soziologie und die Philosophie. Dieses transdisziplinäre und öffentlichkeitsorientierte Vorgehen, das den eindringlichen Charakter meiner Analysen erst ermöglicht, legt aber leicht auch die Einseitigkeit und begrenzte Kompetenz wissenschaftlicher Spezialdisziplinen offen und rührt damit an das Selbstverständnis ihrer Vertreter. Diese reagieren manchmal ähnlich feindselig wie Politiker und suchen den »Parteienkritiker« durch Schmähungen oder Nichtbeachtung zu diskreditieren, seine fachliche Ernsthaftigkeit infrage zu stellen und Fehlentwicklungen, auf die er aufmerksam gemacht hat, entweder auszublenden oder als unproblematisch hinzustellen. Zu diesem Zweck unterdrücken sie – genau wie die politische Klasse – seine sachliche Arbeit und vermitteln den Eindruck, er polemisiere nur vordergründig. Dieses vielfache Gegenfeuer vonseiten der Politik und von Teilen der Wissenschaft verunsichert und erschwert die Durchsetzung der erforderlichen Reformen im politischen und die nötige Öffnung im wissenschaftlichen Raum.

Mein Anliegen mit diesem Buch ist daher umso mehr: Aufzuklären, das politische Bewusstsein der Leserinnen und Leser zu schärfen und im besten Fall wieder mehr öffentlichkeitswirksames Denken und Engagement zu wecken.

Eine persönliche Heldin: Elisabeth Selbert

Eine Persönlichkeit, deren entschlossene Haltung mir immer sehr imponiert hat, ist von Elisabeth Selbert, die 1948 in den Parlamentarischen Rat gewählt worden war. Sie war Rechtsanwältin erst geworden, nachdem sie Abitur, Staatsexamen und Promotion nachgemacht hatte. Als eine von nur vier Frauen im Parlamentarischen Rat war ihr Hauptanliegen, die Vorschrift »Männer und Frauen sind gleichberechtigt« im Grundgesetz unterzubringen: Frauen sollten – anders als in der Weimarer Verfassung – nicht nur dieselben staatsbürgerlichen Rechte wie Männer besitzen, wie das gleiche Wahlrecht. Vielmehr sollte auch das gesamte Zivilrecht entsprechend neu geregelt werden. Doch die Mehrheit, auch andere Frauen, verweigerten ihr zunächst die Gefolgschaft.

Selbert kämpfte, scheute sich nicht, sich missliebig zu machen, und unternahm eine richtiggehende Kampagne-Reise durch das Nachkriegs-Deutschland. Sie sprach vor allem die sogenannten Trümmerfrauen an, die das Land halbwegs am Laufen gehalten hatten, während ihre Männer im Krieg, in Gefangenschaft oder gefallen waren. Daraufhin erhielt sie wäschekorbweise Unterstützungsbriefe aus dem ganzen Land, denen sich die Mehrheit des Parlamentarischen Rates dann doch nicht mehr verschließen konnte, sodass Art. 3 Abs. 2 schließlich ins Grundgesetz aufgenommen wurde – mit einer Übergangsvorschrift bis 1953. Diese machte dem Gesetzgeber allerdings erst nach einem Urteil des Bundesverfassungsgerichts von 1958 Beine, war damals aber immer noch unvollständig.

Zu Lebzeiten erfuhr Selbert leider nie die ihr gebührende Anerkennung, auch politisch nicht. »Ihre« SPD nominierte sie weder für ein Bundestagsmandat, noch wurde sie, als das Bundesverfassungsgericht gegründet war, zur Richterin berufen. Mich aber beeindrucken solche »Einzeltäter« stets aufs Neue, die von ihrem inneren Gefühl getragen, dass da etwas in Deutschland sehr schieflaufen würde, aktiv werden, um dies mit vollem persönlichem Einsatz auch gegen heftigste Widerstände zu verhindern.

I. Die prägenden Anfänge: Auf dem Weg zum »Parteienkritiker«

Dem Störenfried droht der Rausschmiss

Als Junge muss ich eine ziemliche Plage gewesen sein. Ich erinnere mich noch an diese Szene (vielleicht sind es auch spätere Erzählungen, die mir im Gedächtnis geblieben sind): Kaum drei oder vier Jahre alt, wollte ich unbedingt ergründen, wie ein Spielauto funktioniert. Meine Mutter hatte mir vorausgesagt, wenn ich es erst auseinandernähme, sei es später nicht mehr zu gebrauchen, und so kam es natürlich auch. Meine Frage, woher sie das denn gewusst habe, diente noch Jahre später der allgemeinen Belustigung. Vielleicht aber zeigte sich schon hier mein Drang, den Dingen auf den Grund gehen zu wollen. In Darmstadt, wo mein Vater als Berufsoffizier stationiert war, suchte man mich daher auch oft vergebens, weil ich mich in dort abgestellte Panzer verkrochen hatte, um deren Inneres zu ergründen.

Mein Naturell, mir meinen eigenen Weg zu suchen, hat selbstverständlich bei der ein oder anderen Gelegenheit auch den Zorn meiner Erzieher heraufbeschworen. Jedenfalls hat meine Lehrerin in der Volksschule (so hieß die Heidelberger Mönchhofschule damals noch), ein gewisses Fräulein von German (wie man damals sagte), meine Unbotmäßigkeiten mit dem Rohrstock auf die flache Hand quittiert. Da ich vor der Klasse den Schmerz unterdrückte und mit scheinbar gleichgültigem Grinsen reagierte, schlug sie nur noch fester zu. In der höheren Schule, dem Englischen Institut in Heidelberg, in das meine Eltern mich wohl wegen der besonderen pädagogischen Qualitäten seiner Lehrer steckten, bekam ich zweimal das *consilium abeundi*, die elegante Umschreibung für einen drohenden Rausschmiss. Ich hatte aber das große Glück, dass meine überaus charmante und gut aussehende Mutter, von mir stets umfassend »gebrieft«, in der Schule Gutwetter für mich machte und mich jeweils aus dem Schlimmsten »rausboxte«. Noch heute bin ich ihr dafür (neben vielem anderen) besonders dankbar, ebenso meiner Schule, die den schwierigen Schüler trotz allem behielt.

Tennis - frühe »Schule des Lebens«

Kraft und Stärke müssen damals für mich sehr wichtig gewesen sein. Ob dabei die von mir verschlungenen Nibelungensagen mit ihrem strahlenden Helden Siegfried Pate standen, ich weiß es nicht. Jedenfalls focht ich als 10-Jähriger nach der Schule regelmäßig Boxkämpfe mit meinem Klassenkameraden Fritz Entenmann im nahe gelegenen Kirchgarten aus. Mit 13 erhielt ich, womöglich um meine Energie in geordnetere Bahnen zu lenken, einen Tennisschläger, den ein Kunde meinem Vater in Zahlung gegeben hatte, und trat in den Heidelberger Tennisclub ein. Den Jahresbeitrag von 40 Mark stotterte ich für 20 Pfennige in der Stunde in den Schulferien in der Werkstatt meines Vaters ab, der sich nach der Flucht aus Brandenburg in Heidelberg eine Autovermietung und eine Fahrschule aufgebaut hatte. Am Tennis fing ich sofort begeistert Feuer. Mein Kämpferherz hatte endlich eine Betätigung gefunden, bei der ich meine jugendlichen Kräfte ausprobieren und im Wettbewerb mit anderen meinen Ehrgeiz befriedigen konnte – und manchmal auch zügeln musste. Von da an verbrachte ich fast jede freie Minute auf dem Platz. Es war wie manch anderer Sport eine Art Schule des Lebens: Wettkämpfe fair und innerhalb klarer Regeln austragen, alles von sich fordern und gleichzeitig verlieren lernen, denn Bessere gibt es immer, dennoch am Ball bleiben und trotz aller momentanen Enttäuschung nicht hinschmeißen. Kurz: zu trainieren, Niederlagen nicht persönlich, sondern sportlich zu nehmen, einen überlegenen Gegner nicht zu beschimpfen, sondern als diesmal Besseren anzuerkennen – und bei Siegen nicht zu überdrehen.

Das Lehrbuch *Tilden lehrt Tennis*, das der amerikanische Meister der 20er- und 30er-Jahre, William T. Tilden, geschrieben hatte, kannte ich fast auswendig, und es gab mir einen lebenslangen wichtigen Impuls: die wichtige Rolle der Taktik und die Bedeutung des »Ernstfalls«, sprich den Erfolg im Match unter Turnierbedingungen: »The proof of the pudding is the eating.« Unter Druck kann es viel schwerer sein, die nötige Leistung zu bringen. Eine gesunde mentale Aufstellung und strategisches Spiel sind gefragt. Das gilt nicht nur fürs Tennis.

Immer wieder stand ich stundenlang allein auf dem Platz, um meinen Aufschlag zu trainieren – als »Kanonenaufschlag«, als »Kick« oder »Slice«. Das intensive Training hat mir die »Waffe« geschaffen, mit der ich als 20-Jähriger, obwohl nicht besonders sportlich begabt, 1960 die Clubmeisterschaft im Heidelberger Tennisclub und einige andere kleinere Turniere in Serve-and-volley-Manier gewinnen konnte – und 40 Jahre später die Pfalzmeisterschaften der 60-Jährigen in Haßloch. Rückblickend glaube ich, dass Sport ein wichtiger Ausgleich ist für einen Schreibtisch-Menschen, der ich allmählich wurde, und manchmal sogar von lebensrettender Wirkung sein kann: Als der 2010 über Europa hinwegfegende Orkan *Xynthia* die riesige Tanne in unserem Vorgarten umriss, konnte ich nur noch mit einem großen Sprung in die offene Haustür ausweichen. Es war so knapp, dass mir ein Ast des niederstürzenden Baumes einen Schuh vom Fuß schlug. Darauf schickte mich meine Frau Tulli, die meiner zeitintensiven Tennisbegeisterung weniger freudig gegenüberstand, sechs Wochen lang regelmäßig zum Training. Unser Schwiegersohn hatte ihr am Telefon nämlich gesagt: »Wenn Hans Herbert nicht sein Leben lang Sport getrieben hätte, wäre er jetzt tot.«

Der Umschwung: Eine Wette und ihre Folgen

Meine zweite Schlüsselerfahrung als Jugendlicher: Anstrengung in der Schule kann sich lohnen und Befriedigung verschaffen. Am Ende des zweiten Halbjahrs 1954/55 hatte ich als 15-Jähriger mein Zeugnis gegenüber dem (sehr dürftig benoteten) ersten Halbjahr um elf oder zwölf Noten verbessert, nachdem ich vorher mit meiner Mutter eine entsprechende Wette geschlossen hatte. Ich lernte selbstständig geistig zu arbeiten und merkte, wie befriedigend das sein kann. Dunkel erinnere ich mich noch daran, wie ich mir die lateinische Wortkunde, den sogenannten »Habenstein«, ganz systematisch Abschnitt für Abschnitt aneignete. Vielleicht wurde damals die Grundlage für meine spätere »Arbeitsmoral« gelegt.

Nun lebte ich nicht mehr einfach so in den Tag hinein, sondern hatte ein Ziel. Vorher hatte ich mich mit Gleichaltrigen herumgeschlagen, um mich zu beweisen, allerhand Blödsinn gemacht und enttäuscht erfahren müssen, dass ich Jungsbanden wie die »Schwarze Hand«, die die Schrebergärten Heidelbergs unsicher machte, nicht als »Bestimmer« führen konnte. Dass das mit der Wette wirklich klappte, sogar noch mit einem Übersoll, war ein echter Wendepunkt. Es hat in mir das (bewusste oder unbewusste) Urvertrauen begründet, ich könne eigentlich alles erreichen, wenn ich mich nur mit Ausdauer und langem Atem darum bemühe und mich anstrenge. Herauszukommen aus der wirtschaftlichen und sozialen Enge eines Flüchtlingshaushalts – meine Eltern hatten sich inzwischen getrennt und führten eine Art Rosenkrieg – erschien mir damals ohnehin als oberster Leitstern. Zumal ich vor allem im Heidelberger Tennisclub von Sportkameraden umgeben war, deren Familien sich Beruf und Vermögen übers Kriegsende hinaus erhalten konnten. So hatte ich von da an in der Schule und später im Studium den Aufstieg vor Augen. Nie aber hätte ich mir träumen lassen, dass ich in der realen Welt tatsächlich etwas würde bewegen können.

Wichtiger als Reaktionsschnelligkeit, rasche Auffassungsgabe und sprudelnder Wortschwall, Qualitäten, mit denen ich nicht gerade gesegnet war, wurden für mich Konzentration und Durchhaltevermögen. Vielleicht gefiel mir deshalb Sten Nadolnys Buch *Die Entdeckung der Langsamkeit* so gut – und später auch der Leitspruch des legendären australischen Tennisspielers Rod Laver: »Lass nie locker … Dein Spiel ist am verwundbarsten, wenn du in Führung liegst.« Lange war ich dafür bekannt, dass ich, kam es nach zwei ausgeglichenen Sätzen zum Entscheidungssatz, kaum ein Tennismatch verlor. Vielleicht muss man ergänzend zu »Lass nie locker« also auch sagen »Werd' nicht übermütig!«, was ich gelegentlich allerdings erst nachträglich erkannte.

Jedenfalls war mit der gewonnenen Wette für mich der Bann gebrochen. Das Lernen und die Schule machten mir plötzlich Spaß. Ich wurde Primus in meiner Klasse, meine Mitschüler machten mich zum Sprecher. Vier oder fünf Klassenkameraden (darunter auch zwei Mädchen im Doppelpack) gab ich Privatunterricht in Latein, besserte dadurch auch mein Taschengeld auf und spielte mit meinem unvergessenen Lateinlehrer Gerold Wegwitz Schach. An diesem »königlichen Spiel« hatte ich bereits zehn Jahre vorher strategischen Gefallen gefunden. Entscheidend ist, die vermutlichen Erwiderungen des Gegners auf die eigenen Züge möglichst im Vorhinein gedanklich vorwegzunehmen und daraus entsprechende Schlüsse zu ziehen, eine Entwicklung also in all ihren Alternativen zu durchzudenken und entsprechend zu handeln. Genau darum sollte es später auch in meinen Auseinandersetzungen mit den Vertretern des herrschenden Politikbetriebs gehen.

Wie dem auch sei: Zum Schulabschluss musste mir die Schuldirektorin, Frau Overbeck, einen Preis fürs beste Abitur verleihen. Das tat sie zwar etwas widerwillig, denn sie erinnerte sich wohl noch an die vielen Schwierigkeiten, die ich ihr in der Vergangenheit bereitet hatte. Meine Freude trübte das nicht. Meinem großartigen Lateinlehrer und Schachpartner Gerold Wegwitz blieb ich auch nach dem Abitur verbunden, er brachte mir bei Kaffee und Kuchen bei ihm zu Hause Griechisch bei. Bezahlen musste ich das nicht.

So habe ich die Schule in dankbarer Erinnerung. Auch später noch hielt ich dort gern Vorträge – auf Einladung von Gladys Fischer, der Gründerin des Englischen Instituts, die große Stücke auf mich hielt und mir hin und wieder in ihrer Muttersprache kleine Briefe schrieb. Einer ist mir besonders in Erinnerung geblieben. Als der Versuch des Bundestags, den Diätenartikel des Grundgesetzes zu seinen Gunsten zu ändern, 1995 am Nein des Bundesrats gescheitert war, schickte sie mir einen Artikel aus der Heidelberger Zeitung, in dem ich als »der Mann, der den Bonner Diätenskandal ins Rollen gebracht hatte«, beschrieben wurde[1] (siehe S. 195 ff.):

> *»I had not read this article when we met on Saturday. You certainly have it yourself but I do want to congratulate you and say how I admire your courage. Democracy is by no means perfect but it is the best form of government we know and we must all fight for these principles. Your mother, dear soul, would be very proud of you. I'm sure she is watching over you.«*[2]

Was mir die Eltern mitgegeben haben

Meine Eltern prägten mich in ganz unterschiedlicher Weise und Intensität. Sie hatten sich beim Studium in Heidelberg kennengelernt. Allerdings gab mein Vater Jura schon nach wenigen Semestern auf und trat in die damals gerade wieder aufgebaute Reichswehr als Berufssoldat ein. Meine Mutter folgte ihm nach Berlin, um fortan auf der Reimannschule Mode zu studieren. Auch nach dem Krieg hatte mein Vater den Plan, sein Studium wieder aufzunehmen, bald frustriert fallen gelassen. Er hat aber nie aufgegeben, als er im Laufe seines Lebens immer wieder neu anfangen musste. Eine Beharrlichkeit, die ich schätze und die er mir mit auf den Weg gegeben hat.

Die Lust am Geistigen kam wohl eher über meine Mutter, die eine Klasse übersprungen hatte, und von meinem Großvater, der, nachdem er als Laborant eine Familie gegründet hatte, Abitur,

Staatsexamen und den Doktor der Chemie in kurzer Zeit in Heidelberg nachmachte.

Da meine Eltern sich 1954 scheiden ließen und wir drei Kinder bei meiner Mutter blieben, hat sie mich maßgeblich in meiner Entwicklung geprägt. Unsere außerordentlich beengten wirtschaftlichen Verhältnisse in den 50er- und ersten 60er-Jahren taten ein Übriges und dürften die Entstehung meiner (durch meine Mutter wohl indirekt geförderten) ausgesprochen bürgerlichen Aufsteigermentalität mitbegründet haben.

Unbewusst weitreichend: Die Entscheidung, Jura zu studieren

Nach dem Abitur 1958 hatte ich zwischen Altphilologie und Physik geschwankt, was sicher auf die großartigen Lehrer in beiden Fächern zurückzuführen war. Ich wollte mich aber beruflich noch nicht festlegen und schrieb mich deshalb erst mal für Rechtswissenschaften in Heidelberg ein, was auch meinem ausgeprägten Gerechtigkeitssinn entgegenkam. Damals studierten nur etwa fünf Prozent eines Jahrgangs. (Die schulischen Anforderungen waren deutlich höher als heute und die Noten deutlich schlechter.) Es herrschte Vollbeschäftigung, und wer mit ordentlichem Examen abschloss, konnte einer adäquaten Stelle ziemlich sicher sein. Rechtsanwälte, Richter oder andere Juristen hatte ich keine in meinem Umfeld und wusste deshalb vorher nicht so recht, was mich an der Uni erwarten würde.

Bis Mitte des Studiums war es offen gestanden schwer, halbwegs festen Boden unter die Füße zu bekommen. Der sogenannten juristischen Methode geht es im Kern darum, die Spreu vom Weizen zu trennen, also alles für die juristische Entscheidung eines Rechtsfalles Unwesentliche beiseitezulassen. Die dafür notwendige Herangehensweise kann man durch bloßes Pauken des juristischen Stoffes nicht erlernen, sondern nur durch zusätzliches Üben am Fall. Am sagenumwobenen Heidelberger Repetitor Fritz Bornemann kam deshalb kaum jemand vorbei. Parallel dazu bildeten mein Kommilitone Horst Magerl, ein blitzgescheiter Stipendiat der Studienstiftung des deutschen Volkes, und ich eine Mini-Arbeitsgemeinschaft. Wir besprachen, möglichst gut vorbereitet, jede Woche ein juristisches Thema. Beeindruckt hat mich Horsts schnelle Auffassungsgabe. Er hatte im Übrigen schon Frau und Auto und schien genau zu wissen, was er wollte.

Die erste juristische Staatsprüfung, zu der ich nach neun Semestern antrat, glaubte ich trotzdem zunächst verhauen zu haben. Später hörte ich, dass gerade besonders selbstkritische Studenten sich vornehmlich an das erinnern, was sie in der Klausur übersehen haben. So schlecht war das Ergebnis mit der Note »Vollbefriedigend« und Rangziffer 6 unter 102 Kandidaten (was bei juristischen Staatsexamina akribisch festgehalten wird) dann am Ende doch nicht.

Nach dem Examen wurden die Idealvorstellungen des frischgebackenen Rechtsreferendars allerdings durch zwei Ausbilder an Mannheimer Gerichten unsanft auf den Boden der Wirklichkeit zurückgeholt. Das hatte aus heutiger Sicht auch sein Gutes, weil es nicht nur meinen Blick auf die Spezies Mensch erweiterte, sondern mir auch den Impuls gab, meine wissenschaftliche Perspektive über die Jurisprudenz hinaus zu öffnen.

Der Amtsrichter in Strafsachen, dem ich zugeteilt war, rief häufig, wenn er sich (mit mir zusammen) nach der öffentlichen Verhandlung zur Urteilsfindung zurückgezogen hatte, den Staatsanwalt an, der dem Ankläger in der Verhandlung vorgesetzt war, und besprach mit ihm sein anstehendes Urteil. Vielleicht fühlte er sich fachlich derart schwach, dass er sich auf diese Weise absichern wollte, was ich aber als prozessuales Unding empfand, zumal dieses Vorgehen rechtlich nicht gedeckt war.

Meinen zivilrechtlichen Ausbilder wiederum hatte möglicherweise sein körperliches Handicap dazu gebracht, dass er Personen, die offenbar das erste Mal vor Gericht erschienen und entsprechend ungeschickt agierten, nicht mit ruhiger Hand führte, sondern mit ihnen grob und verständnislos umging, was mich außerordentlich irritierte und meinem Richtigkeitsempfinden zutiefst widersprach. Obwohl sich meine Erfahrungen sicher nicht verallgemeinern lassen, hatte ich erst mal meinen Respekt vor der Justiz und überhaupt die Lust an der juristischen Ausbildung verloren und ging in eine Art »innere Emigration«. Das heißt, ich tat im damals noch dreieinhalbjährigen Referendardienst nicht mehr als unbedingt nötig.

Den Horizont erweitert und der Politik nähergekommen: Zweitstudium der Volkswirtschaft

Da kam es wie gerufen, dass Horst Magerl sich in Volkswirtschaftslehre an der Heidelberger Uni einschrieb. Ich tat es ihm nach und begann während meiner Referendarausbildung ein volkswirtschaftliches Zweitstudium, das ich dann im letzten Jahr mithilfe eines Stipendiums der Volkswagen-Stiftung fortführen konnte. Vom Referendardienst war ich in dieser Zeit beurlaubt. Statt 350 DM monatlich hatte ich nun 700 DM zur Verfügung und konnte dies mit meiner künftigen Frau Tulli im Heidelberger Goldenen Hecht bei köstlichem Rahmschnitzel feiern. (Auch zahlte ich Frau Rohrmann im Tennisclub die 600 Mark, die aus den vielen Portionen Wurstsalat mit Pommes frites, die ich dort abends verspeist hatte, aufgelaufen waren. Damit hatte die gütige Bewirtschafterin gar nicht mehr gerechnet.) Drei Semester waren mir wegen meines vorherigen Jurastudiums angerechnet worden. Überhaupt wurde ich während meiner ganzen schulischen und akademischen Ausbildung immer wieder durch Stipendien großzügig unterstützt, später zum Beispiel auch von der Deutschen Forschungsgemeinschaft, was mir den Abschluss meiner Habilitationsarbeit ermöglichte und den Weg zum Universitätsprofessor eröffnete.

Das Volkswirtschaftsstudium brachte mich auch der Politik näher, vor allem der Theorie der Wirtschaftspolitik mit den Schwerpunkten Wettbewerbs- und Finanzpolitik. Im Seminar von Professor Wilhelm Albers wurde ich mit Sozialpolitik vertraut gemacht, und Sozial- und Wirtschaftsstatistik lernte ich bei Professor Rolf Wagenführ, ganz zu schweigen von der späteren Arbeit an meiner Dissertation, für die die Kenntnis der »Emanzipation des Vierten Standes« natürlich unerlässlich war.

1966 schloss sich meine Diplomarbeit über Quasi-Absprachen unter Oligopolunternehmen an, die zu einer Art Monopol führen. Als hätte der Heidelberger Nationalökonom Professor Wilhelm Kromphardt, der mir das Thema gestellt hatte, vorausgesehen, dass die Ausbeutung und Entrechtung der Menschen durch wirtschaftliche und politische Vermachtung einmal mein großes Thema würde. Auch methodisch war die Arbeit eine Offenbarung. Denn die Oligopoltheorie muss zwar von möglichst konkreten wirklichkeitsnahen Annahmen ausgehen. Aber hier gibt es auch in der Theorie keine stringenten, glasklaren Lösungen. Deshalb kann Wissenschaft nur versuchen, sich dem Richtigen anzunähern. »It is better to be vaguely right than completely wrong«, lautet die nur scheinbar scherzhafte Losung.

Auch bei der Vorbereitung auf das Diplomexamen arbeitete ich mit Horst Magerl in bewährter Weise zusammen, und heraus kam dann schließlich ein »Gut«, was 1966 eine Spitzenbewertung war. Während des Studiums kam ich mit Dieter Roth, dem späteren Vorstand der Forschungsgruppe Wahlen, in Kontakt, der ebenfalls Volkswirtschaft studierte und zeitweise zu unserer Arbeitsgemeinschaft hinzustieß. Daraus entwickelte sich eine lebenslange Freundschaft, die heute noch andauert – und so ganz unschuldig war er auch daran nicht, dass ich meine Traumfrau kennenlernte.

Was für ein Glück: Tulli!

Und wie im Märchen hatte ich plötzlich die Frau meines Lebens gefunden: »Tulli« – eigentlich Ulrike, doch da es bei ihr in der Klasse zwei Ullis gegeben hatte, nannte sie sich eben Tulli. Während der – auch von Studentinnen des Dolmetscherinstituts der Heidelberger

Universität besuchten – Vorlesung »Politik«, die der bekannte Politikwissenschaftler Carl Joachim Friedrich, aus den USA nach Deutschland zurückgekehrt, in der Alten Aula der Heidelberger Universität souverän hielt, hatten wir ein halbes Semester lang schon Blicke getauscht. Genauso hatte ich mir meine Traumfrau vorgestellt: groß, blond mit betörendem Lächeln, einem engelsgleichen Gesicht und von entwaffnender Offenheit. Dass sie auch ganz schön frech sein konnte, merkte ich erst später. Der Versuch, ihr beim Eintritt in die Aula einen Strauß Schneeglöckchen zu überreichen, garniert mit einem flotten Spruch (à la »wertes Fräulein, darf ich's wagen, …«), scheiterte, weil Tulli an diesem Tag offenbar Besseres vorhatte und die Vorlesung schwänzte. Dabei hatte mein Freund, Dieter Roth, noch extra Wache gestanden, um mir ihr Ankommen zu signalisieren.

Kurze Zeit darauf ging ich, um mich abzulenken, mit Dieter und seiner Freundin auf ein Faschingsfest im Haus Buhl in der Hauptstraße. Ein Jahr zuvor hatten die beiden sich dort kennengelernt. Da im Studentinnen-Wohnheim zwei Häuser weiter ebenfalls Fasching gefeiert wurde, wechselte ich ab und zu das Terrain. Um zwei Uhr nachts bat ich ein Mädchen mit roter Perücke zum Tanz. Als sie mich anlächelte, wurde mir klar, wen ich da aufgefordert hatte. Die märchenhafte, an innerem Glück (und positivem Lebensgefühl) kaum zu übertreffende Begegnung mit Tulli ließ mich nach wenigen Tagen ins Tagebuch schreiben: »Sie wird meine Frau.«

Ein Jahr später waren wir verheiratet, hatten bald unser erstes Kind und wohnten in einer möblierten Dachwohnung oberhalb des Heidelberger Schlosses. Wir lebten recht und schlecht von meinem Referendargehalt und ihrer Ausbildungshilfe (ihr Vater, ein Zahnarzt, war in den letzten Kriegstagen gefallen), waren aber glücklich und schauten zuversichtlich in die Zukunft. Die Verantwortung für unsere kleine Familie hatte auch meiner beruflichen Entwicklung einen neuen Sinn gegeben.

Nach den Traumwochen mit Tulli, die das ganze Jahr 1965 in einen rosa Nebel hüllten, der Verlobung zu Silvester und der Hochzeit in der Kapelle des Heidelberger Schlosses am Ende des Semesters hatte ich es in Studium und Beruf eilig: 1966 Diplom in Volkswirtschaft, 1967 zweites juristisches Staatsexamen, 1968 Abschluss der Doktorarbeit und Mitte desselben Jahres Antritt meiner ersten Stelle in Wiesbaden beim Bund der Steuerzahler (siehe S. 60 ff.). Das alles verfolgte ich nun mit besonderem Nachdruck, zumal unsere Familie weiter wuchs: 1966 wurde Felix geboren, 1969 kam Vera und 1970 Eva zur Welt, eine bzw. einer süßer als die anderen. 1967 hatte Tulli zudem noch ihr Vordiplom in Englisch und Russisch am Dolmetscher-Institut der Heidelberger Universität abgelegt. Aus dem Diplom wurde jedoch nichts mehr, da wir zu dem Zeitpunkt bereits nach Wiesbaden umgezogen waren.

Erste Begegnung mit einem Lebensthema

1967 absolvierte ich die Assessorprüfung, da man nur als Volljurist, d. h. mit dem Zweiten Staatsexamen, alle juristischen Berufe wahrnehmen kann. Nach dem Schriftlichen hatte ich (mal wieder) befürchtet, ich hätte das Examen verhauen und war dann völlig überrascht, als ich die Nachricht bekam: 8,05 Punkte. Damit kam das in juristischen Prüfungen äußerst seltene »Gut« (ab 10 Punkte) in Reichweite, da man sich im Mündlichen meist zu verbessern pflegt. Tulli und ich tanzten vor Freude auf und ab. Denn nun schien die finanzielle Zukunft unserer Kleinfamilie gesichert. Das »Gut« habe ich mir allerdings mit einem mäßigen Aktenvortrag verhagelt, was sicher auch eine Quittung für die Vernachlässigung der Referendardienstes war. Immerhin kam mit »Vollbefriedigend« schließlich noch eine weit überdurchschnittliche Endnote zustande. Auf die Frage eines Prüfers, warum ich meine geplante strafrechtliche Dissertation nicht zu Ende geführt hätte, hatte ich nur eine Ausrede parat. Dass das erfolgreich beendete volkswirtschaftliche Studium der Grund war, behielt ich für mich. Denn über das Zweitstudium hatte ich meinen Dienstherrn nie informiert. Ich war nicht sicher, dass er damit neben dem Referendardienst einverstanden gewesen wäre. Dabei konnte ich mir eine juristische Dissertation nach wie vor durchaus vorstellen.

Damals wollte ich vor allem aus der enormen finanziellen Knappheit meiner Anfangsjahre herauskommen. Erst später erkannte ich, dass Geldverdienen als Selbstzweck eine Verkehrung der Werte darstellt. Ein gesichertes Einkommen ist vielmehr – bei glücklichem Gelingen – notwendige Voraussetzung, um für einen geliebten Menschen und plötzlich daherpurzelnde Neuankömmlinge auf dieser Welt sorgen zu können, sodass man voll Vertrauen und Stolz von seiner Frau und seiner Familie sprechen kann. Wenn die Arbeit dann zusätzlich noch berufliche Erfüllung bringt, vertieft das umso mehr das Gefühl, dass alle Anstrengung sich lohnt.

Der Doktortitel schien mir damals geeignet, um in der Wirtschaft, die mir zunächst als Berufsfeld vorschwebte, einen besseren Status zu haben. Noch 1965 waren Tulli und ich per Autostopp nach Wien getrampt (was sie mir beigebracht hatte), um eine Freundin zu besuchen. Dort war ich so keck, beim Dekan der juristischen Fakultät der dortigen Universität vorzusprechen und mich nach den Möglichkeiten einer Dissertation zu erkundigen. Es ging nämlich damals das Gerücht, man könne an österreichischen Universitäten in sehr kurzer Zeit promovieren. Der Dekan wollte allerdings von einer solch schnellen Möglichkeit zum Titel zu kommen nichts wissen.

Dann aber tat sich ganz überraschend eine neue Möglichkeit auf, die ich rückblickend als eine der wesentlichen glücklichen Fügungen meines Lebens betrachte: Der Heidelberger Arbeitsrechtler Professor Hermann Weitnauer bot mir an meiner heimischen Universität ein Promotionsthema an, das mir geradezu auf den Leib geschnitten schien: »Die Verfallbarkeit betrieblicher Ruhegeldanwartschaften«.[3] Hier konnte ich meine juristische und wirtschaftliche Ausbildung voll einsetzen – und nicht zuletzt: Er stellte mir auch eine auf sechs Monate befristete Assistentenstelle zur Verfügung, die fast einem Stipendium gleichkam, sodass finanziell für unsere kleine Familie gesorgt war.

Mehr als eine Promotion: Die Lust am wissenschaftlichen Arbeiten

Ich hatte das Glück, von meinem Thema gefangen, ja geradezu begeistert zu sein. Das Gefühl, an etwas Wichtigem zu arbeiten, und die Überzeugung, meine Arbeit würde tatsächliche gesellschaftliche Wirkung zeigen und dazu beitragen, eine krasse Ungerechtigkeit zu beseitigen, bewirkten, dass ich mich ganz darauf konzentrierte. Ich war für die Forschung gewonnen. Meinem Doktorvater bin ich auch heute noch dankbar für seine vielfältige Förderung, nicht zuletzt auch dafür, dass er mir die Lust daran vermittelte, praktische Probleme wissenschaftlich zu bearbeiten. Ein Ansatz, der mich durch mein ganzes späteres Leben begleitete. Genau diese Herausforderung reizte mich auch an meiner darauffolgenden Tätigkeit als wissenschaftlicher Leiter im Karl-Bräuer-Institut (KBI) (siehe S. 60 ff.) – und natürlich auch bei meiner Habilitation (siehe S. 93 ff.). Diese schrieb ich übrigens nicht in erster Linie, um mich zu habilitieren. Es war eher umgekehrt. Ich wollte das für Habilitanden zur Verfügung stehende Stipendium nutzen, weil mich das Thema faszinierte und einer intensiven Bearbeitung lohnend erschien. Später wurde mir allerdings bewusst, welche enorme Freiheit der Status eines deutschen Professors mit sich bringt und wie sehr ich diese Freiheit brauchte, um mich entfalten zu können.

Ich absolvierte die Dissertation[4] letztlich in acht Monaten und ging voll darin auf. Wenn ich nicht am Schreibtisch saß, arbeitete der Kopf, wohl halb unbewusst, weiter. Hatte ich unterwegs – bei welchen Gelegenheiten auch immer – plötzlich eine Idee und war kein Papier zur Hand, schrieb ich das Stichwort manchmal mit Kuli in die Innenfläche meiner Hand. In Max Webers *Wissenschaft als Beruf* las ich später, es sei ganz normal, dass einen die Gedanken oft in den unmöglichsten Situationen anfliegen. Der Erstkorrektor Weitnauer bewertete die Arbeit mit »magna cum laude«. Zweitkorrektor war der bekannte Wirtschaftsrechtler Wolfgang Hefermehl, bei dem ich als Student schon Arbeits- und Wirtschaftsrecht gehört hatte. Sein Gutachten war kurz, aber entschieden: »unbedenklich summa cum laude« (die Bestnote).

Damals machte man an der Heidelberger Universität übrigens noch den Dr. iuris utriusque (beider Rechte) und musste dafür zusätzlich eine Stelle aus dem Corpus Iuris civilis interpretieren, die sogenannte Digestenexegese. Da ich am 1. Juli 1968 meine Stelle beim Karl-Bräuer-Institut in Wiesbaden antreten wollte (siehe S. 60 ff.), musste ich die Arbeit vorher noch reinquetschen. Den fertigen Text lieferte ich gerade noch rechtzeitig vor Ablauf der Dreiwochenfrist am 27. Juni um fünf Minuten vor Mitternacht bei der Heidelberger Hauptpost ab.

Wie eng damals alles getaktet war, zeigt ein Brief von Tulli an ihre Mutter vom 28. Juni 1968:

> *»Hans Herbert ist noch ganz fertig und gar nicht richtig zu gebrauchen. Er muss ins Juristische Seminar, um seine Unterlagen dort wegzuholen, außerdem zu seiner Schreibdame, wo er gestern Nacht in der Eile alles liegen lassen musste, zu seinem Professor, um »Vollzug« zu melden, zum Friseur, sein Auto wegbringen (wo mal wieder jemand reingefahren ist, außerdem muss es gründlich gereinigt werden). Dann muss er noch Unmengen von Büchern wieder in die verschiedenen Bibliotheken zurücktragen und vorher noch seine Bemerkungen und Unterstreichungen wieder ausradieren. Zudem müssen wir noch zusammen in die Stadt, um ihn ein bisschen für Wiesbaden einzukleiden, eine Kombination vielleicht und zwei oder drei Oberhemden. (Ganz vielen Dank noch mal für Deinen 2000-DM-Kredit, den wir auch dafür gut gebrauchen können!) Nicht zuletzt müssen wir noch ein Schaukelpferd kaufen. Denn schließlich hat Felix am 7. Juli seinen zweiten Geburtstag.«*

Die mündliche Doktorprüfung fand erst im Frühjahr 1969 statt, und ich musste mir zur Vorbereitung ein paar Tage Urlaub in Wiesbaden nehmen. Aus ihr ging schließlich das Gesamtprädikat

»summa cum laude« hervor. Seit des Freiherrn zu Guttenbergs zunächst ebenso benoteter Plagiatsarbeit ruft diese Note allerdings immer mal wieder höhnisches Grinsen hervor. Aber – ich hatte sie allein geschrieben.

Die Spitzennote war mir auch deshalb wichtig, weil nun die faszinierende Möglichkeit einer akademischen Karriere in den Blick rückte. Ich hatte erfahren, wie erfüllend und beflügelnd das wissenschaftliche Arbeiten sein kann, wenn man überzeugt ist, dass man mithilfe der Wissenschaft in der realen Welt tatsächlich zur Behebung eines gravierenden Missstandes beitragen kann. Dass dies mit meinem Thema gelingen konnte, dessen war ich mir nämlich schon während der Arbeit ziemlich sicher. Ebenso wie ich hoffte, auf meinem neuen Posten fundiert Probleme bearbeiten und zu ihrer Beseitigung beitragen zu können.

Das Manuskript der Dissertation, das ich für die Doktorprüfung vorgelegt hatte, war sehr viel umfangreicher als das dann veröffentlichte Buch. Die zentrale These fasse ich kurz zusammen, da das Thema betriebliches Ruhegeld auch heute noch mehr als die Hälfte aller Beschäftigten in Deutschland betrifft.[5]

Zeitloses Dissertationsthema: Verfall des betrieblichen Ruhegeldes

Zur Zeit meiner Promotion verloren Arbeitnehmer jeglichen Anspruch auf betriebliches Ruhegehalt (Betriebsrente), wenn sie vor Erreichung der Altersgrenze aus ihrem Betrieb ausschieden, selbst wenn sie gegen ihren Willen entlassen worden waren. Man war damals noch »fast einhellig der Auffassung«, die Beseitigung der Verfallbarkeit sei lediglich ein rechtspolitisches Thema, mit dem Gewerkschaften oder Gesetzgeber sich befassen müssten.[6] Trotz der schreienden Ungerechtigkeit der Verfallklausel kümmerten sich die Gewerkschaften nicht darum, und auch die staatliche Sozialpolitik griff nicht ein. Begründet wurde das mit dem Grundsatz der Vertragsfreiheit und der These, der Arbeitnehmer habe der Klausel ja zugestimmt. Dabei wurde aber ignoriert, dass das Ergebnis grob ungerecht war und die Vertragsbindung voraussetzt, dass die Partner etwa gleiche Verhandlungsmacht besitzen. Die Arbeitnehmer hatten aber meist keine Wahl.[7] Sie konnten die Klausel nicht ändern, und da andere Unternehmen dieselbe Klausel verwendeten, konnte auch ein Betriebswechsel keine Änderung bringen. Bei der Ruhegeldvereinbarung befand man sich also »immer noch im Zustand des frühliberalen Machtgefälles zwischen Arbeitgeber und Arbeitnehmer«, das ansonsten längst überwunden war.[8] Im Mittelpunkt meiner Arbeit stand deshalb, wie der Arbeitsrechtler Wolfgang Grunsky in seiner Besprechung schreibt, »die Frage, ob wir nicht schon nach geltendem Recht gehalten sind, die Ruhegeldanwartschaft über den Wechsel des Arbeitsplatzes hinweg zu erhalten. Um das Ergebnis vorwegzunehmen: Der Verfasser bejaht dies, und ich meine mit vollem Recht.«[9] Das Hauptthema der Arbeit bestand deshalb »in der Frage, ob und wie die Vertragsfreiheit bei den betrieblichen Ruhegeldzusagen sachgerecht eingeschränkt werden kann«.[10] Dabei wurden die Ausführungen auch »durch volkswirtschaftliche und soziologische Überlegungen untermauert«.[11] Denn auch aus ökonomischer Perspektive war die Verfallbarkeit schädlich, weil sie wirtschaftlich sinnvolles Wechseln zu einem anderen Betrieb leicht hindern konnte.

Was besonders überraschte: Nicht nur die Arbeitgeber, sondern auch die Gewerkschaften hielten an dem bestehenden Zustand fest. Und gegen beide gemeinsam sah sich die Politik nicht in der Lage, den Missstand zu beseitigen: Die Arbeitgeber wollten auf die Bindung ihrer Leute an das Unternehmen nicht verzichten, die Gewerkschaften hatten Vorbehalte gegen die Konsolidierung der betrieblichen Altersversorgung, die nicht die organisierte Arbeitnehmerschaft erkämpft, sondern paternalistisch denkende Unternehmer wie Siemens, Krupp und andere früher einmal eingeführt hatten.

Es bedeutete deshalb eine kleine Sensation, als der Dritte Senat des Bundesarbeitsgerichts in einem Grundsatzurteil vom 10.3.1972 meine Thesen übernahm (und meine Arbeit dabei auch mehrfach als Beleg anführte),[12] die Unverfallbarkeit betrieblicher Ruhegehaltsansprüche erzwang und damit quasi als politischer Eisbrecher fungierte.[13] Nun war der Weg frei für das Betriebsrentengesetz von 1974.[14] Anwartschaften sind heute, wie ich vorgeschlagen hatte, nach wenigen Jahren Betriebszugehörigkeit unverfallbar.[15]

Sechs bleibende Einsichten - und eine siebte

Die Bearbeitung meines Promotionsthemas und seine letztlich praktische Durchsetzung auf rechtlicher und wirtschaftlicher Ebene brachten einige grundlegende Erfahrungen für mich, die sich auch in meiner späteren Tätigkeit immer wieder von neuem bestätigen sollten:

Ganz wichtig war *erstens* die gewonnene Einsicht, dass es bei der avisierten Veränderung bestehender Ungleichgewichte nicht allein auf die juristische Form ankommt, also den Vertrag oder das Gesetz, sondern auch auf die dahinterstehenden Kräfte. Um diese zu ermitteln, ist es entscheidend, die rechtswissenschaftliche Expertise durch die Erkenntnisse anderer Disziplinen zu ergänzen.

Zweitens: Bei ungleichen Kräfteverhältnissen läuft Nichtintervention des Staates in Wirtschaft und Gesellschaft praktisch auf eine Förderung des Stärkeren hinaus. Diese Feststellung Talleyrands hatte bereits Rousseau so formuliert: »Entre le fort et le faible, c'est la liberté qui opprime et c'est la loi qui affranchit.«[16] (Zwischen Starken und Schwachen ist es die Freiheit, die unterdrückt, und das Gesetz, das befreit.) Das gilt, wie das Bundesverfassungsgericht betont, auch für die Vertragsfreiheit:

> *»Hat einer der Vertragsteile ein so starkes Übergewicht, dass er vertragliche Regelungen faktisch einseitig setzen kann, bewirkt dies für den anderen Vertragsteil Fremdbestimmung.«*[17]

Dann bedarf es hoheitlicher Eingriffe. Deshalb gehört »der Ausgleich gestörter Vertragsparität zu den Hauptaufgaben des geltenden Zivilrechts«.[18]

Das Problem betrifft, *drittens*, nicht nur die zivilrechtliche Ebene, sondern auch die öffentlich staatliche. Auch in der Politik sind die hinter Gesetzen und anderen formalen Maßnahmen stehenden Kräfteverhältnisse entscheidend: Die Grundthese der sogenannten pluralistischen Harmonielehre, das sich selbst überlassene Kräftespiel und die darauf beruhende Gesetzgebung tendierten in der Demokratie automatisch zum Richtigen, trifft keineswegs zu, wenn die einwirkenden Faktoren von ungleicher Stärke sind und nicht ihrer Bedeutung entsprechen. Dann sind zur Vermeidung von Fehlentwicklungen vielmehr Gegengewichte nötig, wie zum Beispiel die Mobilisierung der Öffentlichkeit und die Kontrolle durch unabhängige Instanzen, wie Gerichte und Sachverständige.

Viertens: Wenn die Zeit reif ist, können gründliche wissenschaftliche Texte durchaus Einfluss auf die gerichtliche und wirtschaftliche sowie politische Praxis gewinnen. Ein Einzelfall-Urteil kann eine ganze Reformbewegung auslösen und einen offensichtlichen Missstand beheben.

Fünftens und ganz persönlich: Die subjektive Gewissheit, dass Wissenschaft nicht in den Bibliotheken verstaubt, sondern gewichtige Folgen für die ganze Gesellschaft hat, kann die Arbeit des Forschers unerhört beflügeln und ihm Siebenmeilenstiefel verleihen.

Sechstens: Was vorgestern noch utopisch erschien, kann heute plötzlich Wirklichkeit werden, wenn man sich nur nachdrücklich darum bemüht – und die Verhältnisse sich günstig entwickeln.

Mit diesen Einsichten, die ich durch die Arbeit an meiner Dissertation gewann, hatte meine berufliche Entwicklung ihre Richtung und ihren Sinn gefunden. In der Folge ging es mir immer wieder um die Analyse von Ungleichgewichten in Prozessen der Willensbildung, die dann auch zu einseitigen Ergebnissen tendierten.[19] Dafür war die Verfallbarkeit von Ruhegeldern nur ein Beispiel: Die Arbeitgeber hatten mit ihrer Übermacht die Verfallklauseln durchgesetzt, und der Gesetzgeber hatte sie wegen des Drucks von Arbeitgebern und des Desinteresses der Gewerkschaften nicht beseitigt. Damit war auch der Grundgedanke meines späteren Habilitations-Themas angestimmt: Dem dominanten Druck der Partikularinteressen steht zum Schutz von Allgemein- und Zukunftsinteressen oft keine gleichwertige Kraft gegenüber.

Daraus ergibt sich schließlich eine wichtige *siebte* Einsicht: Zwischen dem Verfahren und dem Inhalt von Entscheidungen besteht ein innerer Zusammenhang: Sind die Organisation und das Verfahren einseitig von bestimmten Interessen dominiert, werden – mangels wirksamer Widerlager – auch die daraus hervorgehenden Inhalte typischerweise zu Unangemessenheit und Unrichtigkeit neigen. In der Folge tragen Entscheidungen, die Staatsorgane *in eigener Sache*, also befangen, treffen, die Tendenz inhaltlicher Unrichtigkeit in sich. Damit steht auch die Richtung fest, in die – zur Herstellung von Ausgewogenheit – gegengehalten werden muss.

Die Herstellung von Verfahrensgerechtigkeit ist auch aus einem weiteren Grund wichtig. Sie erlaubt, ein ganzes Bündel von Entscheidungen zu verbessern. Der Kontrolleur multipliziert damit seine Effektivität.[20] Bei institutionellen Verbesserungen, um die es mir oft ging, wird das ganz deutlich. Da Organisation und Verfahren den Inhalt von Entscheidungen mitbestimmen, gewinnt die Ein- und Ausrichtung geeigneter Institutionen geradezu strategische Bedeutung.[21]

Die Frage, die ich in diesem Zusammenhang oft hörte und höre, die Frage nach dem inhaltlich allein Richtigen, kommt leicht einem Totschlagargument gleich. Denn sie lässt sich wissenschaftlich eben nicht befriedigend klären. Was gerecht ist, wie hoch die Entschädigung von Abgeordneten richtigerweise sein und wie viele Mitglieder ein Parlament haben sollte, ist nun mal nicht eindeutig zu beantworten. Wohl aber müssen Erhöhungen, die in einem unausgewogenen Verfahren erfolgen, kritisiert werden, es sei denn, sie werden von einer einleuchtenden Begründung getragen.

Auch das sogenannte Gemeinwohl ist ein klassisches Beispiel in diesem Zusammenhang: Man weiß zwar nicht genau, was dieser schwer zu konkretisierende Begriff inhaltlich verlangt, kann aber doch negativ feststellen, dass etwas schiefläuft, wenn einseitige Kräfte die Politik bestimmen. Das schadenfrohe Scheinargument, man könne ja gar nicht sagen, was richtig ist, also die Unmöglichkeit, das absolut Richtige in derartigen Bereichen festzustellen, wurde mir gelegentlich entgegengehalten, etwa, um die Kritik an unbegründeten Diätenerhöhungen oder an stetig wachsenden Parlamenten abzuschwächen. Viele lehnten den Begriff des Gemeinwohls als Ziel staatlichen Handelns lange rundheraus ab, vielleicht auch, um auf das Ungleichgewicht politischer Kräfte nicht eingehen zu müssen. Mir aber war und ist es eine wichtige Antriebskraft für mein öffentliches Handeln.

II. Das Gemeinwohl im Sinn: Am wissenschaftlichen Institut des Bundes der Steuerzahler

Die Anfänge im Institut – und ihre lebensprägende Wirkung

Wie bereits erwähnt, war mir Mitte 1968 als 28-Jährigem die wissenschaftliche Leitung des Karl-Bräuer-Instituts (KBI), des Forschungsinstituts des Bundes der Steuerzahler, in Wiesbaden übertragen worden, das heute Deutsches Steuerzahlerinstitut heißt. Die Leitung eines fachlichen Teams schien mir attraktiv, reizvoller als eine Assistentenstelle an der Universität Heidelberg, die mir der Zweitkorrektor meiner Doktorarbeit, Professor Wolfgang Hefermehl, anbot, obwohl er gleichzeitig mit einer möglichen Habilitation gewunken hatte. Aber trotz der gelungenen Dissertation reizte mich Arbeitsrecht als solches nicht sonderlich, und Hefermehl galt als ziemlich »dominanter« Chef. (Immerhin wundert mich heute doch, dass ich damals nicht mal das Gehalt eines Uni-Assistenten ermittelt und mit dem des Institutsleiters im KBI verglichen habe.) Erst recht schien mir die Arbeit im Wiesbadener Institut sehr viel interessanter als die Mitarbeit in einem Großkonzern, bei dem ich am Tag meiner Bewerbung beim Bund der Steuerzahler noch eine weitere Vorstellung hatte, in der mir mein potenzieller Abteilungsleiter allerdings klar vermittelte: Auf gar keinen Fall würde er jemanden dulden, der an seinem Stuhl säge. Das sprach für eine nicht gerade einladende betriebliche Atmosphäre.

Als ich den Herren vom Bund der Steuerzahler im Bewerbungsgespräch gegenübersaß, ahnte ich noch nicht, wie wichtig die Weichenstellung hin zu diesem Verband für meine künftige Entwicklung werden würde, dass damit die Grundlage für meine späteren Aktivitäten gelegt wurde und dass es ein halbes Jahrhundert später über mich heißen würde:

> *»Es wird in Deutschland wohl keinen einzigen Politiker geben, dem dieser sprachgewandte Jurist unbekannt ist. Hans Herbert von Arnim meldet sich seit Jahrzehnten mit kritischen Analysen und genau recherchierten Hintergrundfakten über unsere abgehobenen Volksvertreter öffentlich zu Wort. Seine Bücher […] gehen mit den strukturellen Defiziten unserer vornehmlich repräsentativen Demokratie scharfsinnig ins Gericht. Und obwohl er mit seinen Analysen auch ein größeres Publikum erreicht – keiner der kritikwürdigen Parlamentarier konnte seine klugen Argumente […] widerlegen. Er hat es […] mit seiner gründlichen Kritik an der ›politischen Klasse‹ wie kein Zweiter geschafft, über Jahrzehnte die Missstände in unserem demokratischen System so anschaulich transparent zu machen, dass auch ein wesentlich größeres Publikum […] begreift, dass es auch für die Bürger selbst sinnvoll ist, sich wachsam zu engagieren.«*[1]

Die Freiheit, die wir bei der Auswahl der bearbeiteten Themen genossen, war für mich ganz wesentlich für eine befriedigende und fruchtbare Tätigkeit im Institut. Ebenso wie die wissenschaftliche Freiheit in der Aufbereitung und Bewertung von Themen, die ich mir auch vertraglich zusichern ließ.[2] Für einen Verband ein tatsächlich bemerkenswertes Zugeständnis, zumal ich mit dem über-liberal eingestellten Verbandspräsidenten beispielsweise hinsichtlich der Auffassung zu staatlichen Eingriffen in Wirtschaftskreisläufe nicht in jedem Punkt übereinstimmte. Wichtig waren auch ein großzügiger, stets sachlich engagierter und gesprächsbereiter Vorstand unter Steuerberater Dr. rer. pol. Klaus Schelle, ferner die fachliche Rückkoppelung in Brainstormingrunden im Institut und Gruppengesprächen unter Fachleuten der Landesverbände in den Arbeitskreisen »Haushalt« (geleitet vom Haushaltsfachmann und Volkswirt Karl-Heinz Langer, der übrigens ganz selbstverständlich davon ausging, dass Abgeordnete über ihre Diäten in eigener Sache entscheiden) und »Steuern« (unter Leitung von Dr. rer. pol. Dieter Kohler).

Die Offenheit für sachliche Kritik, das bessere Argument und eine eingängigere Formulierung, um Inhalte zugänglich und allgemeinverständlich zu vermitteln, waren dabei für mich selbstverständlich. Auch heute noch bin ich dankbar, wenn jemand sich die Zeit nimmt, meine Texte kritisch gegenzulesen, Fragen zu stellen und Gegenvorschläge zu machen, egal, ob dies ein erfahrener Kollege oder meine Frau mit ihrem ausgeprägten Sprachgefühl ist.

Nicht zuletzt brachten mich die Erfahrungen beim Bund der Steuerzahler auf mein Habilitationsthema: »Das Zukurzkommen allgemeiner Interessen in der pluralistischen Demokratie.«

Kurzum – ich hatte mit den interdisziplinären Anforderungen dieser Stelle genau die Position gefunden, die meiner breiten fachlichen und wissenschaftlichen Basis entsprach – und war damit der Engführung des Blicks, die eine Assistenz an einem Lehrstuhl vermutlich mit sich gebracht hätte, entkommen. Im Rahmen eines kleinen fachübergreifenden Teams, das – neben mir – aus drei Volkswirten bestand, wurden problemorientierte Analysen und Reformvorschläge erarbeitet. Hierbei ergänzten sich die übergreifende Makro-Betrachtung des Volkswirts und die auch auf den Einzelfall gerichtete Sicht des Juristen fruchtbar. Wissenschaft erschien nicht als Selbstzweck, sondern als methodisches Handwerkszeug zur Verbesserung der Finanz- und Wirtschaftspolitik.

Dieses funktionale Verständnis von Wissenschaft und der umfassende problemorientierte Ansatz, der mein fachliches Vorgehen seither prägt, wird von der Intention getragen, in einzelnen Bereichen auf die Praxis in Richtung Gemeinwohl einzuwirken, anders ausgedrückt: Fehlentwicklungen zu erkennen, Vorschläge zu ihrer Eindämmung zu erarbeiten und möglichst auf ihre Durchsetzung hinzuwirken. Dabei ging es mir persönlich vor allem darum,

Ungleichgewichte in der politischen Willensbildung zu ermitteln und daraus adäquate Konsequenzen zu ziehen. Denn solche Schieflagen in der Entstehung führen, wie bereits angesprochen, in der Regel auch zu schiefen Ergebnissen.

Mit Blick auf die Wirkkraft unserer Arbeit war in Wiesbaden auch jedes wissenschaftliche Kauderwelsch verpönt; unsere Tätigkeit dort war auf reelle Effekte aus, sei es auf die Wissenschaft, sei es auf die Politik. Meist vermittelt durch die Medien oder auch durch die öffentlichkeitswirksame Vorbereitung gerichtlicher Klagen. Das lehrte mich – neben dem problemorientierten fächerübergreifenden Ansatz – die klare Sprache, die meine Schriften für jedermann verständlich machen sollte.

Noch in anderer Hinsicht prägte meine Tätigkeit am Institut meine Perspektive, brachte sie doch die wachsende Erkenntnis mit sich, dass Finanzen quasi als »Geigerzähler« politischer Entwicklungen fungieren: Geld und Finanzen gelten vielen als etwas Minderwertiges.[3] Von Jean-Jacques Rousseau stammt gar das Wort, Finanzen seien etwas für Sklaven (»une chose d'esclave«). Auch der deutsche Idealismus war von der Verachtung finanzieller Aspekte durchdrungen. Das hat seine Spuren in der Jurisprudenz hinterlassen: Man glaubt häufig, die öffentlichen Finanzen links liegen lassen zu können (»judex non calculat«). Günter Dürig, der Gründer und Mitverfasser eines bekannten Grundrechtskommentars, leitete eine Sammlung wichtiger staatsrechtlicher Gesetze mit Millionen-Auflage mit folgendem Rat an die Studenten ein:

> *»Wenn Sie nicht müssen, steigen Sie da bitte nicht ein. Das brauchen und verstehen nur wenige Experten.«*[4]

Gemeint ist der X. Abschnitt des Grundgesetzes, der »Das Finanzwesen« betrifft. Der Vorwurf des Staatsrechtlers und Staatsphilosophen Josef Isensees, die Staatsrechtslehre sei mit »Finanzblindheit« geschlagen,[5] mag etwas übertrieben sein, traf damals aber den Kern. Dies ist bedauerlich, denn die Analyse der Finanzen ist für die Erfassung und Kritik der staatlichen Willensbildung unverzichtbar. An den Strömen des Geldes kann man das Funktionieren von Politik besonders gut nachverfolgen und analysieren, auch quantitativ. Geld ist eben exakt messbar: Hier werden Entwicklungen deutlich schneller manifest als anderswo.

Beim Bund der Steuerzahler zeigte sich insgesamt in der Praxis, was mich theoretisch immer schon interessiert hatte: die Eigenheiten des politischen Kräftespiels zu durchdringen und ihnen, wo nötig, entgegenzuwirken. Heinz Haller, an dessen finanzwissenschaftlichen Vorlesungen ich schon an der Universität Heidelberg teilgenommen hatte, und Günter Schmölders, ebenfalls Finanzwissenschaftler, der selbst dem Steuerzahler-Vorstand angehörte, hatten in ihren Darstellungen stets den politischen Prozess mit einbezogen,[6] ohne dessen Analyse mögliche Fehlentwicklungen in der Steuer- und Finanzpolitik kaum zu verstehen sind. Meine Diplomarbeit über Oligopole wies mir wiederum den Weg zu Walter Eucken, einen der Väter der sozialen Marktwirtschaft. Eucken hatte die »tragenden Kräfte« der Politik und die Gefahr von Monopolen und Kartellen nachdrücklich herausgestellt.[7]

Zudem erhielt ich nun aus erster Hand praktische Hinweise, wie Politiker »ticken«. Auch das war von unschätzbarem Wert für meinen weiteren Weg. Unvergessen ist die Aussage des Verbandsvertreters in der Bundeshauptstadt, Gerhard Weck. Sein Kernsatz lautete: Um Politiker für Ideen und Projekte wirklich zu interessieren, müsse man aufzeigen, was *ihnen persönlich* das ganz konkret bringt.

So war mein Beginn im Institut weniger in fachlicher Hinsicht schwer, als vor allem, was ganz praktische, alltägliche Dinge betrifft. Ich hatte bis dahin ja noch nie eine Sekretärin, noch nie ein Team geleitet, noch nie eine Geburtstagsansprache gehalten. Auch das gehörte zu meinem Lern- und Entwicklungsprozess dazu. Außerdem machte mir der Geschäftsführer des Präsidiums des Verbandes, das nebenan residierte, und der in dieser Eigenschaft auch für das Institut tätig war, zunächst einmal das Leben schwer. Der frühere Journalist Hermann Meyer-Hartmann fürchtete offenbar, ich würde ihm seine Stellung streitig machen. In der ersten Zeit ging es deshalb immer wieder um lästige Abgrenzungsfragen. Das änderte sich erst, als er merkte, dass ich keinerlei Ambitionen auf seinen Posten hatte. Und als es um einen Druckkostenzuschuss für die Veröffentlichung meiner Doktorarbeit in einer angesehenen wissenschaftlichen Buchreihe ging, schlug er selbst einen solchen Zuschuss im Vorstand vor, und der Bann war gebrochen. Das muss 1970 gewesen sein, also zwei Jahre nach meinem Start in Wiesbaden. Fortan waren wir ein Herz und eine Seele. Den Landesverbänden gelang es nicht mehr, uns gegeneinander auszuspielen; das muss ihnen zunächst ziemlich unheimlich erschienen sein.

Finanziert wurde das Institut zum großen Teil aus einer jährlich stattfindenden Spendenaktion. Wir waren stolz, dass darunter keine Großspenden waren, sondern sehr viele kleinere, sodass keine Abhängigkeit von bestimmten Geldgebern zu befürchten war. Den Rest zahlten die Landesverbände des Bundes der Steuerzahler im Wege einer Umlage.

Summa summarum zähle ich meine Anfangstätigkeit beim Bund der Steuerzahler zu einer der zentralen glücklichen Fügungen in meinem Leben. Ich konnte mir Basiskompetenzen aneignen, die für meinen weiteren Weg von entscheidender Wichtigkeit waren:

- verstehen, wie Politik in der Praxis funktioniert;
- vertraut werden mit den Medien in ihren Stärken und Schwächen, ohne die eine Einflussnahme im öffentlichen Raum kaum möglich ist;
- eingängiges Schreiben von Texten, sodass sie auch den fachlichen Laien in Politik und Medien erreichen;
- Verlust der »Angst vor Königsthronen«, also die Bereitschaft, auch die Mächtigen im Lande, wenn nötig, schonungslos zu kritisieren;
- das Bereitstellen einer Plattform, die es erlaubt, Politik zu kritisieren und zu Verbesserungen beizutragen etwa durch Gutachten, Schriften, Pressekonferenzen und gerichtliche Klagen.

Das sind Einblicke, die man sonst vielleicht nur in einer politischen Partei bekommt (dann aber leicht in deren Sichtweise eingebunden ist). Für diesen Erfahrungsschatz bin ich heute noch dankbar.

Im Fokus der KBI-Tätigkeit: Themen, die nicht an Aktualität verlieren, leider.

Die Arbeit im KBI schlug sich in zahlreichen Veröffentlichungen nieder. Insgesamt habe ich persönlich im Laufe der Jahre weit mehr als 25 Schriften in den Publikationsreihen des Instituts veröffentlicht. Sie betreffen meist Themen, die bedauerlicherweise, so muss man hinzufügen, ihre Aktualität nicht verloren haben. Die Rede ist von Ungleichgewichten und Missständen, die bis heute bestehen, deren Lösung aus Gründen politischen Machterhalts aber gern auf die lange Bank geschoben wird.

Staatsverschuldung: Süßes Gift des Schuldenmachens

Der erste Text aus meiner Feder betraf die Staatsverschuldung und die Bedenken gegen ihre Ausweitung.[8] Sie wurde im Plenum des Bundestags behandelt, und darauf waren wir damals ziemlich stolz. Vertieft wurde das Thema in einem grundlegenden Aufsatz: »Grundprobleme der Staatsverschuldung«.[9] Später wurde der Kampf gegen das »süße Gift des Schuldenmachens« offizielle Politik und führte zur sogenannten Schuldenbremse im Grundgesetz.

Charakteristisch für das Schuldenmachen ist eine Verzerrung des politischen Willensbildungsprozesses. Die Schulden-Finanzierung langlebiger Investitionen, von denen auch spätere Generationen profitieren, erscheint zwar sinnvoll, weil beides in die Zukunft verlagert wird: die Belastung und der Genuss. Aber der Investitionsbegriff ist dehnbar, und die Möglichkeit, mit Schulden finanzierte Wohltaten in der Gegenwart zu verteilen und die Bürger dafür erst in Zukunft zu belasten, wenn die Schulden bedient werden müssen, kann Politiker, die – wegen des Rhythmus der Wahlen – meist auf kurzfristigen Erfolg aus sind, leicht zu übermäßiger Staatsverschuldung verführen.

Das soll, wie gesagt, die Schuldenbremse verhindern. Sie gestattet laut Art. 109 und 115 GG im Normalfall nur dem Bund eine Nettokreditaufnahme von 0,35 Prozent des Bruttoinlandsprodukts. Die Länder müssen normalerweise ohne neue Kredite auskommen. Bei Konjunktureinbrüchen, Naturkatastrophen oder außergewöhnlichen Notlagen sind Ausnahmen möglich. Davon sollte im Zuge der Maßnahmen zur Bekämpfung der Corona-Pandemie und der Bewältigung von Problemen der Wirtschaft nach dem Angriff Russlands auf die Ukraine Gebrauch gemacht werden. Ein Urteil des Bundesverfassungsgerichts vom Herbst 2023, das die gewählte Finanzierungsform für nichtig erklärte,[10] hat der Ampel-Regierung massive Haushaltsprobleme breitet und eine Diskussion um die Abmilderung der Schuldenbremse ausgelöst.

Problematisch ist auch, dass der Europäischen Union die Kreditaufnahme zur Unterstützung von Ländern, die unter Corona litten, gestattet wurde. Kredite waren der EU lange untersagt – aus gutem Grund. Denn auf europäischer Ebene ist, wenn erst einmal das Tabu gebrochen ist, die Gefahr verzerrter politischer Willensbildung besonders groß. Die Europäische Zentralbank hatte den Anfang gemacht: Indem sie Schuldverschreibungen von Mitgliedstaaten in großer Menge aufkaufte, ermöglichte sie diesen, sich ohne Rücksicht auf deren langfristige Bonität billig zu verschulden. Denn die Gläubiger konnten die gekauften Papiere ja an die EZB weitergeben. So wandelte die EZB ihre Aufgaben unter der Hand von der Sicherung des Geldwerts zur Stabilisierung der Europäischen Union.

Verdrängtes Thema: Alterssicherung

Das Verdrängen von Problemen in die Zukunft wird beim Thema Alterung der Bevölkerung und Alterssicherung besonders deutlich. Einerseits werden die Menschen immer älter und beziehen deshalb länger Rente.[11] Andererseits führt die geringe »Nettoreproduktionsrate« der Bevölkerung dazu, dass immer weniger Junge nachkommen und die Bevölkerungsstruktur sich ungesund entwickelt. Statt sich nach oben zu verjüngen, verbreitert sie sich von Altersgruppe zu Altersgruppe immer stärker. Besonders gut gefüllt ist die »Kohorte« im Alter zwischen 50 und 60 Jahren, also die in den 60er- und 70er-Jahren Geborenen. Wenn sie in Rente gehen, klafft eine gewaltige Finanzierungslücke. Denn die Alterssicherung muss von den Aktiven bezahlt werden, und die nachwachsenden Kohorten sind sehr viel dünner besetzt. Deshalb fordern zum Beispiel der Wissenschaftliche Beirat beim Bundeswirtschaftsministerium und die Bundesbank eine Erhöhung des Rentenalters. Doch davon will die Politik vorerst offenbar nichts wissen und steckt den Kopf in den Sand, obwohl die Lawine unaufhaltsam auf uns zu rollt.[12] Das sich verschlechternde Verhältnis von Aktiven und Rentnern ist kein neues Problem, sondern hat sich lange angekündigt. Während 1962 noch sechs Beitragszahler auf einen Altersrentner kamen, waren es 2019 nur noch gut zwei.[13]

Undurchdringliches Steuersystem mit vielen Partikular-Privilegien

Eine größere Arbeit des Instituts war die 300-Seiten-Schrift über die Steuerreform aus dem Jahre 1971, deren Kernanliegen die Beseitigung sämtlicher Steuervergünstigungen und eine entsprechende Senkung der Steuertarife waren. Dies hätte mehr Gerechtigkeit *und* mehr Einfachheit gebracht.[14] 2003, also mehr als 30 Jahre später, schlug der CDU-Politiker Friedrich Merz eine Steuerreform vor, die ganz ähnliche Ziele verfolgte. Sie wurde unter dem Schlagwort »Bierdeckel« bekannt, weil Merz damit warb, jeder solle auf einem Bierdeckel die Höhe seiner Steuer berechnen können. Vor der Bundestagswahl 2005 griff Angela Merkel den Vorschlag auf und stellte den Heidelberger Steuerrechtler und früheren Bundesverfassungsrichter Paul Kirchhof als künftigen Finanzminister heraus, um mit ihm nach gewonnener Wahl eine durchgreifende Steuerreform zu realisieren. Doch Kanzler Gerhard Schröder und Außenminister Joschka Fischer machten gezielt Front gegen den »Professor aus Heidelberg« und polemisierten mit allen Mitteln gegen die von ihm vorgeschlagene Abschaffung von Steuervergünstigungen. Dabei konzentrierten sie sich auf die Steuerfreiheit der Zuschläge für Nacht- und Feiertagsarbeit am Beispiel von Krankenschwestern und taten so, als wolle man deren Einkommen kürzen (dabei sollten die Zuschläge im Falle einer Besteuerung entsprechend erhöht werden). Jedenfalls verlor die Union, die in Umfragen anfangs hoch geführt hatte, die Wahl von 2005 noch beinahe.

Am Ende brachte Merkel ihre erste große Koalition und Regierung (ohne Kirchhof) zusammen und wurde Kanzlerin. Von dem neoliberalen Programm aber, welches ein CDU-Parteitag Anfang 2005 beschlossen hatte, wollte sie in Zukunft nichts mehr wissen.

Paul Kirchhof ließ vom Thema Steuerreform nicht ab und konzipierte, genau wie wir damals im KBI, ein einfaches und klares Steuersystem ohne Vergünstigungen.[15] In der Tat hat das Thema auch Jahrzehnte später immer noch nicht an Aktualität verloren: Die Subventionsberichte der Bundesregierung listen eine Vielzahl von Steuervergünstigungen auf.[16] Aber auch heute kann sich die Politik häufig nicht gegen die zahlreichen und potenten Lobbyisten durchsetzen, die ihre Privilegien mit Zähnen und Klauen verteidigen – und gegen die vielen Fachleute in den Ministerien, die an jeder lieb gewordenen Ausnahmevorschrift hängen.

Im Zusammenhang mit lobbygetriebener Politik sei ein kurzer Exkurs zu Gerhard Schröder erlaubt: Schröder hatte in der Elefantenrunde nach der Wahl von 2005 vor Millionen Fernsehzuschauern seinen unvergesslichen Auftritt, wobei die Auguren noch immer rätseln, ob er betrunken oder bekifft war, so sehr polterte er herum. In Wahrheit wollte er vielleicht nur davon ablenken, dass er einen Deal mit Putin gemacht und seine Schäfchen wohl schon längst ins Trockene gebracht hatte: Schröder war so oder so immer wieder aufgefallen. Er hatte 1992 als niedersächsischer Ministerpräsident – gegen den Widerstand von Betroffenen in seiner Partei –

die Direktwahl von Bürgermeistern durch das Kommunalvolk in Niedersachsen durchgesetzt. Er hatte, nachdem ich ihm, wie allen Regierungschefs der Bundesländer, 1995 mein Buch *Der Staat sind wir!* zugeschickt hatte, mir telefonisch sein Veto im Bundesrat angekündigt. Tatsächlich scheiterte dann die vom Bundestag schon beschlossene Grundgesetzänderung, welche die skandalöse Erhöhung der Abgeordnetendiäten ermöglichen sollte (siehe S. 195 ff.).

1998 hatte Schröder von der Pressekampagne »Der nächste Kanzler muss ein Niedersachse sein« profitiert, die Carsten Maschmeyer finanziert hatte, und, wohl um Sanktionen zu vermeiden, öffentlich behauptet, er wisse von nichts (siehe S. 131 f.). Schröder war es auch, der 2004 als Bundeskanzler, zusammen mit anderen Regierungschefs, das unmögliche europäische Abgeordnetenstatut im Europäischen Rat verhinderte (siehe S. 223 und 229).

Und ausgerechnet dieser so kühl kalkulierende Mann, der durchaus auf seinen persönlichen Vorteil bedacht war und sich mit Brioni-Anzug und teuren Cohiba-Zigarren inszeniert hatte, soll in der Elefantenrunde nach der Bundestagswahl 2005 ohne Hintergedanken derart aus der Rolle gefallen sein? Das erscheint ganz unwahrscheinlich und wenig glaubhaft.

Erster Auftritt als »Parteienkritiker«: Das Diätenurteil des Bundesverfassungsgerichts

Parteipolitische Missstände dezidiert offenzulegen, hat mich zeitlebens angetrieben, vor allem, wenn sich dadurch eine reelle Änderung bestehender Zustände bewirken lässt. Den ersten spektakulären Erfolg in dieser Hinsicht errang ich zusammen mit dem Bund der Steuerzahler beim Diätenurteil des Bundesverfassungsgerichts von 1975.[17]

Dieses weit ausholende Urteil war auf Klage eines Abgeordneten zustande gekommen, der sich gegen eine Unvereinbarkeitsvorschrift gewendet hatte.[18] Das Urteil wurde auch auf mein dem

Gericht vorgelegtes Gutachten[19] zurückgeführt und bestätigte die besondere Kontrollbedürftigkeit von Entscheidungen des Parlaments in eigener Sache. Der Bundestag nutzte das Urteil allerdings dazu, die nun steuerpflichtigen Diäten seiner Mitglieder überstark anzuheben, und viele Landtage machten aus der bisherigen Teil- eine üppige Vollalimentation.

Seit 1980 kommentiere ich den Diätenartikel 48 des Grundgesetzes und entsprechende Bestimmungen der Landesverfassungen im Bonner Groß-Kommentar und brachte den Text von 2010, unterstützt durch den früheren Mitarbeiter Dr. Thomas Drysch, 2019 auf den neuen Stand. Diese Kommentierung bildete die verlässliche Rechtsgrundlage für die Beurteilung der von mir aufgedeckten Diäten- und Versorgungsskandale in Hessen (1988), Hamburg (1991) und im Saarland (1992) sowie in fast allen anderen Bundesländern.

Ebenso wandte ich mich erfolgreich gegen die Ankopplung der Bundestagsdiäten an die Bezüge von Bundesrichtern und brachte zusammen mit 86 weiteren Staatsrechtslehrern die geplante Änderung eben dieses Art. 48 GG zu Fall. Unser gemeinsamer Appell bewog den Bundesrat, der Grundgesetzänderung seine Zustimmung zu versagen (1995).

Eine Niederlage, die die Abgeordneten allerdings nicht davon abhielt, es noch einmal zu versuchen. Später gelang ihnen tatsächlich – mit einem Gefälligkeitsbericht der Schmidt-Jortzig-Kommission im Rücken (siehe S. 311) – ihre Diäten auf das Niveau von Bundesrichtern anzuheben – diesmal ganz ohne Grundgesetzänderung. Das war zwar verfassungsrechtlich anfechtbar, blieb aber ungesühnt. Denn der Bürger besitzt kein Klagerecht gegen verfassungswidrige Abgeordnetengesetze. Das haben nur die Abgeordneten selbst als unmittelbar Betroffene, und die hüten sich vor einer Klage.

Auch die geplante Diätenerhöhung von Europa-Abgeordneten und die unangemessene Vereinheitlichung der Sätze (siehe S. 222 ff.) bei völlig unterschiedlichen wirtschaftlichen Lebensverhältnissen in den »Ausgangsländern« scheiterten, nachdem ich meine Ausarbeitung hierzu dem *Spiegel* und der *Bild*-Zeitung zur Verfügung gestellt hatte und beide groß über den Plan berichteten (2004). Deshalb blieb es zunächst dabei, dass die Mitglieder des Europäischen Parlaments unterschiedliche Bezüge erhielten, nämlich jeweils in derselben Höhe wie ihre nationalen Abgeordneten.

Das Ganze hatte jedoch noch ein gerichtliches Nachspiel: Der damalige Sprecher der sozialdemokratischen EU-Fraktion Martin Schulz und der Sprecher der EVP-Fraktion Klaus-Heiner Lehne beschuldigten die *Bild*-Zeitung und mich persönlich in übelster Form als Lieferanten von Fehlinformationen und behaupteten, wir hätten die Öffentlichkeit falsch informiert. Der *Spiegel* wurde in den wüsten Presseerklärungen der beiden nicht erwähnt, obwohl sein Bericht ebenfalls auf meinen Unterlagen beruht hatte. Die *Bild*-Zeitung klagte mit meiner Unterstützung und hatte durchschlagenden Erfolg: Das Hamburger Landgericht erklärte mit Urteilen vom 16.4.2004 und vom 25.4.2005 die Äußerungen der beiden Abgeordneten für rechtswidrig und bürdete ihnen auch die Prozesskosten auf.[20] Ihre Anschuldigungen waren so offensichtlich unrichtig, dass das Gericht die Indemnität, die Abgeordnete genießen, als eng auszulegende Ausnahmevorschrift beiseite wischte, ein überkommenes Privileg, das verbietet, sie wegen ihrer Äußerungen im Parlament gerichtlich in Anspruch zu nehmen.

Leider wurde die Vereinheitlichung der Diäten von Europa-Abgeordneten dann doch, wenn auch auf niedrigerem Niveau, mit Wirkung ab 2009 durchgesetzt. Das Europäische Abgeordnetenstatut schert völlig unterschiedliche nationale Verhältnisse über einen Kamm und ist damit zum Symbol für die krasse Verletzung des Subsidiaritätsprinzips in der EU geworden. 2019, bei der Diskussion um die Indexierung von Kindergeld für etwa in Rumänien lebende Kinder von in Deutschland Beschäftigten, hätte die grobe Ungerechtigkeit der Vereinheitlichung völlig unterschiedlicher Verhältnisse wieder hochkommen können. Die *FAZ* veröffentlichte aber nicht einmal meinen Leserbrief dazu.

Kleine Geschichte der Diäten

Ursprünglich galt das Abgeordnetenmandat als Ehrenamt, das neben einem Erwerbsberuf ausgeübt wurde. Die Diäten wurden als reine Aufwandsentschädigung verstanden, also als Abgeltung der durch das Mandat hervorgerufenen Mehrkosten. So wurde der Begriff »Entschädigung« in Art. 40 der Weimarer Reichsverfassung von 1919 im führenden Kommentar von Gerhard Anschütz interpretiert. Das galt nach 1949 auch für Bundestagsabgeordnete, die nach Art. 48 Abs. 3 GG »Anspruch auf eine angemessene, ihre Unabhängigkeit sichernde Entschädigung« haben.

Doch die tatsächliche Entwicklung ging über diesen normativen Ausgangspunkt hinweg. Die »Diäten«, womit ursprünglich Tagegelder (von *dies* = der Tag) gemeint waren, entwickelten sich immer mehr zu einer Alimentation, die den Lebensunterhalt des Abgeordneten und seiner Familie sichern sollte. Schon 1958 war die Entschädigung an das Gehalt von Ministern und damit indirekt an die Beamtenbesoldung geknüpft worden. Sie betrug 22,5 Prozent des Amtsgehalts eines Bundesministers, das seinerseits vier Drittel des Grundgehalts eines Staatssekretärs der höchsten Besoldungsgruppe der Beamten ausmachte. Außerdem wurden für die mandatsbedingten Unkosten *zusätzliche* Pauschalen gewährt. Ein weiterer Entwicklungsschritt hin zum »Entlohnungsmodell für Berufspolitiker« erfolgte mit der Einführung der Altersversorgung für Abgeordnete 1968 durch die große Koalition. Sie wurde formal zwar aus Beiträgen der Abgeordneten finanziert. Da die Abgeordneten ihre Entschädigung aber gleichzeitig auf 33 1/3 Prozent des Ministergehalts anhoben, was mehr als die Beiträge zur Altersversorgung ausmachte, wurde diese faktisch allein vom Staat getragen.

Damit war das ursprüngliche Verständnis einer Aufwandsentschädigung offensichtlich aufgegeben. Große Teile der Entschädigung waren zu klassischen Einkommen im Sinne der Bestreitung des Lebensunterhalts geworden. Wodurch wiederum einigen überkommenen Privilegien die Basis entzogen war, besonders der Steuerfreiheit der »Entschädigungsbezüge«, der Anrechnungsfreiheit von sonstigen Bezügen aus öffentlichen Kassen und dem Privileg der ins Parlament gewählten Beamten, neben ihrer Entschädigung noch ein Ruhegehalt aus ihrem Beamtenverhältnis zu beziehen. Das Bundesverfassungsgericht erklärte diese Privilegien deshalb in seinem Diäten-Urteil für verfassungswidrig.[21]

»Entscheidungen des Parlaments in eigener Sache«: Endlich als eigenes Konzept (und demokratische Crux) anerkannt

Dass das Urteil durch Veröffentlichungen und Gutachten aus meiner Feder vorbereitet worden war,[22] hatte meinem Selbstvertrauen natürlich zunächst einen Schub versetzt. Denn die negativen Folgen, zu denen das Urteil in den Händen der Parlamente führte, zeigten sich erst allmählich (siehe S. 78 ff.). Das Gericht übernahm damals den Begriff »Entscheidung des Parlaments in eigener Sache« und nahm eine umfassende Überprüfung des Diäten(un)wesens vor: Wenn das Parlament über den finanziellen Status seiner Mitglieder entscheide, bedürfe es einer intensiven Kontrolle durch die Öffentlichkeit, aber eben auch durch die Verfassungsrechtsprechung selbst. Dass hier irgendwo die Geburtsstunde des »Parteienkritikers« geschlagen haben mag, kam mir damals noch gar nicht in den Sinn.

Das Konzept »Entscheiden in eigener Sache« hatte eine über den Einzelfall hinausgehende Neu-Ausrichtung in der Beurteilung der sogenannten Regeln der Macht (Wahl- und Parteienrecht, Politikfinanzierung, Ämterpatronage) zur Folge. Damit wurde ein Weg weg von vordergründigen Rechtskonstruktionen und hin zu den faktischen Verhältnissen, die hinter den formalen Regelungen stehen, aufgezeigt.

Bürger sollen über die Wahl von Parteien Einfluss auf staatliches Handeln nehmen. Da die Parteien und ihre Politiker aber auch eigene (von denen der Bürger abweichende) Interessen haben, sind sie beim Einsatz ihrer Macht leicht versucht, ihren eigenen Belangen Vorrang zu geben.[23] Deshalb wollte der große Philosoph John Locke, dessen Erkenntnisse für unsere demokratisch-rechtsstaatlichen Verfassungen prägend geworden sind, den Mitgliedern der gesetzgebenden Versammlung die Befugnis gänzlich versagen, »ein Gesetz zu erlassen, das allein ihnen Vorteile bringt«.[24] Aus demselben Grund schlug der Parteienrechtler Wilhelm Henke vor, in solchen Fällen ein Gremium von Sachverständigen entscheiden zu lassen.[25] Doch wer trägt dafür dann die in der repräsentativen Demokratie unverzichtbare politische Verantwortung gegenüber dem Wähler? Letztlich muss also ein befangenes Parlament entscheiden, bedarf dann aber, etwa wenn es Politikfinanzierung oder Wahlrecht regelt, der besonderen Kontrolle.

Dies kann u .a. geschehen:

- durch eine intensivere Kontrolle des in eigener Sache entscheidenden Gesetzgebers seitens der Verfassungsgerichte, was den politischen Entscheidungsspielraum verengt;
- durch Ermöglichen der öffentlichen Kontrolle;
- und (im Falle der Diätenregelung) durch Verbot der Koppelung von Abgeordnetenbezügen an Beamtengehälter oder andere unpassende Richtgrößen.

Werden Politiker dagegen, wie jeder andere Bürger auch, von den durch sie beschlossenen Steuer-, Familien- und Straßenverkehrsregelungen oder sonstigen allgemeinen Gesetzen mit betroffen, liegt eine andere Sachlage vor. Dies bestätigt auch John Locke, wenn er die Befugnis des Gesetzgebers unterstreicht, »in Sachen der Allgemeinheit zu entscheiden«.[26] Dann ist für spezielle verfassungsrechtliche Vorkehrungen gegen Missbrauch kein Platz. Im Gegenteil: Es erscheint sogar wünschenswert, dass Politiker von allgemeinen Gesetzen auch selbst betroffen werden und ihre Auswirkungen sozusagen am eigenen Leib spüren.[27]

Manche weigern sich allerdings, diese notwendige Unterscheidung vorzunehmen und zwischen Parlamentsentscheidungen über allgemeine Gesetze einerseits und den sogenannten Regeln der Macht andererseits zu differenzieren. Sie wollen Entscheidungen des Parlaments in eigener Sache deshalb überhaupt keine besondere verfassungsrechtliche Bedeutung einräumen und versuchen dies so zu begründen (wobei sie ihre Augen vor dem Problem ganz offensichtlich verschließen):

- Eigennutz und die Wahrnehmung eigener Interessen durch Parteien und Abgeordnete seien ohnehin der Normalfall und bedürften deshalb keiner besonderen verfassungsrechtlichen Behandlung (Walter Schmitt Glaeser[28]). Deshalb sei Befangenheit nur bei Gerichten und Verwaltungen rechtlich von Bedeutung, nicht dagegen beim Gesetzgeber (Hans Hugo Klein[29]).
- Man müsse dem Parlament als Kerninstitution der Demokratie Vertrauen entgegenbringen (wiederum Klein[30]). Dies gelte auch für die Verfassungsgerichte selbst, die ihre Kontrolldichte deshalb bei »Entscheidungen in eigener Sache« zurücknehmen müssten. Dieser Begriff tauge eben nicht als Rechtskategorie (Peter Müller[31]).
- Dabei berufen Schmitt Glaeser und Klein sich auf die (abwegige und eigentlich längst überholte) Identitätsfiktion von Carl Schmitt, wonach die Parteien mit Staat und Volk staatsrechtlich als identisch anzusehen seien,[32] eine Auffassung, die auch Gerhard Leibholz vertrat.[33]

Die Kritiker des Konzepts »Entscheidung in eigener Sache« meinen also, mit der durchaus zutreffenden Feststellung, dass Politiker von allgemeinen Gesetzen regelmäßig *auch* selbst mitbetroffen sind, die verfassungsrechtlichen Konsequenzen vermeiden zu können, die bei speziellem Handeln in eigener Sache erforderlich sind, bei denen die Gesetze also *nur* die Politiker und/oder ihre Parteien betreffen. Es ist vermutlich kein Zufall, dass Gerhard Leibholz, Hans Hugo Klein, Walter Schmitt Glaeser und Peter Müller allesamt von den Parteien ins Bundesverfassungsgericht gewählt wurden.

Geht es aber nicht um Regeln der Macht, ist gegen politische Maßnahmen zur Sicherung der Stellung oft kein rechtliches Kraut gewachsen. So dürften die durch Angela Merkel bewirkte Öffnung der Grenzen 2015 und die Abschaffung der Kernenergie dazu beigetragen haben, dass die Grünen als mögliche Koalitionspartner für ihre CDU infrage kamen, wodurch Merkel ihre Kanzlerschaft absicherte. Gegen derartiges, auf Erhaltung der Macht erpichtes Agieren wird es in der Demokratie kein Rezept geben. Doch die Öffentlichkeit sollte sich über Zusammenhänge dieser Art zumindest klar werden, um sich auf dieser Basis eine fundiertere politische Meinung zu bilden.

Grundlage für die Aufdeckung diverser Versorgungsskandale

Das Diäten-Urteil von 1975, das auch die Reform der Abgeordnetengesetze der Länder notwendig machte, wurde zur Grundlage meiner ausführlichen Kommentierung des Diätenartikels im Bonner Kommentar (1980).[34] Damit war die sichere Grundlage für weitere Gutachten geschaffen, mit denen ich, wie bereits erwähnt, im Zusammenspiel mit dem Bund der Steuerzahler die Diäten- und Versorgungsskandale in Hessen, Hamburg und im Saarland aufdecken, verfassungsrechtlich einordnen und Abhilfe erzwingen konnte (siehe S. 154 ff.). »Jeder Schuss ein Volltreffer«, schrieb die *Bild am Sonntag*: »zuerst in Hessen, dann in Hamburg und jetzt im Saarland.«[35] Und das sollten nicht die letzten »Treffer« bleiben. Das mag flapsig klingen, die dabei erfolgten Auseinandersetzungen haben mir aber unersetzliche Einblicke vermittelt, wie Politik funktioniert und mit welch harten Bandagen sie arbeitet. Alles Erfahrungen, die meine Sicht auf die politische Wirklichkeit entscheidend mitgeprägt haben. Fernerstehende, und damit der Großteil der Bürger, können sich vermutlich gar nicht vorstellen, wozu Politik fähig ist, wenn sie selbst ihren Status festlegt, wie sie Missbräuche vor der Öffentlichkeit versteckt, mit welchem Nachdruck sie sich der Aufdeckung und Bereinigung widersetzt und versucht, Kontrollen sämtlicher Art zu schwächen.

Zu eigenen Gunsten: Einseitige Umsetzung des Diäten-Urteils durch den Bundestag

Ich hatte es weiter oben bereits angedeutet: Ein Urteil allein bedeutet noch nicht seine praktische Realisierung im Sinne des Gerichts. Bei der Umsetzung des Diätenurteils entschieden die Parlamente eben wieder in eigener Sache:

Die Entschädigung von Bundestagsabgeordneten wurde zum 1. April 1977 praktisch verdoppelt: von 3850 DM auf 7500 DM monatlich. Von den 3850 DM war früher ein Viertel als Finanzierungsanteil des Abgeordneten für seine Altersrente abgezogen worden, sodass nur 2888 DM übrig blieben, die steuerfrei waren. Bei der Reform entfiel der eigene Finanzierungsanteil. Beide gegenläufigen Faktoren (Wegfall des eigenen Finanzierungsanteils und Besteuerung) dürften sich im Durchschnitt etwa aufgewogen haben, sodass man die Bruttobezüge von 3850 DM *vorher* und 7500 DM *nachher* durchaus vergleichen konnte, was eben eine Verdoppelung ergab.

Die (nun beitragsfrei gewährte) überaus üppige staatliche Altersversorgung bezeichnete Willi Geiger, Berichterstatter des Karlsruher Urteils, kurzerhand als »Abusus«.[36] Die steuerfreie Kostenpauschale, die damals ca. 72 000 DM jährlich betrug, erhielten (und erhalten immer noch) alle Abgeordneten in derselben Höhe, selbst wenn ihre Wohnung und ihr Wahlkreis im Bereich der Bundeshauptstadt liegen, sie also sehr viel geringere Aufwendungen als andere Abgeordnete haben und deshalb große Teile der Pauschale ein steuerfreies Zusatzeinkommen darstellen, was verfassungswidrig war (und ist).[37] Später wurden die Diäten dann, auch mithilfe einer Gefälligkeitskommission, noch weiter kräftig angehoben (siehe S. 250 f. und 311).

Weitere zentrale Kritik: Sogenannte Interessentenzahlungen an Abgeordnete blieben weiterhin erlaubt, obwohl das Bundesverfassungsgericht Vorkehrungen dagegen verlangt hatte.[38] Nach wie vor konnte ein potenter Finanzier einem Volksvertreter einen ganzen Sack Geld anbieten und riskierte allenfalls, dass der Abgeordnete ihn rauswarf. Abgeordnete konnten sich mit einem guten »Zusatzverdienst« vor den Karren von Lobbyisten spannen lassen, obwohl ihre Entschädigung ja ausdrücklich zur Sicherung ihrer Unabhängigkeit gedacht ist (siehe Art. 48 Abs.3 GG: »Anspruch auf eine angemessene, ihre Unabhängigkeit sichernde Entschädigung«). Das fand ich derart ungeheuerlich, dass ich dieser Frage eine eigene kleine Schrift widmete und einen konkreten Abhilfevorschlag unterbreitete.[39] Interessentenzahlungen blieben aber lange erlaubt. Erst 2021, als bekannt wurde, dass sich einige Abgeordnete am Kauf von Corona-Masken durch öffentliche Stellen bereichert hatten, wurde diese Gesetzeslücke geschlossen, und auch die »Maskenfälle« wurden unter Strafe gestellt (siehe S. 295 ff.).

Landtage auf Abwegen

Nach dem Diätenurteil von 1975 zogen die Landtage nach. Auffällig ist die tendenzielle Angleichung des finanziellen Status von Landesparlamentariern an die Kollegen im Bund. In den 60er-Jahren und der ersten Hälfte der 70er-Jahre hatten Landtagsabgeordnete noch kaum die Hälfte der Entschädigung von Bundestagsabgeordneten erhalten. So bekam ein niedersächsischer Landesparlamentarier 1962 40 Prozent der (damals noch so bezeichneten) Aufwandsentschädigung eines Bundestagsabgeordneten. Dann aber wurde ihre Bezahlung der eines Bundestagsabgeordneten weitgehend angenähert, die ihrerseits wiederum stark ausgeweitet worden war.[40]

Vorreiter bei der gezielten Missinterpretation des Diätenurteils war der *Bayerische Landtag*. In einem Gesetz, das allen Regeln guter Gesetzgebung spottete,[41] setzte er die steuerpflichtige Entschädigung auf monatlich 6750 DM herauf. Gleichzeitig bewilligte er sich eine überaus großzügige, nunmehr beitragslose Altersversorgung und eine steuerfreie Aufwandsentschädigung von monatlich 3800 DM – und das, obwohl Art. 31 der Bayerischen Verfassung für Landtagsabgeordnete ausdrücklich nur eine Aufwandsentschädigung und keine Vollalimentation samt Altersversorgung vorsieht. Geiger kommentierte das wie folgt:

»Wenn ein Landesparlament – und sei es das bayerische, das mir sehr gewogen ist – nur noch ein Drittel oder ein Viertel der legislatorischen Aufgaben zu erfüllen hat, die etwa der Bundestag zu leisten hat, dann ergibt sich aus dieser Kadenz zwischen Verantwortung und Arbeitsmaß auch die Notwendigkeit einer deutlich gestuften Höhe der Abgeordnetenentschädigung. Solange im Bundestag 7500 DM vorgesehen sind, sage ich: in keinem Landtag über 4000 DM!«[42]

Als die *Düsseldorfer Landtagsabgeordneten* das bayerische Beispiel dennoch übernehmen wollten, setzte ein regelrechter Proteststurm ein.[43] Der Düsseldorfer Rechtsanwalt Dr. Günter Felix und der Bund der Steuerzahler, der damals noch »bissig« war, kündigten ein Volksbegehren an und folgten damit einem Gutachten aus meiner Feder. Die Zulässigkeit des Begehrens bestätigte schließlich auch das Düsseldorfer Innenministerium. Darauf sammelten die Organisatoren in kurzer Zeit eine so große Zahl von Unterschriften gegen das geplante Diätengesetz, dass der Landtag auf die Umsetzung des Projekts verzichtete, eine Kommission berief und schließlich deutlich bescheidenere Diäten beschloss.[44] Denn man war gebranntes Kind: Das kurz vorher von der damaligen SPD/FDP-Koalition verabschiedete Konzept der »Kooperativen Schule«, welche die drei Schulformen der Sekundarstufe I (Hauptschule, Realschule und Gymnasium) verbinden sollte, war gerade nach einem landesweiten Volksbegehren zurückgenommen worden.

Hier wurde mir zum ersten Mal deutlich, dass direktdemokratische Verfahren, also die Aktivierung des Volkes selbst – und schon das glaubwürdige Drohen damit –, durchaus ein Gegengewicht gegen missbräuchliche Beschlüsse des Parlaments in eigener Sache bilden können.

Im Übrigen gilt die bedauernde Feststellung des Bundesverfassungsgerichts, im Bund lasse es sich »nicht vermeiden, dass das Parlament in eigener Sache entscheidet«,[45] in den Ländern gerade nicht. Denn dort gibt es zudem auch die Volksgesetzgebung, wenn auch von Land zu Land in unterschiedlicher Ausprägung und Wirksamkeit. Es spricht manches dafür, diese in Zusammenhang mit der Diätenfrage stärker zum Zug zu bringen.[46]

Funktionszulagen: Bezüge durch die Hintertür

Wiederum ein besonders plastisches Beispiel, wie Vorgaben des Bundesverfassungsgerichts umgangen bzw. unterlaufen wurden: Karlsruhe hatte im Diätenurteil zusätzliche, über die normale Entschädigung hinausgehende Zahlungen auf ganz wenige Funktionsträger des Parlaments begrenzt. Darüber hinaus hätten Funktionszulagen neben einer »Vollalimentation«, wie sie sich der Bundestag und inzwischen alle Parlamente der Flächenländer bewilligen, keinen Platz. Das verfassungsrechtliche Verbot aber wurde nicht eingehalten. Im Bundestag und den Landesparlamenten wurden einer Vielzahl weiterer Abgeordneter ebenfalls Zulagen bewilligt (siehe S. 273 ff.).

Das Thema steht exemplarisch für die Problematik parlamentarischer Selbstbegünstigung: Die massenhafte Zulagen-Bewilligung provozierte weitere Verbotsurteile von Bundes- und Landesverfassungsgerichten, die aber dadurch umgangen wurden, dass es nun nicht mehr das Parlament war, das die Zulagen kraft Gesetzes leistete, sondern die *Fraktionen*, welche sie ihren Funktionsträgern gewährten. Die fast vollständige staatliche Subventionierung der Fraktionen liegt in deren eigener Hand und kann von ihnen nach Belieben entsprechend aufgestockt werden, sodass sie finanziell komfortabel agieren können.

Mein anfängliches Vertrauen in die Möglichkeiten der Rechtsprechung, Fehlentwicklungen zu korrigieren, bekam durch die Entwicklung, welche die Finanzierung von Abgeordneten nahm, allmählich immer mehr Kratzer.

Diätenpraxis: Vom unabhängigen Abgeordneten zum Parteifunktionär

Die – unter vordergründigem Abheben auf das Urteil – Schritt für Schritt erfolgte Anhebung der Diäten brachte für einen immer größeren Teil der Abgeordneten eine erhebliche Steigerung ihres früheren Einkommens, sodass sie sich in der Folge immer stärker an die möglichst lange Fortsetzung ihres Mandats klammerten und dem immer größere Teile ihrer Arbeit widmeten – und es bis heute tun. Dies dürfte ganz wesentlich zur Erschütterung des Vertrauens der Menschen in die Gemeinwohlorientierung ihrer Repräsentanten beigetragen haben. Eine fatale Entwicklung, ist dieses Vertrauen doch zentrale Voraussetzung für eine funktionierende repräsentative Demokratie.[47] Die lange hinausgezögerte Änderung des Wahlrechts zur Verkleinerung des Bundestags und mehrerer Landesparlamente (siehe S. 289 ff.) spiegelt die Problematik eindrücklich.

Immer üppigere Berufseinkommen erhöhen die Abhängigkeit der Politiker von ihrer Partei. Auch sonst versuchen Abgeordnete Einfluss auf Auswahl-Entscheidungen zu nehmen und ihre Wiederwahl zu begünstigen. So sitzen auch Bundestagsabgeordnete vielfach in kommunalen Volksvertretungen und nehmen Führungsämter in ihren Parteien auch auf örtlicher und regionaler Ebene wahr. Damit ist der Wettbewerb zugunsten von Mandatsinhabern völlig verzerrt.[48] Nicht zuletzt dank ihrer großzügigen Amtsausstattung können sie die ganze Wahlperiode hindurch Wahlkampf für ihre Wiedernominierung an aussichtsreicher Stelle durch die Partei machen. Die völlige Abhängigkeit einer politischen Karriere von der jeweiligen Partei hat Volksvertreter, deren Verhalten sich nach dem Grundgesetz eigentlich am Gemeinwohl orientieren müsste (Art. 38 Abs. 1 Satz 2 GG), zu Parteifunktionären gemacht.

Meine These: Würde die Mandatszeit von Abgeordneten auf höchstens zwei Legislaturperioden begrenzt, ließe sich diese Fehlentwicklung womöglich aufbrechen.[49]

45 Jahre Abgeordnetengesetz - privilegiengespickt und immer noch verfassungswidrig

Das heute gültige Abgeordnetengesetz datiert vom 18. Februar 1977, war also im Jahre 2022 45 Jahre alt. Notwendig wurde es durch das bereits ausführlich besprochene Diätenurteil vom 5. November 1975. Wie die folgenden Ausführungen zeigen, bestehen trotz aller grundgesetzlicher Vorgaben auch Verfassungswidrigkeiten und sonstige Privilegien bis zum heutigen Tag weiter:

Entschädigung von monatlich 11 227 € (Stand: 1.7.2024)

Die steuerpflichtige sogenannte »Entschädigung« orientiert sich an den Bezügen eines Bundesrichters, obwohl dessen Status ein völlig anderer ist als der eines Abgeordneten. Deshalb hatte das Bundesverfassungsgericht die Anknüpfung an Bezüge von Beamten oder Richtern ausdrücklich untersagt. Der Versuch, das verfassungsgerichtliche Verbot durch eine Grundgesetzänderung auszuhebeln, scheiterte 1995 (siehe S. 195 ff.). Dennoch stockte der Bundestag die Bezahlung seiner Mitglieder im Jahr 2014 auf das Niveau von Bundesrichtern auf. Er bediente sich dabei der Empfehlung einer Gefälligkeitskommission[50] und erließ ein allen Regeln guter Gesetzgebung spottendes »Blitzgesetz«.[51] Seitdem entwickelt sich die Entschädigung nach einem speziellen Index, was ebenfalls mit dem Diätenurteil kaum vereinbar ist.

Überzogene Altersversorgung

Nach ihrem Ausscheiden erhalten Abgeordnete ab Erreichen der Altersgrenze für jedes Mandatsjahr eine rein staatsfinanzierte Altersversorgung von 2,5 Prozent ihrer Entschädigung. Mit derzeit rund 280 € entspricht dies etwa dem Sechsfachen dessen, was ein durchschnittlicher Sozialversicherter in einem Arbeitsjahr an Versorgungsanspruch erwirbt. Der Vergleich zeigt, wie unverhältnismäßig diese Regelung ist. Nach 26 Jahren, also kaum mehr als einem halben Arbeitsleben, wird die Höchstversorgung von 65 Prozent der Entschädigung erreicht.

Doppelbezahlung von Regierungsmitgliedern und Parlamentarischen Staatssekretären

Es ist schon ein merkwürdiger Widerspruch, wenn normale Beamte – aufgrund der Teilung von Legislative und Exekutive – nicht gleichzeitig ein Parlamentsmandat ausüben dürfen, ihre obersten Chefs aber, die Minister – im Widerspruch zu eben diesem Grundsatz der Gewaltenteilung –, zusätzlich Abgeordnete sein können. Das ist ein krasser Systembruch.[52] Dass sie auch noch die Hälfte der Abgeordnetenentschädigung, drei Viertel der Kostenpauschale und die gesamte Mitarbeiterpauschale erhalten, ist ein Unding und mit dem Diätenurteil nicht in Einklang zu bringen. Schließlich sind Kanzler und Minister derart beschäftigt, dass sie für ein Mandat kaum noch etwas tun können. Auch Parlamentarische Staatssekretäre, die in Wahrheit als so überflüssig gelten wie ein Kropf,[53] erhalten – neben ihrem Amtsgehalt – ebenfalls die genannten Zuschläge (zu Größenordnungen siehe auch S. 217 ff.). Dabei wird die eigentliche Arbeit im Ministerium von den beamteten Staatssekretären erledigt.

Kostenpauschale von 5052 € (Stand: 2024)

Alle Mitglieder des Bundestags erhalten – unabhängig von der tatsächlichen Höhe der mandatsbedingten Aufwendungen – eine steuerfreie allgemeine Kostenpauschale von monatlich 5052 €. Ihre Höhe wird nicht durch Gesetz bestimmt, eine Verfassungswidrigkeit (siehe S. 209 f.). Zudem wird sie, wie bereits weiter oben beschrieben, in voller Höhe auch denjenigen Abgeordneten gezahlt, die sie gar nicht benötigen, für die sie also ein steuerfreies Zusatzsalär darstellt. So erhalten die ungekürzte Pauschale zum Beispiel auch Abgeordnete, die in Berlin wohnen und dort weder eine Zweitwohnung noch ein Wahlkreisbüro unterhalten und zur Betreuung ihres Wahlkreises und für sonstige Reisen auf kostenfreie Verkehrsmittel zurückgreifen können. Auch das ist verfassungswidrig.

Funktionszulagen auch an Ausschuss- und stellvertretende Fraktionsvorsitzende

Einkommenszulagen lässt das Grundgesetz nur für den Parlamentspräsidenten, seine Stellvertreter und Fraktionsvorsitzende zu, nicht aber für Inhaber anderer Posten. Denn grundsätzlich sollen die normalen Diäten die ganze Arbeitskraft abgelten, auch wenn der Abgeordnete besondere Funktionen in Parlament oder Fraktion wahrnimmt. Das hat das Bundesverfassungsgericht im Diätenurteil und einem weiteren Urteil von 2000 eindeutig klargestellt. Verfassungswidrig ist deshalb die im Abgeordnetengesetz vorgesehene Einkommenszulage für Ausschussvorsitzende (§ 11 Abs. 2 AbgG). Das grundsätzliche Verbot darf auch nicht dadurch umgangen werden, dass die mit staatlichen Geldern üppig finanzierten Fraktionen sie leisten. Deshalb verstoßen die auf diesem Weg zum Beispiel an die vielen stellvertretenden Fraktionsvorsitzenden gezahlten Zulagen ebenfalls gegen das Grundgesetz (Näheres S. 274).

Mitarbeiterfinanzierung von monatlich bis zu 25 874 € (ab 1.3.2024)

Jeder Bundestagsabgeordnete kann für bis zu 25 874 € monatlich (zuzüglich Jahressonderzahlung und sonstigen Sozialleistungen) Mitarbeiter beschäftigen. Die Höhe dieses Budgets zur Mitarbeiterfinanzierung wird nicht im Abgeordnetengesetz, sondern lediglich in einem Titel des Haushaltsplans festgelegt, der oft ganz am Ende ins Haushaltsverfahren eingefügt wird und selbst bei beträchtlichen Erhöhungen in der Masse der Titel untergeht. Auf diese Weise werden sowohl die gerichtlich vorgeschriebene Regelung durch ein spezielles Gesetz (Gesetzesvorbehalt) als auch die dadurch ermöglichte öffentliche Kontrolle in verfassungswidriger Weise ausgehebelt. Hinzu kommt die mangelnde Abgrenzung zur staatlichen Parteienfinanzierung. Denn die Mitarbeiter haben den Abgeordneten laut Abgeordnetengesetz »bei der Erledigung seiner parlamentarischen Arbeit« zu unterstützen, werden aber häufig vor Ort so eingesetzt, dass sie die Parteien entlasten, womit die verfassungsrechtlichen Obergrenzen für die staatliche Parteienfinanzierung faktisch gesprengt werden.

Privatberuf bleibt zulässig

Die Ausübung eines privaten Berufs *neben* dem Mandat und das damit zusammenhängende Einkommen bleiben zulässig. Diese Regelung des Grundgesetzes beruht noch auf dem Bild ehrenamtlicher Abgeordneter, die mit einer bloßen Aufwandsentschädigung bedacht werden. Seitdem das Mandat voll bezahlt wird, ist die Regelung aber zu einem Privileg geworden. Dieser Punkt ist zwar nicht verfassungswidrig, aber gleichwohl, etwa bei der Bemessung staatlicher Diäten, im Blick zu behalten.

Die Anhäufung finanzieller Privilegien erinnert an den Ausruf des Abgeordneten Konrad Schily. Als dieser vor Jahren in den Bundestag kam, stellte er erstaunt fest, dass das Geld wie Manna vom Himmel regne. Natürlich fragt man sich, warum die Vielzahl anfechtbarer und zum Teil auch verfassungswidriger Regelungen weiterhin Bestand haben. Ein Hauptgrund besteht in der dem Bürger fehlenden Klagebefugnis: Nach geltendem Prozessrecht *können* Normalverbraucher selbst gegen offensichtliche Verfassungswidrigkeiten der Abgeordneteneinkünfte gerichtlich *nicht* vorgehen (auf Länderebene besteht immerhin die Möglichkeit, mittels der Volksgesetzgebung zu intervenieren, wie dies zum Beispiel in Nordrhein-Westfalen geschehen war, wir hatten dieses Beispiel weiter oben behandelt). Die Begünstigten der selbst geschaffenen Privilegien, die Abgeordneten und ihre Fraktionen, *wollen* dagegen in der Regel nicht klagen – und wenn doch, würden sie sich im Kreise ihrer Kolleginnen und Kollegen unmöglich machen.

Reformimpulse

Zur Aktivierung der gerichtlichen Kontrolle wäre an die Einführung einer *Popularklage* zu denken, zumindest hinsichtlich der Regeln der Macht (wie sie im Wahlrecht praktisch bereits besteht).

Auch die Einsetzung eines wirklich unabhängigen *Verfassungsanwalts* käme in Betracht.[54]

Darüber hinaus sollten Änderungen der Politikfinanzierung nur zulässig sein, wenn sie erst *ab der jeweils nächsten Wahlperiode gelten*, wie dies vor rund 250 Jahren schon James Madison für Abgeordnetendiäten vorgeschlagen hatte. Dann würde die Änderung im Wahlkampf thematisiert, was dämpfende Rückwirkungen auf die Entscheidung des Parlaments hätte. Zu erwägen wäre auch, den *Souverän* selbst, also die Bürger, darüber entscheiden zu lassen, wie ihre Vertreter gewählt und bezahlt werden. So könnte direkte Demokratie ein wirksames Gegengewicht bilden, wie man es an der Schweiz sieht, in der die Diäten deutlich bescheidener sind und es praktisch keine staatliche Parteienfinanzierung gibt. Auf Bundesebene fehlt es in Deutschland bisher allerdings an direkter Demokratie. Vielleicht könnten repräsentativ zusammengesetzte *Bürgerräte*, die – auf Antrag »von unten« – nach gründlicher Information umfassende Vorschläge entwickeln würden, den Widerstand gegen direkte Demokratie mildern.

Wie gesagt: Auf Landesebene stehen Volksbegehren und Volksentscheide »zur Verfügung«, mit denen die Bürger bei übermäßiger Selbstbewilligung von öffentlichen Mitteln und bei der Aufblähung von Landesparlamenten gegenhalten können. Liegt es darüber hinaus nicht außerdem nahe, ein verfassungsrechtliches *Gebot* anzunehmen, dass über die Bezahlung der Abgeordneten die Bürger entscheiden und nicht die Abgeordneten selbst? In diesem Fall wäre das befangene Parlament nicht gezwungen, in eigener Sache zu entscheiden (wie das Gericht für den Bund bedauernd festgestellt hatte[55]), da in den Ländern mit der direkten Demokratie ein alternatives Gesetzgebungsverfahren zur Verfügung steht.[56]

Gesetzes- und Haushaltsvorbehalt

Dass ich missbräuchliche Regelungen zunächst im Bereich der Politik*finanzierung* behandelte, hat einen einfachen Grund: Der sogenannte Gesetzesvorbehalt verlangt, dass wichtige Geldleistungen in Gesetze verpackt, im Parlament öffentlich verhandelt und im Gesetzblatt publiziert werden. Bei übermäßigen Leistungen ist Politik allerdings leicht versucht, entsprechende Größenordnungen mit allerlei Tricks zu kaschieren. Dies kann einmal dadurch geschehen, dass skandalöse Regelungen, wie zum Beispiel in Hessen, Hamburg und dem Saarland geschehen (siehe S. 154 ff.) in schwer entzifferbaren Diäten- und Ministergesetzen versteckt werden. Um derartige Regelungen zu dechiffrieren, bedarf es des fachlich geschulten Interpreten und zum Öffentlichmachen der nötigen Medienerfahrung. Dass es mir schließlich gelang, die Parlamente zu zwingen, von ihrer aberwitzigen Selbstbegünstigung wieder Abstand zu nehmen, lag wohl auch an der zutage getretenen öffentlichkeitswirksamen Dimension ihres Machtmissbrauchs.

Fakt und wichtig zu wissen aber ist: Selbst wenn der Gesetzesvorbehalt ignoriert wird, weil die Parteien hoffen, mit ihren selbst bewilligten Leistungen durchzukommen – etwa mangels Klagemöglichkeit für die Bürger –, wird das Staatsgeld in jedem Fall in den vom Parlament zu beschließenden *Haushaltsplan* aufgenommen, der alle zu leistenden Zahlungen exakt nach Höhe und Umfang enthält (Parlamentsvorbehalt). Das geschieht auch im eigenen Interesse der Begünstigten. Denn ohne Bewilligung im Haushaltsplan fließt kein Geld. In den Tausenden von Titeln des Haushaltsplans gehen einzelne Bewilligungen aber leicht unter, sodass die öffentliche Kontrolle leerläuft. Darin liegt eine weitere Möglichkeit, Selbstbedienung zu verbergen. Haushaltspläne sind zwar formal öffentlich. Oft sind sie aber nur für den Kenner wirklich zugänglich. Nur wer weiß, wo man suchen muss, um sich die nötigen Einblicke zu verschaffen, kann dann Umfang und Entwicklung von Zahlungen zuverlässig ermitteln. Auf diese Weise gelang es mir, die explosionsartige Entwicklung der öffentlichen Mittel für parteinahe Stiftungen, Fraktionen und Abgeordnetenmitarbeiter durch die gezielte Auswertung der Haushaltspläne aufzudecken.

Schließen wir das Kapitel mit einem positiven Ansatzpunkt: Der Parlamentsvorbehalt bei Staatsausgaben, den die Demokratiebewegung seit rund 200 Jahren hervorgebracht hat, ermöglicht zumindest dem Fachmann die Aufdeckung legislatorischen Missbrauchs. Und dieser ist klar verfassungswidrig, wenn das Parlament bei Entscheidungen in eigener Sache den Gesetzesvorbehalt missachtet. Liegen derartige Missbräuche offen, kann das einer breiten Kritik Flügel verleihen.

III. Der interdisziplinäre Blick: Wirtschaftspolitik für Juristen

Auch auf akademischem Terrain bekam ich aufgrund meines Doppelstudiums die Gelegenheit, mich zu betätigen: Mein erster Lehrauftrag führte mich, parallel zu meiner fortdauernden Tätigkeit am KBI, nach Bayern an die Universität Regensburg. An der Juristischen Fakultät war ich seit 1972 als Lehrbeauftragter für »Wirtschaftspolitik für Juristen« tätig, ein Schwerpunkt, der mir wie auf den Leib geschnitten war. Die Fakultät beauftragte einen Auswärtigen wohl auch deshalb, weil sie dem eigenen wirtschaftswissenschaftlichen Fachbereich, der nach ihrem Empfinden nach links abgedriftet war, nicht mehr traute.

Damals rumorte es immer noch an den Universitäten. Die Auswirkungen der Achtundsechziger waren noch im Gange und Proteste und Stand-Ins von Studenten an der Tagesordnung, selbst an dieser gerade gegründeten, beschaulichen Universität in Bayern. Als ich meine Veranstaltung eröffnete, lag ein mehrseitiges Papier auf meinem Pult, das für ein marxistisch angehauchtes Wirtschaftsprogramm plädierte. Ich versprach, bei der nächsten Sitzung darauf einzugehen, was ich auch tat, indem ich versuchte, in fairer Weise die Vorzüge ökonomischer und politischer Freiheit – in Kontrast zur staatlichen Zwangsverwaltungswirtschaft – hervorzuheben. Und dann war zum Glück Ruhe. Regensburg lag eben doch fernab von Universitäten wie Berlin und Frankfurt a. M., wo man sich vielleicht nicht so bald zufriedengegeben hätte.

Premiere als Lehrbuchautor

Die Arbeit mit den Hörern und Hörerinnen gefiel mir und kam meinem Wunsch entgegen, aufzuklären, Wissen zu vermitteln und das Verständnis für Zusammenhänge zu stärken. Und – es resultierte daraus meine Premiere als Lehrbuchautor. Aus meiner Veranstaltung mit Leistungsnachweis, die in Bayern und vielen anderen Bundesländern für Jurastudenten Pflicht war, ging ein »Lernbuch« hervor.[1] Da die Wirtschafts-Lehrbücher weit mehr Stoff anboten, als zur Einführung notwendig war, fehlte eine leicht verdauliche Schrift, die zugleich die vielen rechtlichen Bezüge zur Wirtschaftspolitik aufgreift und für den Juristen fruchtbar macht.

Jedenfalls wurde das Buch mit dem Titel *Volkswirtschaftspolitik* ein Renner. Die 1. Auflage von 1974 war im Nu weg. Zweimal musste nachgedruckt werden, bevor 1976 die überarbeitete 2. Auflage herauskam.

Ich hatte das Buch – auf Empfehlung von Klaus Vogel, dem Heidelberger Verfassungs- und Finanzrechtler – beim Alfred-Metzner-Verlag in Frankfurt platzieren können, der gerade eine »Lernbuch«-Reihe für junge Juristen begründet hatte. Mit dem Verlagsleiter, Dr. Köpke, war ich rasch einig. Der Eigentümer des Verlages aber, der Jahrzehnte vorher Wirtschaft studiert hatte, hatte Einwände, weil er verschiedene Themen aus seinem lange zurückliegenden Studium nicht mehr wiederfand. Fast drohte das Projekt zu scheitern. Als es dann – unter Vermittlung von Dr. Köpke – doch zustande kam, setzte ich aus Trotz, denn ich war von meinem Vorhaben überzeugt, für höhere Auflagen, die Metzner ohnehin für ganz unrealistisch hielt, beträchtliche Prozentsätze durch. Solche wären, wie ich später bei Verhandlungen mit anderen Verlagen erfuhr, zum Beispiel mit S. Fischer, angeblich allein Spitzenautoren wie Thomas Mann vorbehalten gewesen. Und als wir dann mit der Nachfrage in unerwartete Absatzbereiche kamen, war ich natürlich nicht mehr bereit, davon abzugehen. Das war mein erster Erfolg als Buchautor. Ohne das juristisch-wirtschaftliche Doppelstudium und die Erfahrungen im Karl-Bräuer-Institut wäre das wohl kaum möglich gewesen.

600 Klausuren: Korrekturarbeit in Nachtschicht

Das Buch brachte mir unter anderem einen zweiten Lehrauftrag an der Universität Würzburg ein, was mich und meine ehrenamtliche Nebentätigkeit aber vor Probleme stellte. Die Teilnehmer mussten, um ihren Schein zu erhalten, auch benotete Leistungen erbringen. Diese Scheine zu erstellen, war keine kleine Herausforderung, wenn ich, neben allen laufenden beruflichen Verpflichtungen, von Regensburg und Würzburg 600 Klausurarbeiten mit nach Hause brachte, die ich dann in der Regel bis spät nachts korrigierte.

Die Lehraufträge waren ohnehin nur zu bewältigen, weil mich das Institut während der Semester großzügigerweise einen Tag pro Woche freistellte. Ich brach also jeden Freitagmorgen um sechs Uhr in Wiesbaden mit der Bahn auf, hielt von elf bis ein Uhr meine Veranstaltung in Regensburg, fuhr dann weiter nach Würzburg, wo ich am späten Nachmittag lehrte, um dann gegen Mitternacht wieder in Wiesbaden anzukommen, wo mich meine Frau am Bahnhof wieder in die Arme schloss. Insgesamt ein Knochenjob, den man als relativ junger Mann aber ohne Weiteres bewältigt, wenn es sich lohnt: Ich war schon immer gern in verschiedenen, miteinander vernetzten Bereichen aktiv und konnte außerdem eine gewisse Lehrerfahrung gewinnen, die mir nach der Habilitation zugutekam.

IV. Gemeinwohldefizite im Fokus: Habilitationsschrift und echtes demokratisches Anliegen

Meine politiknahe Arbeit und das Studium politik-ökonomischer und Wissenschaftsautoren benachbarter Disziplinen lehrten mich, wie schwer angesichts der leichteren Organisierbarkeit von Partikularinteressen allgemeine Interessen in der praktischen Politik umzusetzen sind. Ich hatte diese »Crux« weiter oben schon einmal kurz angerissen. Und selbstverständlich greift die Dynamik dahinter viel tiefer: Wenn diejenigen Belange, die viele betreffen, umso geringere Berücksichtigung finden, läuft das auf einen Mechanismus umgekehrter Demokratie hinaus, also auf eine Art Demokratie-Paradoxon. Ein Exposé dieser ebenso fundamentalen wie reizvollen Thematik, das ich dem Heidelberger Staats- und Steuerrechtler Klaus Vogel vorlegte, stieß zwar auf inhaltliche Zustimmung für ein Buch, nicht aber für eine juristische Habilitationsschrift; dazu sei der Ansatz zu undogmatisch und auch zu sehr wirtschafts- und sozialwissenschaftlich angelegt. Doch ich hatte an dem Thema, dem in der Tat nur ein interdisziplinärer Ansatz gerecht wird, Feuer gefangen und ließ mich nicht mehr davon abbringen. Deshalb suchte ich, die Dogmatik unter Heranziehung verschiedener methodischer Ansätze so fortzuentwickeln, dass die Fragestellung auch juristisch bearbeitet werden konnte. Kurzum – am Ende wurde das Projekt bewilligt, und ich erhielt die notwendige Unterstützung für ein solches Unterfangen: von meinem Habilitationsvater Prof. Dr. Herman Soell von der Universität Regensburg, in dem ich einen kongenialen Betreuer fand, vom Bund der Steuerzahler, von der Deutschen Forschungsgemeinschaft – und von meiner Familie, der ich an der Stelle nicht genug danken kann.

Für das sorgfältige wissenschaftliche Durchdeklinieren der Thematik war allerdings Zeit nötig. Als Alleinverdiener einer inzwischen fünfköpfigen Familie brauchte ich eine Urlaubsregelung, die der Vorstand des KBI mir großzügig gewährte. Jedes Jahr erhielt ich zusätzlich zwei Monate bezahlten Urlaub. Zusammen mit meinem gesetzlichen Anspruch konnte ich also jeweils drei Monate ungestört an meinem Projekt arbeiten. Meine Frau und die Kinder mussten in den Ferien allerdings auf mich verzichten (und ich auf sie) und alleine Urlaub machen.

Für die letzten eineinhalb Jahre der Bearbeitung bekam ich ein Habilitationsstipendium der Deutschen Forschungsgemeinschaft, bei dessen Erlangung Hermann Soell mich wieder nachdrücklich unterstützte. Nun konnte ich mich in Wiesbaden 18 Monate lang am Stück beurlauben lassen und mich ganz dem Thema »Gemeinwohl und Gruppeninteressen. Die Durchsetzungsschwäche allgemeiner Interessen in der pluralistischen Demokratie« widmen, eine Arbeit, mit der ich 1976 in Regensburg habilitiert wurde,[1] die mir darüber hinaus aber immer mehr zu einem echten demokratischen Anliegen geworden war.

Ein eigener staatsrechtlicher Ansatz - und viele Gutachten

Mein Ansatz lässt sich am Beispiel der »öffentlichen Güter« gut illustrieren: Öffentliche Güter sind dadurch charakterisiert, dass jeder sie nutzen kann, auch wenn er zu ihrer Herstellung keinen Beitrag geleistet hat. Es liegt deshalb für alle nahe, zu öffentlichen Gütern nichts beizutragen, sondern als Trittbrettfahrer von den Anstrengungen anderer zu profitieren, weshalb dann im Ergebnis das öffentliche Gut überhaupt nicht oder nur in zu geringem Umfang hergestellt wird. (Genau das ist das Kernproblem des Bundes der Steuerzahler: Soweit sein Wirken Erfolge bei Steuer und Haushalt zeitigt, profitieren davon alle Bürger, auch diejenigen, die keine

Mitglieder des Verbandes sind und keinen Beitrag zahlen. Darin liegt ein Grund für die, bezogen auf die Gesamtzahl der Steuerzahler, geringe Mitgliederzahl des Verbandes.)

Diese grundlegenden Zusammenhänge, »die man in jedem Ökonomie-Lehrbuch findet«,[2] übertrug ich, aufgrund meiner Erfahrung und unter Heranziehung zahlreicher Theoretiker,[3] auch auf die Einflussnahme von Verbänden auf das politische Kräftespiel und machte sie zum zentralen Gegenstand meiner Habilitationsschrift. In der Praxis zeigte sich nämlich das Paradox, dass sich nur kleine Gruppen schlagkräftig organisieren können, nicht aber allgemeine Interessen, die sehr viele Menschen betreffen. Auch schlägt die Quantität der vielen nicht etwa in die Qualität der Durchsetzungsstärke um, sodass allgemeine Interessen im politischen Konzert der auf die Politik einwirkenden Verbände regelmäßig viel zu geringes Gewicht haben. Das führt dazu, dass der sogenannte pluralistische Prozess leicht eine Schlagseite zulasten allgemeiner Interessen aufweist.

Da ich auch juristisch untermauern wollte, dass das pluralistische Kräftespiel zu schiefen Ergebnissen führt, war als theoretische Basis die Vorstellung eines ausgewogenen staatlichen Willensbildungsprozesses entscheidend, vor dessen Hintergrund Unausgewogenheiten zuverlässig festgestellt werden können. Den vielfach infrage gestellten und diskreditierten Gemeinwohlbegriff an dieser Stelle in die verfassungsrechtliche Diskussion einzubeziehen, war deshalb unerlässlich. Es galt, auf der Basis des Grundgesetzes zwischen Norm und Empirie derart eine Brücke zu schlagen, dass das zwischen dem »Himmel der Norm« und der »Erde der Wirklichkeit« bestehende Spannungsverhältnis zur Verbesserung der Wirklichkeit fruchtbar gemacht werden kann. Das war nicht ohne Einbeziehung sozialwissenschaftlicher Theorien und Erkenntnisse möglich, also zwangsläufig interdisziplinär.[4] Nur so glaubte ich, das Thema auch rechtswissenschaftlich in den Griff bekommen zu können.

Das methodische Neuland war aber genau der Grund, warum Klaus Vogel zunächst nichts von einem juristischen Habilitationsthema hatte wissen wollen und warum mir mit diesem »undogmatischen« Ansatz dann später in Marburg zwar eine Professur angeboten, ein Lehrstuhl aber verweigert wurde (siehe S. 100 f.).

Wie ungewöhnlich einerseits der fächerübergreifende Ansatz, andererseits ein derart grundlegendes Thema waren, zeigte sich auch in den zahlreichen schriftlichen Gutachten von Vertretern der verschiedenen juristischen Fachrichtungen der Regensburger Fakultät. Mein methodischer Ansatz blieb eben umstritten. Alles bedenkliche Kopfschütteln wurde aber schließlich beiseite gefegt, als der bekannteste Regensburger Ordinarius, der Zivilrechtler Dieter Medicus, in seinem Gutachten meinte, die junge Fakultät werde mit dieser ihrer ersten Habilitation Ehre einlegen.

Klaus Vogel, dem ich das fertige Manuskript geschickt hatte, schrieb mir darauf in seiner souveränen Art einen handschriftlichen Brief: Hätte er vorausgesehen, was ich aus dem Thema machen würde. Es folgten drei vielsagende Pünktchen. Und dann verfasste auch noch Ulrich Scheuner, der Doyen der Staatsrechtslehrer, in einer vielgelesenen Fachzeitschrift eine glänzende Rezension.[5] Diese, so meinte Hermann Soell befriedigt, könne ich mir übers Bett hängen. Günter Schmölders, Kölner Ordinarius für Finanzwissenschaft und Begründer der deutschen Finanzpsychologie, der damals dem Präsidium des Bundes der Steuerzahler angehörte, bremste meinen Elan allerdings unsanft: Er prophezeite mir, ich würde um dieses Thema mein Leben lang kämpfen müssen, was ich damals noch nicht verstand.

Nicht immer gern gesehen: Pluralismuskritik

Die Durchsetzungsschwäche allgemeiner Interessen ist auch heute noch ein aktuelles Thema. Dies wurde etwa 2021 bei der Auseinandersetzung um das sogenannte Lobby-Register ganz deutlich, das in einer allgemein einsehbaren Datenbank Akteure, die Lobbyarbeit betreiben, erfasst. Mit Recht hob die *FAZ* hervor: »Die pluralistische Sichtweise, nach der sich alle vorhandenen Interessen im politischen Spiel artikulieren, ist falsch. […] Umso wichtiger wäre es für die Öffentlichkeit zu erfahren, wer in welchem Maße Einfluss nimmt. Dieser Mangel wird durch das Lobby-Register nicht ausreichend behoben.«[6]

Einschlägige Beispiele für »notleidende« Allgemeininteressen gibt es zuhauf, denken wir nur an die *Überkomplizierung des Rechts*: Ob Steuerrecht, Sozialrecht, Bau- und Planungsrecht oder Umweltrecht, die Regelungen sind inzwischen so unverständlich geworden, dass selbst die professionelle Verwaltung oft ganze Gesetzesbereiche außer Anwendung lässt, um überhaupt noch entscheiden zu können. Auf diese Form der »pragmatischen Illegalität« hatte Frido Wagener, der unvergessene Speyerer Kollege und scharfsichtige Kenner der Verwaltung, bereits vor Jahrzehnten hingewiesen.[7]

Ähnliches gilt für die vielfach unendlich *lange Dauer von Gerichtsprozessen*. Das allgemeine Interesse an zeitnahen Entscheidungen hat keine Lobby. Der Grund: Das Interesse an Vereinfachung und Beschleunigung ist so allgemein, dass es die Möglichkeiten schlagkräftiger Organisation sprengt und gegen die vielen Partikularverbände, die von der Komplizierung profitieren, kaum eine Chance besitzt. Das hatte auch Paul Kirchhof erfahren müssen, der, wie bereits angesprochen, mit seinem wohldurchdachten Konzept, das Dickicht des deutschen Steuerrechts durchgreifend zu vereinfachen, leider spektakulär scheiterte (siehe S. 68 ff.).

Kommen wir zum ebenfalls unterrepräsentierten Gebot, das *Wirtschaftlichkeit und Sparsamkeit der Verwaltung* und des ganzen öffentlichen Sektors vorschreibt. Ich habe mich diesem Thema intensiv gewidmet und festgestellt, dass sich kaum jemand für die Erfüllung dieses Postulats wirklich mit ganzer Kraft einsetzt.[8] Eine Aufgabe, die früher mal als primärer Auftrag der Parlamente galt. Diese sind unter dem Einfluss von Parteien und Verbänden aber – mit den zuspitzenden Worten des Staatsrechtslehrers Ulrich Scheuner – zu Trägern einer »bewilligungs- und subventionsfreudigen Ausgabenneigung« geworden.[9] Auch Minister sehen den Gradmesser ihres politischen Erfolges regelmäßig in möglichst großen Zuwachsraten ihres Ressorts. Die Rechnungshöfe sind meistens eher zurückhaltend und meiden politische Themen. Dass sie aber grundsätzlich in der Lage sind, auch solche Themen anzupacken, zeigte 2019 der Bundesrechnungshof, als er das Weiterbestehen des Solidaritätszuschlages über seinen ursprünglichen Zweck hinaus kritisierte. Ein »Engagement«, das auch in anderen Fragen von Wirtschaftlichkeit und Sparsamkeit wünschenswert wäre – angesichts der heute wieder aktuellen Notwendigkeit, die Kräfte des Staates zu bündeln, Prioritäten zu setzen und Nachrangiges einzuschränken.

Ein geradezu klassisches Beispiel für das mögliche Zukurzkommen allgemeiner Interessen ist der *Umweltschutz.* Die Bekämpfung des Klimawandels legt wie kein zweites Thema auch die Schwierigkeit offen, nationales Allgemeininteresse mit internationalen »Rahmenbedingungen« und Entwicklungen sinnvoll und effektiv in Einklang zu bringen. Eine Herausforderung übrigens, bei der sich die juristische und die wirtschaftswissenschaftliche Einschätzung quasi konträr zueinander verhalten: Die Bundesrepublik hat im Pariser Klimaschutz-Abkommen vom 12.12.2015 zusammen mit anderen Staaten eine massive Einschränkung des CO_2-Ausstoßes anvisiert, um »den Anstieg der durchschnittlichen Temperatur deutlich unter 2 °C über dem vorindustriellen Niveau zu halten und Anstrengungen zu unternehmen, um den Temperaturanstieg auf 1,5 °C … zu begrenzen«, wie das Bundesverfassungsgericht in seinem Urteil vom 21. März 2021 hervorhebt.[10] Hier stellt sich allerdings die Frage, ob Deutschland, das nur mit »knapp 2 %« am CO_2-Weltausstoß beteiligt ist,[11] mit seinem Verhalten den Klimawandel überhaupt wirksam bekämpfen kann, wenn nicht sicher ist, dass andere Emittenten mit viel größerem Ausstoß sich entsprechend beteiligen. Diesen Einwand, der aus ökonomischer Sicht naheliegt, wischt das Gericht allerdings vom Tisch: Der Staat könne sich seiner Verantwortung »nicht durch den Hinweis auf die Treibhausgasemissionen in anderen Staaten entziehen«.[12] Dass damit die

Frage nach der Wirksamkeit der deutschen Maßnahmen beantwortet wäre, lässt sich allerdings schwerlich behaupten. Johannes Müller-Salo und Rupert Pritzl schreiben dazu aus dem Wissenschafts-Blickwinkel der angewandten Philosophie:

> *»Der Schutz des Klimas ist ein internationales nicht-ausschließbares Gemeinschaftsgut. Dies bedeutet, dass es für alle Länder rational ist, sich nicht an der Bereitstellung des öffentlichen Gutes Klimaschutz zu beteiligen, wenn nicht auch (fast) alle anderen Länder sich angemessen daran beteiligen. Der Sachverständigenrat Wirtschaft hat daher der internationalen Kooperation aller Staaten eine zentrale Bedeutung für eine nachhaltige Klimapolitik beigemessen. Es reicht eben nicht aus, wenn sich ein einziges Land wie Deutschland mit einem Anteil von rund zwei Prozent an den weltweiten Treibhausgasemissionen ohne abgestimmtes und koordiniertes Verhalten selbst ambitionierte nationale Klimaschutzziele setzt und sich damit enorme gesellschaftliche Kosten auferlegt.«*[13]

Die Spannung zwischen verfassungsrechtlicher und ökonomischer Perspektive bleibt unübersehbar. Eine Lösung kann nur die erforderliche internationale Kooperation sein, die in Sachen Klimawandel leider bisher allenfalls ansatzweise besteht.[14]

Die wirtschaftswissenschaftliche Argumentation beruht dabei auf dem Bild des sogenannten *homo oeconomicus*, der seine eigenen Interessen verfolgt. Gelingt es dagegen, den *homo politicus* anzusprechen und die Politisierung eines Themas zu erreichen, könnten allgemeine Interessen stärker in den Fokus rücken. Werden die Thesen, die auf wirtschaftlichem Interessenkalkül des Einzelnen beruhen, durch Emotionalisierung und Politisierung überwunden, kann Veränderung wirksam werden. Ansätze dazu zeigte die neuere Klimapolitik, die auch durch Greta-Hype, »Fridays for future« und die Aktionen der »Letzten Generation« geprägt war und den Grünen ein zeitweises Umfragehoch bescherte. Aber auch diese zivile Widerstandsbewegung sieht sich dem Trittbrettfahrer-Problem gegenüber, wenn sie sich in den wichtigsten »Klimasünder«-Ländern nicht betätigen kann, weil autoritär regierte Staaten dies rigoros verhindern.

Der Themenkreis Gemeinwohl und seine Gefährdungen bestimmte auch nach der Habilitation meine weitere Forschung.[15] Wurde der letztlich unverzichtbare Begriff »Gemeinwohl« von bestimmten wissenschaftlichen Strömungen jahrzehntelang lächerlich gemacht und als Ausdruck angeblich »überholten alteuropäischen Denkens« diskreditiert,[16] erfährt er inzwischen eine bemerkenswerte Renaissance.[17] Gewiss ist es oft kaum möglich, *positiv* zu umreißen, was das Gemeinwohl verlangt. Wohl aber lässt sich oft mit Sicherheit *negativ* formulieren, was ungerecht bzw. gemeinwohlwidrig ist. Das erinnert an die nur scheinbar scherzhafte Sentenz Wilhelm Buschs: »Das Gute, dieser Satz steht fest, ist stets das Schlechte, das man lässt.« Zudem zeigen sich Schieflagen, wie dargelegt, oft an unausgewogenen Verfahren und inadäquaten Institutionen, und diese sind relativ leicht zu ermitteln.

Gastspiele in München und Marburg: Wie interdisziplinäres Denken die wissenschaftliche Karriere erschwert

Wie ich bald feststellen sollte, war meine fächerübergreifende Methode zwar fruchtbar für die Forschung, nicht aber für die Karriere. Und trotzdem würde ich auch heute diesen Weg immer wieder gehen.

Nach der Habilitation vertrat ich »sine spe« zunächst den vakanten Lehrstuhl des 1976 emeritierten Steuer- und Finanzrechtlers Hans Spanner an der Ludwig-Maximilians-Universität München.

Darauf erhielt ich eine erste Professur an der Universität Marburg. Dort war gleichzeitig auch die Besetzung eines Lehrstuhls ausgeschrieben, auf den ich mich eigentlich beworben hatte, aber ohne Erfolg. Die sozialwissenschaftlichen Ansätze in meiner Habilitationsschrift, die eine Modifizierung der »rein juristischen Methode« verlangten, waren auf heftige Kritik gestoßen, so wurde mir hinterbracht. Gerade was meine Arbeit auszeichnete, schlug hier also zum Nachteil aus. Erst später wurde mir vollumfänglich klar, dass interdisziplinäre Forschung zwar in öffentlichen Verlautbarungen immer wieder gefordert wird, dass sie beim akademischen Fortkommen aber meist hinderlich ist.[18]

Immerhin brauchte die Familie nicht umzuziehen. Ich war überzeugt, Marburg würde nur eine berufliche Zwischenstation sein, wir behielten deshalb die Wohnung in Wiesbaden, und ich reiste jede Woche für Veranstaltungen und Selbstverwaltungs-Angelegenheiten nach Marburg, wo ich mir ein Zimmer in einer Pension nahm.

Mein Nachfolger als wissenschaftlicher Leiter des KBI wurde Rolf Borell, ein tüchtiger Volkswirt mit Neigung zum konzeptionellen Denken, den ich zehn Jahre vorher eingestellt hatte. Damit gewann ich Unabhängigkeit, hatte aber nach wie vor einen guten Draht zum Verband, publizierte im KBI einschlägige Arbeiten und wurde von den Mitgliedsverbänden immer wieder um Untersuchungen gebeten, die dann oft auch in der Schriftenreihe des Instituts veröffentlicht wurden. Mir hatte das KBI einen Beratervertrag angeboten.

V. Ämterpatronage – Das schleichende Gift im Parteienstaat. Versuchtes Entrée in Bayreuth und was daraus wurde

Ende der 70er-Jahre bewarb ich mich um einen Lehrstuhl an der Universität Bayreuth und wählte für das obligatorische »Vorsingen« ein Thema, das mir selbst unter den Nägeln brannte, das mir allerdings in wissenschaftlicher Hinsicht keine Türen öffnete: die immer wieder zu beobachtende Begünstigung von Parteimitgliedern bei der Besetzung öffentlicher Ämter, kurz Ämterpatronage. Ich würde auch heute wieder so entscheiden, trotz mancher persönlicher »Nachteile«, die ich in meiner akademischen Karriere dadurch erfahren habe. Denn die Tatsache, dass bestimmte Themen als politisch »heikel« gemieden wurden im wissenschaftlichen Diskurs, darf nun mal nicht angehen, wenn man sich die negativen Konsequenzen für das Gemeinwohl damals wie heute vor Augen führt.

Die Parteien zielen bei Ämterpatronage vor allem auf die Verwaltung mit ihren Millionen lukrativer Posten. Sie mit den eigenen Genossen zu besetzen, gelingt ihnen zwar nicht immer, aber doch immer öfter. Der parteilich berufene (und beförderte) Schulleiter, Krankenhausdirektor oder auch nur ganz normale Laufbahnbeamte in Staat und Gemeinde ist keine Karikatur, sondern alltägliche bundesrepublikanische Wirklichkeit.[1]

Der Schaden erschöpft sich keineswegs im Finanziellen, auch wenn das Nachlassen der Leistungsfähigkeit und -bereitschaft im öffentlichen Dienst sowie die Aufblähung von Staat und Verwaltung, zu denen Ämterpatronage zwangsläufig führt, massive finanzielle Folgen hat. Doch auch die mittelbaren Auswirkungen sind höchst gravierend, denkt man an die Verletzung der Chancengleichheit, Frustration der Qualifizierten, Gefährdung der Neutralität,

Konzentration auf Parteiliches statt auf Sachliches und die zunehmende Anfälligkeit für Korruption. Ämterpatronage kann so den ganzen öffentlichen Bereich parteilich »durchsetzen«. Und das, wie gesagt, nicht im positiven Sinn.

»An Ämterpatronage rührt man nicht«

Unter den Öffentlichrechtlern in Bayreuth gab damals Walter Schmitt Glaeser, CSU-Politiker und späterer Präsident des schließlich durch Volksentscheid abgeschafften Bayerischen Senats, den Ton an. Auch Peter Häberle, der später einer breiteren Öffentlichkeit als Doktorvater des Freiherrn von und zu Guttenberg bekannt wurde und mir gesprächsweise zu »mehr Demut« riet, war nicht gerade ein Kämpfer gegen Machtmissbrauch durch Parteien. So lief ich mit meinem Vortragsthema sozusagen ins offene Messer und hatte keine Chance. Ich war eben nicht, wie andere Habilitanden, als langjähriger Assistent an einem Lehrstuhl sozialisiert und mit den disziplinären Gegebenheiten vertraut, sondern Seiteneinsteiger ins universitäre Biotop. Junge Juristen wollten sich mit dem Thema offenbar nicht die Hände verbrennen.[2]

Der Bereich galt als ziemlich heikel. Immer noch ist mir in Erinnerung, wie ein Freund meines Vaters, ein pensionierter Staatssekretär, mir unmissverständlich bedeutete, an so etwas rühre man doch nicht. Auch bei einem entsprechenden Vortrag vor der Vereinigung für Politikwissenschaft in Darmstadt schlug mir Unverständnis und sogar Ablehnung entgegen. Damals war mir die Tabuisierung und die Schere im Kopf manch akademischer Adepten noch ganz unverständlich. Erst später merkte ich, dass man »auf eigene Gefahr« handelt, wenn man das Thema kritisch aufgreift, dass man darüber in bestimmten Kreisen nicht einmal spricht, jedenfalls nicht öffentlich: Es ist tabu, weil es die Macht- und Sicherheitsinteressen der Mächtigen gefährdet. Unbequeme Meinungsvertreter, die den etablierten Interessen in die Quere kommen, riskieren deshalb, gnadenlos gemobbt zu werden. Zudem setzen manche Wissenschaftler selbst auf die Partei-Karte und reden sich ein, Patronage sei nicht nur gut für sie und ihre Partei, sondern auch für die Universität. Ich erinnere mich noch gut an die Diskussion mit einem früheren Speyerer Kollegen, der in Bezug auf Ämterpatronage partout nicht von Illegalität sprechen wollte.

Aber ich hatte Witterung aufgenommen und kam von dem Thema nicht mehr los. Den Vortrag baute ich zu einer umfassenden 150-Seiten-Schrift aus, die 1980 in der Reihe des KBI veröffentlicht[3] und von den Medien aktiv aufgenommen wurde. Alsbald sah sich der Deutsche Beamtenbund veranlasst, ein umfassendes Symposium zum Thema Politische Parteien und öffentlicher Dienst zu veranstalten (Januar 1982).[4] Der Bann war gebrochen. Zahlreiche Veröffentlichungen von Kollegen folgten,[5] und die eigenen Publikationen wurden wiederholt in beamtenrechtlichen und gewerkschaftlichen Zeitschriften nachgedruckt.[6] Der couragierte ehemalige Ministerialbeamte, Wolfgang Franz, bat mich um das Geleitwort zu seiner Philippika gegen Rechtsbruch und Inkompetenz in Politik und Verwaltung. Richard von Weizsäcker, der als Spitzenkandidat der CDU in Berlin gerade eine Kampagne gegen den Parteienfilz in der dortigen Verwaltung betrieb,[7] sah in meiner Schrift »eine wichtige Erkenntnisquelle«, wie er mir persönlich schrieb.[8]

Schwer nachweisbares Instrument der Macht

Anders als bei Politikfinanzierung und Wahlrecht ist der Missbrauch bei Einstellungen und Beförderungen von Beamten, öffentlichen Angestellten, Richtern etc. für Außenstehende nicht ohne Weiteres ersichtlich, und einen umfassenden Überblick zu gewinnen, ist erst recht schwierig. Oft weiß der Beobachter nicht einmal, ob der Eingestellte oder Beförderte ein Parteibuch besitzt. Schon gar nicht hat man Kenntnis darüber, wer mit welchen Qualifikationen sich sonst auf die Stelle beworben hat, kann also nicht beurteilen, ob wirklich der Beste (oder jedenfalls kein Unqualifizierter) bestellt wird, wie es das Verfassungsrecht im Interesse anderer Bewerber und der Allgemeinheit verlangt (Art. 33 Abs. 2 GG). Personalakten genießen Datenschutz. Fälle von Ämterpatronage werden deshalb regelmäßig erst durch die Veröffentlichung von Gerichtsurteilen bekannt, und das sind meist Einzelfälle. Systemische Ämterpatronage lässt sich erst recht schwer erfassen und exakt belegen.

Die dahinterstehenden Ziele aber liegen auf der Hand: Es geht um die Sicherung von Macht (Herrschaftspatronage) sowie die Belohnung von Parteigängern (Versorgungspatronage). Mir erscheint es sinnvoll, noch eine dritte Kategorie aufzumachen, welche auf die interne Darstellung der Parteienmacht abhebt, den Demonstrationseffekt. Allen soll vor Augen geführt werden, dass kaum jemand ohne Partei-Unterstützung im Staat etwas werden kann, was wiederum die allgemeine Bereitschaft erhöht, sich auf diese Verhältnisse einzulassen. Die Folge: Der Einfluss der Parteien steigt.

Verstoß gegen alle guten Grundsätze

Ich hatte es weiter oben ja schon einmal angesprochen: Ämterpatronage untergräbt das Gemeinwohl eines rechtsstaatlich-demokratischen Systems in entscheidenden Punkten. Umso wichtiger ist es, in dieser Frage immer wieder Klarheit zu schaffen und so »Gegen-Engagement« zu aktivieren:

Bestenauslese?

Ämterpatronage steht in Widerspruch zum Verfassungsgrundsatz der Auswahl der Besten (Art. 33 Abs. 2 GG). Einstellungen und Beförderungen im öffentlichen Dienst und der Gerichtsbarkeit dürfen nach der Verfassung und den Beamten- und Richtergesetzen nur nach persönlicher und sachlicher Qualifikation erfolgen und nicht zur Förderung von Parteigenossen. Das Parteibuch von Bewerbern darf dabei nicht den Ausschlag geben. Soweit das Verfassungs- und Beamtenrecht. Doch die von den Parteien geschaffene Realität sieht leider oft anders aus – und das mit gravierenden Folgen.

Gewaltenteilung?

Ämterpatronage hebelt die Gewaltenteilung aus. Die Parteien durchdringen alles, auch diejenigen Einrichtungen, die eigentlich gegen Ämterpatronage einschreiten müssten, und suchen sie lahmzulegen, wie zum Beispiel hohe Gerichte und Sachverständigenräte. Staatsanwälte ermitteln – mangels Unabhängigkeit von der politischen Spitze – nicht, obwohl Ämterpatronage strafrechtliche Untreue (§ 266 StGB) sein kann (siehe S. 112).

Der öffentliche Dienst fungiert in diesem Fall nicht mehr als Gegengewicht zur Politik. Denn ein solches Gegengewicht verlangt »Autonomie« und strikte Sachorientierung, die bei parteilich patronierten Beamten nicht vorausgesetzt werden kann. In der Konsequenz kann die Beamtenschaft ihre Kontroll- und Besserungsaufgabe, die das Bundesverfassungsgericht mit Recht betont,[9] nicht mehr voll wahrnehmen. So bedroht Ämterpatronage auch diese Form der Gewaltenteilung.

Unabhängige Rechnungshöfe?

Die Rechnungshöfe haben eigentlich den korrekten Vollzug von Gesetzen und Haushaltsplänen auf Rechtmäßigkeit, Wirtschaftlichkeit und Sparsamkeit zu überprüfen und hätten damit auch Ämterpatronage zu rügen. Sie sind aber leider oft selbst »Musterbeispiele« für Patronage. Der Präsident gehört häufig der einen und der Vizepräsident einer anderen Parlamentspartei an, und diese werden es sich gut überlegen, ob sie mit ihrer Kritik ihren Genossen wirklich wehtun wollen. Würden die Spitzen der Rechnungshöfe dagegen nicht von denen ausgewählt, die sie kontrollieren sollen, sondern unmittelbar vom Volk,[10] würden die Kontrolleure vermutlich ganz anderen Druck auf die politische Klasse entfalten. Dann würden sie die Interessen der Bürger sehr viel massiver wahrnehmen und nachdrücklich Rechtmäßigkeit, Wirtschaftlichkeit und Sparsamkeit der Verwaltung und der gesamten Politik einfordern, was ihre eigentliche Aufgabe ist – und in Sternstunden der Finanzkontrolle ja auch geschieht.

In diesem Zusammenhang hatte die *Süddeutsche Zeitung* die Berufung Kay Schellers zum Präsidenten des Bundesrechnungshofs auch zunächst »als Dank Kauders an einen sehr engen Mitarbeiter« interpretiert.[11] Volker Kauder war damals langjähriger Vorsitzender der Unionsfraktion, und Scheller fungierte als Direktor dieser Fraktion. Die *FAZ* bescheinigt ihm später allerdings eine »Emanzipationsgeschichte«,[12] nachdem der Rechnungshof einen kritischen Bericht über die Finanzierung der Fraktionen veröffentlicht hatte.[13]

Ein bewundernswertes Beispiel für Unabhängigkeit ist definitiv der Präsident des Landesrechnungshofs Thüringen Sebastian Dette. Er machte von seiner Unabhängigkeit wirklich Gebrauch, etwa als er Funktionszulagen von Thüringer Abgeordneten als verfassungswidrig kritisierte und ihre Rückzahlung an den Landeshaushalt anmahnte. Dabei sah er sich allerdings massivem Mobbing seitens der politischen Klasse ausgesetzt. Doch seine Unabhängigkeit erlaubte es ihm, dem Druck standzuhalten. Dabei mag ihm geholfen haben, dass der Rechnungshof nicht in Erfurt, dem Sitz von Regierung und Landtag, angesiedelt ist, sondern in Rudolstadt. Am Ende hatte Dette jedenfalls vollen Erfolg: Verfassungswidrige Funktionszulagen sind in Thüringen abgeschafft. In anderen Ländern, wie zum Beispiel Rheinland-Pfalz, bestehen unzulässige Funktionszulagen dagegen fort, ohne dass der Landesrechnungshof ihre Abschaffung angemahnt hätte.

Demokratisches Prinzip?

Es liegt quasi auf der Hand, dass Ämterpatronage mit dem Demokratieprinzip auf Kriegsfuß steht. Die parteipolitische Besetzung von Ämtern mit Lebenszeit-Beamten läuft den Spielregeln der Demokratie gänzlich zuwider: Der Einfluss wird über die Wahlperiode hinaus festgeschrieben – und insoweit der Wahlbürger teilweise entmachtet. Im Extremfall kann sich für eine nach langer Opposition an die Macht gelangte Partei sogar die Frage der Regierbarkeit stellen, wenn sie es mit vielen von der Gegenseite patronierten Beamten zu tun hat. Sie kann sich dann, um verstärkt ihr loyale Beamte zu berufen, zur Ausweitung des Personals veranlasst sehen. Das wiederum steht in Konflikt zum Prinzip der Wirtschaftlichkeit und Sparsamkeit der öffentlichen Hand.[14] Die Versetzung politischer Beamte in den sog. einstweiligen Ruhestand (siehe S. 110) verursacht ohnehin erhebliche Mehrkosten.

Politischer Wettbewerb?

Alle »etablierten« Parteien stellen irgendwo im Bund oder in den Ländern die Regierung (zumindest mit) und nehmen dort personalpolitische Schaltstellen ein, die sie dazu verführen, selbst Ämterpatronage zu betreiben. Deshalb können sie auch dort, wo sie in der Opposition stehen, kaum mit Nachdruck dagegen vorgehen, ohne Gefahr zu laufen, dass die Kritik letztlich auf sie zurückschlägt. So kommt es, dass – abgesehen von halbherzigen Ansätzen – die Parteien diesen eklatanten Missstand bisher weitgehend totschweigen.

Politische Bildung?

Auch Einrichtungen, die das politische Denken prägen, suchen die Parteien mit Leuten ihres Vertrauens zu durchsetzen. Die Bundes- und Landeszentralen für politische Bildung, die Parteistiftungen und viele Volkshochschulen sind regelmäßig in ihrer Hand. Kaum ein Leiter einer größeren Schule, der nicht auch unter parteipolitischen Gesichtspunkten berufen wird; auch Führungskräfte der öffentlich-rechtlichen Medien werden oft nach Parteibuch bestellt. Kein Wunder, wenn ihnen Ämterpatronage oft als »ganz normal« vorkommt und sie wenig Interesse an Aufklärung über ihre Schädlichkeit haben.

Ganz klar formuliert: Wer in Ämterpatronage nur die Verletzung juristisch-formaler Grenzen sieht, verkennt die Dimension des Problems. Die Machtorientierung der Parteien steht im Gegensatz zur sach- und gemeinwohl-orientierten Denk- und Handlungsweise, die Staat und Verwaltung kennzeichnen sollte. Deshalb kann auch die Herstellung parteilicher Ausgewogenheit durch sogenannte Proporzpatronage das Problem nicht entschärfen. Denn der parteiliche Einfluss verändert auch dann die Motivations- und Denkweisen, wenn er nicht allein von den Regierungsparteien ausgeht. Die Folgen dieser Kolonisierungstendenzen sind fatal: Wem es vor allem auf Mehrheiten, Bündnisse sowie die Festigung des eigenen Status und der eigenen Macht ankommt, dem droht der Anreiz, nach sachgerechten Problemlösungen zu suchen, allmählich abhandenzukommen.

Darin liegt vielleicht der größte Schaden von Ämterpatronage, einem schleichenden Gift, das den öffentlichen Betrieb in vielerlei Hinsicht durchsetzt und dessen fatale Auswirkungen gar nicht überschätzt werden können. Das uns alle um einen leistungsfähigen und möglichst politisch neutralen öffentlichen Dienst bangen lässt und erst recht um wirklich unabhängige Rechnungshöfe und andere Kontrollorgane – für Rechtsstaatlichkeit und Demokratie ein bedrückendes Resümee.

Einen exakten Überblick über das genaue Ausmaß und die Verbreitung von Ämterpatronage zu gewinnen, ist, wie schon dargelegt, schwer. Von der Politik wird das Phänomen gelegentlich sogar rundheraus geleugnet. Typisch war die Beantwortung einer Anfrage der Grünen an die damalige Union/FDP-Bundesregierung von Helmut Kohl. Auf die Frage, wie man parteiliche Ämterpatronage erfolgreich bekämpfen könne, behauptete die Regierung, Ämterpatronage gäbe es gar nicht, weshalb die Frage gegenstandslos sei. »Was nicht sein darf, das nicht sein kann«, lautete hier offenbar die Devise. Dabei hatte Kohl selbst noch *vor* seiner Regierungsübernahme eine Haltung, die das Problem der Ämterpatronage ignoriere, als »lächerlich« zurückgewiesen. Auch der frühere Ministerpräsident des Saarlands und spätere Bundesverfassungsrichter Peter Müller hatte in einer Diskussion auf meine Feststellung, »dass viele öffentliche Bedienstete, um vorwärtszukommen, in eine

Partei eintreten« und dies »doch ein offenes Geheimnis« sei,[15] geantwortet: »Das ist offener Unsinn«.[16]

Da keine gesicherten empirischen Erkenntnisse über die Verbreitung parteipolitischer Ämterpatronage vorliegen, blüht sie typischerweise im Verborgenen, dafür aber üppig. Das rechtswissenschaftliche Schrifttum geht nahezu geschlossen von vielfacher parteipolitischer Ämterpatronage aus.[17] Die Sachverhaltsschilderungen in Gerichtsurteilen bieten immerhin Anschauungsmaterial.

Das Problem politischer Beamter

Ein Dorado der Ämterpatronage ist und bleibt der Bereich der sogenannten politischen Beamten. Sie können, weil das Vertrauen der politischen Spitze hier als besonders wichtig angesehen wird, laut Beamtengesetzen jederzeit ohne Angabe von Gründen in den sogenannten einstweiligen Ruhestand versetzt werden. Deshalb herrscht hier vielfach auch die Vorstellung, auf solche Stellen dürften die Parteien unbegrenzt patronieren. Dabei gilt auch für diese Beamtenkategorie ausdrücklich das Leistungsprinzip, wie das Bundesverwaltungsgericht bestätigt:

> *»Objektive Defizite hinsichtlich der an Eignung, Befähigung und Leistung zu stellenden Anforderungen [können] nicht durch ›politisches Vertrauen‹ kompensiert werden.«*[18]

Wichtig ist in diesem Zusammenhang auch: Das Bundesverfassungsgericht begrenzt die Zulässigkeit politischer Beamter auf den »engste[n] Kreis unmittelbarer Berater der Träger politischer Ämter«.[19] Mit dieser Vorgabe ist ein großer Teil der derzeitigen politischen Beamtenstellen schlichtweg unvereinbar. Das gilt zum Beispiel für Präsidenten der Verfassungsschutzämter oder des Bundeskriminalamts und für Polizeipräsidenten.[20] Besonders umfangreich fallen derartige »Besetzungen« im Bund, in Rheinland-Pfalz und in Thüringen aus. Unzulässig als politische Beamte ausgeflaggte Stellen haben etwa: die Präsidenten und Vizepräsidenten der rheinland-pfälzischen Mittelbehörden ADD (Aufsichts- und Dienstleistungsdirektion) sowie SGD (Struktur- und Genehmigungsdirektion) Süd und Nord, ebenfalls die Gleichstellungs-, Behinderten- und Ausländerbeauftragten in Thüringen.

Wirksame Sanktionen gegen Ämterpatronage?

Welche wirksame Handhabe existiert in unserem Rechtsstaat nun gegen das Phänomen? Und inwieweit können Gerichte hier eine wirksame Kontrolle ausüben? Da Ämterpatronage meist klar rechtswidrig ist und Bewerber um ein Amt Anspruch auf rechtsfehlerfreie Einstellungs- oder Beförderungsentscheidungen haben, können Übergangene beim Verwaltungsgericht klagen. Konkurrentenklagen haben allerdings eine große Schwäche: Sie führen selbst im Erfolgsfalle nur zur Aufhebung der rechtswidrigen Bestellung, nicht aber auch zur Ernennung des Klägers, im Gegenteil. Meist »setzt die Dienststelle […] darauf, in einem zweiten Verfahren ›ihren‹ Kandidaten durchzubringen.«[21]

Ist ein Beamter oder Richter bereits ernannt, wird es noch schwieriger: Jetzt gilt »Ämterstabilität«, sodass dem benachteiligten Konkurrenten allenfalls noch eine mögliche Schadensersatzklage bleibt. Die Rechtsprechung sucht deshalb, die prozessuale Stellung übergangener Bewerber zu stärken. Sie verpflichtet den Dienstherrn, vor Aushändigung der Ernennungsurkunde unterlegenen Mitbewerbern die Möglichkeit zu geben, die Ernennung etwa durch Eilantrag oder Verfassungsbeschwerde erst einmal zu verhindern.[22]

Möglichen Klagen übergangener Bewerber stehen aber bestimmte »Bremsen im Kopf« entgegen. Wagt nämlich einer, sich gerichtlich zu wehren, muss er befürchten, zur Persona non grata zu werden. Ein Kenner behördlicher Interna beschreibt das so:

»Seine Personalakte ziert der unsichtbare, aber fortan alles bestimmende EDEKA-Vermerk (das heißt: Ende der Karriere). Hierin wird einer der wesentlichen ungeschriebenen Grundsätze des Beamtenrechts deutlich, nämlich ›dulde und halte den Mund‹, sonst ist deine Karriere vorbei.«[23] Eine Klage wird »von der Dienststellenleitung als ›Majestätsbeleidigung‹ verstanden und hat in aller Regel zur Folge, dass mit teilweise grenzwertigen Mitteln versucht wird, den unliebsamen Konkurrenten ›kalt zu stellen‹. […] Genau dies ist den potentiellen Kandidaten aber meist bewusst. Daher scheuen sie fast immer eine entsprechende rechtliche Auseinandersetzung. […] Dies ist der Grund, warum Dienststellen mit fehlerhaften und manipulierten Stellenbesetzungsverfahren letztlich meistens Erfolg haben.«[24]

Angesichts dieses Machtmechanismus wäre es umso wichtiger, dass Staatsanwälte von Amts wegen gegen Ämterpatronage vorgehen, da diese, wie bereits oben angemerkt, die Tatbestandsmerkmale strafrechtlicher Untreue erfüllen kann.[25] Genau hier aber zeigt sich ein großes Defizit. Staatsanwälte scheinen vor solchen Ermittlungen zurückzuschrecken, was einmal mehr damit zusammenhängen dürfte, dass sie letztlich den Weisungen der Politik unterworfen sind. Ihre parteipolitische Spitze (der Justizminister), müsste ihnen gegenüber mit Vorgaben aktiv werden, tut dies aber in der Regel gerade nicht. In diesem Punkt liegt ein schwerer rechtsstaatlicher Mangel, vor allem im Zusammenspiel mit oft aussichtslosen Konkurrentenklagen.

Ämterpatronage wird öffentlich - im staatsrechtlichen Tagungsdiskurs

Ämterpatronage habe ich natürlich auch in Speyer zum Thema gemacht. So wies der Staatsrechtslehrer Wilfried Berg Mitte der 80er-Jahre nachdrücklich darauf hin, dass Ämterpatronage nicht nur die Leistungsfähigkeit des öffentlichen Dienstes und das Vertrauen der Öffentlichkeit in seine Objektivität infrage stellt, sondern auch den Parteien selbst schadet.[26] Auch auf meinen Speyerer Demokratietagungen schreckten die Referenten nicht davor zurück, die Dinge beim Namen zu nennen. Auf der 4. Tagung von 2000, die dem Generalthema »Politische Klasse und Verfassung« gewidmet war, hob der Berliner Staatsrechtslehrer Michael Kloepfer[27] einen zentralen Schwachpunkt bei Bekämpfung von Ämterpatronage hervor: die schwache Durchsetzbarkeit des rechtlichen Verbots. Parteipolitische Motive der Einstellungsbehörde würden fast nie genannt, sondern »routinemäßig mit scheinbar sachlichen Erwägungen getarnt«. Dieser »Mangel an Wahrheit« sei »Gift für das politische System. Mehr als alles andere zerstört Scheinheiligkeit die Legitimität.«[28]

Im Jahre 2002 behandelte Werner Schmidt-Hieber auf der 6. Demokratietagung das Thema.[29] In seinem Vortrag schilderte der frühere Geschäftsführer der Deutschen Richterakademie in Trier, wie manchem im Weinkeller die Zunge gelöst worden sei und wie die ungerecht Übergegangenen unter Ämterpatronage litten:

> *»Ich kann mir einfach nicht vorstellen, dass die Parteien übersehen, was sie mit der Ämterpatronage an menschlicher Enttäuschung anrichten, was für Wunden geschlagen werden, Demütigungen begangen werden. Ich bezeichne deshalb bewusst die Ämterpatronage als die ›grausamste Art der Korruption‹.«*[30]

Für den öffentlichen Dienst kann sich eine höchst schädliche Spirale nach unten ergeben. Karrieristen werden wegen ihrer parteilichen Bevorzugung angezogen. Wer dagegen kein Parteibuch besitzt und auch nicht anstrebt, in opportunistischer Weise tätig zu werden, scheut oft den öffentlichen Dienst, um nicht ins Hintertreffen zu geraten. Je größer die Attraktivität für parteiliche Karrieristen und je größer die Scheu sachorientierter Personen, desto stärker gerät der öffentliche Dienst in den Sog der Parteilichkeit. Wie in einem Sumpf droht mit jedem Schritt ein tieferes Versinken.

Auf der 7. Demokratietagung im Jahre 2004 griff der Freiburger Staatsrechtslehrer Rainer Wahl[31] das Thema erneut auf: Er stellte den minutiös aus den Akten recherchierten und von Martin Walser im Roman *Finks Krieg* literarisch umgesetzten Fall des Leitenden Ministerialrats Rudolf Wirtz vor, fiktionalisiert Stefan Fink genannt.[32] Darin zeige Walser, wie »ungemütlich und bedrückend« die Situation für einen Beschwerdeführer werden kann. Die meisterhafte Darstellung lehre, dass man es sich wirklich zwei- oder dreimal überlegen muss, ehe man gegen einen solchen Fall von Patronage zu Felde zieht. Fink jedenfalls habe die Jahre seines verzehrenden Kampfes mit einer Persönlichkeitsveränderung teuer bezahlt.

Bedrückend Tragisches hatte auch ich selbst beobachten müssen: Ein stellvertretender Schulleiter aus Gießen, der bei der Besetzung der Rektorenstelle seiner Schule rechtswidrig übergangen worden war und Konkurrentenklage erhoben hatte, hatte mich Anfang der 80er-Jahre um Unterstützung gebeten, als er von meiner gerade veröffentlichten Schrift *Ämterpatronage durch politische Parteien* (1980) in der Zeitung gelesen hatte. Er war dann von seinem obersten Dienstherrn, dem hessischen Kultusminister, in die Landeshauptstadt Wiesbaden vorgeladen und im Beisein meiner damaligen Assistentin Else Kirchhof »zur Sau« gemacht worden. Unmittelbar darauf starb er. Er hatte sich den ganzen Vorgang so zu Herzen genommen, dass er schlussendlich einem Herzschlag erlag.

Ämterpatronage - Beispiele aus dem politischen und universitären Leben

Mitte September 2020 ließ ein Beschluss des Oberverwaltungsgerichts Koblenz zur parteilichen Ämterpatronage aufhorchen[33] und veranlasste mich, das Thema erneut aufzugreifen.[34] Der Beschluss behandelte nicht nur einen Einzelfall, sondern offenbarte, dass das praktizierte Beförderungsverfahren in dem von der grünen Ministerin Ulrike Höfken geführten rheinland-pfälzischen Umweltministerium »von Willkür geprägt« sei und »das verfassungsrechtliche System der Bestenauslese gänzlich« unterlaufe. Beförderungen seien »ohne jegliche Feststellung von Leistung, Eignung und Befähigung der Bewerber« vorgenommen worden.[35] Es gab keine förmlichen Beurteilungen, bloß Einschätzungen, die sich aber als »weitgehend substanzlos und nichtssagend« erwiesen, obwohl sorgfältige Beurteilungen unerlässlich sind, um »einen Vergleich der Bewerber untereinander zu ermöglichen«.[36] Stellen wurden nicht ausgeschrieben.[37] Einem »derart maroden Beförderungssystem« wie im Umweltministerium, welches an »multiplen Mängeln« litt,[38] erteile die Verfassung eine klare Absage. Anstellungen und Beförderungen »nach Gutsherrenart« und »Günstlingswirtschaft (Ämterpatronage)« seien eindeutig rechtswidrig.[39] Arno Becker schrieb in der *Rheinpfalz:*

> *»Inzwischen ist bekannt, dass die rechtswidrigen Verfahren über Jahre gängige Praxis waren. So sollen in mindestens 160 Fällen Leute befördert worden sein, ohne dass es zuvor die vorgeschriebenen Beurteilungen gab.«*[40]

Um auch auf den strafrechtlichen Aspekt hinzuweisen, forderte ich in einem dpa-Gespräch und gegenüber der Koblenzer *Rheinzeitung* die Staatsanwaltschaft zum Ermitteln auf und bot ihr wiederholt meine fachliche Hilfe an, ohne aber eine Antwort zu erhalten. Tatsächlich ließ die Staatsanwaltschaft Mainz verlauten, sie würde prüfen, ob sie wegen Untreue ermittle, was aber leider im Sande verlief.

Frühere Fälle

Schon vorher waren ähnlich unmissverständliche gerichtliche Ordnungsrufe bekannt geworden, die zeigen, dass derartige grob rechtswidrige Verfahren offenbar gelebte Praxis in den den Grünen überlassenen Ministerien darstellen. Anfang 2018 hatte Integrationsministerin Anne Spiegel (Grüne) eine Angestellte – und Parteifreundin – zur Chefin der Verbraucherschutzabteilung machen wollen. Das Verwaltungsgericht Mainz stellte in einer von einem Konkurrenten angestrengten Klage fest, dass ihr die Voraussetzungen dafür fehlten.[41] 2013 wollte die damalige Wirtschaftsministerin Eveline Lemke (Grüne) den Abgeordneten und haushaltspolitischen Sprecher der Grünen-Landtagsfraktion, Ulrich Steinbach, zum Abteilungsleiter machen. Auch das scheiterte an einer Konkurrentenklage. Die Entscheidung des Wirtschaftsministeriums, Steinbach zu berufen, leide »sowohl an formellen wie materiellen Fehlern«.[42] Wesentliche Sanktionen, etwa der Rücktritt der Ministerin oder des verantwortlichen Staatssekretärs, erfolgten allerdings nicht.

Der Fall Lars Brocker

Klarstellende Entscheidungen von Gerichten sind deshalb wichtig, weil das wirkliche Ausmaß der parteilichen Durchdringung des öffentlichen Dienstes intransparent bleibt – und leider auch die Verbreitung von Patronage bei der Besetzung von Richterstellen.

Der »Fall Brocker« nimmt in diesem Zusammenhang eine besondere (Zwitter-)Rolle ein: Lars Brocker war früher juristischer Mitarbeiter der rheinland-pfälzischen SPD-Fraktion, machte dann aber gewaltige Karrieresprünge. 2007 wurde er hoch eingestufter Landtagsdirektor in Mainz und im Juni 2012 mit 44 Jahren sogar Präsident des rheinland-pfälzischen Oberverwaltungsgerichts in Koblenz und damit auch des rheinland-pfälzischen Verfassungsgerichts, ohne dass er bis dahin über einschlägige richterliche Erfahrung verfügt hätte.[43]

Aber Brocker hatte ein großes parteiliches Verdienst: Er hatte die üppigen Funktionszulagen, die zum Beispiel viele stellvertretende Fraktionsvorsitzende im Bund und in den Ländern, auch in Rheinland-Pfalz, von ihren Fraktionen trotz ihrer Verfassungswidrigkeit erhalten (siehe S. 274 f.), in einer Fachzeitschrift verteidigt.[44] Mit dieser gefälligen Veröffentlichung hatte Brocker parteiintern

Zuverlässigkeit demonstriert. Bedenkt man, dass das Bundesverfassungsgericht eine Klage gegen rheinland-pfälzische Funktionszulagen mit der Begründung verworfen hatte, dafür sei allein das rheinland-pfälzische Verfassungsgericht zuständig,[45] so gerät die Berufung Brockers zum Präsidenten dieses Gerichts erst recht in ein bezeichnendes Licht.

Was nun besonders erstaunt: Brocker war auch Vorsitzender desjenigen Senats, der das Urteil des OVG Koblenz vom 27.8.2020 fällte (siehe oben). Damit hatte ein Richter, dessen eigene Karriere offenbar nicht frei war von parteilicher Patronage, die an Schärfe nicht zu überbietende Verdammung von Ämterpatronage mitzuverantworten. Die Unabhängigkeit des Amtes ermöglicht glücklicherweise auch Derartiges.[46]

Vetternwirtschaft an Hochschulen

Auch an den Universitäten besteht neben der dort ebenfalls zunehmenden Parteibuchpatronage die Gefahr der Begünstigung eigener Schüler durch gezieltes Austricksen der verfassungsrechtlich vorgeschriebenen Bestenauslese (wenn dort auch – wegen der wissenschaftlichen Freiheit – mit weiten Beurteilungs- und Ermessensspielräumen). Ich erinnere mich noch gut, welche Peinlichkeit ich empfand, als ich als Rektor der Verwaltungshochschule Speyer beim Geburtstag eines älteren Kollegen sprechen musste und dieser nichts dabei fand, lang und breit und voller Stolz zu schildern, wie er zur Förderung der wissenschaftlichen Karriere seiner Schüler gezielt Einfluss auf andere Universitäten genommen habe.

Ein Fall von (versuchter) parteilicher Ämterpatronage im universitären Kontext betraf den Politikwissenschaftler und CSU-Allzweckwaffe Prof. Heinrich Oberreuter. Der bayerische Wissenschaftsminister Hans Zehetmair wollte ihn auf einen Lehrstuhl an der Münchner Universität hieven, scheiterte dabei aber an der erfolgreichen Konkurrentenklage eines dadurch zurückgesetzten Bewerbers.[47]

VI. Lehrstuhl in Speyer und ein politisch nicht immer bequemer Professor

Es geschah am Himmelfahrtstag: Staatsrechtslehrer-Vortrag in Innsbruck

An die Deutsche Hochschule für Verwaltungswissenschaften Speyer hatte ich mich beworben, nicht nur wegen der Nähe zu meiner Heimatstadt Heidelberg, sondern auch wegen des dort gepflegten betont interdisziplinären Ansatzes. Es ging um den frei gewordenen Lehrstuhl des Kommunalwissenschaftlers Günter Püttner, der einen Ruf an die Universität Tübingen angenommen hatte.

Ein glücklicher Zufall hatte mal wieder Schicksal gespielt. Klaus Vogel, der damalige Vorsitzende der Staatsrechtslehrervereinigung, in die ich nach meiner Habilitation aufgenommen worden war, rief mich am Himmelfahrtstag 1980 überraschend an und bot mir das Zweitreferat zum Thema »Besteuerung und Eigentum« auf der im Herbst stattfindenden Jahrestagung der Vereinigung in Innsbruck an. (Das Erstreferat zum selben Thema hielt der spätere Heidelberger Steuerrechtler Paul Kirchhof, der damals noch an der Universität Münster lehrte. Der zunächst vorgesehene Zweitreferent Wolfgang Knies hatte kurzfristig abgesagt, weil er Minister im Saarland geworden war.) Ich war über den Anruf hocherfreut, bat mir aber, auch wegen der verkürzten Vorbereitung, Bedenkzeit aus (normalerweise steht Referenten dafür ein Jahr zur Verfügung). Das wiederum lag an meiner Unerfahrenheit in Universitätsdingen. Denn als ich meinem Habilitationsvater und freundschaftlichen Berater Hermann Soell von dem Anruf berichtete, schlug der die Hände über dem Kopf zusammen: Bei so einem ehrenvollen

Angebot des Vorsitzenden, vor der versammelten deutschsprachigen Staatsrechtslehrerschaft einen Fachvortrag zu halten, gebe es doch nichts zu bedenken. Normalerweise hat nur ein Teil der Mitglieder je die Chance, dort zu referieren, und dann meist in höherem Alter. Mit der gewaltigen Zunahme der Zahl der Mitglieder ist die Auswahl noch sehr viel enger geworden. Als Seiteneinsteiger war mir die akademische Welt – und erst recht die der Staatsrechtslehrervereinigung – eben noch wenig vertraut. Ich beeilte mich also zuzusagen.

Die altehrwürdige »Vereinigung der Deutschen Staatsrechtslehrer« besteht aus den deutschsprachigen Professoren des öffentlichen Rechts in Deutschland, Österreich und der Schweiz.[1] Sie zählte zu ihrem 100. Geburtstag im Jahre 2022 rund 800 Mitglieder. Bei ihrer Gründung waren es 43 gewesen. Inzwischen gehören natürlich auch Frauen dazu, derzeit rund 15 Prozent,[2] ohne dass sich der Name der Vereinigung verändert hätte. Anders als bei manchen anderen akademischen Berufsorganisationen reicht ein einfacher Universitätsabschluss nicht aus. Voraussetzung für die Mitgliedschaft ist normalerweise die Habilitation; Fachhochschulprofessoren kommen also nicht in Betracht.

Kernstück ihrer Aktivitäten ist die Organisation der zweitägigen Plenartagungen mit wissenschaftlichen Vorträgen. Abgehalten werden sie jedes Jahr an wechselnden Universitäten in einem der drei Herkunftsländer mit umfassendem Begleitprogramm und abendlichem Empfang meist der jeweiligen Landesregierung, zu denen auch die Partner der Mitglieder eingeladen sind.

Als ich 1977 auf Antrag der Regensburger Öffentlichrechtler in die Vereinigung aufgenommen wurde, herrschten Anciennität und Reputationshierarchie vor, was mir etwas befremdlich erschien. Meine Frau und ich wurden aber freundlich empfangen. Die Referate, die bis heute unter Ausschluss der Öffentlichkeit stattfinden, leuchteten meist die letzten Feinheiten der juristischen Dogmatik aus. Interessanter waren die anschließenden Diskussionen und vor allem die Begegnung mit vielen Kollegen, die ich sonst kaum hautnah kennengelernt hätte. Fast alle aktiven Kollegen sind Mitglieder der Vereinigung. Für einen Privatdozenten, zumal einen, der nicht eine langjährige Assistentenzeit bei seinem Habilvater durchlaufen hatte, war, wie ich allmählich merkte, die Mitgliedschaft besonders interessant.

Da ich mich dem Vortrag mit Hochdruck widmen musste, bat ich die Speyrer Hochschule, mich vom dortigen »Vorsingen« zu befreien, zu dem üblicherweise einige Bewerber eingeladen werden, und stattdessen das Innsbrucker Referat als Bewerbungsvortrag zu nehmen, da auch Speyrer Professoren an der Veranstaltung teilnahmen. In den Familienurlaub auf Sardinien nahm ich einen ganzen Korb voller Bücher und sonstige Unterlagen mit und schwitzte am Schreibtisch, während sich alle anderen am Strand tummelten.

Das Referat am 3. Oktober 1980[3] lief offenbar nicht schlecht. Nur mitten im Vortrag hatte ich ein mulmiges Gefühl, als der in jeder Hinsicht gewichtige Senior Ulrich Scheuner sich plötzlich unübersehbar erhob und den Saal verließ – und war sehr erleichtert, als er bald darauf zurückkehrte. (Inzwischen weiß ich, warum alte Männer immer mal wieder unterbrechen müssen.) Gleich nach meinem Vortrag baten mich die beiden Speyerer Professoren Frido Wagener und Willi Blümel zum Gespräch und stellten mir den gewünschten Lehrstuhl in Aussicht. Was für ein Glückstag!

Aber erst mal galt es umzuziehen, von Wiesbaden nach Speyer. Meine Familie war zwar zunächst nicht begeistert, aber bereit. Wir fanden ein nagelneues Reihenhaus, worin wir die vielen Sachen stopfen mussten, die sich in der großen Altbauwohnung in Wiesbaden angesammelt hatten, immerhin das erste eigene Haus. Jedes Kind hatte ein Zimmer, Vater musste seinen Schreibtisch zwar im Schlafzimmer aufstellen, in der nahen Hochschule aber bestanden Arbeitsmöglichkeiten genug. Da wir mitten im Sommer umzogen und das Schuljahr gerade zu Ende gegangen war, war die Umschulung für unsere drei Kinder kein großes Problem. Zudem bekam jedes ein Fahrrad, sodass sie mit den neuen Nachbarskindern rasch zum nahen Baggersee fahren konnten. So hatten sie den Abschiedsschmerz von ihren Wiesbadener Freunden rasch verwunden. Das Problem, das manche Kollegen mit ihren Familien hatten, wenn sie einen Ruf an eine andere Universität annahmen (»Nur um Deiner Karriere willen reißt Du uns aus unserer lieb gewordenen Umgebung!«) hatte ich also zum Glück nicht.

Fruchtbare Arbeit an der Hochschule

An der Hochschule Speyer (seit April 2012: Universität) lehrte ich seit 1981 Öffentliches Recht, insbesondere Kommunal- und Haushaltsrecht sowie Verfassungslehre. Um den letzten Zusatz zu meiner Lehrstuhlbezeichnung hatte ich gebeten, weil mir das Grundgesetz besonders wichtig war. Aus seinem Wertekanon sollte drei Jahre später mein Buch *Staatslehre der Bundesrepublik* hervorgehen. Rufe an die Universität Marburg, die mir nun – gleichzeitig mit dem Ruf nach Speyer – einen Lehrstuhl anbot, und an die neue Universität Osnabrück, um dort den juristischen Fachbereich aufzubauen, schlug ich aus, ebenso später einen Ruf nach Göttingen auf den Lehrstuhl für Staatslehre und Politik. Ich war am richtigen Platz für diejenigen Themen, die mich vor allem interessierten.

Die Deutsche Hochschule für Verwaltungswissenschaften Speyer war 1947 nach dem Vorbild der französischen ENA (Ecole Nationale d'Administration) gegründet worden, getragen von allen Bundesländern, vor allem von Rheinland-Pfalz, ihrem Sitzland. Sie ist eine einzigartige Institution in der Bundesrepublik, hat – im Gegensatz zu Fachhochschulen – das Promotions- und Habilitationsrecht und galt damals als *die* Fortbildungsstätte für den staatlichen Nachwuchs. Ihr »Lehrkörper« hatte damals davon profitiert, dass einige Wissenschaftler die seit Jahren andauernden Störungen an bestimmten, meist großen Universitäten nicht mehr ertrugen und Rufe ins idyllische Speyer annahmen. So hatten zum Beispiel der Jurist Helmut Quaritsch 1972 und der Soziologe Helmut Klages 1975 die Freie Universität Berlin verlassen und Speyer verstärkt.

Klages brachte mir die Bedeutung des sogenannten Wertewandels vom Gehorsam zur Selbstentfaltung nahe und die von ihm propagierte Entwicklung hin zum Typus des »aktiven Realisten«, der auf Mitentscheidung gerade auch in politischen Fragen drängt.

Quaritsch hatte den wissenschaftlichen Dienst des Bundestags als sein Direktor (1970–1973) aufgebaut. Die Nähe zur Politik hinderte ihn aber in vorbildlicher Weise nicht daran, die Gefahren parteipolitischer Ämterpatronage bei einem Vortrag auf dem Deutschen Juristentag ungeschminkt beim Namen zu nennen.[4] Quaritsch war Vorsitzender der Berufungskommission, die mich nach Speyer holte. Seine handgeschriebene Postkarte habe ich noch zu Hause, in der er den Stand des Auswahlverfahrens schilderte und es mir dadurch erleichterte, mich für Speyer zu entscheiden. Er blieb mir auch vor Ort ein wertvoller Gesprächspartner. Quaritsch sah die Dinge, wie sie sind. Das zeigte sich etwa bei der Asyl-Diskussion, bei der seine realistischen Darlegungen zunächst heftig kritisiert wurden, die weitere Entwicklung und Gesetzgebung ihm aber schließlich recht gaben. Auch die Voraussetzungen der Wiedervereinigung hatte er klar formuliert. Auf der Staatsrechtslehrertagung 1979 in Berlin fiel sein geradezu seherischer Satz: »Die deutsche Zweistaatlichkeit ist ein Resultat fortdauernder Fremdbestimmung; sie würde sofort verschwinden, sobald die Deutschen die deutschen Angelegenheiten selbst regeln könnten.« Quaritsch hatte auch schon früh erkannt, wie falsch die Vernachlässigung des Selbstbehauptungswillens der Nation für Deutschland sein kann. Diese Erkenntnis wurde auch durch die von Kanzler Olaf Scholz ausgerufene sogenannte Zeitenwende nach dem Überfall Russlands auf die Ukraine wieder in Erinnerung gerufen. Das Bundesverdienstkreuz, das ihm Anfang der Siebzigerjahre Bundestagspräsident von Hassel zugedacht hatte, lehnte er jedoch ab. Das war sicher nicht opportun, entsprach aber seinem unabhängigen Geist – und natürlich auch dem Stolz des Hamburgers, der eben keine Orden annimmt.

Jedenfalls fühlte ich mich an der postuniversitären Speyerer Hochschule mit ihrem transdisziplinären und praxisorientierten

Ansatz und im Kreise der Kollegen alles in allem gut aufgehoben. Es war nicht nur eine Ausbildungsstätte für den Nachwuchs in Politik und Verwaltung, sondern auch eine ausgesprochene Forschungsuniversität, was mir besonders entgegenkam. Kernelemente der Lehre waren wissenschaftliche Seminare und praxisorientierte Arbeitsgemeinschaften mit höchstens 25 Teilnehmern zu bestimmten übergreifenden Themen, um die sich die einzelnen Arbeiten der Teilnehmer rankten. Hier bestand die Möglichkeit, intensiv mit bereits fortgeschrittenen und an Problemen von Demokratie und Rechtsstaat interessierten »Hörern« (so werden in Speyer die Studenten genannt, die ja alle schon ein Examen in der Tasche haben) auf hohem Niveau zu arbeiten und zu diskutieren.

Ein Kernstück der Hochschule und von mir fruchtbar genutzt waren die Fortbildungstagungen, die in der semesterfreien Zeit abgehalten wurden. Jedem Professor, der eine Tagung ausrichtete, stand das professionelle Tagungsmanagement zur Verfügung, welches ihm alles lästige Organisieren abnahm. Das ermöglichte mir, im Laufe der Zeit zu einer Fülle von Veranstaltungen hochkarätige Referenten einzuladen zu Themen, bei denen nicht nur die Teilnehmer, sondern auch ich selbst dazulernten und eigene Ideen erproben konnten. Die von mir initiierten und ausgerichteten Demokratietagungen boten auch einen Abendpart mit dinner speech, der lange in der »Wiege der Demokratie« stattfand, dem kaum 20 km entfernten Hambacher Schloss. Am Vorabend der Tagung kamen die Referenten und Referentinnen stets zu einem Austausch bei Wein und Essen zu uns nach Hause, Zusammenkünfte, die meine Frau immer liebevoll vorbereitete. Die Demokratietagungen begannen im 50. Jahr der 1947 gegründeten Hochschule und wurden in 17 Tagungsbänden im Verlag Duncker und Humblot veröffentlicht.

Den Status des deutschen Professors, dessen wissenschaftliche Freiheit staatlich alimentiert wird, empfinde ich als großes Privileg, das m. E. nur zu rechtfertigen ist, wenn diese Stellung auch dazu benutzt wird, zu versuchen, Staat und Gesellschaft nicht nur zu analysieren, sondern auch bestehende Schwachstellen zu ermitteln und vor allem auch Verbesserungen vorzuschlagen.[5] Die Kritik-Aufgabe hat einer der Väter der deutschen Politikwissenschaft, Ernst Fraenkel, am Beispiel seiner Disziplin noch weiter zugespitzt: »Eine Politikwissenschaft, die nicht bereit ist, ständig anzuecken, die sich scheuen wollte, peinliche Fragen zu stellen, die davor zurückschreckt, Vorgänge, die kraft gesellschaftlicher Konvention zur arcana societatis erklärt worden sind, rücksichtslos zu beleuchten, und die es unterlässt, freimütig gerade über diejenigen Dinge zu reden, über die ›man nicht spricht‹«, habe »ihren Beruf verfehlt.«[6] Das gilt natürlich auch für Rechtswissenschaftler, und ausgerechnet Christian Wulff, der spätere Bundespräsident, dessen finanziellen Status ich einmal scharf kritisieren würde, hat mir bei der Rezension eines meiner Bücher bescheinigt, ich würde diesem Maßstab gerecht.[7]

Parteienfinanzierung und ihr Missbrauch: Leitthema des »Parteienkritikers«

Anfang der 80er-Jahre machte die Flick-Affäre von sich reden, was wiederum die Öffentlichkeit für das Thema Parteienfinanzierung generell sensibilisierte.[8] Ein Steuerfahnder war auf das Kassenbuch des Chefbuchhalters des Flick-Konzerns gestoßen, in welchem Bargeldzahlungen an Politiker aller im Bundestag vertretenen Parteien verzeichnet waren. Flicks Generalbevollmächtigter Eberhard von Brauchitsch hatte sie, am Parteiengesetz und seinen Publikationspflichten vorbei, üppig mit Geldkuverts versorgt – zur »Pflege der politischen Landschaft«, wie er später verharmlosend beteuerte. Dahinter stand in Wahrheit der Verdacht, mit den Zahlungen sei in den 70er-Jahren ein gigantisches Aktiengeschäft geschmiert worden, bei dem der Flickkonzern fast eine Milliarde Mark an Steuern gespart hatte. Die damaligen Bundeswirtschaftsminister Hans Friedrichs und später Otto Graf Lambsdorff hatten Flick die dafür erforderliche angebliche »volkswirtschaftliche Förderungswürdigkeit«

des Verkaufs einer Unternehmensbeteiligung bescheinigt. Der Politskandal, einer der größten in der Geschichte der Bundesrepublik, beschäftigte die Politik, die Medien und die Gerichte mehrere Jahre lang mit Amnestieversuchen, einem parlamentarischen Untersuchungsausschuss und schließlich strafrechtlichen Verurteilungen von Brauchitsch, Friedrichs und Lambsdorff, allerdings – mangels Beweisbarkeit einer Bestechung – bloß wegen Steuerhinterziehung bzw. Beihilfe dazu.[9]

Das Thema Politikfinanzierung hat mich auch in meiner wissenschaftlichen und praktischen Auseinandersetzung mit Missständen im Parteiensystem immer wieder beschäftigt. Auf diesem Terrain werden die Missbrauchsgefahren des Parteienstaats und die Versuche des Bundesverfassungsgerichts, Kontrollen zu sichern, besonders deutlich. Die genaue Beobachtung skandalträchtiger Entwicklungen in diesem Bereich hat meine Vorstellung, wie Parteien agieren, ganz wesentlich geprägt. Die Crux dabei: Gegen missbräuchliche staatliche Politikfinanzierung finden sich keine speziellen Vorkehrungen im Grundgesetz. Denn die Väter des Grundgesetzes kannten das »Phänomen« noch nicht. Deshalb musste das Bundesverfassungsgericht, nachdem es die staatliche Parteienfinanzierung zugelassen hatte und diese daraufhin zu explodieren drohte, die nötigen Vorkehrungen erst entwickeln. Angesichts der Befangenheit des parlamentarischen Gesetzgebers musste das Gericht selbst in die Bresche springen und in einer ganzen Serie von Urteilen ein rechtliches Reglement entwerfen mit allen Mängeln dieser Form der Case-Law-Rechtsschöpfung. Das Gericht wurde also zu einer Art Ersatzverfassungsgeber. Deshalb beruht das Parteiengesetz zum großen Teil auf der Rechtsprechung des Bundesverfassungsgerichts.

Dass Politikfinanzierung zu einem zentralen Gegenstand meiner Arbeit wurde, hat gute Gründe: Bei diesem Thema geht es ums Geld, also letztlich den »Kern der öffentlichen Dinge«. Da man den geldlichen Wert einer Leistung genau berechnen kann, lassen sich auch Missbräuche klar herausarbeiten. Dass die Beträge, selbst wenn sie nicht im Parteiengesetz standen, stets im Haushalt ausgewiesen werden mussten, erleichterte die Überprüfung der Vorgänge – für mich der ideale Ansatzpunkt.

Den Startschuss für die Beschäftigung mit dem Thema gab ein Vortrag. Dazu hatte mich Anfang der 80-Jahre ein Kreis von CDU-Beamten um den späteren Landrat des heutigen Rhein-Pfalz-Kreises, Dr. Ernst Bartholomé, nach Mainz eingeladen. Als ich ihm im Februar 2022 zum 82. Geburtstag gratulierte, erinnerte er, halb scherzhaft, aber nicht ohne Stolz daran, dass er mich damals auf das Thema gebracht und so dazu beigetragen habe, mich zum »Parteienkritiker« zu machen.

Ermutigt durch die fruchtbare Aufnahme meiner Kritik an den Diäten und die Übernahme des Begriffs »Entscheidung des Parlaments in eigener Sache« durch das Bundesverfassungsgericht hatte ich damals im Anschluss an den Vortrag die Parteienfinanzierung einer grundlegenden Kritik unterzogen. Das fand seinen Niederschlag in einer 150-Seiten-Schrift von 1982, die in der Reihe des Karl-Bräuer-Instituts veröffentlicht wurde.[10]

Sechs Konstellationen von parteilicher Selbstbegünstigung

Im Laufe der Geschichte haben sich bei der Bewilligung von Staatsgeld und im Umgang mit politischen Konkurrenten wiederkehrende Konstellationen von Machtmissbrauch gezeigt. Diese werden bei der Finanzierung der Parteien besonders deutlich und haben leider auch heute nichts von ihrer Aktualität eingebüßt. Deshalb ist es wichtig, sie klar und deutlich zu benennen, um das allgemeine Bewusstsein für Manipulationen im Umgang mit Steuergeldern zu schärfen:

1. Selbstbegünstigung öffnet die Türen zu immer mehr

Ohne wirksame Kontrollen sind die Parteien versucht, sich möglichst viel Staatsgeld zu bewilligen. Es öffnet sich ein Fass ohne Boden. Als das Grundgesetz ausgearbeitet wurde, war das noch kein Thema. Der Parlamentarische Rat ging davon aus, die Parteien finanzierten sich ausschließlich aus privaten Quellen, also aus Beiträgen und Spenden, was auch die herrschende Auffassung in den 50er-Jahren war.[11] Vor der Einführung der Staatsfinanzierung wurde drastisch gewarnt – vor allem wegen der bei »Selbstbedienung« drohenden zunehmenden Staatsnähe der Parteien.[12]

Nachdem aber das Bundesverfassungsgericht, unter dem fatalen Einfluss des Richters Gerhard Leibholz, die unmittelbare Staatsfinanzierung der Parteien 1958 für zulässig erklärt hatte,[13] wagte der Bundestag, den gerichtlichen Freibrief im Rücken, sie 1959 einzuführen. Das war eine europäische Premiere und wäre sogar eine Weltpremiere gewesen, wenn nicht (so wenig vorbildliche Staaten wie) Costa Rica und Argentinien bereits eine Staatsfinanzierung gehabt hätten. Kaum war sie bei uns mit 5 Millionen DM jährlich eingeführt, wuchs sie blitzartig. 1965 betrug sie bereits 38 Millionen und sollte alsbald auf über 90 Millionen DM jährlich aufgestockt werden, bevor das Bundesverfassungsgericht ihr schließlich Grenzen setzte,[14] die es später zur »absoluten Obergrenze« fortentwickelte.

Die Begrenzung bewirkte, dass statt der Parteienfinanzierung nun – sozusagen ersatzweise – die Zahlungen an Fraktionen und Parteistiftungen sowie für Abgeordnetenmitarbeiter explodierten. Denn für sie lehnt die Politik die verfassungsgerichtlichen Einschränkungen, die für die staatliche Parteienfinanzierung im engeren Sinne gelten, immer noch ab.[15] In diesem Bereich konnte die Selbstbedienung deshalb ungestört wuchern. Die Staatsfinanzierung dieser »Ersatzparteien« ist auf ein Mehrfaches der eigentlichen Parteien angeschwollen, was sie zunehmend in die Lage versetzt, ihren Mutterparteien zuzuarbeiten (siehe S. 132 ff.).

2. Selbstbegünstigung der Regierungsparteien und Benachteiligung der parlamentarischen Opposition

Die Regierungsparteien können mit ihrer Mehrheit vorteilhafte Regelungen für sich selbst durchsetzen, auch wenn die Opposition dadurch im Wettbewerb benachteiligt wird. So zum Beispiel geschehen durch die Einführung der gewaltigen, international einmaligen Steuervergünstigung für Großspenden an Parteien in den 50er-Jahren, die vor allem den damaligen Regierungsparteien CDU/CSU und FDP zugutekamen. Die einseitige Selbstbegünstigung hat das Bundesverfassungsgericht schließlich wegen Verstoßes gegen die Chancengleichheit kassiert.[16]

Einen aktuellen Fall krasser Benachteiligung der Opposition im Bundestag stellt das neue Wahlgesetz der Ampel-Koalition dar: Der Wegfall der sogenannten Grundmandatsklausel, die Parteien von der Sperrklausel befreit, wenn sie mindestens drei Direktmandate gewinnt, wirft die Linke 2024 voraussichtlich aus dem Bundestag. Das gleiche Los droht der CSU, falls sie weniger als fünf Prozent der Wählerstimmen bekommt (siehe S. 292 f.).

3. Selbstbegünstigung der Parlamentsparteien zulasten außerparlamentarischer Konkurrenten

Von bestimmten Regelungen profitieren Regierung *und* parlamentarische Opposition gemeinsam. Genau wie der schottische Philosoph und Aufklärer Adam Smith schon vor einer »Verschwörung der Kaufleute« gegen die Verbraucher gewarnt hatte, also vor Kartellen, so besteht auch die Gefahr, dass Regierungs- und Oppositionsparteien sich gegen die Bürger und Steuerzahler »verschwören« und sich gemeinsam »bedienen« – und das ganz exklusiv.

So war das Staatsgeld anfangs nur für Parlamentsparteien vorgesehen, bis das Bundesverfassungsgericht die volle Einbeziehung außerparlamentarischer Parteien und Wählergemeinschaften erzwang.[17] Zugleich musste das Gericht die Quote für die Beteiligungsberechtigung außerparlamentarischer Parteien an der Staatsfinanzierung auf 0,5 Prozent der erlangten Stimmen bei Bundestags- oder Europawahlen herabsetzen, nachdem die »glücklichen Ins«, d. h. die Parteien im Parlament, sie auf 2,5 Prozent festgesetzt hatten.[18] Hierher gehört auch ein weiteres Gesetz, das etwa die ÖDP von der Staatsfinanzierung ausgeschlossen hätte und deshalb vom Bundesverfassungsgericht kassiert wurde.[19] Ebenso die

Aufhebung der kleinere Parteien benachteiligenden Fünfprozent- und Dreiprozentsperrklauseln bei Europawahlen in Deutschland[20] (siehe S. 235 ff.).

4. Selbstbegünstigung durch Entschärfung der verfassungsgerichtlichen Kontrolle

Die Parteien haben die verfassungsgerichtlichen Bremsen immer wieder dadurch gelockert, dass sie ihnen genehme Richter beriefen. Zwar hat man schließlich versucht, die Unabhängigkeit der Richter durch mehrere Maßnahmen zu sichern: Verlängerung der Amtsperiode auf zwölf Jahre, Ausschluss der Wiederwahl und Zweidrittelmehrheit bei ihrer Bestellung. Das feit aber nicht gegen die Wahl solcher Personen, die ihrer Grundeinstellung nach die Zügel lockern wollen. Davon kann auch die parlamentarische Opposition profitieren, sodass letztlich alle Parlamentsparteien diesen Punkt bei der Wahl der Richter mit im Blick haben. Kommt es in diesem Zusammenhang durch Klagen von Bürgern zu einem Prozess, sind alle Richter von der »Gegenseite« bestellt, was mit den Grundsätzen eines fairen Verfahrens kaum vereinbar erscheint.

Ein Beispiel für einen parteilichen Brückenkopf im Bundesverfassungsgericht war der Staatsrechtslehrer, frühere Abgeordnete und Parlamentarische Staatssekretär Hans Hugo Klein, der 1982 in einem Aufsatz die begrenzte steuerliche Abzugsfähigkeit von Zuwendungen an Parteien kritisierte, ihre gewaltige Ausweitung vorschlug[21] und sich damit bei den Parteien für das Richteramt empfohlen hatte. Nach seiner Berufung ins Gericht trug er als Berichterstatter dazu bei, dass das Bundesverfassungsgericht die Zulässigkeit der Steuerbegünstigung 1986 gewaltig erhöhte,[22] bevor es sein Urteil 1992 revidieren musste.[23] Damit hatte ich auch eine Wette gewonnen, die ich bei einem *Spiegel*-Gespräch mit dem Kollegen Hans-Peter Schneider geschlossen hatte, worauf Schneider mir den zugesagten Kasten Sekt übersandte.

Wie Hans Hugo Klein setzte sich zum Beispiel auch der frühere saarländische Ministerpräsident Peter Müller als Richter und

Berichterstatter über das (eigentlich offensichtliche) Faktum hinweg, dass der Bundestag bei Entscheidungen über die Regeln der Macht befangen ist und deshalb verschärfter Kontrolle bedarf, auch durch das Gericht selbst (siehe S. 74 ff.).

5. Selbstbegünstigung durch Entschärfung der Sachverständigen-Kontrolle

Auch der wissenschaftliche Sachverstand läuft Gefahr, als Gegengewicht zu manipulativen Entscheidungen des Parlaments in eigener Sache ausgeschaltet zu werden: Ähnlich wie bei der einseitigen personellen Besetzung von Gerichten kann Politik auch hier versuchen, durch gezielte Mitgliederauswahl die Empfehlungen von Kommissionen in ihrem eigenen Sinne zu beeinflussen. So geschehen etwa bei der Rau-Kommission (siehe S. 131 f.). und der Schmidt-Jortzig-Kommission, die zum Abgeordnetengesetz eingesetzt wurde. Sie hat die Rechtsprechung des Bundesverfassungsgerichts schlicht ignoriert, nachdem der Bundestag vornehmlich politiknahe Personen in sie berufen hatte (siehe S. 250 f. und 311).

6. Selbstbegünstigung durch exzessive Bestimmung der Aufgaben der Parteien

Die staatliche Parteienfinanzierung hatte in der Vergangenheit noch eine andere verhängnisvolle Auswirkung – die bis heute besteht. Um für die anschwellenden öffentlichen Gelder eine vordergründige Rechtfertigung zu liefern, definierten die Parteien im Parteiengesetz von 1967 ihre Aufgaben nämlich höchst extensiv.[24] Da sie darüber selbst bestimmen,[25] war es auch möglich, ihren Tätigkeitsbereich im eigenen Interesse aufzublähen.

Eine Kommission von nicht-*unabhängigen* Nicht-*Sachverständigen*

Nach der Ende 1999 bekannt gewordenen Parteispendenaffäre der CDU, bei der Helmut Kohl zugeben musste, 2,1 Millionen Mark nicht veröffentlicht zu haben, sollte die Parteienfinanzierung grundlegend verbessert werden. Bundespräsident Johannes Rau hatte zur Vorbereitung eine »Kommission unabhängiger Sachverständiger« zu Fragen der Parteienfinanzierung eingesetzt. Diese war aber eher eine Kommission *nicht*-unabhängiger *Nicht*-Sachverständiger.[26] Ihre fünf Mitglieder standen den Parteien ausgesprochen nahe, und keiner von ihnen hatte sich bis dahin mit »Parteienfinanzierung« intensiv befasst. Die Kommission beauftragte denn auch ihrerseits drei Sachverständige mit Gutachten, aus denen sie ihren Bericht zusammenstückelte. Matthias Herud, ein junger Wissenschaftler, nannte die Kommission treffend eine »Alibikommission« und meinte, sie sei eingesetzt worden, um Zeit zu gewinnen.[27] In der Tat war es erstaunlich, dass die Weizsäcker-Kommission ihren Bericht nach sechs Monaten vorgelegt hatte, während die Rau-Kommission dafür eineinhalb Jahre benötigte. Danach war der nach dem Parteispendenskandal entstandene öffentliche Druck für eine wirkliche Reform verpufft.[28]

Darauf bewirkten Kommissionsmitglieder, dass der Chefredakteur der *Politischen Vierteljahresschrift*, der Heruds Kritik veröffentlicht hatte, entlassen wurde. Auch mich, der ich die Rau-Kommission ebenfalls mehrfach kritisiert hatte, traf der »Bannstrahl«: Der Politikwissenschaftler Ulrich von Alemann, der ihr Mitglied gewesen war, zog seine Zusage, ein Referat in Speyer zu halten, brüsk zurück.

Das schließlich ergangene Gesetz hatte wichtige Problempunkte nicht entschärft. Auch wurden die Voraussetzungen für die Beteiligung außerparlamentarischer Parteien an der staatlichen Parteienfinanzierung massiv eingeschränkt.[29] Dagegen erhob ich für die ÖDP mit Erfolg Klage zum Bundesverfassungsgericht. Wir erstritten ein Urteil, welches die gerade vom Bundestag beschlossene Verschärfung für verfassungswidrig erklärte und die Bedeutung kleinerer Parteien für die Demokratie herausstrich.[30]

Parallelaktionen sollten gesetzlich ungeregelt bleiben, obwohl der niedersächsische Unternehmer Carsten Maschmeyer mit einer groß angelegten Anzeigenaktion für Gerhard Schröders SPD damals gerade vorgemacht hatte, dass das Parteiengesetz diese mittelbare Parteienfinanzierung nicht erfasste und insoweit eine große Lücke aufwies.[31]

Parteienfinanzierung auf Umwegen: Fraktionen, Stiftungen und Mitarbeiter

Die Tatsache, dass den Fraktionen wachsende Geldmittel zufließen, um Begrenzungen der Finanzierung ihrer Mutterparteien zu umgehen, hatte ich bereits genannt. Es wurde ein Thema, das mich immer wieder beschäftigte und in zahlreichen Analysen seinen Niederschlag fand.

Bereits in der Schrift von 1982 waren die gewaltigen Steigerungsraten der staatlichen Fraktionsfinanzierung und die Problematik ihrer unkontrollierten Selbstbewilligung erwähnt worden.[32] 1987[33] und 1993[34] vertieften zwei weitere Schriften die Thematik, woraufhin ich, wie zu Beginn dieses Buches beschrieben, im Plenum des Bundestags mit Schmähungen geradezu überschüttet wurde. Immerhin wurde aber ein gewisser Reformprozess eingeleitet. Im Bund und in den Ländern wurden Fraktionsgesetze erlassen und die Pflicht der Fraktionen zur öffentlichen Rechenschaftslegung über die Verwendung ihrer Mittel und ihr Vermögen eingeführt. Auch der Journalist Heribert Prantl nannte die Gesetze »eine erste Reaktion auf die von Hans Herbert von Arnim seit 1987 erhobenen Kritikpunkte«. Doch seine Hoffnung, mir könne gelingen, »was ein Schwimmer gegen den Strom eigentlich nie erwarten kann: dass dieser sein Stromverhalten und seine Geschwindigkeit ändert«,[35] blieb unerfüllt. Denn andere Problempunkte (wie Öffentlichkeitsarbeit, Zulagen an Funktionsträger und fehlende Obergrenze) wurden nicht beseitigt, sondern durch Erlaubnis im Gesetz sogar legalisiert und damit scheinbar geheilt, und die besonders heikle Verwendung der Fraktionsmittel blieb der Kontrolle durch den Rechnungshof entzogen. Selbst die Höhe der staatlichen Gelder für Fraktionen legen die Fraktionsgesetze des Bundes und vieler Länder immer noch nicht fest, obwohl der Gesetzesvorbehalt das verlangt.[36]

Auch der gewaltig angeschwollene Umgang der Staatsmittel für parteinahe Stiftungen stand im Fokus meiner Kritik. Dazu ist jüngst immerhin ein Gesetz ergangen, nachdem auch das Bundesverfassungsgericht ein solches endlich angemahnt hatte (siehe S. 194).

Die persönlichen Mitarbeiter von Abgeordneten im Bund und in den Ländern wiederum hatten lange ein weitgehend unbeachtetes Nischendasein geführt, bis ich ihre enorm ins Kraut geschossene staatliche Finanzierung aufzeigte und in einem grundlegenden Fachaufsatz deutlich machte, dass sie immer mehr zu einer Art Reservearmee der Parteien geworden waren (2011). Das Thema »griff« allerdings erst, als es zum Highlight in meinem Bayern-Buch *Die Selbstbediener* (2013) wurde, das zur Aufdeckung der dortigen Verwandtenaffäre im Bayerischen Landtag führte (siehe S. 243 ff.). Allein die Finanzierung der Mitarbeiter von Bundestagsabgeordneten betrug 2023 mehr als das Eineinhalbfache der gesamten Staatsfinanzierung der Parteien im engeren Sinne.

Nimmt man die Finanzierung der Fraktionen, Stiftungen und Abgeordnetenmitarbeiter gemeinsam in den Blick, so zeigt sich ein missbräuchliches Gesamtsystem, das die Parteien in eigener Sache ausgestaltet haben, um bestehende Kontrollen möglichst auszuschalten.

Warum der herrschende Parteienbegriff zu kurz greift

Allmählich war mir klar geworden, dass das Parteiengesetz für eine umfassende Beurteilung zu eng ist, weil es nur die formale Parteiorganisation betrifft. Es klammert weite Bereiche aus, mit deren stark gewachsener Finanzierung die politische Klasse die Beschränkungen des Parteiengesetzes umgeht. So fühlen sich die üppig ausgestatteten Abgeordneten in Wahrheit häufig eher als staatlich bezahlte Parteifunktionäre. Ihre Reden und ihr Tun werden – trotz aller öffentlichen Beschwörung von Gemeinwohl und Bürgerinteresse – meist vornehmlich vom eigenen Wohl und dem ihrer Parteien dominiert.

Dass auch die Aktionen der Fraktionen regelmäßig ihren Mutterparteien zugerechnet werden, hatten wir bereits angesprochen.

Die Budgets der Fraktionen und ihr Gewicht haben in den vergangenen Jahrzehnten derart zugenommen, dass Praktiker, die die Wirklichkeit täglich vor Augen hatten, wie der frühere Bundesgeschäftsführer der CDU (1981–1991), Peter Radunski, ganz offen von »Fraktionsparteien« sprachen.[37]

Dasselbe gilt für die vielen persönlichen Mitarbeiter von Abgeordneten und Regierungsmitgliedern, deren Aktivitäten in großem Umfang den Parteien zugutekommen. Nicht ohne Grund bezeichnete der frühere Generalsekretär der CDU, Heiner Geißler, die formale Trennung von Parteien- und Parlamentssphäre als »Lebenslüge« des Parteienstaats.[38]

Auch die Parteistiftungen fungieren unübersehbar als Hilfsorganisationen der Parteien. Der enge Begriff des Parteiengesetzes, der nur einen kleinen Teil des parteilichen Machtgefüges erfasst, markiert also allenfalls die Spitze des Eisbergs.

Insofern ist es dringend nötig, den Parteibegriff materiell zu erweitern und den Blick auf das gemeinsame Ziel zu lenken, das die politischen Akteure, welche die von den Parteien verliehenen Ämter und Mandate innehaben, in Übereinstimmung mit ihren Mutterparteien verfolgen: nämlich Gestaltungsmacht zu erlangen bzw. zu erhalten und den Status zu verbessern. So rechnet die amerikanische Politikwissenschaft zu den Parteien im materiellen Sinn auch Abgeordnete und Regierungsmitglieder und nennt sie *parties in parliament* und *parties in government*.[39]

Einschlägige Regelungen des materiellen Parteienrechts finden sich bei uns in weit über 50 Gesetzen: nicht nur im Parteiengesetz, sondern auch in 17 Abgeordnetengesetzen des Bundes und der 16 Länder, in 17 Ministergesetzen und teilweise eigenen Fraktionsgesetzen sowie – für jedes einzelne Jahr – in 17 Haushaltsplänen. Darin zeigt sich die unerhörte Zerklüftetheit des materiellen Parteibegriffs, die den für die Beurteilung unerlässlichen Gesamtüberblick gewaltig erschwert. Denn ein Gesamtbericht über die staatliche Finanzierung der Parteien im materiellen Sinn fehlt (wohlweislich?) noch immer.

Staatliche Parteienfinanzierung kleingerechnet

Was in einem Gesamtbericht stehen müsste: Das Parteiengesetz (§ 18 Abs. 2 Satz 1) zählt zur Staatsfinanzierung nur die unmittelbar an die formalen Parteiorganisationen gezahlten öffentlichen Mittel, diese betrugen 2018 rechnerisch 165 Millionen Euro jährlich (sogenannte absolute Obergrenze). Die Zahlungen samt Obergrenze wurden damals auf 190 Mio. erhöht, sollen nun aber, nachdem das Bundesverfassungsgericht das Anhebungsgesetz Anfang 2023 mangels ausreichender Begründung gerügt hatte, mit 187,6 Mio. Euro (und nachgelieferter Begründung) geringfügig geringer ausfallen.[40] Ausgeklammert bleiben die steuerliche Begünstigung von Parteispenden und Mitgliedsbeiträgen, die sogenannten Parteisteuern, die bei der Bemessung der Diäten vorab auf diese aufgeschlagen werden, die Mittel für Fraktionen und die Bezahlung von Abgeordnetenmitarbeitern sowie die Subventionierung von Parteistiftungen, von denen ein beträchtlicher Teil im Inland verwendet wird. Von der Finanzierung der Abgeordneten und Regierungsmitglieder gar nicht zu reden. Durch die Begrenzung des Blicks auf einen engen Parteienbegriff wird das tatsächliche Subventionsvolumen grotesk untertrieben.

Rechnet man alles zusammen, so beträgt das Gesamtvolumen der staatlichen Parteienfinanzierung im materiellen Sinn ein Vielfaches des offiziell ausgewiesenen Betrages und wächst im Verborgenen immer weiter. Von daher gewinnt die Forderung der Anti-Korruptions-Einheit des Europarates nach einem alle Bestandteile umfassenden Gesamtfinanzierungsbericht ihre zwingende Kraft.[41] Der Anteil der Staatsfinanzierung an den Gesamteinnahmen der Parteien wird offiziell mit durchschnittlich 40 Prozent angegeben. Richtig gerechnet, betrüge der Staatsanteil über 90 Prozent.

Was mir damals natürlich noch nicht bewusst war: Mit meinen intensiven Analysen zu den Abgeordnetendiäten und zur Parteienfinanzierung, aber auch mit der schon 1974 in erster Auflage erschienenen *Volkswirtschaftspolitik* und der 1984 veröffentlichten *Staatslehre der Bundesrepublik* hatte ich die zuverlässige Grundlage für spätere spektakuläre Aktionen gelegt. So konnte ich auf dieser Basis in Hessen, Hamburg und im Saarland groteske Fälle von Selbstbedienung aufdecken und, was noch entscheidender ist, die Politik zur Umkehr zwingen (siehe S. 154 ff.).

Politikfinanzierung »druckreif«: Ein Buch, das aufklärt und nachwirkt

1988 erhielt ich eine Einladung zur Teilnahme an einer Arbeitsgruppe am Zentrum für interdisziplinäre Forschung in Bielefeld zum Thema »Staatsaufgaben«. Dieter Grimm, damals Richter am Bundesverfassungsgericht, koordinierte die Arbeitsgruppe und erwartete von mir einen Beitrag über die Aufgaben der Parteien. Da ihre legitimen Aufgaben aber bereits in Art. 21 GG niedergelegt sind (Mitwirkung bei der politischen Willensbildung des Volkes), das Problem deshalb in der maßlosen Überschreitung ihres grundgesetzlichen Auftrags liegt und damit die ganzen Probleme des Parteienstaats angesprochen waren, beschränkte ich mich auf das Teilthema »Politikfinanzierung«. Das schlug sich in einem Buchprojekt nieder, *Die Partei, der Abgeordnete und das Geld*,[42] welches umfassend informiert über die staatliche Finanzierung der politischen Parteien, ihrer Fraktionen und Stiftungen sowie die Diäten der Abgeordneten in Bund und Ländern mit Seitenblicken auch auf die Kommunen und die EU. Als ein Parteischatzmeister das Buch besonders lobte und die Darlegungen voll bestätigte, gleichzeitig aber bedauerte, dass es in einem Verlag mit geringer Reichweite erschienen war, veröffentlichte ich die spätere Neuauflage in dem mir inzwischen wohlvertrauten Publikumsverlag: als Knaur-Taschenbuch.[43]

Der Frankfurter Öffentlichrechtler Walter Schmidt schrieb über das Buch:

> *»In seiner Verbindung von Allgemeinverständlichkeit und wissenschaftlichem Anspruch ist es ein Meisterstück. Juristen, die sich mit den politischen Parteien beschäftigen, werden daran nicht vorbeigehen können. Noch mehr ist ihm die Verbreitung*

unter den interessierten Bürgern zu wünschen, die allein durch breite öffentliche Kritik vielleicht noch etwas zum Besseren bewegen können.«[44]

Am gründlichsten hatte sich der Staatsrechtslehrer Wilhelm Henke, selbst Verfasser umfassender Werke über Parteienrecht,[45] in einem zehnseitigen Besprechungsaufsatz[46] mit dem Buch auseinandergesetzt und es ebenfalls positiv gewürdigt. Er schließt mit einem Lösungsansatz, den ich im Buch selbst diskutiert hatte:

Wenn Parteien sich selbst staatliche Geldmittel bewilligten, müsse »es zulässig sein, ihnen diese Entscheidung aus der Hand zu nehmen und sie einer anderen Stelle anzuvertrauen«. Das gelte für »alle Zweige der Parteienfinanzierung einschließlich der Mittel für Fraktionen und Stiftungen«. Henke stellt deshalb eine ganz andere, über das derzeitige Recht hinausgehende verfassungspolitische Lösung des Rechtsstaatsproblems zur Diskussion: die Entscheidung durch »eine Kommission unabhängiger Sachverständiger, die vom Bundespräsidenten berufen wird«. Voraussetzung wäre aber, dass »sie wirklich unabhängig wäre«. Henke sieht aber auch selbst das Problem, dass nämlich die Unabhängigkeit »durch ›Instrumentalisierung‹, die v. Arnim […] beschreibt, unwirksam gemacht« werden könne.

Damit ist gleichzeitig die praktische Schwierigkeit aufgezeigt, die Grundfrage an der Wurzel zu entschärfen. Denn wer anders als die Parteien selbst müsste eine solche Verfassungsänderung einführen, und wer bestimmte dann in der Praxis letztlich die Mitglieder einer solchen Kommission? Ergibt sich also ein ganz ähnliches Problem wie bei systemrelevanten Banken in der Finanzkrise?[47] Sind auch die Parteien »too big to fail«?

Natürlich rief das Buch auch Kritik hervor. Unlängst fiel mir wieder die Kopie eines Schreibens in die Hände,[48] in dem ich – unter

Hinweis auf eine Presseerklärung des Parlamentarischen Geschäftsführers der CDU/CSU-Fraktion des Bundestags vom 30.5.1996 – den Verlag auf den Versuch hinwies, mich als geldgeilen, sachlich nicht ernst zu nehmenden Autor zu diskreditieren. Leider wurden derartige Äußerungen nicht von allen Journalisten da abgelegt, wo sie hingehören, nämlich im Papierkorb.

Neues Heim und echte Begegnungsstätte

Im privaten Bereich hatte meine findige Frau inzwischen ein Auge auf ein größeres Haus in schöner Umgebung mit großem Garten geworfen, wenige Minuten von der Hochschule und den Schulen unserer Kinder entfernt. Nach vier Jahren in unserem Reihenhaus zogen wir mal wieder um, zunächst zur Miete. (Elf Jahre später konnten wir das Haus kaufen, um es sogleich umzubauen, denn unsere ältere Tochter hatte gerade ihr Architekturstudium abgeschlossen.) Wir waren in Speyer nun richtig angekommen. Endlich hatte ich auch zu Hause ein eigenes Arbeitszimmer, bald sogar zwei, wo ich meine immer weiter anwachsenden Akten und Bücher unterbringen konnte. Auch die Kinder gediehen prächtig, allerdings ohne großes Zutun meinerseits – dieses Verdienst kommt ganz meiner Frau zu –, meine freie Zeit wurde indes immer knapper.

Im Garten markierten wir ein Federball-Feld, und im Sommer bat ich meine Seminarteilnehmer zum Badmintonturnier mit Bier, Wein und Brezeln. Auch für Einladungen etwa der Referenten von Tagungen war jetzt der rechte Rahmen vorhanden. Zahlreiche Persönlichkeiten aus Politik, Wissenschaft und Medien waren am Vorabend ihres Vortrags bei uns zu Gast, bei Wein und Imbiss, charmant umsorgt von meiner Frau. Ich erinnere mich noch gut an Gregor Gysi, der die versammelte Gesellschaft fast ganz alleine unterhielt, an Peter Dienel, den »Vater« der Bürgerräte, der unsere Einrichtung überschwänglich lobte (sein »großartig« ist bei uns zu

Hause zum geflügelten Wort geworden), und an Gabriele Pauli, die rührend bei der letzten Essensvorbereitung half.

Konsequent interdisziplinär: Eine fächerübergreifende Staatslehre der Bundesrepublik

Als ich 1981 in Speyer anfing, las ich dort neben Kommunalrecht auch Staatsrecht. In Marburg hatte ich mich der Allgemeinen Staatslehre gewidmet. Deshalb kam mir die Idee, eine Kombination aus beiden zu schreiben und dabei auch wirtschafts- und politikwissenschaftliche Ansätze einzubeziehen: eine besondere Staatslehre der Bundesrepublik Deutschland. Das gab es damals noch nicht, allenfalls viele Jahrzehnte früher. So entstand ein Lehrbuch von 1984 mit eben diesem Titel.[49] Darin entfaltete ich das Konzept der pluralistischen Demokratie, stellte die in einem demokratischen Staat wirkenden Kräfte wie Parteien und Interessengruppen in den Mittelpunkt und bezog auch die breite Diskussion über den Funktions- und Strukturwandel des modernen Staates mit ein.

Im Mittelpunkt stehen die *Grundwerte* und ihr Wandel im Laufe der Geschichte, bis sie schließlich im *Grundgesetz* ihren Niederschlag fanden. Staat und Staatstheorie haben sich in rhythmischem Zusammenspiel von Theorie und Praxis entwickelt: vom offensichtlichen Missstand über die theoretische Neukonzeption bis hin zur Verbesserung der Lage durch Bekämpfung des Missstandes. In dieser Folge von *challenge and response* (Bertrand Russell) wurden die Grundwerte, auf denen das Grundgesetz insgesamt beruht (und die Einrichtungen und Verfahrensweisen zu ihrer Verwirklichung) herausgebildet. Die verschiedenen Staatstheorien erweisen sich so als historisch bedingte Antworten, die jeweils in Reaktion auf die Gefährdung bestimmter Werte gegeben wurden – Werte, deren Bedeutung erst durch ihre Unterdrückung ins allgemeine Bewusstsein gehoben und von der Theorie strukturiert und rationalisiert wurden. Dies wird in meinem Buch im Einzelnen entfaltet und kann natürlich nicht ohne Einbeziehung der Geschichte und der Sozialwissenschaften erfolgen.

Die Kritik[50] sprach »von der innovativen Leistung einer sozialwissenschaftlich ausgerichteten Staatslehre der Bundesrepublik«, deren besonderer Nutzen »gerade in dem Zusammenführen von Fragestellungen und Informationen aus den unterschiedlichen sich mit dem Staat bzw. dem politischen System beschäftigenden wissenschaftlichen Teildisziplinen unter einer integrierenden Perspektive« liege.

Bei der Erarbeitung des Buches hatte mir übrigens meine damalige Speyerer Assistentin, Else Kirchhof, geholfen. Sie war eine tüchtige (und ausnehmend charmante) Frau. Zusammen mit ihrem Ehemann Ferdinand Kirchhof, dem späteren Bundesverfassungsrichter, hatte sie von Heidelberg nach Speyer ausweichen müssen, weil sein Bruder Paul Kirchhof auf einen Lehrstuhl in Heidelberg berufen worden war und deshalb Ferdinand dort schlecht weiterhin habilitieren konnte. Das tat er dann in Speyer bei meinem Kollegen Detlef Merten; ich übernahm das Zweitvotum zur Habilitationsschrift. Else Kirchhof schloss ihre Dissertation beim Heidelberger Senior Hans Schneider ab und machte später als Richterin in Baden-Württemberg Karriere, wo sie Senatspräsidentin im Verwaltungsgerichtshof in Mannheim wurde.

In der *Staatslehre der Bundesrepublik Deutschland* und zwei interdisziplinär ausgerichteten Abhandlungen, die darauf folgten,[51] versuchte ich also, bisher getrennte Wissenschaftszweige methodisch zu einer umfassenden »Staatslehre« zusammenzuführen. Anhand unseres Grundgesetzes lässt sich dieses Zusammenspiel gut anschaulich machen:

Das Grundgesetz schreibt nach den Erfahrungen mit dem Nationalsozialismus in bisher nie da gewesenem Umfang Werte verbindlich fest. Die darin definierte Sicht »von unten« auf den Staat, seine Organisation und seine Funktionäre, also aus der Sicht der ihnen anvertrauten Menschen, ist verfassungsrechtlich geboten. Das Grundgesetz hat eine normative Ordnung errichtet, die auf

Grundwerten aufbauend den Staat und das gesamte Recht unseres Landes durchwirkt. Es gibt also bestimmte letzte Werte für die Bundesrepublik verbindlich vor und füllt damit die Lücke, welche die Sozialwissenschaften und die Rechtsphilosophie lassen, die, dem Charakter ihrer Disziplin nach, die verbindliche Setzung letzter Werte nicht »übernehmen« können. Dass Verfassungen nun aber in der Lage sind, genau diese wichtige Funktion zu erfüllen, hatte der Jurist und Politikwissenschaftler Arnold Brecht[52] schon früh skizziert,[53] und das Grundgesetz hat diese Rolle auch gezielt übernommen.[54] Es will, wie das Bundesverfassungsgericht betont, »keine wertneutrale Ordnung sein«, sondern hat »eine objektive Wertordnung aufgerichtet«.[55]

Es wäre allerdings einseitig, wollte man Wertfragen allein rechtswissenschaftlich angehen und die Beiträge anderer Disziplinen geringachten. Schon der Soziologe und Nationalökonom Max Weber und der Rechtswissenschaftler Gustav Radbruch hatten dargelegt, dass bestimmte Aspekte der Wertefrage gerade auch dem Sozialwissenschaftler offenstehen. Mannigfache Erhellung verspricht auch die Philosophie. Die Wurzeln der Grundrechte lassen sich nun einmal nicht ohne John Locke, die Konzeption der Gewaltenteilung nicht ohne Montesquieu, die Idee der Demokratie nicht ohne Rousseau und die der marktwirtschaftlichen Selbststeuerung nicht ohne Adam Smith verstehen. Auch das zeigt die *Staatslehre* auf.[56]

Mein Plädoyer geht dahin, die wissenschaftliche Sicht auf den Forschungsgegenstand nicht auf das zu reduzieren, was man mit einer begrenzten einzelwissenschaftlichen Methode erfassen kann. Vielmehr muss der Gegenstand die anzuwendenden Methoden bestimmen, sodass eine allumfassende Darstellung und Beurteilung möglich wird. Seins- und rechtswissenschaftliche Ansätze müssen zu einer Symbiose gebracht werden, auch wenn beide klar auseinanderzuhalten und offen auszuweisen sind.

Dieses methodische Vorgehen stellt hohe Anforderungen an den Bearbeiter und stößt bei monodisziplinär ausgerichteten Kollegen natürlich nicht gerade auf Begeisterung. In Bezug auf die Ausgangsfrage einer meiner Vorträge »Ist Staatslehre möglich?« ist meine Antwort am Ende aber trotz der Schwierigkeiten, die einem Gesamtansatz entgegenstehen: Eine solche umfassende Staatslehre muss möglich sein. Jedenfalls scheint mir der Versuch der Mühe wert.[57]

Meine interdisziplinäre Analyse- und Denkhaltung geht weit über diese Publikation hinaus und begleitet meinen ganzen professionellen Weg. Der fächerübergreifende Blick hat Erfolge meines Handelns überhaupt erst möglich gemacht. Vermutlich liegt darin auch eine Erklärung dafür, warum die Frage, die mir Beobachter immer wieder stellen, wer »mein Nachfolger« in Sachen Parteienkritik werden könnte, so schwer zu beantworten ist. Eine derartige Aufgabe erfordert ein ebenso vielseitiges wie profundes Kenntnis- und Erfahrungsprofil, ganz abgesehen davon, dass sich die allgemeine politische Situation in der Zwischenzeit ja grundlegend gewandelt hat, sodass Kritik an Aspekten der Parteienstaatlichkeit sehr viel öfter auf Granit beißt.

Ein streitbarer Rektor - und wie die Politik darauf reagierte

In den Jahren 1993 bis 1995 war ich turnusgemäß Rektor der Speyerer Hochschule. Von meiner Antrittsrede als Rektor mit dem Titel »Hat unsere Demokratie Zukunft?«, die ich vor vollem Haus hielt und in der ich die herrschenden Machtverhältnisse unseres Parteiensystems beleuchtete, fühlten sich viele Politiker in ihrem Selbstverständnis derart getroffen, dass sie den Vortrag im Plenum des Bundestags zum Thema machten und mit ihren Äußerungen zum Teil völlig aus der Rolle fielen, wie im amtlichen Protokoll nachzulesen ist und ich zu Anfang dieses Buches bereits dargelegt hatte. Jedenfalls gereichten die »Redebeiträge« in dieser Sache dem Bundestag zu allem anderen als zur Ehre. Das geradezu infantile Niveau der Debatte über meine Rektoratsrede kommentierte der Staatsrechtler Hans Meyer mit den Worten:

»Was man von den Politikern erwarten kann, zeigt sich wohl am besten, wenn man sie selbst zu Wort kommen lässt.«[58]

Auch sonst musste mein Vortrag mit aus dem Zusammenhang gerissenen Zitaten immer wieder dazu herhalten, Stimmung gegen mich zu machen, ich denke zum Beispiel an den CSU-Abgeordneten Gerhard Scheu beim Versuch des Bundestags, den Diätenartikel des Grundgesetzes in eigener Sache und zum eigenen Vorteil zu ändern.[59] Sobald ich mit meiner Kritik durchdrang und mit Aktionen gegen missbräuchliche Selbstbedienung erfolgreich war, reagierten gewisse Politiker meist geringeren politischen Kalibers entsprechend aufgebracht.

Bei führenden Politikern war das oft anders. Im Herbst 1994 war Kurt Beck rheinland-pfälzischer Ministerpräsident geworden. Als Rektor wollte ich bei ihm meinen Antrittsbesuch machen. Schließlich ist Rheinland-Pfalz Sitzland der Hochschule und trägt auch die Hauptlast seiner Finanzierung. Beck aber bestand darauf, nach Speyer zu kommen. Als wir uns dann im Rektorzimmer gegenübersaßen, erwähnte er freimütig, ich hätte ihm ein kleines Vermögen »genommen« (er meinte die Einschränkung der Altersversorgungsregelung, die unter Scharping nötig geworden war (siehe S. 178). Das sei aber ganz in Ordnung gewesen.

Andere Spitzenpolitiker und hochrangige Amtsträger, die ich nach Speyer einlud, hielten attraktive Vorträge, die nicht nur unsere Hörer, sondern auch Speyerer Bürger in die Hochschule strömen ließen. Der damalige sächsische Ministerpräsident Kurt Biedenkopf[60] und die Präsidentin des Bundesverfassungsgerichts, Jutta Limbach, waren dabei.[61] Auch der spätere Bundestagspräsident Wolfgang Schäuble[62] sprach ebenso nachdenklich wie eindrucksvoll. Als ich zu einem anderen Zeitpunkt zur 100 000-DM-Spende befragt wurde, in deren Nichtveröffentlichung Schäuble verwickelt war, musste ich leider konstatieren, dass er sich als damaliger CDU-Vorsitzender nicht werde halten können, und so kam es ja auch. Immerhin wurde er später wieder Bundesminister und Präsident des Bundestags und blieb bis zu seinem Tod Ende 2023 dessen Mitglied. Wie er das alles im Rollstuhl schaffte, an den er nach dem schrecklichen Attentat gebunden war, war aufs Höchste beeindruckend.

Gutachten und Hilferufe

An Abwechslung hat es mir im Laufe meiner Tätigkeit noch selten gefehlt. Neben meiner Lehrtätigkeit in Speyer und inmitten zahlreicher Veröffentlichungen in Fach- und Publikumsverlagen wurde ich immer einmal wieder auch um Rechtsgutachten von öffentlichen Stellen gebeten, so zu Städtestatistik, zum Vermögen der PDS und mehr.

Manchmal kam mir dabei der Verdacht, man wolle mich umarmen oder vielleicht derart beschäftigen, dass ich für die Kritik von Missständen keine Zeit mehr finde, oder gar in die Politik einbinden wie beim Angebot eines Ausschussvorsitzenden des Bundestags zur gutachtlichen Mitarbeit.

Daneben wurde ich immer wieder auch von Einzelpersonen um Rat und Unterstützung gebeten: Ein solcher Fall war der von Christoph Klein. Er hatte, selbst Asthmatiker, ein einfaches Gerät erfunden, mit dem man – anders als die bis dahin üblichen Geräte – auch im Liegen inhalieren kann. Sein System war im Übrigen genauso wirksam, aber deutlich sparsamer. Das Problem war, dass das dafür zuständige Amt mit wenig einleuchtenden Gründen die Anerkennung als Medizinprodukt verweigerte. Bis dahin war fast alles geglückt, was ich angefangen hatte, und ich war optimistisch, auch das gerichtliche Verfahren für Klein gewinnen zu können. Aber wir scheiterten schon beim Landgericht München und darauf beim OLG, schließlich auch bei unserem Versuch, über die europäische Schiene zum Zuge zu kommen. Das war ein schwerer Schlag – besonders aber für Christoph Klein selbst, der jahrzehntelang weiterkämpfte und immer noch kämpft und seine Erfahrungen in einem

Buch niedergelegt hat: *Die Asthma-Lüge. Wie Lobbyismus und Politik eine geniale Produktidee zerstören – eine wahre Geschichte* (Taschenbuch von 2017 im Eigenverlag).

Ein anderes Beispiel war der Brückenbau-Ingenieur Philipp Schreck. Er hatte schon lange kritisiert, dass das Bundesverkehrsministerium – ganz unter dem Einfluss eines Stuttgarter »Brückenbau-Papstes« – beim Bau ein Verfahren verwendete, welches dazu führe, dass die Brücken in absehbarer Zeit marode würden und einzustürzen drohten. Schreck selbst propagierte ein alternatives Verfahren, mit dem auf Dauer haltbare Konstrukte gebaut werden könnten. Mir leuchtete seine Kritik ein, und ich versuchte, verschiedene Bauunternehmer, die ich kannte, auch Straßenbauer, für das Thema zu interessieren, stieß aber durchweg auf taube Ohren. Unter vorgehaltener Hand wurde mir geflüstert, ich würde nicht einen einzigen Wissenschaftler finden, der zu diesem Thema ein Gutachten mache. Alle seien zu sehr auf entsprechende Tiefbau-Aufträge angewiesen. Immer wieder werde ich daran erinnert, wenn Brücken laufend und aufwendig saniert werden müssen – etwa die Salierbrücke über den Rhein, die Speyer mit dem Lande Baden-Württemberg verbindet und deren jahrelange Sperrung gravierende Folgen für die Stadt hatte.[63]

VII. Verfassungsrichter in Brandenburg – und eine Frage der inneren Einstellung

In den 90er-Jahren gewann mein berufliches Tätigsein noch einmal einen neuen Schwerpunkt hinzu, der mich regelmäßig ans andere Ende der Republik brachte. Von 1993 bis 1996 war ich im Nebenamt Richter am Verfassungsgericht des Landes Brandenburg. Es war die Zeit der Nachtzüge, um mehr oder weniger ausgeschlafen zu den Sitzungen vor Ort zu erscheinen. Im neunköpfigen Gericht, dessen Mitglieder von den Fraktionen des Potsdamer Landtags bestimmt werden, war ich, von Bündnis 90/Die Grünen nominiert, vermutlich der einzige ohne Parteibuch, und das blieb nicht ohne Konsequenzen. Die parteinahe Zusammensetzung des Gerichts schlug auch auf seine Rechtsprechung durch. Insofern blieb mir diese Zeit insbesondere durch ein Verfahren und seine Folgen in Erinnerung, was dann auch dazu führte, dass ich mein Richteramt aus eigener Entscheidung und Protest niederlegte.

1996 erklärte das Gericht mehrheitlich die brandenburgischen Landesvorschriften für verfassungswidrig, die es kommunalen Beamten und Angestellten verbieten, gleichzeitig auch dem Gemeinderat oder Kreistag ihrer Kommune anzugehören.[1] Derartige Verbote bestehen in sämtlichen Bundesländern und sind dort verfassungsrechtlich völlig unangefochten. Sie sollen aus Gründen der Gewaltenteilung verhindern, dass Beamte als Mitglieder der kommunalen Volksvertretung quasi sich selbst kontrollieren und der Bürgermeister als Chef der Verwaltung im Stadtrat der Kontrolle durch seine ihm unterstellten Beamten unterliegt.

Das Urteil war methodisch äußerst anfechtbar, lag aber ganz im Interesse der Parteien. Viele Kommunalbedienstete hätten sich veranlasst gesehen, einen Sitz im eigenen Stadtrat oder Kreistag anzustreben – und den mitgliederschwachen Brandenburger Parteien wäre erheblicher Zulauf aus dem öffentlichen Dienst beschert worden. Mein Versuch, die Mehrheit des Gerichts von ihrem Fehlurteil abzuhalten, mit der Ankündigung, andernfalls zurückzutreten, fruchtete nicht. Das Urteil wurde beschlossen und veröffentlicht. Die überwältigende Kritik daran im Fachschrifttum[2] und in der Öffentlichkeit, die auch durch mein Sondervotum[3] ausgelöst worden war, bewirkte aber, dass der Landtag schließlich die Brandenburgische Verfassung änderte und so das Urteil leerlaufen ließ. Da war ich aber längst unter Protest ausgeschieden. Ich habe meine Entscheidung bis heute nicht bereut. Standhaft zu bleiben, insbesondere wenn Entwicklungen untragbar erscheinen, war mir immer schon wichtiger, als mich an reinen Karrieremaßstäben zu orientieren.

VIII. Von den USA über Lübeck in den »Ruhestand«, der keiner war und ist

1996 verbrachte ich einen zweimonatigen Forschungsaufenthalt an der University of California in Los Angeles, um dort die Reformen der sogenannten Progressive Era (1890–1910) zu studieren. Damals hatten die USA versucht, krasse Missstände u. a. durch direkte Demokratie zu beheben, also einen Ansatz verfolgt, der mir auch für die Bundesrepublik diskutabel erschien. In jener Zeit waren die politischen Institutionen in den USA grundlegend umgestaltet worden, um sie in die Lage zu versetzen, untragbare Verhältnisse in Politik und Wirtschaft zu bekämpfen. Es ging damals darum, korrupte Parteien und ihre Bosse sowie ihre Kollusion mit Wirtschaftsmagnaten zu stoppen. Dieses Ziel versuchte man auf zwei Wegen zu erreichen: Zum einen, indem man das System durch Direktwahl der Repräsentanten und durch das Eröffnen von Sachentscheidungen durch das Volk durchlässiger für die Auffassungen und Belange der Bürger machte; zum Zweiten durch Errichtung und Stärkung parteidistanzierter, unabhängiger, nur der Sache verantwortlicher Entscheidungs-, Beratungs- und Kontrollgremien.

Die amerikanische Reformgeschichte erschien mir als eine Art Laboratorium, aus dem vielfältige Erfahrungen und Anregungen zu gewinnen waren, die auch für Deutschland Bedeutung besitzen könnten. Die damals erlangten Einsichten habe ich unter anderem im Buch *Das System* verarbeitet.[1] Bei meinen amerikanischen Wissenschaftspartnern war das Interesse an diesen Themen aber leider begrenzt, obgleich ich heute noch der Meinung bin, dass sich daraus wirksame Impulse zur Gestaltung des politischen Prozesses ableiten lassen.

Passt der Grundgedanke, der der Progressive Era in den USA zugrunde lag, nämlich durch mehr Demokratie auch schwerwiegende inhaltliche Mängel zu beseitigen, nicht auch auf unsere heutige Situation in der Bundesrepublik? Ergibt die Forderung nach mehr direkter Demokratie – neben einem Mehr an Demokratie *durch* das Volk – nicht auch ein Mehr an Demokratie *für* das Volk, verspricht also auch Erfolg bei der Beseitigung von Mängeln, die dem Streben nach Gerechtigkeit und Gemeinwohl entgegenstehen?

So will ein relevant großer Teil der Bevölkerung in Deutschland die Einwanderung in die Bundesrepublik regulieren. Aus diesem Grund müsste man die Mehrheit auch verstärkt zum Sprechen bringen. Das verlangt nach direkter Demokratie auf Bundesebene und ihre Stärkung auf Landes- und Europaebene. Zugleich müsste man die Parteien durch institutionelle Reformen dazu bringen, sich verstärkt um allgemeine Interessen, wie Infrastruktur und Geldentwertung (einschließlich der Energiepreise) zu kümmern. Was, wie aufgezeigt, bei Interessenverbänden oft nicht klappt, dass nämlich die Quantität der Abstimmenden zur Qualität stärkerer politischer Durchsetzung führt, kann bei Parteien durchaus funktionieren: Dann, wenn man sie – durchaus auch mittels eines vorgeschalteten Bürgerrats – verstärkt für die Wünsche der Bevölkerung öffnet.

Gastprofessur in Lübeck

Im Wintersemester 2001/2002 führte mich eine Einladung der Medizinischen Universität nach Lübeck. Auf ihren Rektor Prof. Dr. med. Hans Arnold hatten meine Arbeit und meine Veröffentlichungen offenbar besonderen Eindruck gemacht. Im Rahmen einer Gastprofessur hielt ich vier große Vorträge über zentrale Fragestellungen meines Forschungsbereichs: Politikfinanzierung, Ämterpatronage und die mangelnde Verfolgungsbereitschaft der Justiz.[2] Unter dem Generalthema »Wie demokratisch ist unsere Demokratie?« lauteten die Einzelthemen:

- Demokratie: Krönung der Geschichte
- Wer kümmert sich ums Gemeinwohl? Die politische Klasse im Parteienstaat
- Politikfinanzierung, Ämterpatronage und politische Korruption: Der Staat als Beute?
- Demokratie: Regierung *durch* und *für* das Volk?

Die Tatsache, dass der große Hörsaal des Zentralklinikums der Medizinischen Universität immer bis auf den letzten Platz gefüllt war, zeigte das durchschlagende Allgemeininteresse an diesen Themen auch von politisch und juristisch »fachfremder« Seite.

Rheinland-Pfalz: Quittung für den Kritiker

Anders gestaltete sich die Lage im eigenen Bundesland. Als im Jahre 2005 meine Pensionierung anstand, wollte ich meine aktive Zeit verlängern, was nach dem rheinland-pfälzischen Beamtengesetz möglich war (und bei anderen Speyrer Kollegen auch vielfach praktiziert wurde). Die Politik aber hatte meine vielfache Kritik nicht vergessen, vor allem, dass ich einige Jahre zuvor zum 50-jährigen Jubiläum der Mainzer Landespressekonferenz einen kritischen Vortrag gehalten hatte. Joachim Winkler, der Vorsitzende der Konferenz und Mainzer Korrespondent des *Trierischen Volksfreunds,* hatte mich eingeladen. Die Landesregierung war fast vollständig versammelt, und man sah sie – angesichts meiner ungeschminkten Kritik an Auswüchsen der politischen Klasse – reihenweise erbleichen. Im Nachhinein muss ich zugeben, dass der Ton vielleicht doch recht undiplomatisch war. Der Vortrag wurde im *Trierischen Volksfreund* vom 17. Oktober 2000[3] ausführlich gewürdigt und führte in der rheinland-pfälzischen Presse zu einer lebhaften Diskussion.

Bei meinem Antrag auf Verlängerung meiner Tätigkeit als Lehrstuhlinhaber, den der Rektor der Hochschule wärmstens befürwortet hatte, bekam ich die Quittung: »Wir werden den doch nicht verlängern«, wurde mir aus Mainz hinterbracht. Ich war natürlich enttäuscht über die Retourkutsche, was mich aber nicht davon abhielt, noch mal durchzustarten. Jedenfalls misslang der Versuch, mich kaltzustellen. Im Gegenteil, durch meine Pension finanziell abgesichert und befreit von dauernden Lehr- und Selbstverwaltungsangelegenheiten, hatte ich quasi nur noch Forschungssemester und bekam erst recht die Hände frei für meine Recherchen. Hier wurde mir erneut klar, wie wichtig die lebenslange Versorgung von Richtern und Professoren, die ich genossen hatte, zur Sicherung ihrer Unabhängigkeit ist. Einen großen Stab benötige ich für meine Arbeit nicht. Grundlegende Werke wie *Das Europa-Komplott* (2006), das auch ins Polnische übersetzt wurde (2009), Bestseller wie *Die Deutschlandakte* (2008) und *Die Selbstbediener* (2013), umfassende Darstellungen wie *Die Hebel der Macht und wer sie bedient* (2017) sowie Streitschriften wie *Der Verfassungsbruch* (2011), *Politische Parteien im Wandel* (2011), *Selbstbedienung in Südwest-Manier* (2017), *Der Griff in die Kasse* (2020) und *Die Angst der Richter vor der Macht* (2015/2020) waren Früchte meines sogenannten »Ruhestands«.

IX. David gegen Goliath: Was ein Einzelner bewegen kann

Wenn ich heute auf meine Arbeit zurückblicke, die ich stets mit viel Begeisterung und Elan verfolgt habe, bin ich doch immer wieder positiv überrascht, welche Kraft individuelles Tun in Zusammenspiel mit einem funktionierenden Netzwerk entfalten kann. Umso wichtiger, als es um Themen wie Parteienmissbrauch, Politikfinanzierung, Wahlrecht und Ämterpatronage ging, also um Problempunkte, die die Spielregeln der Demokratie unmittelbar betreffen und manchmal auch auszuhebeln drohen.

Meine Arbeit als »investigativer Professor« und die Politikskandale der 80er- und 90er-Jahre

Ende der 80er-Jahre hatte für mich als »investigativer Professor« eine unheimlich dichte Zeit begonnen. Die einzelnen Fälle, bei denen ich aktiv wurde, zeigen besonders eindrücklich, wie Politik tatsächlich funktioniert. Was sich da im Einzelnen zutrug, kommt mir allerdings auch heute noch ganz unwahrscheinlich vor. Die Aussagen werden deshalb immer wieder belegt, weil man es sonst gar nicht glauben mag.

Dass einer allein, wenn auch von mancher Seite unterstützt, aber eben ganz unabhängig von den bestehenden politischen Machtverhältnissen, überhaupt etwas bewirken könne, hatte eigentlich als völlig unwirklich gegolten. Tatsächlich konnte ich besonders krasse Missbrauchsfälle in sorgfältigen Recherchen aufdecken und in richtiggehenden Kampagnen derart anprangern, dass der Politik nichts anderes übrig blieb, als den Missstand zu beheben. Das geschah in zahlreichen Pressekonferenzen, oft zusammen mit dem Bund der Steuerzahler, und monatelangen öffentlichen Kämpfen. Wie »Berichte von der Front [...], die Schlachtfelder waren verteilt über die ganze Republik«, kommentierte eine Zeitung. Kein anderer außer dem Bundesverfassungsgericht habe so viele Gesetze zu Fall gebracht wie der Speyrer Professor, schrieb *Die Zeit*.

Die Erfolge meiner Arbeit schienen sich gegenseitig hochzuschaukeln und mir wie reife Früchte in den Schoß zu fallen. Ich hatte das Gefühl, meine Bestimmung gefunden zu haben. Das beflügelte zum Arbeiten; Ausflüge und Urlaubsreisen hatten Seltenheitswert. Kaum etwas ist so ermutigend wie der Erfolg. (Das gilt aber, wie ich Jahrzehnte später erfahren sollte, auch umgekehrt: Kaum etwas kann so entmutigen wie dauernder Misserfolg.) Aus heutiger Sicht wundert mich immer noch, dass ich damals nicht »aus der Kiepe huckte« und völlig abhob. Aber ich war wohl recht ausgeglichen, sodass meine jüngere Tochter einem Kollegen erwiderte, der ihr von ihrem Vater vorschwärmte, der unermüdlich kämpfe: »Und er hat immer gute Laune.« Bei allem unterstützte mich meine Frau und hielt mir in einer Weise den Rücken frei, wie das in der heutigen Zeit unter Eheleuten kaum noch vorstellbar wäre.

Damals war die Öffentlichkeit bereits durch massives Fehlverhalten von Spitzenpolitikern aufgeschreckt. 1987 hatte die Barschel-Affäre die Republik erschüttert. Zeitungen und Fernsehen berichteten ausführlich. Die Öffentlichkeit merkte auf und gewann einen Eindruck, wie »die da oben« denken. Vor allem *Spiegel* und *Stern* haben »Waterkantgate« bundesweit bekannt gemacht. Von der durch die Barschel-Affäre vorbereiteten skeptischen Grundstimmung wurde vermutlich auch die mediale Berichterstattung über die von mir recherchierten Versorgungsskandale beeinflusst.

1988: Täuschung der Öffentlichkeit: Der hessische Diätenfall

1988 gelang die spektakuläre Aufdeckung des hessischen Diätenfalles, auf den ich zufällig gestoßen war und den ich im Anschluss für jedermann verständlich entschlüsselte und somit öffentlich zugänglich machte. Auf die verrückten Pläne des Hessischen Landtags, die nur schwer zu entziffern waren, wurde ich aufmerksam, als ich für einen zusammenfassenden Beitrag zum Thema »Entschädigung und Amtsausstattung« in einem Sammelband[1] recherchierte.

Die Dollpunkte des hessischen Gesetzes, welches eine informelle große Koalition von CDU, SPD und FDP beschlossen hatte, waren in verschachtelten, schwer verständlichen Vorschriften richtiggehend versteckt. Die Erkenntnis, dass kaum etwas vor einer gutgläubigen Öffentlichkeit leichter verborgen werden kann als in einem Gesetz, wenn es nur kompliziert genug formuliert wird, musste wie ein Schock wirken. Entgeistert fragte *Die Zeit*, nachdem alles rausgekommen war: »Wie war es möglich, dass Volksvertreter dieses Bubenstück von Selbstbegünstigung« zustande brachten?[2]

Die Gesetzesmacher hatten die Öffentlichkeit bewusst getäuscht, falsche Zahlen genannt und zentrale Gebote und Verbote des Bundesverfassungsgerichts missachtet. Der Vizepräsident Dr. Erwin Lang, der Haupt-Promoter der Novelle, hatte allen Ernstes behauptet, der Hessische Landtag sei finanziell »überall Schlusslicht«.[3] Und anfangs wurde dies auch geglaubt. Tatsächlich lagen die Diäten in Hessen schon vor der Aufstockung bereits in der Spitzengruppe der Länder. Nunmehr bewilligte der Landtag sich Erhöhungen in einem Umfang, der die vergleichbaren Regelungen anderer Landesparlamente (und zum Teil auch die des Bundestags) bei Weitem in den Schatten stellte. Das zeigt, wie erfolgreich die parlamentarische Spitze zunächst bei ihrem Versuch war, der Öffentlichkeit die geplanten Maßnahmen in geschöntem Licht darzustellen. Vom »Marketing« her lag hier eine Meisterleistung vor. Auch der Bericht des Landtagspräsidenten Jochen Lengemann über die wirtschaftliche

Lage der Parlamentarier war in Wahrheit ein Instrument gezielter Desinformation.

Das alles höre »sich an wie ein Thriller, spannend und bedrückend« zugleich, schrieb eine Zeitung, als ich die Vorgänge aufgedeckt hatte.[4] Dass höchste Repräsentanten eines Parlaments mit Falschinformationen, schiefen Vergleichen und unter Heranziehung inadäquater Maßstäbe die gesamte öffentliche Meinung und ihre Wortführer in Presse und Rundfunk irreführen, hatte man bisher allenfalls in Bananenrepubliken für möglich gehalten. Die Orientierung der politischen Akteure allein an ihren kurzfristigen Eigeninteressen und die völlige Missachtung der grundgesetzlichen Spielregeln können zu einer schweren Belastung von Demokratie und Rechtsstaatlichkeit werden. Rudolf Augstein, der Gründer und damalige Herausgeber des Nachrichtenmagazins *Der Spiegel*, überschrieb seinen Kommentar denn auch mit den Worten: »Der Staat stirbt nicht, er verkommt«.[5] Dass das ganze Vorhaben in der Tat Methode hatte, belegten frühere hessische Diätencoups und bald darauf auch ähnliche Täuschungsmanöver in Hamburg, dem Saarland, in anderen Ländern und im Bund.

Der bleibende Sinn des Berlin-Potsdam-Prinzips

Als ich den Gesetzentwurf[6] überflogen hatte und seinen korruptiven Inhalt erkannte, war ich über so viel Dreistigkeit richtiggehend erschrocken. Sofort stand fest: Dagegen musste etwas übernommen werden. Deshalb bot ich einer großen Frankfurter Zeitung einen entsprechenden Bericht an, der den Inhalt des geplanten Gesetzes hätte publik machen sollen. Doch der Politikchef meinte, ich solle mein Material dem Wiesbadener Korrespondenten der Zeitung zur Verfügung stellen. Da war ich skeptisch. Denn die hessische Landespressekonferenz hatte das Thema verschlafen, ja, prominente Wiesbadener Journalisten hatten das missbräuchliche Projekt sogar noch befürwortet, sodass man an ihrer Unvoreingenommenheit zweifeln musste. So hatte der Vorsitzende der Landespressekonferenz, Rainer Dinges, die angebliche Transparenz des Verfahrens gerühmt, obwohl die Gesetzesmacher die Öffentlichkeit nach allen Regeln der »politischen Kunst« getäuscht hatten. Dinges hatte im *Darmstädter Echo* geschrieben, »noch nie« sei »im Hessischen Landtag so offen über ein solches Vorhaben diskutiert worden«. Der Landtag habe »bis ins kleinste Detail der künftigen Pensionsregelung für Abgeordnete alles ausgebreitet«.[7] Dietmar Ossenberg, damals Leiter des Bereichs Fernsehen im Hessischen Rundfunk, der später im ZDF häufig aus dem Ausland berichtete, hatte in der *Hessenschau* kommentiert, die Diätenerhöhung sei noch viel zu gering ausgefallen.[8]

Damals erfuhr ich, wie eng sogenannte Landespressekonferenzen von den jeweiligen Politikern eingebunden werden können und wie wenig Abstand ihre Mitglieder, die aus den Landeshauptstädten über die Landespolitik berichten, von »ihren« Politikern manchmal halten, mit denen sie tagtäglich in der Hauptstadt zusammen sind und auf deren Informationen und Gesprächsbereitschaft sie sich angewiesen glauben. Oft werden ausgewählte Journalisten auch auf Reisen oder zu anderen Events mitgenommen. Ähnliches stellte ich später auch bei der Bundespressekonferenz in Bonn und Berlin fest, wenn auch mit erheblichen Abstrichen: Die öffentliche Kontrolle ist auf Bundesebene doch erheblich intensiver. Auch die Justizpressekonferenz in Karlsruhe gehört hierher.

Immer mehr verstand ich auch den tieferen Sinn des alten Berlin-Potsdam-Prinzips. Dieses verlangte, dass ein schon früher wichtiges Kontrollorgan, der preußische Rechnungshof, nicht am Sitz der Regierung in Berlin, sondern in der – damals nur in mehrstündiger Kutschenfahrt erreichbaren – Stadt Potsdam zu residieren hatte, um einer geistigen Umarmung seiner Mitglieder durch die gesellschaftlichen, wirtschaftlichen und vor allem politischen Kreise der Hauptstadt möglichst vorzubeugen. Wenn Presse und Rundfunk dagegen bei der Verschleierung politischer Missstände »mitspielen«, sei es aus Arglosigkeit, mangels Überblicks oder gar, weil sie den Verlockungen erliegen, über welche politische Machthaber verfügen, verlieren sie die Fähigkeit, die Politik zu kontrollieren, und geben ihre Funktion preis. Sie werden dann leicht zu »eingebetteten Journalisten«, die sich zum Sprachrohr der Regierung machen lassen, was auf eine Form von Medienmanipulation hinausläuft.[9]

Eine ähnlich kritische Rolle wie derartige »politiknahe« Pressekonferenzen können von staatlichen Stellen organisierte sogenannte Hintergrundgespräche spielen. Diese geben, wie ein Urteil des Bundesverwaltungsgerichts schildert, gegen die Verpflichtung, nach außen Stillschweigen zu bewahren, regelmäßig exklusive Information an bestimmte Journalisten weiter.[10] Das begründet – mit den Worten eines Kommentators – »durchaus die Gefahr, dass eine ungebührliche, weil von außen nicht ersichtliche, Nähe entsteht zwischen denen, die ›wertvolle‹ Erkenntnisse geben, und jenen, die von der Vermittlung von Informationen leben. Nicht auszuschließen ist, dass auf diesem Wege die öffentliche Meinung in eine gefälligere Richtung dirigiert wird.«[11]

Eine solche Beurteilung hätte auf die damals in Hessen hervorgetretenen Journalisten geradezu gemünzt sein können.

Aus einem Gutachten wird ein Buch – mit Konsequenzen

Nach der Absage der Zeitung wandte ich mich an den damaligen Präsidenten des Bundes der Steuerzahler Hessen, Paul Morell, und wir verabredeten, da das Gesetz alsbald in Kraft getreten war,[12] nun ein umfassendes Gutachten. Als meine Analyse fertig war, wurde ihre Vorstellung auf einer Pressekonferenz des Verbandes dadurch vorbereitet, dass ich mein Statement vorab bundesweiten Medien zur Verfügung stellte, nämlich dem *Spiegel* und dem *heute journal* des ZDF. Diese zeigten in kritischen Beiträgen die tatsächlichen Zusammenhänge auf, sodass den hessischen Medien nichts übrig blieb, als »aufzuspringen«. Natürlich wurde das Gutachten, das später auch als Buch erschien,[13] und sein Verfasser von hessischen Abgeordneten erst einmal niedergemacht. Ich müsse es in der Badewanne geschrieben haben, meinte ein FDP-Abgeordneter, der später hessischer Justizminister wurde.

Doch als das raffinierte Versteckspiel und der volle Inhalt des Gesetzes bekannt wurden, blieb dem Präsidenten des Landtags und seinem Stellvertreter nichts anderes übrig, als zurückzutreten. Ein vom Landtag selbst beauftragter Gutachter lobte »die hervorragenden Vorarbeiten von Herrn Professor von Arnim« und meinte, »alle Demokraten« müssten ihm dafür »sehr dankbar sein«.[14]

Was das Februar-Gesetz selbst anbelangt, war zunächst nur eine Teilrücknahme geplant.[15] Deshalb legte ich auf einer weiteren Pressekonferenz am 21. Juli 1988 in einem 16-seitigen Statement detailliert dar, in welchen Punkten der finanzielle Status der Abgeordneten auch dann noch schwere Mängel aufgewiesen hätte, und äußerte die Befürchtung, ohne Druck von außen werde ein echter Neuanfang schwerlich möglich werden. Mein Statement schloss mit dem Satz: »Nur Münchhausen war es gegeben, sich aus eigener Kraft aus dem Sumpf zu ziehen.«

Der erforderliche »Druck von außen« kam rasch, für Eingeweihte aber nicht unerwartet. Der Ministerpräsident und Vorsitzende der CDU in Hessen, Dr. Walter Wallmann, griff ein, riss, wie er am 22. Juli 1988 auf einer Pressekonferenz erklärte, das Steuer herum und zwang seine CDU-Fraktion (und damit auch die FDP und die SPD), das Gesetz insgesamt zurückzunehmen, wie die Grünen (und ich) es bereits gefordert hatten. Wallmann räumte ein, er hätte dies nicht gemacht, »wenn es nicht die öffentlichen Reaktionen gegeben hätte«.[16]

Die Erklärung für Wallmanns Wende liegt wahrscheinlich in Folgendem: Als ich anfangs selbst über das drohende Gesetz erschüttert war, wollte ich der Politik die Chance geben, das Gesetz von sich aus zurückzunehmen, und hatte den Vorsitzenden des hessischen Bundes der Steuerzahler gebeten, Wallmann in einem persönlichen Schreiben dazu aufzufordern. Dieser antwortete aber nicht und wurde deshalb vom Fraktionsvorsitzenden der CDU im Bonner Stadtrat, einem entfernten Vetter von mir, daran erinnert. Denn schließlich war auch er CDU-Politiker. Als alles dann öffentlich wurde, mag Wallmann befürchtet haben, er und seine Regierung könnten in den Skandal, der vorerst nur den Landtag beschäftigte, hineingezogen werden und seine Wiederwahl bei der anstehenden Landtagswahl gefährden, und leiteten deshalb den Rückzug ein.

Hier machte ich eine Erfahrung, die auch bei der späteren Aufdeckung ähnlicher Skandale von Nutzen sein sollte. So erwies sich die Vorabinformation des Regierungschefs drei Jahre später auch im Hamburger Diätenfall als geeignete Strategie, um ihn zum Veto gegen die schwer missbräuchliche Regelung zu bewegen.

Von der Rücknahme des Gesetzes hörte ich zufällig in der Wiesbadener Fußgängerzone durch eine aufgeschnappte Radiomeldung und erinnere mich noch heute gut, dass mich ein Gefühl »wie Weihnachten« erfasste. So muss wohl ein Tennisspieler empfinden, wenn er nach harten Kämpfen überraschend das Turnier von Wimbledon gewinnt.

Die teilweise schon in die Ferien aufgebrochenen Abgeordneten wurden zum 28. Juli 1988 zurückgerufen. Aufgrund eines gemeinsamen Gesetzentwurfs aller Fraktionen[17] wurde das Gesetz vom Februar aufgehoben und ab August 1988 der vorher bestehende Rechtszustand wiederhergestellt. Eine Rückerstattung der überhöhten Zahlungen war allerdings nicht vorgesehen.

Rolle rückwärts: Was ein geneigter Beirat und eine ermüdete Öffentlichkeit bewirken

In der vom Fernsehen übertragenen Debatte des Hessischen Landtags vom 28. Juli 1988 bestand Einigkeit, dass die Aufhebung des Februar-Gesetzes nur eine Sofortmaßnahme sein und noch keine endgültige Lösung bringen könne.[18] Deshalb legte ich am 29. August auf einer dritten Pressekonferenz noch einmal nach. Über kurz oder lang aber droht die Öffentlichkeit eines Themas überdrüssig zu werden. Das kam auch dem Hessischen Landtag zugute. Früher erschlichene Privilegien, wie die 13. Entschädigung und die überzogene Kostenpauschale, baute er zwar noch ab. Damit wurde aber der Eindruck vermittelt, dem Abgeordnetengesetz seien die Giftzähne gezogen. Weitere Änderungen wurden auf die lange Bank geschoben.

Stattdessen wurde ein Beirat mit handverlesenen Mitgliedern eingesetzt, welcher die in ihn gesetzten parlamentarischen Erwartungen voll erfüllte. Unter Berufung auf seine Empfehlung schraubte der Landtag seine steuerpflichtigen Diäten und die Versorgung gewaltig hoch. Dabei nahm er am Durchschnittseinkommen hessischer Freiberufler Maß, welches damals 10 200 DM im Monat betrug, verschloss aber – genau wie der Beirat – die Augen davor, dass Freiberufler aus ihrem Einkommen noch ihre gesamte Versorgung für Alter, Invalidität und Hinterbliebene selbst finanzieren müssen, während Abgeordnete diese Leistungen ohne eigene Beiträge aus der Staatskasse finanziert bekommen.[19] Dennoch hielt der Landtag an den Vorschlägen das Beirats fest (Gewährung der auf 10 200 DM erhöhten Entschädigung *und* der staatsfinanzierten Versorgung) und suchte lediglich, die fehlerhafte Begründung des Beirats durch eine neue »eigenständige« zu ersetzen.[20] Hatte der Landtag 1988 nach Aufdeckung des Diätenskandals öffentlich gelobt, ein vorbildliches, wohlbegründetes Gesetz vorzulegen, war ein Jahr später genau das Gegenteil der Fall.

Die Anhebung war für ein Mandat erfolgt, von dem viele, auch die früheren Ministerpräsidenten Wallmann und Späth, der frühere rheinland-pfälzische CDU-Vorsitzende Wilhelm und der frühere Bundestagspräsident von Hassel sagten, es ließe sich von den Aufgaben her leicht auch als Halbtagsbeschäftigung organisieren.[21] Auch die von Bundestagspräsidentin Rita Süssmuth eingesetzte Diätenkommission bezweifelte, »ob die Tätigkeit eines Landtagsabgeordneten generell als so umfassend anzusehen ist, dass sie als Ausübung eines ›Hauptberufs‹ gewertet werden muss«.[22]

Die Aufklärung über die merkwürdige Begründung der ungebührlichen Anhebung kam in einer Anhörung am 31. August 1989 aber zu spät, als dass die Öffentlichkeit sie noch registriert hätte. Die *Frankfurter Rundschau* schrieb am 30. September 1989 treffend:

»Die Öffentlichkeit und auch die Basis in den Parteien sind des Themas überdrüssig, und allein das erklärt die bisherige Geräuschlosigkeit, mit der eine Diäten-Vorlage behandelt wurde, die die hessischen Abgeordneten mit 10 200 DM bundesweit an die Spitze bringen wird.«

Auch Joschka Fischer riet mir persönlich, doch mit meinem bisherigen Erfolg zufrieden zu sein und endlich Ruhe zu geben. Die betonte Zurückhaltung Fischers, die sich auch schon vorher gezeigt hatte, als es um eine mögliche Klage der Grünen ging, wunderte mich damals. Der wahrscheinliche Grund wurde mir später klar, als Fischer, der 1985–1987 bereits Umweltminister in Hessen gewesen war, dieses Amt 1991 in einer rot-grünen Koalition unter Ministerpräsident Hans Eichel wieder erlangte und als er auch auf Bundesebene ganz gezielt die Koalitionsfähigkeit der Grünen mit anderen Parteien betrieb.

Mir aber war es um Angemessenheit und Ehrlichkeit in der Sache gegangen, und die überzogene Anhebung der Entschädigung war eben mit einer eindeutig falschen Begründung erschlichen worden. Dieser »Geburtsfehler«, der auch andere Landtage und sogar den Bund begehrlich machte, haftet den hessischen Diäten heute noch an.

1991: Der Hamburger Versorgungsskandal

1991 ereignete sich in Hamburg ein krasser Versorgungsfall. Eine 90-Prozent-Mehrheit aus SPD, CDU und FDP (die sich damals mit Pünktchen schrieb) im dortigen Landesparlament, genannt »Bürgerschaft«, hatte gleich nach der Wahl vom 2. Juni 1991 und kurz vor den Parlamentsferien ein neues Diätengesetz eingebracht. Nur die Fraktion GAL, ein Zweig der Grünen, der FDP-Vorsitzende Robert Vogel und der SPD-Abgeordnete Jan Klarmann[23] lehnten es ab. Mit dem später noch ergänzten[24] Gesetz hätten sich vor allem die Präsidenten und Fraktionsvorsitzenden üppige Gehälter und eine traumhafte Altersversorgung verschafft. Bereits nach dreieinhalb

Jahren im Amt wollten sie sich eine Rente von 62 Prozent ihrer ebenfalls gewaltig aufgestockten »Amtsbezüge« sichern.

Der Hamburger Bund der Steuerzahler faxte mir den Gesetzentwurf allerdings erst am 21. August 1991 gegen Ende der Parlamentsferien und bat um Beurteilung. Nun war Eile geboten, weil der Verfassungsausschuss der Bürgerschaft bereits am Abend des 29. August beraten und das Plenum das Gesetz am 4. September endgültig beschließen wollte. Meine für die Pressekonferenz am 29. August vorbereitete schriftliche Stellungnahme überarbeitete ich auf der Bahnfahrt nach Hamburg noch einmal und trug Teile davon dann ohne schriftliches Konzept vor.[25]

Das Vorhaben war schon deshalb klar rechtswidrig, weil die Hamburger Verfassung das Abgeordnetenmandat ausdrücklich als Ehrenamt definierte, für das lediglich eine Aufwandsentschädigung vorgesehen war. (Auf das Diätenurteil des Bundesverfassungsgerichts konnte man sich dagegen nicht berufen, weil das Gericht für Parlamente von Stadtstaaten eine Ausnahme vom Fulltime-Job zugestanden hatte.)

Ich war mir aber bewusst, dass der Ausweis der Verfassungswidrigkeit allein nicht ausreicht, um den nötigen Druck zur Beseitigung eines Missbrauchs aufzubauen, weil sich fast immer ein williger Staatsrechtler findet, der den betroffenen Politikern die angebliche Verfassungsmäßigkeit bescheinigt. In diesem Fall war es Werner Thieme, Rechtsprofessor in Hamburg und Mitglied des Hamburgischen Verfassungsgerichts, der einen solchen »Persilschein« ausgestellt hatte.[26] Es war deshalb wichtig, auch den verwerflichen Inhalt des Gesetzentwurfs allgemeinverständlich darzulegen.

Plötzlich Millionär, obwohl verfassungswidrig!

Ich zeigte deshalb auf, dass langgediente Abgeordnete, die zugleich Funktionsträger waren, durch das Gesetz mit einem Schlag buchstäblich um Millionen Euro reicher werden könnten. Das wirkte: Die *Hamburger Morgenpost* machte am 30. August 1991 mit der Überschrift auf »So machen sich Politiker zu Millionären«[27] und die Headline von *Bild* lautete »Abgeordnete scheffeln Millionen«. In der *Welt* schrieb Gisela Reiners: »Hans Herbert von Arnim [...] vermittelt seine eher trockene Materie auch noch in klarer Sprache, die auf sperrige Juristen-Formeln verzichtet. Dadurch bekommen seine Ausführungen etwas eindringlich Einsehbares, wofür ihm besonders Laien dankbar sind.«[28]

Schließlich kam heraus, dass selbst der Senat (sprich die Landesregierung in Hamburg) von der Verfassungswidrigkeit des geplanten Gesetzes gewusst hatte,[29] was den früheren Bürgerschaftspräsidenten Dr. Martin Willich und den Vorsitzenden des Haushaltsausschusses Dr. Gerd Weiland widerlegte, die den Gesetzentwurf unverdrossen propagiert hatten.[30]

Statt nun aber das Vorhaben aufzugeben, wollte das politische Kartell seine Rechtswidrigkeit durch Streichung des Wortes »ehrenamtlich« aus der Verfassung heilen. Der Grund lag wohl darin, dass das Diätengesetz Teil eines vier Jahre vorher geschnürten Pakets war und die begünstigten Politiker sich nicht davon abhalten lassen wollten, dessen zweite Stufe nun zu realisieren.

Ein Whistleblower legt die Fährte

Mir wurden die Zusammenhänge in Gänze klar, als mir ein anonymer Hinweisgeber den Tipp gab, das Zustandekommen des vier Jahre früher beschlossenen Senatsgesetzes ebenfalls unter die Lupe zu nehmen. Spät abends hatte mich der hohe Beamte der Hamburger Senatsverwaltung angerufen. Er sei, genau wie sein Vater und Großvater, überzeugter SPD-Anhänger und empfinde die schamlose Selbstbereicherung Hamburger Politiker als unerträglich. Der Wert dieses Whistleblowing aus Gewissensgründen, dem ich sogleich nachging, war gar nicht zu überschätzen. Als mir darauf die Fraktion GAL die damaligen Parlaments-Unterlagen zur Verfügung stellte, einschließlich der nicht veröffentlichten, wurde das ganze Ausmaß des Skandals deutlich:

1987 hatte das Parlament in einer Nacht-und-Nebel-Aktion ein Blitzgesetz erlassen und die Altersversorgung von Senatoren massiv aufgestockt. Dies war der erste Schritt. In einem weiteren sollte nun vier Jahre später das Diätengesetz für Präsidenten und Fraktionsvorsitzende an dem erschwindelten Senatsgesetz Maß nehmen.[31] Die Aufstockung der Senatorenpension war – unter tätiger Mithilfe des damaligen Bürgerschaftspräsidenten Dr. Martin Willich und des damaligen Senatspräsidenten Klaus von Dohnanyi – in zwei Stunden (!) durch zwei Parlamentsausschüsse und die erste und zweite Lesung im Plenum gepeitscht worden. Der Gesetzesantrag war von niemandem unterzeichnet, also gar nicht verfassungsmäßig eingebracht worden, und wurde den Abgeordneten kurz vor der Abstimmung im Plenum als Anlage eines Ausschussberichts auf den Tisch gelegt. Niemand, der nicht ohnehin Bescheid wusste, konnte ersehen, dass damit die Senatorenpension aufgestockt wurde. Martin Willich, der als Vorsitzender auch des Unterausschusses den Gesetzentwurf – laut Protokoll vom 19.3.1987 – nach eigener Aussage »erarbeitet« hatte, stellte ihn selbst im Plenum vor, ohne den eigentlich problematischen Punkt, die massive Aufstockung der Senatorenpension, mit einem Wort zu erwähnen. Und dann hatte auch noch der offenbar eingeweihte Erste Bürgermeister Klaus von Dohnanyi im Namen des Senats zugestimmt, dass auf die an sich zwischen der ersten und zweiten Lesung im Plenum vorgesehene Frist von sechs Tagen verzichtet wurde (Art. 49 Abs. 2 Hamburgische Verfassung).

Fast noch nie ist mir ein Gesetzgebungsverfahren untergekommen, das – unter Verstoß gegen die Gesetzgebungsregeln – derart schnell und heimlich über die Bühne ging. Das diente den Eingeweihten dazu, den wahren Inhalt des Gesetzes zu kaschieren, sodass die Öffentlichkeit (und wohl auch mancher Abgeordnete) rein gar nichts davon mitbekam. Wenn die Bezeichnung »Camouflage-Gesetz« jemals berechtigt war, dann hier.

Etablierte machen in Populismus

Als ich die offenbar bestehende geheime Absprache auf Gegenseitigkeit von Senat und Bürgerschaftsspitze in einer weiteren Stellungnahme[32] öffentlich machte, brach die Wut der Etablierten über mich herein: Für Jan Ehlers (SPD) wurde ich zum »missionarischen Eiferer«, Willich stellte meine »Ernsthaftigkeit infrage«. Das Präsidium der Bürgerschaft wies in einer Presseerklärung »die Anwürfe« als »Diffamierung des ganzen Parlaments« zurück. Arnim habe sich aus dem »Kreis der Wissenschaftler herauskatapultiert, die in der Diätendiskussion ernst genommen werden könnten«. Die Abgeordnete Ingeborg Knipper (CDU) warf mir eine »öffentliche Hetzkampagne« und »Psychoterror« vor. Alles das, was man heute sogenannten Populisten vorwirft, dass sie nämlich fernab der Sache dem politischen Gegner mit Hass und Häme begegnen,[33] habe ich in geballter Form vonseiten betroffener Politiker erlebt. Hier erfuhr ich, dass persönliche Attacken umso heftiger ausfallen, wenn sie den Mangel an sachlichen Gegenargumenten verdecken sollen. Wer keine Argumente hat, wird leicht ausfallend.

Zunächst stand es auf des Messers Schneide, ob die Ablenkungskampagne durch Diffamierung meiner Person Erfolg haben würde. Der Hamburger Staatsrechtslehrer-Kollege Ingo von Münch, der früher selbst Senator gewesen war, riet mir deshalb, der Gefahr einer persönlichen Beschädigung mit einer öffentlichen Erklärung[34] entgegenzutreten, die dann auch in der Hamburger Presse abgedruckt wurde.[35] Darin wies ich darauf hin, dass Wissenschaft sich nun mal einmischen muss, mag der Forscher, der brisante Themen anpackt, sich auch in den politischen Grabenkrieg verstrickt und offenen Beschimpfungen ausgesetzt sehen. Wer politische Missstände untersucht und dabei den Nerv trifft, wird, ob er will oder nicht, von den dafür Verantwortlichen als Gegner angesehen. Denn den Ausweis der groben Unangemessenheit und möglichen Verfassungswidrigkeit einer Regelung, der ihre Initiatoren unter Zugzwang setzt, verstehen sie meist als Stellungnahme gegen sich persönlich. Beruhen die Privilegien und Missbräuche auch noch auf parteiübergreifender Kungelei von Regierung und Opposition, sieht sich, wer dies kritisiert, mit beiden großen Lagern zugleich konfrontiert und wird unversehens als ihr gemeinsamer Gegner bekämpft – und das mit allen Mitteln der politischen Polemik. Meine Erklärung schloss folgendermaßen:

> *»Ist es nicht Aufgabe eines Lehrers des öffentlichen Rechts, sich zu Wort zu melden, wenn sich drastische Fehlentwicklungen in öffentlichen Dingen anbahnen? […] Dann müssen, so meine ich, die Dinge beim Namen genannt werden, besonders von einem, der kraft seiner beruflichen Tätigkeit in der Lage ist, die schwer zugängliche Materie zu erhellen. […] Dann hilft nur ein offenes Wort, mag es auch den Interessen von Positionsinhabern noch so sehr in die Quere kommen. Das gilt auch – und vielleicht sogar erst recht – für Professoren. Das Wort ›profiteri‹ bedeutet lateinisch ›offen bekennen, erklären‹.«*

Das wirkte, und das *Handelsblatt* schrieb am 13. November 1991, meine These »von Komplott oder gar Verschwörung«, die mir den Vorwurf der »Diffamierung« des Parlaments eingebracht habe, sei »ausführlich begründet und schlüssig dokumentiert« und habe viel für sich; sie gebe die »ersten plausiblen Antworten« auf viele offene Fragen.[36]

Aber immer noch klammerten sich die politischen Spitzen in Hamburg an ihre unhaltbaren Regelungen, obwohl der Boden unter ihren Füßen immer glatter wurde. Als die *Frankfurter Rundschau* am 27. November 1991 auch meine vierte Stellungnahme, wenn auch mit einigen Kürzungen, abgedruckt hatte,[37] war es regelrecht glitschig geworden. Ich hatte das Gesetz von 1987 noch einmal genauer analysiert und seinen Camouflage-Charakter durch einen umfassenden Material-Anhang untermauert.

Das Ende eines Skandals

Die Analyse schickte ich auch dem langjährigen Bonner SPD-Fraktionsvorsitzenden Hans-Jochen Vogel, der schon vorher in *Bild* die »ärgerlichen Übertreibungen« in Hamburg kritisiert hatte. Vogel teilte in seiner Antwort meine Kritik und schrieb: »Wahrscheinlich hätte ich mich auch der Vermutung angeschlossen, dass diese Regelung mit dem Grundgesetz nicht vereinbar ist.« Sein Antwortbrief gewann dadurch zusätzlich politisches Gewicht, dass Vogel Durchschläge an den gesamten Bonner SPD-Vorstand sowie Hamburgs Ersten Bürgermeister Voscherau, den Vorsitzenden der Hamburger SPD, Helmut Frahm, und den Vorsitzenden der SPD-Fraktion, Günter Elste, sandte, und sein Inhalt deshalb in Hamburg sofort bekannt wurde.

Dennoch beschloss die Bürgerschaft das Gesetz am 28. November 1991, wobei die GAL den Skandal auch optisch in Szene setzte, indem sie imitierte Tausendmarkscheine von oben herabregnen ließ. Die Diäten-Koalition aus SPD und CDU – die FDP war inzwischen abgesprungen und enthielt sich, während die GAL, Klarmann und Robert Vogel wieder dagegen stimmten – konnte sich nicht verkneifen, die Medien und natürlich auch mich noch mal ordentlich zu beschimpfen. So rügte die von ihr ins Feld geschickte 86-jährige Alterspräsidentin der Bürgerschaft Charlotte Fera (CDU) im Plenum die angebliche Inszenierung eines »eiskalt geplanten Horrorstücks«. Es hätten sich »fast ausnahmslos alle Medien eines Bundeslandes gegen das gewählte Parlament« verbündet »und fast alle Stimmen zum Schweigen« gebracht, »die auf der Seite der Parlamentsmehrheit gestanden« hätten.

Aber der Druck der öffentlichen Kritik, der Brief von Hans-Jochen Vogel, verheerende Umfragewerte[38] und meine in Aussicht gestellte Verfassungsklage – eine solche hatte ich bereits im Auftrag von sieben Abgeordneten der GAL und des FDP-Vorsitzenden Robert Vogel zu formulieren begonnen – sowie ein Aufstand der SPD-Basis – rund 400 Mitglieder hatten ihr Parteibuch zurückgegeben[39] – bewogen den Senatspräsidenten Henning Voscherau schließlich, das Gesetz doch noch durch ein Veto zu verhindern, das dem Senat nach der Hamburgischen Verfassung zustand.[40] Die Hamburger Politik sei, so der Erste Bürgermeister, durch das Diätengesetz in eine »fundamentale Legitimationskrise« geraten.[41] Eben noch hatte Voscherau das Gesetz mit knapper Mehrheit durch einen SPD-Parteitag gebracht. Die inzwischen angekündigte Verfassungsklage und die Austritte aus seiner Partei betrafen aber zuallererst Voscherau selbst, sodass er befürchten musste, mit in den Strudel gerissen zu werden.[42]

Der Befund am Ende des Jahres 1991 war »ein landespolitischer Trümmerhaufen«, wie zum Beispiel *Die Welt* konstatierte.[43] Die politische Klasse Hamburgs hatte die »Vertrauenskrise staatlicher Institutionen und die Parteienverdrossenheit ohne Not in dramatischer Weise verstärkt«.[44]

Doch der Skandal führte schließlich zur Läuterung: Nicht nur wurde das soeben beschlossene Gesetz zurückgenommen, sondern auch die Erhöhung der Senatorenpension von 1987 – und das mit voller Rückwirkung, also auch mit Wirkung für amtierende Senatoren und sogar für solche, die bereits im Ruhestand waren, und ihre Hinterbliebenen.

Dazu eine Episode am Rande: Unlängst berichtete mir der frühere Speyerer Kollege und Verwaltungswissenschaftler Heinrich Reinermann, von Dohnanyi habe, als er hörte, dass Reinermann aus Speyer kommt, gesprächsweise seinen Ärger über den Speyerer Arnim ausgedrückt, der ihm viele Tausende an monatlicher Pension »koste«. Also folgere ich: Eigentlich müsste man mal nachrechnen, was die Stadt Hamburg allein bei der Pension des inzwischen 95-jährigen Dohnanyi (und vieler anderer Senatorenpensionen) eingespart hat.

Die öffentliche Auseinandersetzung um die beiden unhaltbaren Gesetze dauerte insgesamt dreieinhalb Monate, verlangte also einen langen Atem. Vier Stellungnahmen aus meiner Feder, die nacheinander auf Pressekonferenzen des Hamburger Landesverbandes des Bundes der Steuerzahler präsentiert wurden, waren erforderlich, um aufzuzeigen, mit welchen Täuschungs-, Hinhalte-, Umgehungs- und Verleumdungstaktiken die Akteure versuchten, mit der illegitimen Beute doch noch davonzukommen. Dass das skandalöse Abgeordnetengesetz schließlich gestoppt und sogar das vier Jahre vorher erschlichene Senatorengesetz zurückgenommen wurde, war eine Sensation – und ein gewaltiger Erfolg für die Medien, für den Bund der Steuerzahler und auch für mich persönlich.

Die *Süddeutsche Zeitung* meinte:

> *»Dem Speyerer Jura-Professor Hans Herbert von Arnim muss man dankbar sein, dass er diese Diätenaffäre aufgedeckt und mit solchem Eifer mitverfolgt hat. Sein Wirken ist ein weiterer Beleg für die These, die sich von einem Satz Kurt Tucholskys ableiten lässt: Politik ist eine viel zu wichtige Sache, als dass man sie allein den Politikern überlassen könnte.«*[45]

Am meisten aber freute mich ein handschriftliches Glückwunschschreiben eines der renommiertesten deutschen Staatsrechtslehrer, Konrad Hesse, der das Standardlehrbuch zum Grundgesetz geschrieben hatte und bis 1987 auch Richter am Bundesverfassungsgericht war. Er schrieb:

> *»Der Dienst, den Sie damit der heutigen parlamentarischen Demokratie erwiesen haben, ist nicht nur mir eine besondere Freude, zumal viel dafürspricht, dass die Auswirkungen dieses Vorgangs nicht auf Hamburg beschränkt bleiben werden.«*[46]

Untersuchungsausschuss und Enquete-Kommission

Zur Aufklärung der Mauscheleien 1987 und 1991 wurde ein Untersuchungsausschuss und zur Entwicklung angemessener Diäten für die Zukunft eine Enquete-Kommission eingesetzt. Der Untersuchungsausschuss ging zwar aus wie das Hornberger Schießen: Es gab keinerlei personelle Konsequenzen, schließlich waren Spitzenpolitiker jeder Couleur (außer den Grünen und der FDP) in den Skandal verwickelt. Die Enquete-Kommission unter dem Staatsrechtler und späteren Bundesverfassungsrichter Wolfgang Hoffmann-Riem führte aber letztlich zu Abgeordnetendiäten, die in Deutschland lange vorbildlich waren. Ich selbst hatte den Vorschlag aus Hamburg, Mitglied der Enquete-Kommission zu werden, abgelehnt,[47] aber angeboten, schriftliche Stellungnahmen abzugeben.[48]

Als dann später mein Knaur-Taschenbuch *Der Staat als Beute* vorgestellt wurde, das auch den Hamburger Skandal zusammenfassend beschrieb, zeigte sich eine Journalistin sehr enttäuscht, Gisela Reiners von der Zeitung *Die Welt*. Sie hatte mir im monatelangen Hamburger Kampf von Anfang an die Stange gehalten[49] und wesentlich zum Scheitern des dreisten Unternehmens beigetragen. Dieses Buch war »den kritischen und unabhängigen Journalisten in Deutschland gewidmet«, die bei Entscheidungen des Parlaments in eigener Sache dazu beigetragen hatten, die nötige öffentliche Kontrolle auszuüben. Unbedachterweise hatte ich nicht auch die Journalistinnen erwähnt. Reiners hatte mit ihrer Kritik an der rein männlichen Form der Widmung völlig recht. Tatsächlich sind es nicht selten die Frauen, die unangemessenem politischen Handeln am hartnäckigsten trotzen (siehe auch S. 244).

Ein gerichtliches Nachspiel

Da ich Ross und Reiter genannt hatte, hatte der Hamburger Diäten- und Versorgungsfall für mich noch ein lästiges Nachspiel: Martin Willich verklagte mich auf Unterlassung einer ganzen Reihe von Äußerungen, die ich in meiner vierten Stellungnahme gemacht hatte.[50] Darin hatte ich ihn als einen Hauptverantwortlichen für das 87er-Camouflage-Gesetz entlarvt. Dem Schreiben einer Hamburger Rechtsanwaltskanzlei, datiert vom 3. Dezember 1991, lag der Entwurf einer »Unterlassungsverpflichtungserklärung« bei. Mit ihr sollte ich mich innerhalb kurzer Frist verpflichten, sieben Aussagen über den seinerzeitigen Präsidenten der Bürgerschaft, Dr. Martin Willich, in Zukunft zu unterlassen und ihm den gesamten daraus entstandenen Schaden zu ersetzen. Die beigefügte Anwaltsrechnung für dieses Schreiben betrug 3652,56 DM. Das Ganze zielte unübersehbar auf Einschüchterung und mein Kleinbeigeben.

Natürlich gab ich weder die gewünschte Erklärung ab noch bezahlte ich die Rechnung.[51] Meine Frau und ich wurden aber doch einigermaßen nachdenklich, zumal Willichs Anwalt einen Streitwert von 345 000 DM angesetzt hatte. Für die Zukunft schloss ich eine »Berufs-Schaden-Haftpflichtversicherung« ab (die ich zum Glück bisher aber nie in Anspruch nehmen musste). Zunächst aber gab mir Dr. Dieter Kohler vom Präsidium des Bundes der Steuerzahler eine Prozesskostendeckungszusage.

Da Willich eine einstweilige Verfügung beantragt hatte, kam es einen Tag vor Heiligabend 1991 zu einer mündlichen Verhandlung vor dem Landgericht Hamburg. Das Gericht schlug mir einen Vergleich vor, dessen Annahme mir erstaunlicherweise auch mein eigener Anwalt empfahl. Darin sollte ich keine meiner von Willich beanstandeten Äußerungen zurücknehmen, sondern lediglich u. a. einräumen, dass Willich »zu seinem damaligen Vorgehen durch den Senat und die drei Fraktionsvorsitzenden bewogen sein könnte« und »nicht aus persönlichen Gründen an der Gesetzgebung interessiert war«.[52] Fast hätte ich dem Drängen von allen Seiten nachgegeben, wäre ich meiner Sache nicht ganz sicher gewesen. Ein Vergleich hätte als Einknicken meinerseits und damit als Einräumen von Fehlern öffentlich dargestellt werden können und die Klage Willichs scheinbar gerechtfertigt. Zum Glück bestand ich schließlich doch auf einem gerichtlichen Urteil,[53] was die Lage vor Gericht schlagartig veränderte. Der Berichterstatter erklärte nun, für das Urteil bestehe keine große Eile, weil der Antragsteller (Willich) ohnehin wenig Chancen habe zu obsiegen.[54]

Das Urteil erging am 23. Januar 1992. Das Landgericht wies alle Anträge Willichs als unbegründet zurück und erlegte ihm die vollen Kosten des Verfahrens auf. Damit war sein Versuch, von seiner politischen Verantwortung für das seinerzeitige Camouflage-Gesetz abzulenken und die Dinge auf den Kopf zu stellen, endgültig gescheitert. Später habe ich immer wieder darüber nachgedacht, was den Vorsitzenden bewogen haben könnte, einen Vergleichsvorschlag zu machen, und warum mein Anwalt geneigt war, ihn zu befürworten. Dass der Hamburger Corpsgeist sich bewusst oder unbewusst gegen den »Störenfried« aus Speyer wandte, der Hamburg in ganz Deutschland blamiert hatte[55] – ich kann mir das nicht vorstellen.

Quittung für das Diäten- und Versorgungsdesaster

Bei der Wahl der Bürgerschaft vom 19.9.1993 bekamen SPD und CDU die Quittung für den von ihnen verursachten politischen Riesen-Skandal. Die SPD verlor die absolute Mehrheit der Sitze und fiel von 48,0 auf 40,4 Prozent der Wählerstimmen. Die CDU verlor sogar 10 Prozentpunkte (von 35,1 auf 25,1 Prozent). Dagegen verdoppelten die Grünen ihr Ergebnis beinahe und stiegen von 7,2 auf 13,5 Prozent. Die FDP fiel von 5,4 auf 4,2 Prozent und flog aus der Bürgerschaft. Der Widerstand von Robert Vogel, der das Vorhaben von Anfang an heftig kritisiert hatte, hatte sich nicht ausgezahlt. Es blieb das Bild einer Partei in Spaltung.

1992: Kaum im Amt, schon voll versorgt. Oskar Lafontaines Saarland

Der Hamburger Versorgungsfall hatte meine Aufmerksamkeit auf die lange weitgehend unbeachteten Landesminister und Ministerpräsidenten gelenkt.[56] Dabei zeigte sich, dass man ausgerechnet im Saarland geradezu unverschämt hingelangt hatte, obwohl dort die Lage der öffentlichen Finanzen besonders prekär war. Regierungsmitglieder konnten dort schon nach einem einzigen Tag im Amt einen Anspruch auf Vollversorgung von 75 Prozent des aktiven Gehalts erwerben – ein besonders krasser Fall von Unrecht in Gesetzesform. Die raffiniert verklausulierte Regelung war selbst für Juristen schwer zu entziffern, sodass ich meiner Sache erst sicher war, nachdem ich einen kompetenten Informanten aus der Verwaltung hatte zu Rate ziehen können. Die Täuschung der Öffentlichkeit war lange derart »erfolgreich« gewesen, dass selbst der Bund der Steuerzahler an der Nase herumgeführt worden war.[57]

Die völlig unangemessene Riesenpension unmittelbar nach Amtsantritt resultierte aus zwei sich ergänzenden Stufen des Gesetzes, § 13 Abs. 1 Satz 1 und Abs. 3 Satz 1,[58] das Jahrzehnte vorher erlassen worden war:[59]

Absatz 1 regelte die *Begründung* des Versorgungsanspruchs. Dafür waren dem Anschein nach fünf Ministerjahre erforderlich. Da aber laut folgendem Halbsatz vorausgegangene Abgeordnetenjahre zur Hälfte berücksichtigt, also wie halbe Ministerjahre gezählt wurden, erwarb ein neuer Minister, wenn er nur vorher zehn Jahre im Parlament gewesen war, sogleich eine Versorgungsanwartschaft. Die zweite Stufe der Privilegierung erfolgte bei Festlegung der *Höhe* der Pension (Abs. 3): Das Mindestruhegehalt nach fünf Jahren Amtszeit betrug – entgegen dem ersten Anschein – nicht 35 v. H. der Amtsbezüge, sondern 50 v. H. Denn die ersten fünf Jahre wurden nicht etwa dadurch »verbraucht«, dass sie die Voraussetzung für das Mindestruhegehalt von 35 v. H. schafften, sondern erhöhten das Ruhegehalt noch einmal pro Jahr um 3 v. H. der Amtsbezüge. Dieses überraschende Ergebnis wurde durch Weglassen eines einzigen Wortes, nämlich des Wortes »weitere« vor »Jahre«, erzielt. Da im Übrigen sämtliche vorausgegangenen *Abgeordneten*jahre wie Ministerjahre zählten, konnte ein Regierungsmitglied bereits mit seinem Amtsantritt eine Anwartschaft auf die Vollversorgung von 75 Prozent seiner Aktivenbezüge erwerben, wenn er oder sie vorher 13 1/3 Jahre im Parlament gewesen war.[60]

Zu welchen Auswüchsen es dabei kommen konnte, wurde etwa am Fall Edmund Hein (CDU) deutlich: Der am 13.8.1940 geborene Hein war 1970 bis 1994 Mitglied des saarländischen Landtags und unter dem damaligen CDU-Ministerpräsidenten Werner Zeyer ein Dreivierteljahr Finanzminister gewesen (20.7.1984 bis 12.3.1985). Das hätte ihm einen lebenslangen Anspruch auf Vollversorgung von 75 Prozent des Ministergehalts eingebracht, zu zahlen ab seinem 55. Geburtstag am 13. August 1995.

Die Regelungen waren derart grotesk, dass der damalige Vorsitzende des saarländischen Bundes der Steuerzahler den Ministerpräsidenten Oskar Lafontaine in einem Brief vom 13. März 1992 um die rasche Einleitung einer Reform bat. Die Antwort des

Innenministers, dem Lafontaine den Brief weitergegeben hatte, war enttäuschend hinhaltend und ausweichend, sodass die Publikation meiner Analyse unausweichlich wurde.

Der Spiegel machte aus meinem Text eine Titelgeschichte mit Oskar Lafontaine in Hermelin-Robe und Perücke als Ludwig XIV. auf dem Titel mit der Überschrift »Die Luxus-Politiker. Selbstbedienung im Staate Lafontaine«. Das Heft erschien an dem Tag, an dem ich meine Arbeit auf einer vom Bund der Steuerzahler ausgerichteten Pressekonferenz in Saarbrücken präsentierte.[61] Neben den krassen Versorgungsprivilegien für saarländische Minister waren in journalistischer Zuspitzung weitere Kungeleien angeführt. Beinahe postwendend räumte der saarländische Innenminister Friedel Läpple ein, dass »die Kritik berechtigt« sei, und kündigte eine Rücknahme des Ministergesetzes an.[62] Es werde »entsprechend der Regelung des Bundesministergesetzes von 1992 geändert«.[63]

Kleine Geschichte eines unerhörten Gesetzes

Die hanebüchenen Versorgungsprivilegien provozierten natürlich die Frage, wie es dazu überhaupt hatte kommen können. Der viele Jahre vorher von der CDU-Fraktion eingebrachte Gesetzentwurf (sie hatte damals die absolute Mehrheit im Landtag und trug die Regierung) hatte keinerlei Begründung enthalten. In keiner der drei »Beratungen« im Landtagsplenum war es zu einer Aussprache gekommen. Selbst die SPD-Opposition (die FDP war damals nicht im Landtag) äußerte sich mit keinem Wort, von Kritik ganz zu schweigen, obwohl die Einführung derart krasser Ministerprivilegien eigentlich ein »gefundenes Fressen« für sie hätte sein müssen.

Das stillschweigende, geradezu verschwörerische Zusammenwirken von Regierung und Opposition lag vermutlich an der Fast-Verdoppelung der Staatszuschüsse für die Fraktionen des saarländischen Landtags (von der wegen der Einführung eines Sockelbetrages und eines Oppositionsbonus die SPD-Fraktion den Löwenanteil erhielt), an der Erhöhung der Abgeordnetendiäten und der Einführung von Übergangsgeld und Altersrente für die

Parlamentarier. Das diente offenbar als politisches Schmiermittel zur Herstellung der »Einigkeit der Demokraten«.[64] An dem Deal dürfte auch Oskar Lafontaine beteiligt gewesen sein, der damals stellvertretender Vorsitzender der SPD-Fraktion und Mitglied des zuständigen Landtagsausschusses für innere Verwaltung war. Der spätere »Napoleon von der Saar« hatte offenbar schon zu jenem Zeitpunkt den Marschallstab im Tornister respektive das Ministerpräsidenten-Amt im Blick, baute also auch für sich selbst finanziell vor. Die Anrechnung der Abgeordnetenzeit auf die Ministerpension schien wie auf ihn zugeschnitten.

Ein Paradebeispiel dafür, wie Privilegien auf der einen Seite häufig durch Anhebung in anderen Bereichen »kompensiert« werden, damit möglichst alle profitieren, mit dem Ziel einer einvernehmlichen Durchsetzung. Dieser ausgeklügelte Mechanismus begünstigt ein Hochschaukeln der verschiedenen Teile der Politikfinanzierung – ganz ohne Rücksicht auf deren sachliche Notwendigkeit.

Ein weiteres Zubrot: Die Oberbürgermeister-Pension von Lafontaine

Später kam raus, dass Lafontaine zusätzlich zu seinem Gehalt als Ministerpräsident (und der daraus zu erwartenden Pension) noch eine ungekürzte Pension als ehemaliger Oberbürgermeister von Saarbrücken bezog, also zwei Bezüge erhielt. Lafontaine wehrte sich zwar mit Händen und Füßen gegen die öffentliche Kritik, sprach von »Schweinejournalismus« und erließ als Repressalie sogar ein die Medien einschränkendes saarländisches Pressegesetz (das später wieder aufgehoben wurde). Auch fragte er, was der *Spiegel* mir für seine Titelgeschichte bezahlt hätte. Offenbar wollte er mir eine pekuniäre Motivation unterschieben. Dabei war überhaupt kein Geld geflossen. Mir war es darum gegangen, ganz klar missbräuchliche Regelungen darzustellen und nach Möglichkeit auch zu Fall zu bringen. Als Professor fühlte ich mich finanziell und statusmäßig ausreichend gesichert, um unabhängige Kritik üben zu können.

Am Schluss blieb Lafontaine denn auch nichts anderes übrig, als auf die Oberbürgermeisterpension zu verzichten.

Es hatte zwei ganz unterschiedliche Gutachten gegeben, ob Lafontaine der Anspruch überhaupt zustehe: Der Hagener Beamtenrechtler Ulrich Battis verneinte das für die CDU-Opposition, worauf die Regierung den Saarbrücker Öffentlichrechtler Klaus Grupp für ein Gegengutachten gewann, der die Frage bejahte, dem aber wiederum der Rechnungshof des Saarlandes widersprach: In jedem Fall war die Gewährung von Doppelbezügen unangemessen.

Lafontaine kommentierte das Geschehen in seinem Buch *Das Herz schlägt links* (1999) ziemlich einseitig und ging dabei nur auf seine Zusatzrente ein:

> *»Als der Spiegel einen Beamtenrechtler fand, der der Auffassung war, dass meine Bezüge als Ministerpräsident und der aufgrund meiner Ansprüche aus meiner Oberbürgermeisterzeit gefundene Verrechnungsmodus nicht in Ordnung seien, hatte ich, unbeschadet der Tatsache, dass andere Juristen gegenteiliger Auffassung waren, meine Pensionsaffäre.«*[65]

Nach dem Battis-Gutachten und der Klärung durch den Rechnungshof hätte es eigentlich nur einer Änderung des Bescheides, aber keiner Aufhebung des Gesetzes bedurft. Diese erfolgte aber dennoch, wohl um zu verschleiern, dass das Gesetz zugunsten Lafontaines falsch ausgelegt worden war, und um bundesweit den unzutreffenden Eindruck zu erwecken, damit sei auch die überzogene Pensionsregelung im Ministergesetz behoben. Man sprach im Saarland von einem »Heldennotausgang«.[66]

Die überzogene Ministerversorgung im Bundesland wurde erst mit Gesetz vom 13. Oktober 1993 beseitigt und die Höhe der Altersversorgung dem Bundesministergesetz angepasst.[67]

Privilegien für ehemalige und amtierende Regierungsmitglieder gelten fort

Eine Rückwirkung des Aufhebungsgesetzes wurde nicht vorgesehen, obwohl die CDU und ihr selbst betroffener Abgeordneter Edmund Hein[68] dies gefordert hatten. Das bedeutete, dass *ehemalige* Mitglieder der Landesregierung und ihre Hinterbliebenen ihre Pension weiterhin nach der alten Regelung bekamen.[69]

Ja, sogar der *amtierende* Ministerpräsident und sein gesamtes Kabinett konnten, wenn sie zum Zeitpunkt des Inkrafttretens des Aufhebungsgesetzes (1.1.1994) die nötigen Mandatsjahre aufwiesen, die Versorgungsprivilegien weiterhin genießen, die der Landtag wegen seiner völligen Unangemessenheit gerade zurückgenommen hatte. Das kam auch denjenigen zugute, die im zweiten Kabinett Lafontaine 1990 erstmals Minister waren, also bei Inkrafttreten des Aufhebungsgesetzes erst kurz im Amt waren; sogar Reinhold Kopp, der im Juni 1991 Wirtschaftsminister und 1994 wieder entlassen wurde, hatte – nach seiner früheren Zeit als Abgeordneter (1979–1985) – Anspruch auf eine Ministerpension.

Die SPD-Regierung berief sich für die Fortgeltung der krassen Privilegien auf Vertrauensschutz, der ein rückwirkendes Inkraftsetzen der Neuregelung verfassungsrechtlich verbiete. Das war – auch angesichts der Verfassungswidrigkeit der Privilegien[70] und der rückwirkenden Aufhebung in Hamburg und Mecklenburg-Vorpommern – ein unzutreffendes Scheinargument. Es hatte zwar am 9. September 1993 noch eine Anhörung des Bundes der Steuerzahler und von mir als Gutachter durch den Innenausschuss des Landtags gegeben, in der wir unter anderem die rückwirkende Aufhebung der überzogenen Versorgung gefordert hatten. Doch diese war wohl nur als Beschwichtigung der Kritiker gedacht. Es hatte sich herausgestellt, dass auch in anderen Bundesländern ähnliche Privilegien wie im Saarland existierten, was den Aufmerksamkeitsfokus verschob. Zudem war man nach dem langen Hin und Her um die OB-Rente von Lafontaine der Diskussion müde. Das alles erleichterte der Regierungsmehrheit im Saarländischen Landtag, das Änderungsgesetz durchzubringen, obwohl es die amtierende Regierung von seiner Geltung ausnahm.

Rheinland-Pfalz: Vorbild für Saarland und Thüringen?

In Rheinland-Pfalz konnte ein Regierungsmitglied schon nach einem Tag Amtszeit eine Pension von 55 Prozent und nach fünf Jahren Amtszeit von 70 Prozent seiner aktiven Bezüge erwerben, wenn zehn Parlamentsjahre vorangegangen waren. Die Regelung war schon 1970 entstanden und offenbar »Vorbild« für das Saarland. Auch sie wurde – wohl zur Kompensation – von einer massiven Anhebung der Fraktionsmittel, die vornehmlich der Opposition zugutekam, und der Abgeordnetendiäten begleitet. Die grob unangemessene Privilegierung war unter Helmut Kohl als rheinland-pfälzischem Ministerpräsidenten eingeführt worden, der damit wohl seine früheren Abgeordnetenjahre vergolden wollte. Das erklärt auch, warum Lafontaines Attacke gegen die Kritiker des saarländischen Gesetzes ausgerechnet bei Kohl öffentlichen Beistand fand. Übrigens war die Regelung in Rheinland-Pfalz dann später, nachdem ich ihren Inhalt aufgedeckt hatte, von der damaligen Regierung Scharping beseitigt worden.

Zuvor war die rheinland-pfälzische Regelung im Wege der »Amtshilfe« auch ins Thüringer Ministergesetz vom 14. Mai 1991 übertragen worden. Ein Nutznießer war jener Jochen Lengemann, der nach Aufdeckung des hessischen Diätenskandals als Landtagspräsident hatte zurücktreten müssen. Irgendwie schaffte er es, dass man ihn für ein gutes Jahr zum Thüringer Minister für besondere Aufgaben (8.11.1990 bis 28.2.1992) machte, was ihm eine üppige Ministerpension verschaffte. Denn zehn Parlamentsjahre in Hessen wurden auf die Ministerversorgung angerechnet, obwohl sie außerhalb Thüringens und vor der (Wieder-)Entstehung dieses Landes abgeleistet worden waren.

Reformen auch in anderen Bundesländern

Schließlich analysierte ich auch die Ministergesetze aller anderen Bundesländer und veröffentlichte das Ergebnis unter dem Titel *Die finanziellen Privilegien von Ministern in Deutschland* in der Schriftenreihe des Karl-Bräuer-Instituts des Bundes der Steuerzahler.[71] Auch hier unterstützte die Presse meine Kritik.[72] Dazu kam eine dreiviertelstündige *Zündstoff*-Sendung des ZDF. Beides führte dazu, dass auch weitere Länder wie Bayern, Hessen und Niedersachsen überzogene Pensionsregelungen für Regierungsmitglieder[73] zurücknahmen. Die ZDF-Sendung war von Thomas Bellut verantwortet worden.[74] Als er später Intendant des Senders geworden war, wollte er daran aber vielleicht nicht mehr erinnert werden, kann er sich doch nun selbst über eine Pension von rund 20 000 € monatlich freuen. Jedenfalls stieß mein Vorschlag, im ZDF eine Sendung über die Versorgungs-Selbstbedienung zu machen, die das Abgeordnetenhaus von Berlin sich ab 2020 bewilligte, bei ihm auf keine Gegenliebe (siehe S. 286).

Die Aufhebung der privilegiengespickten Ministergesetze nahm allerdings regelmäßig die amtierenden Regierungen aus, die die finanziellen Vorteile weiterhin genossen. Dagegen wurden in Mecklenburg-Vorpommern die Privilegien auch für die Vergangenheit zurückgenommen und dadurch ein bemerkenswertes Vorbild gesetzt.[75] Bewirkt worden war dies durch einen unerschrockenen Ministerialrat im Ruhestand, der den Gesetzentwurf erarbeitet hatte, und eine beherzte Staatssekretärin, die ihm die Stange hielt und dabei von ihrem Ministerpräsidenten gestützt wurde.

Elogen, die schwindlig machen könnten

Meine Aktivitäten hatten mir angeblich einen »Ruf wie Donnerhall« verschafft.[76] Der Politikwissenschaftler Wilhelm Hennis schrieb anerkennend, mir sei gelungen, »was sonst allenfalls publizistische Großmächte […] schaffen«.[77] Zahlreiche Medien hoben mich fast in den Himmel. *Bild am Sonntag* brachte den »Mann, der den Politikern den Geldhahn zudreht«, groß raus[78] und machte mich zum »Gewinner der Woche«.[79] Der Chefredakteur der Hamburger Wochenzeitung *Die Zeit*, der die monatelange öffentliche Auseinandersetzung sozusagen vor der eigenen Haustür miterlebt hatte, schrieb ein Porträt über die »Einmann-Instanz Hans Herbert von Arnim«, der »so viele Gesetze aus den Angeln gehoben« habe, wie »niemand außer dem Bundesverfassungsgericht«.[80] (Kurz nach dem *Zeit*-Artikel veröffentlichten Redakteure derselben Zeitung übrigens auch die Parteienkritik des damaligen Bundespräsidenten Richard von Weizsäcker,[81] was die allgemeine Gestimmtheit damals widerspiegelt.) Weitere persönliche Würdigungen folgten in anderen Zeitungen.[82] Sogar im Ausland wünschte man sich einen Arnim. Eine britische Zeitung überschrieb eine Hymne mit »You need Hans«,[83] und selbst in Australien hätte man, so hieß es, gern einen ähnlichen Kritiker gehabt: »Professor von Arnim marries the qualities of an investigative journalist and a political scientist; this produces a fascinating result, one which some would love to see emulated in Australia.«[84] Und im italienischen *L'Espresso* hieß es (ins Deutsche übersetzt) unter der Überschrift »Achtung, das ist Hans, der große Moralist«: In Ermangelung eines »Di Pietro« forsche ein Professor und klage an.[85]

Plötzlich war klar: Wenn Unrecht zu Recht zu werden droht, ist Widerspruch geboten – gerade für einen Professor, der in der Lage ist, das Gesetzes- und Haushaltsdickicht zu entziffern, hinter dem sich missbräuchliche Regelungen verstecken.

Aus den heftigen Kämpfen in Hessen, Hamburg und dem Saarland und ihrer intensiven medialen Begleitung ergab sich für mich ein neues Betätigungsfeld, das den Radius meiner Arbeit erheblich erweiterte. Ich wurde zum gefragten Autor populärwissenschaftlicher Bücher und Aufsätze. Überregionale und andere Zeitungen baten mich um ganzseitige Beiträge. Meine Rektoratsrede von 1993 wurde von der *FAZ* abgedruckt und der *Teleakademie* des Süddeutschen Rundfunks gesendet.

Reaktionen der Politikwissenschaft

Die vielfache Kritik an der Politikfinanzierung, die auf große öffentliche Resonanz stieß, ließ nun aber die Politikwissenschaft, die sich als »zuständige« Disziplin fühlte, umso schlechter aussehen. Jüngere Forscher räumten das Versagen ihrer Disziplin offen ein. Stefan Immerfall schrieb, »Patronage und Parteienfilz« seien das bevorzugte Gebiet ihres Faches nicht. Es sei »leider auch kein Zufall, dass es sich bei Hans Herbert von Arnim [...] um einen Volkswirt und Juristen« handele.[86] Als die »›Pathologien in der Politik‹ ans Licht kamen«, blieben, wie ein anderer bemerkte, die »Gralshüter« der Disziplin »merkwürdig still«.[87] Die früher oft kritische Haltung der Politikwissenschaft sei »in Opportunismus« umgeschlagen; gesellschaftliche Entwicklungen würden »nur noch konstatiert oder gar legitimiert«.[88]

Besonders deutlich wurde der Versuch der Etablierten, jüngere Politikwissenschaftler davon abzuhalten, »den Arnim« positiv zu bewerten, bei der Einflussnahme Uwe Thaysens (Professor für Politikwissenschaft an der PH Lüneburg) auf seinen Schüler Patrick Horst. Dieser hatte zunächst eine glänzende Rezension eines meiner Bücher veröffentlicht, dann aber nach Thaysens Intervention dasselbe Buch verrissen (siehe S. 189 ff.).

Die Arrivierten mögen nicht, wenn man in ihrem Garten grast

Dass drei Professoren der Parteienfinanzierungs-Kommission, die Richard von Weizsäcker berufen hatte (siehe S. 193 f.), Juristen waren (wohl, weil andere Disziplinen sich ziemlich blamiert hatten), muss Klaus von Beyme, bis 1999 Professor am Institut für Politische Wissenschaft der Universität Heidelberg, jedenfalls besonders gereizt haben. Mangels sachlicher Argumente stützte er sich bei seiner Kritik auf Andeutungen, die mit der Thematik rein gar nichts zu tun hatten, und schrieb:

»Der deutschen etatistischen Tradition getreu hat der entschiedenste Kritiker sich in die Kommission des Bundespräsidenten berufen lassen – ein Vorgang, der in Amerika kaum eine Parallele hat.«[89]

Allerdings musste die etablierte Politikwissenschaft dann doch auch inhaltlich auf die Kritik reagieren, was eine ganz neue Richtung hervorbrachte: die »Politische Klasse«-Forschung.[90] Der Politikwissenschaftler Klaus Stolz schrieb im Jahre 2010:

»Die politikwissenschaftliche Forschung über die politische Klasse in Deutschland ›kann als direkte Reaktion‹ auf ›Kritiker in Wissenschaft und Publizistik (von Arnim, Scheuch), aber auch aus der politischen Praxis (von Weizsäcker) […] verstanden werden‹.«[91]

Allen voran wollte auch Klaus von Beyme als ehemaliger Präsident der International Political Science Association das Versagen nicht auf seiner Disziplin sitzen lassen und verfolgte dabei eine Doppelstrategie: Zunächst unterstellte er von Weizsäcker, Scheuch und mir öffentlich unlautere Motive für unsere Kritik:[92]

Arnim verfolge – im Verein mit dem Bund der Steuerzahler – »Verbandsinteressen unter dem Deckmantel des Gemeinwohls« […]. Richard von Weizsäcker und Erwin Scheuch hätten nur aus eigener persönlicher Enttäuschung über die Parteien zur Feder gegriffen, Weizsäcker, weil er nicht Kanzler geworden sei, Scheuch, weil er kein Bundestagsmandat bekommen habe.

Fast im selben Atemzug unternahm er dann selbst eine Analyse der politischen Klasse, um die Meinungsführerschaft wieder an sich zu reißen und der Politikwissenschaft die Richtung vorzugeben:[93] Die politische Klasse könne die strukturellen Bedingungen ihrer

Existenz weitgehend selbst gestalten. Sie handle als »Interessengruppe für sich selbst«,[94] wobei ihr kollektives Interesse der Selbsterhaltung und der Absicherung ihrer Privilegien sowie ihrer Autonomie gegenüber Bürgern und Gesellschaft gelte.[95] Beymes Buch verharmlost die Entwicklung allerdings und gibt sozusagen Entwarnung: Die Auswüchse seien »relativ rasch unter Kontrolle zu bringen«, weil die politische Klasse bei Durchsetzung und Verteidigung ihrer Privilegien »ohne Bundesgenossen in der Gesellschaft«, also allein auf sich gestellt sei.[96]

Diese Behauptung scheint mir typisch für manch schnelle, aber eben unrichtige Einwände von Politikwissenschaftlern. Denn die politische Klasse braucht ja gar keine Bundesgenossen, sitzt sie doch selbst direkt an den Hebeln der Macht, und kann, wenn wirksame Kontrollen fehlen, ihren Interessen durch Einkleiden in Gesetz, Haushaltsplan oder sonstige staatliche Maßnahmen äußere Legalität verschaffen.[97] Zwar erfolgte hinsichtlich der aufgedeckten Diäten- und Versorgungsskandale eine Revision. Das System hinter dem offiziellen System wuchert im Ganzen aber fort, wie ich auch in zahlreichen populärwissenschaftlichen Sachbüchern dargelegt habe (siehe S. 186 f.).

Von Beyme aber lehnt eine den pluralistischen Gruppen- und Parteienkampf bewertende und notfalls kritisierende Gemeinwohlkonzeption ab. Für den Wissenschaftler könne es keinen Standpunkt jenseits der Interessen geben: »Auch wir vertreten Gruppeninteressen.«[98]

Dieselbe Doppelstrategie verfolgte Michael Greven, der spätere Vorsitzende der Deutschen Vereinigung für Politikwissenschaft: Einerseits kritisiert er die »teils demagogischen … Kampagnen wegen der angeblichen ›Selbstversorgungsmentalität‹ der Politiker«.[99] Andererseits räumte er ein, die Parteien entschieden, obwohl selbst Spieler, »über die Spielregeln im Kampf um die Macht«; sie verfügten in der Gemeinsamkeit ihrer Interessenlage insoweit über etwas der Souveränität Ähnliches.[100]

Was sagen ausländische Politikwissenschaftler?

Interessant ist immer der Blick über den Tellerrand: Der amerikanische Politikwissenschaftler Richard S. Katz und sein irischer Kollege Peter Mair beziehen in der Frage der Parteienprivilegien klar Position, die sich mit meiner eigenen Auffassung deckt: Sie erkennen an, dass Politiker im Parlament über die Fraktions- und Föderalismusgrenzen hinweg – ausdrücklich oder unausgesprochen – politische Kartelle bilden und ihre Eigeninteressen durch Ausweitung von Politikfinanzierung und Ämterpatronage sowie durch Gestaltung des Wahlrechts fördern.[101] Dadurch deformierten die Parteien nicht nur sich selbst, sondern das ganze politische System. Auch die Parlamentsparteien, die die Wahl verloren haben, erhielten Mandate und staatliche Subventionen und blieben an der Proporzpatronage beteiligt. Wenn die Teilhabe an staatlichen Mitteln und Posten aber nicht mehr vom Sieg bei Wahlen abhänge, entschwinde der Anreiz für Politiker, sich nach den Wünschen der Bürger zu richten – ein Anreiz, den eigentlich der politische Wettbewerb sichern solle. Damit kehre sich die Willensbildung von unten nach oben, die den Kern der Demokratie ausmache, in ihr Gegenteil um, und das sei eben »undemokratisch«.[102] Dabei sehen sie gerade in der Entwicklung der Bundesrepublik Deutschland einen Beleg für ihre Thesen.

Autor in Publikumsverlagen

Anfang der 90er-Jahre begann die fruchtbare Verbindung mit den Münchner Verlagen Kindler, Droemer und Knaur und damit der Start meiner »Karriere« als Autor von Sachbüchern, von denen manche Bestseller wurden und später Aufnahme in die Rowohlt-Klassiker-Reihe *repertoires* fanden. Meine Texte umfassten nun nicht mehr nur Politikfinanzierung, Ämterpatronage und Wahlrecht, sondern behandelten ganz allgemein Mängel von Staat und Gesellschaft und trugen ganz wesentlich zur Verbreitung der Ergebnisse meiner Arbeit bei, was mir endgültig den Beinamen »Parteienkritiker« verpasste. (Gelegentlich leitete ein Buch auch richtiggehende Kampagnen ein oder unterstützte sie.) Dabei sorgten meine *Staatslehre* und meine *Volkswirtschaftspolitik* wie auch zahlreiche rein fachlich gehaltene Veröffentlichungen dafür, dass ich in den nun publizierten zahlreichen populärwissenschaftlichen Büchern die Themen stets sachlich anging und mich nicht im Reißerischen verlor. Das wurde mir in Rezensionen immer wieder bestätigt.

Es begann mit einem Fax an die Hochschule, in dem die Sachbuchchefin des Knaur Verlages, Dorothee Grisebach, mir ein Buch vorschlug, das dann 1993 unter dem Titel *Der Staat als Beute* erschien, und gleich ein mittleres fünfstelliges Honorar anbot. Daraus sollte sich ein langjähriges Vertrauensverhältnis entwickeln. Unübersehbar war das eine Folge meiner Aktionen in Hessen und andernorts, über die bundesweit berichtet worden war. Grisebach hatte meine ganzseitigen Artikel in der *FAZ*, der *Zeit* und der *Frankfurter Rundschau* gelesen. Eine Einladung des Chefs des Kindler- und Droemer Verlages, Karl Blessing, schloss sich an, der mir zwei weitere Verträge quasi auf dem Silbertablett offerierte: für das Hardcover *Staat ohne Diener* und für eine Sammlung meiner bisherigen Aufsätze, die dann unter dem Titel *Demokratie ohne Volk* erschien. Hier begegnete mir auch Klaus Fricke, der meine Arbeit als Lektor zahlreicher Bücher und später auch als Sachbuchchef des Heyne Verlages immer noch fruchtbar begleitet.

Während ich mir vorher immer mühsam einen Verlag hatte suchen müssen und für Fachbücher häufig vom Autor oder Herausgeber ein Druckkostenzuschuss verlangt wird (so ja auch bei Veröffentlichung meiner Dissertation), wurden mir jetzt die Manuskripte förmlich aus der Hand gerissen – und auch noch gut bezahlt. Damals war es allerdings in Deutschland noch neu, dass Wissenschaftler populäre Bücher schrieben, und mancher Kollege rümpfte die Nase. Inzwischen veröffentlichen immer mehr Rechtswissenschaftler, auch sehr angesehene, in Publikumsverlagen, etwa Paul Kirchhof[103] und Udo Di Fabio.[104]

Populärwissenschaftliche Sachbücher bereichern das Schaffen

Alle meine damaligen Aktivitäten geschahen vor dem Hintergrund der beruflichen Arbeit als Hochschullehrer, Rektor und Verfassungsrichter. Die Überzeugung vom Sinn der Arbeit und die Erfolge ließen mir Riesenkräfte zuwachsen. Ich schrieb ein Buch nach dem anderen, insgesamt mehr als zehn solch populärwissenschaftlicher Bücher, wobei Tulli und mir die Titel oft bei Diskussionen am Esstisch einfielen und wir dann später von »unserem Küchenkabinett« sprachen.

In *Staat ohne Diener* (1993) schlug ich die Volkswahl von Ministerpräsidenten nach dem Vorbild direkt gewählter Bürgermeister vor. Das Buch wurde später in Rowohlts Klassiker-Reihe *repertoire* aufgenommen und neu gedruckt.

Fetter Bauch regiert nicht gern (1997), welches später ebenfalls in Rowohlts Klassiker aufgenommen wurde, beschrieb u. a. das von mir so genannte »Je näher, desto ferner«-Gesetz, welches die zunehmende Abgehobenheit der politischen Klasse erklärt: Ihr immer engeres Zusammenwirken und die Bildung von fraktions- und föderalismusübergreifenden politischen Kartellen etwa bei Politikfinanzierung und Ämterpatronage bewirken – fast mit der Notwendigkeit eines sozialwissenschaftlichen Gesetzes – ihre zunehmende Entfernung von der eigenen Basis, ihren Parteimitgliedern und Bürgern.[105]

Die beiden Taschenbücher *Diener vieler Herren* (1998) und *Politik macht Geld. Das Schwarzgeld der Politiker – weiß gewaschen* (2001) deckten die Schatteneinkommen von Regierungsmitgliedern, besonders in Bayern und Nordrhein-Westfalen, auf und verhinderten, dass die Landesregierungen beider Länder den aberwitzigen Empfehlungen einer Gefälligkeitskommission unter Roland Berger folgten (siehe S. 217 ff.).

In »Das System« (2001) wurde das Schattensystem herausgearbeitet, das die Parteipolitik hinter der demokratisch-rechtsstaatlichen Fassade installiert hat. Hier gelten andere Regeln als die des

Grundgesetzes. Seine Elemente sind nicht Dienst am Volk und Orientierung am Gemeinwohl; angestrebt werden vielmehr eigene Vorteile. So werden zum Beispiel Ämter als Dank für frühere loyale Unterstützung vergeben – und als verschwiegenes Signal für alle anderen, dass sich solche Unterstützung lohnt. Die subversive Gefährlichkeit des Schattensystems für demokratisch-rechtsstaatliche Strukturen liegt darin, dass der gemeinsame Regelverstoß, der die Täter im Untergrund zusammenschweißt, wie ein Virus fortwirkt und auf diese Weise die inkriminierten Verhaltensweisen ständig reproduziert.[106] Es ergibt sich leicht eine »kumulative Dynamik«, welche die Schattennormen verfestigt und ihr System stabilisiert.[107]

Das Europa-Komplott (2006), das auch ins Polnische übersetzt wurde, lieferte eine zum großen Teil immer noch relevante Darstellung von Problemen der EU (siehe S. 222 ff.). In den für alle Mitglieder des Europäischen Parlaments einheitlich hohen Diäten spiegeln sich die Schwierigkeiten einer Vereinheitlichung der Mitgliedstaaten trotz großer politischer, kultureller und wirtschaftlicher Unterschiede. Beispielsweise führen in bestimmten Ländern die Diäten von Europa-Abgeordnete zu höheren Heimat-Einkommen als die ihrer Ministerpräsidenten.

Vom schönen Schein der Demokratie: Ein Buch und seine Folgen

Über ein Buch möchte ich in diesem Zusammenhang aus mehreren Gründen ausführlicher sprechen: *Vom schönen Schein der Demokratie,* das 2000 herauskam, behandelt Schwachstellen des bundesdeutschen Föderalismus und die Möglichkeit, mit direkter Demokratie gegenzusteuern. Es sei verdienstvoll, so hieß es in einer Besprechung,[108] dass »von Arnim in seinem neuen Buch nicht auf die Parteienfinanzierung oder auf die Politiker- und Beamtenversorgung fixiert bleibt, sondern sich jenem weiten Fragehorizont öffnet, vor dem dann die drängenden verfassungs- und demokratiepolitischen Aufgaben angemessen erörtert und mit Aussicht auf Erfolg angepackt werden können«. Insgesamt fasste das Buch die Kernthesen meiner Parteienkritik einschließlich der Lösungsmöglichkeiten aus dem Dilemma zusammen. Da es offenbar einen Nerv traf, wurde es auch von vielen anderen Seiten positiv besprochen. Der Staats- und Verwaltungsrechtler Christoph Degenhart schrieb:[109]

> *»Treffsicher wie stets analysiert Hans Herbert von Arnim die Schwächen des bundesdeutschen Föderalismus und demokratische Defizite. … von Arnims neues Buch fügt sich konsequent in seine brillanten Analysen der ›politischen Klasse‹ der Bundesrepublik.«*

Auch prominente Politiker, wie Norbert Blüm,[110] der frühere Münchner Oberbürgermeister und Vorsitzende der SPD und ihrer Bundestagsfraktion Hans-Jochen Vogel,[111] der seinerzeitige Generalsekretär der FDP Guido Westerwelle[112] und der damalige Vorsitzende der CDU-Fraktion im niedersächsischen Landtag und spätere Ministerpräsident und Bundespräsident Christian Wulff schrieben Rezensionen:

> *»Dieses Buches ist nicht nur lesenswert, es ist notwendig. Denn wer wollte bestreiten, dass die Demokratie der Bundesrepublik Deutschland auf den Prüfstand gehört? Wer wollte bestreiten, dass es Verkrustungen und Fehlentwicklungen gibt?«*[113]

Ebenso viele Journalisten, zum Beispiel Peter John im Hessischen Rundfunk:

> *»Seit Arnims Buch ›Vom schönen Schein der Demokratie‹ lässt sich Politikverdrossenheit erklären und herleiten, und zwar in einer Stringenz, die atemberaubend ist. … von Arnims Philippika der politischen Jetzt-Zeit liest sich stringent, überzeugend in der Gedankenführung und illustriert durch passende Beispiele. … Die Strukturen aufgezeigt zu haben, unter denen*

Politikverdrossenheit gedeihen kann, ja fast zwangsläufig gedeihen muss, das ist das Verdienst der 323 Seiten.«[114]

Oder Warnfried Dettling in der *Zeit*:

»Ein notwendiges Buch zur rechten Zeit.«[115]

Das Konzept des Buches war offenbar aufgegangen und sein Thema nicht nur für die Fachwelt, sondern auch für Politiker und die Allgemeinheit von Interesse.

Und in der Tat: Das im Februar 2000 auf einer Pressekonferenz in Berlin vorgestellte Buch stand viele Wochen auf der *Spiegel*-Bestsellerliste.

Politische Einflussnahme auf einen abhängigen Rezensenten
Bemerkenswert aus einem ganz anderen Grund war die Besprechung des Politikwissenschaftlers Dr. Patrick Horst, der später offenbar unter dem Einfluss des Professors, bei dem er sich habilitieren wollte, widerrufen musste. Ich hatte weiter oben schon einmal kurz auf ihn Bezug genommen. Horst beurteilte das Buch für den Norddeutschen Rundfunk so:

»Insgesamt hat er (von Arnim) ein beeindruckendes Buch vorgelegt, das auf absehbare Zeit zum politikwissenschaftlichen und staatsrechtlichen Standardwerk avancieren dürfte. … von Arnim spitzt seine Urteile zwar zu, aber immer auf der Basis einer gewaltigen Sachkenntnis und einer klar nachzuvollziehenden Argumentation. Insofern ist das Buch als Diskussionsgrundlage auch für alle diejenigen unentbehrlich, die seine Schlussfolgerungen für überzogen halten.«[116]

Doch derselbe Mann besprach eben dieses Buch in der *Zeitschrift für Parlamentsfragen* mit genau umgekehrter Tendenz:

Arnims Argumentation erzeuge »den schönen Schein … eines elitär-populistischen Regenbogens«, der »nicht begehbar« sei. Ähnliche Verdrehungen durchziehen den ganzen Besprechungstext. So hatte Horst im NDR noch gesagt: »Nicht weniger eindringlich und durch zahlreiche empirische Studien abgesichert ist von Arnims Plädoyer für ein Mehr an direkter Demokratie.« In der Rezensionsfassung der *Zeitschrift für Parlamentsfragen* wird die Wertung umgedreht: »Nicht weniger problematisch ist von Arnims Plädoyer für eine Erleichterung und Ausweitung des Gegenstandsbereichs der Volksgesetzgebung.«[117]

Diese Kehrtwendung, für die Horst sich in einem Telefongespräch bei mir entschuldigte, lässt sich so erklären: Horst wollte beim Lüneburger Professor Uwe Thaysen habilitieren. Dieser war zugleich Chefredakteur der *Zeitschrift für Parlamentsfragen* und bedrängte seinen dort beschäftigten Mitarbeiter, den Tenor seiner Rezension in ihr Gegenteil umzudrehen. Das war nicht nur schlechter Stil. Es war wissenschaftliche Manipulation und Ausnutzung der karrieremäßigen Abhängigkeit eines jungen Mannes durch seinen Professor.

Doch damit nicht genug: Nachdem die Redaktionskonferenz der *Zeitschrift für Parlamentsfragen* sich mit der Angelegenheit befasst hatte und Thaysen dort zur Rede gestellt worden war, nahm Horst alle Verantwortung auf sich und behauptete in einem Schreiben an mich,[118] die Rezension in der Zeitschrift beruhe nach Gesprächen mit Thaysen und einer erneuten Durchsicht meines Buches auf eigener besserer Einsicht. Doch das war völlig unplausibel. Denn die Rezension für den NDR hatte Horst nicht umgeschrieben, obwohl dazu, wie er selbst einräumt, noch ausreichend Zeit gewesen wäre. Vielmehr lag der Schluss nahe, dass Thaysen seinen Mitarbeiter gleich zweimal wissenschaftlich »vergewaltigt« hatte. Dass Horst seine Auffassung in völliger wissenschaftlicher Freiheit ändern könne, weil er »ein in jeder Hinsicht freier Zeitgenosse« sei, wie Thaysen behauptete,[119] widerspricht angesichts der sozialen Abhängigkeit von Horst jeder Lebenserfahrung.

An diesem krassen Fall wird deutlich, wie Persönlichkeiten mit einem gewissen Wirkungskreis mit allen Mitteln versuchen, Kritik zu unterdrücken und ihre Verfasser ins Abseits zu stellen, um so Einfluss auf die Richtung der öffentlichen Meinung und der Staats- und Politikwissenschaften zu nehmen. Thaysen war meine Parteienkritik offenbar schon lange ein Dorn im Auge. Um mich zu diskreditieren, hatte er nicht davor zurückgeschreckt, in der *Zeitschrift für Parlamentsfragen* eine Abhandlung zu veröffentlichen, die mich mit Carl Schmitt, einem wissenschaftlichen Totengräber der Weimarer Republik, vergleicht und in eine bestimmte Ecke stellen sollte.[120]

Mein Antrag an die Ethik-Kommission der Deutschen Vereinigung für Politikwissenschaft, das Verhalten von Thaysen zu missbilligen, scheiterte am Ende.[121] Die Aussage von Horst, er habe seine Rezension kraft besserer Einsicht geändert, sei nicht zu widerlegen, so hieß es. Im Übrigen wollte man wohl Rücksicht nehmen auf den Schwächsten in dieser Angelegenheit, nämlich Patrick Horst selbst, der den meisten Schaden von einem voll durchgeführten Verfahren gehabt hätte.[122] Das war in der Tat ein Gesichtspunkt, der auch mich schließlich veranlasste, nicht weiter nachzuhaken.

X. Kritisches Engagement – Spiegel der Verfasstheit unserer Republik

1992: Das Parteienfinanzierungsurteil

Am 9. April 1992 erging das grundlegende Urteil des Bundesverfassungsgerichts zur staatlichen Parteienfinanzierung,[1] das, wie der Berichterstatter selbst bekannte, durch ein Gutachten aus meiner Feder[2] veranlasst worden war[3] und eine von mir mehrfach scharf kritisierte gesetzliche Regelung kassierte.

Darin kehrte das Bundesverfassungsgericht zu seiner restriktiven Linie zurück und erklärte die in den 80er-Jahren akzeptierte Steuerbegünstigung von Großspenden sowie die begleitende Aufstockung der direkten Staatsfinanzierung für verfassungswidrig. Es formulierte die »absolute« und die »relative« Obergrenze für die Staatsfinanzierung, entwickelte Maßstäbe für eine möglichst bürgernahe Verteilung der Mittel und merkte zum Verfahren an: »Ähnlich wie bei der Festlegung der Bezüge von Abgeordneten und sonstigen Inhabern politischer Ämter« ermangele »das Gesetzgebungsverfahren in diesem Bereich regelmäßig des korrigierenden Elements gegenläufiger politischer Interessen.«

Ganz in diesem Sinne nahm das Gericht eine strenge Prüfung vor und instruierte den Gesetzgeber, wie er die Parteienfinanzierung zu regeln habe. Zugleich empfahl es die »Einschaltung unabhängigen Sachverstandes.«

Das Urteil veranlasste die Illustrierte *Stern* zu einem Beitrag mit dem zugespitzten Titel »Allein gegen die Raffia«: »Arnim behielt wieder einmal recht.«[4] Der Staatsrechtslehrer Hans Heinrich Rupp[5] und der SPD-Fraktionsvorsitzende im Bundestag Hans-Jochen

Vogel,[6] der in der Wochenzeitung *Die Zeit* die Parteienkritik Weizsäckers[7] im Wesentlichen bestätigt hatte, griffen das Grundproblem von Entscheidungen des Parlaments in eigener Sache auf.

Die Sendler-Kommission - stieß nicht auf Gegenliebe

In die daraufhin von Bundespräsident Richard von Weizsäcker eingesetzte siebenköpfige Parteienfinanzierungskommission[8] unter Vorsitz des früheren Präsidenten des Bundesverwaltungsgerichts Horst Sendler berief Weizsäcker auch mich. Die Kommission sollte feststellen, welche Konsequenzen sich aus dem verfassungsgerichtlichen Urteil ergaben. Der damalige Parlamentarische Geschäftsführer der Grünen-Fraktion im nordrhein-westfälischen Landtag, Michael Vesper, kritisierte die Zusammensetzung der Kommission in einem offenen Brief an den Bundespräsidenten:[9] Einverstanden war er nur mit der »– auch gegen den Protest aus den etablierten Parteien –« erfolgten Berufung des »ausgewiesenen Kritikers der Parteienselbstbedienung, Hans Herbert von Arnim.« »Doch eine Schwalbe« mache »noch keinen Sommer, und ein Parteienkritiker« adele »noch keine Kommission«, meinte Vesper. Diese Wortmeldung erklärt vielleicht ein wenig, dass meine Argumente in der Kommission besonderes Gewicht hatten und sie meinen Vorschlägen in weiten Bereichen folgte.[10] Vor allem behandelte die Kommission auch die Fraktions- und Stiftungsfinanzierung sowie Abgeordnetenmitarbeiter, ohne die man das Thema Parteienfinanzierung nicht in den Griff bekommt.

Der hohe Rang der Kommission wird dadurch besonders deutlich, dass Persönlichkeiten von ihren Schülern eine Mitgliedschaft angedichtet wurde, die in Wahrheit nicht bestand. Da ihr Bericht und ihre Analysen dem etablierten Politikbetrieb aber »wehtun« mussten, mangelte es nicht an Querschüssen. Die Schatzmeisterin der SPD diskreditierte die Kommission abschätzig als »Laienspielschar«. In anderem Kontext sprach man von einem »Bericht Arnim«, nur um ihm nicht folgen zu müssen. Was Vesper in seinem offenen Brief gestört hatte, dass von den ausgewiesenen Parteienkritikern nur ich hineinberufen worden sei, drehten die Etablierten jetzt um und versuchten mit ihrer Behauptung, die Kommission sei mir sklavisch gefolgt, diese zu diskreditieren.

Spät oder (noch) nicht bereinigte Verfassungswidrigkeiten

Soweit die Parteien den Empfehlungen (der Kommission oder meines Minderheitsvotums) nicht folgten, konnten bestimmte Verfassungswidrigkeiten erst später durch neuerliche Urteile behoben werden oder bestehen immer noch fort. Das gilt auch für den hochproblematischen Bereich parteipolitischer Ämterpatronage. Insgesamt sind hier etwa folgende Punkte zu nennen:

Das Fehlen eines Gesetzes über die *politischen Stiftungen* der Parteien erklärte das Gericht erst 2023 für verfassungswidrig.[11] Es verpflichtete den Gesetzgeber allerdings nur dazu, »die Anspruchsvoraussetzungen und Verteilungskriterien« der Leistungen zu bestimmen,[12] nicht auch deren Höhe.[13] Das daraufhin auf Antrag von SPD, CDU/CSU, Bündnis 90/Die Grünen und FDP ergangene Gesetz zur Finanzierung politischer Stiftungen aus dem Bundeshaushalt (Stiftungsfinanzierungsgesetz) vom 19.12.2023[14] sieht denn auch bloß vor, dass »die Höhe der Zahlungen sich aus dem jeweiligen Haushaltsgesetz« ergibt, was offenbar die Festlegung bloß im Haushaltsplan ermöglichen soll. Mit dem Gesetzesvorbehalt bei Entscheidungen des Parlaments in eigener Sache, der ja gerade der Versuchung, zu viel zu bewilligen, entgegenwirken soll, ist das nicht vereinbar.

Die Höhe der staatlichen Mittel der *Fraktionen* wird im Bund und in den meisten Ländern immer noch durch bloße Festsetzung im Haushaltsplan (statt einer spezialgesetzlichen Regelung) bestimmt, wodurch die öffentliche Kontrolle eines möglichen Zuviel verhindert wird.[15] Selbst gewaltige Erhöhungen können in den Tausenden Titeln, die der Haushaltsplan enthält, untergehen. Der erforderliche Gesetzesvorbehalt wird so ausgehebelt.[16]

Auch die *Bewilligung* der konkreten Höhe öffentlicher Mittel für die *Mitarbeiter von Abgeordneten* geschieht im Bund und in vielen

Ländern lediglich durch einen Haushaltstitel.[17] Auch das widerspricht dem erforderlichen Gesetzesvorbehalt.[18] Hinsichtlich der *Verwendung* von Mitarbeitern hat das Bundesverfassungsgericht neuerdings immerhin die erforderliche Kontrolle vorgeschrieben.[19]

Eine Überschreitung der sogenannten *absoluten Obergrenze* für die Staatsfinanzierung der Parteien ohne triftige Begründung, die der Bundestag 2018 vorgenommen hatte, wurde ebenfalls erst 2023 kassiert.[20]

Was die *politischen Beamten* angeht, wird ihr Kreis im Bund und in mehreren Ländern unzulässigerweise viel zu weit gezogen[21] (siehe S. 110 f.).

Die (auch vom Europäischen Gerichtshof gerügte) mangelnde Unabhängigkeit der politisch weisungsgebundenen *Staatsanwaltschaft* kann einem wirksamen Vorgehen gegen parteiliche Missbräuche entgegenstehen, zum Beispiel gegen *Ämterpatronage*[22] (siehe S. 111 f.).

1995: Der Bundestag: Verfassungsänderung in eigener Sache – Der gescheiterte Coup

Im Jahre 1995 war es, wie oben schon kurz angesprochen (siehe S. 71), der Bundestag, der seine Diäten gewaltig erhöhen, die Kontrollen durch Öffentlichkeit und Verfassungsgericht ausschalten und dies hinter einer Nebelwand von Falschinformationen verstecken wollte. Um das zu ermöglichen, sollte sogar das Grundgesetz geändert werden! Nun ging es nicht mehr »nur« um Länder wie Hessen, Hamburg und das Saarland (siehe S. 154 ff.), sondern um das Hohe Haus des Bundes. Der Vorgang erscheint mir geradezu als Lehrbeispiel, zu welchen Methoden sich ein Parlament bei Entscheidungen in eigener Sache versteigen kann. Verstehen kann man den geplanten Coup nur, wenn man sich den genauen Wortlaut der vorgesehenen Grundgesetzänderung ansieht: Art. 48 Abs. 3 GG sollte folgendermaßen lauten:

»Die Abgeordnetenentschädigung bestimmt sich nach den Jahresbezügen eines Richters an einem obersten Bundesgericht. Das Nähere, insbesondere über die Abgeordneten- und Altersentschädigung sowie die Amtsausstattung, wird durch Bundesgesetz oder aufgrund eines Bundesgesetzes geregelt.«

Der geplante Diätensprung durch Koppelung an Bundesrichtergehälter

Das (die Grundgesetzänderung begleitende) Diätengesetz sollte die Entschädigung schrittweise an die Gehälter von Bundesrichtern (unter Einschluss auch der Ministerialzulage und des 13. Gehalts) ankoppeln und sie dadurch massiv aufstocken.[23] Beabsichtigt war eine Anhebung der Entschädigung in sechs Jahresstufen (1995–2000) von 10 366 DM auf rund 16 000 DM monatlich, also um rund 54 Prozent,[24] ein wahres Jahrtausendgesetz! Die Präsidentin sollte das Doppelte und die Vizepräsidenten sollten das Anderthalbfache bekommen.[25] Auch ihre Altersversorgung wollten sich die Abgeordneten stark erhöhen.

Da die Verklammerung mit den Bundesrichter-Gehältern der Rechtsprechung widersprach, wollte der Bundestag den Widerspruch durch eine Änderung des Grundgesetzes aushebeln. Das Bundesverfassungsgericht hatte eine Koppelung an die Bezüge öffentlicher Amtsträger nämlich 1975 ausdrücklich untersagt. Öffentlicher Dienst und Parlamentsabgeordnete seien zwei völlig unterschiedliche Systeme, die man besoldungsmäßig nicht miteinander verknüpfen dürfe.[26]

Schauen wir uns den genauen Wortlaut der geplanten Grundgesetzänderung noch einmal an: »Das Nähere« über die Entschädigung sollte nicht nur *durch* Bundesgesetz, sondern auch *aufgrund* eines Bundesgesetzes geregelt werden können. Diese Formulierung hätte dem Bundestag erlaubt, die Entscheidung über eine Anhebung der Diäten auch einem nicht-öffentlich tagenden Gremium, wie etwa dem Haushaltsausschuss oder dem Ältestenrat, zu übertragen und so einmal mehr die öffentliche Kontrolle auszuschalten, obwohl das Bundesverfassungsgericht sie bei Entscheidungen des Parlaments in eigener Sache für elementar erklärt hatte.

Rudolf Augstein kommentierte das so:

> *»Wer Betrug wittern kann, muss hier Betrug wittern. Schon die Formulierung ›wird durch Bundesgesetz oder aufgrund eines Bundesgesetzes geregelt‹ muss die Freunde der italienischen Oper in Palermo vor Ehrfurcht erschauern lassen. Für sich selbst scheuen diese Vorbilder der Nation [...] vor keiner Untergrundschleicherei zurück.«*[27]

Denn die Möglichkeit, Diätenentscheidungen auf andere Gremien als das Parlamentsplenum zu verlagern, widersprach dem Gesetzesvorbehalt, den das Bundesverfassungsgericht gefordert hatte. Der Passus im sogenannten Diätenurteil lautet:

> *»In einer parlamentarischen Demokratie lässt es sich nicht vermeiden, daß das Parlament in eigener Sache entscheidet, wenn es um die Festsetzung der Höhe und um die nähere Ausgestaltung der mit dem Abgeordnetenstatus verbundenen finanziellen Regelungen geht. Gerade in einem solchen Fall verlangt aber das demokratische und rechtsstaatliche Prinzip (Artikel 20 Grundgesetz), daß der gesamte Willensbildungsprozeß für den Bürger durchschaubar ist und das Ergebnis vor den Augen der Öffentlichkeit beschlossen wird. Denn dies ist die einzige wirksame Kontrolle. Die parlamentarische Demokratie basiert auf dem Vertrauen des Volkes; Vertrauen ohne Transparenz, die erlaubt zu verfolgen, was politisch geschieht, ist nicht möglich.«*[28]

Da Art. 20 GG, auf den das Bundesverfassungsgericht den Gesetzesvorbehalt gründet, zu den Bestimmungen des Grundgesetzes gehört, die auch durch Verfassungsänderungen nicht berührt werden dürfen (Art. 79 Abs. 3 GG), stand zudem der Vorwurf im Raum, dass das Vorhaben von vornherein gar nicht zulässig war, sondern gegen die sogenannte Ewigkeitsbestimmung des Grundgesetzes verstieß.[29] *Der Spiegel*, dem ich mein Material zugespielt hatte, sprach deshalb in seiner Titelgeschichte von Verfassungsbruch.[30]

Eine »Ermächtigungsvorschrift« für weitere Erhöhungen

Doch das war noch nicht alles. Der Wortlaut des geplanten Art. 48 Abs. 3 GG war so gefasst, dass er nicht nur eine Anbindung an die Bezüge eines *einfachen* Bundesrichters (Besoldungsgruppe R 6) erlaubt hätte, wie sie im Abgeordnetengesetz vorgesehen war. Denn es gibt verschiedene Stufen der Richterbesoldung, und das Wort »einfach« fehlte in der angestrebten Verfassungsvorschrift. Wir wissen aber aus leidvoller Erfahrung mit anderen Entscheidungen des Parlaments in eigener Sache, welche missbräuchlichen Praktiken sich hinter dem Fehlen eines Worts verbergen können.

Art. 48 Abs. 3 GG hätte in der vorgesehenen Fassung später auch eine Angleichung an die Bezüge von Vorsitzenden Richtern (Besoldungsgruppe R 8) und sogar von Gerichtspräsidenten (R 10) gestattet; das Grundgehalt R 10 ist sehr viel höher als das der Besoldungsgruppe R 6. Die geplante Verfassungsvorschrift hätte den Bundestag also zu enormen weiteren Erhöhungen ermächtigt. Wohin die Diätenreise hätte gehen können, hatte die Präsidentin Rita Süssmuth durchblicken lassen: Bundestagsabgeordnete sollten, so meinte sie, so viel verdienen wie die höchsten Beamten, die sie kontrollieren.[31] Das war der Staatssekretär mit über 21 000 DM monatlich.

Ein »Meisterstück« an Intransparenz schon im Vorfeld: täuschen, verstecken, desinformieren

Das Täuschungsmanöver setzte bereits im Vorverfahren ein. Die Bundestagspräsidentin Rita Süssmuth (CDU) und der Vizepräsident Ulrich Klose (SPD) hatten der Öffentlichkeit Mitte Juni 1995 eine Vorlage zur geplanten Gesetzesänderung präsentiert.[32] Doch die dann ins Parlament eingebrachte war eine ganz andere – ohne dass dies zunächst jemand Außenstehender gemerkt hätte.[33] Es *sollte* offenbar auch niemand merken. Die Abweichung von der ursprünglichen Vorlage wurde weder im Gesetzentwurf[34] erwähnt (und erst recht nicht begründet) noch in der – schon einen Tag nach der Einbringung des Entwurfs anberaumten – ersten Beratung im Bundestag.[35] Erst sehr viel später, nachdem das Projekt am Bundesrat gescheitert war, hat Klose dann eingeräumt, dass auf »die im Sommer unter seiner Federführung vorgelegten Vorschläge [...] von den Fraktionsspitzen noch kräftig draufgesattelt worden« war.[36]

Im Gesetzentwurf waren keinerlei Beträge genannt, weder für die Entschädigung noch für die Altersrente, und ihre Errechnung aus dem geplanten Gesetz bereitete selbst professionellen Gesetzesinterpreten schier unüberwindliche Probleme: Allein um die Richterbezüge zu ermitteln, waren neben dem Abgeordnetengesetz sechs weitere Gesetze heranzuziehen. Die geplanten sprunghaften Erhöhungen hatten Süssmuth und Klose mit dem angeblichen Zurückbleiben der Diäten hinter der allgemeinen Einkommensentwicklung zu begründen und als bloße »Diätenanpassung« darzustellen versucht; es habe über mehrere Jahre Nullrunden bei der Entschädigung gegeben. Das stimmte zwar. Verschwiegen wurde aber, dass 1977 die Entschädigung verdoppelt worden war. Bezog man die Verdoppelung ein, eilten die Diäten der allgemeinen Einkommensentwicklung immer noch weit voraus.[37]

Besonders dreist wurde die Öffentlichkeit auch hinsichtlich der Altersversorgung »eingeseift«. Obwohl Süssmuth und Klose öffentlich immer wieder behauptet hatten, die Altersversorgung würde als Kompensation für die starke Erhöhung der Entschädigung abgesenkt,[38] sollte sie für amtierende und ehemalige Abgeordnete insgeheim massiv angehoben werden (um 40 Prozent).[39] Nominell sollten die Prozentsätze zwar vermindert werden, tatsächlich aber stieg die Versorgung ganz erheblich, weil die Bezugsgrößen stark zunahmen.[40]

Ein Taschenbuch im Eiltempo

Ich hatte gleich am Anfang erkannt, dass es nur mittels einer umfassenden wissenschaftlichen Analyse gelingen könnte, das schon weit fortgeschrittene Diätenvorhaben noch zu verhindern. Wolfgang Hoffmann kommentierte das in einem ganzseitigen Bericht in der Wochenzeitschrift *Die Zeit* so:

> *»Es ist ein letzter Versuch, den Verfassungsrechtler Hans Herbert von Arnim unternimmt, mit Hilfe der Öffentlichkeit das bisher in seiner Bedeutung unterschätzte Bonner Diätengesetz noch zu verhindern. Die Sache ist den Versuch wert. Denn Gefahr ist im Verzug.«*[41]

Deshalb brachte der Knaur Verlag meinen Text, in dem ich das Vorhaben entschlüsselt und den ich in der Ferienzeit in wenigen Wochen ausgebaut hatte, in kürzester Zeit als Taschenbuch heraus, sodass sich nunmehr jeder Interessierte über das Vorhaben und die Kritik daran informieren konnte. Das Buch erhielt den Titel *Der Staat sind wir!* – in Anlehnung an das berühmte Wort »L'État c'est moi« von Ludwig XIV.

Die Ergebnisse präsentierten der damalige Präsident des Bundes der Steuerzahler, Dr. Karl-Heinz Däke, und ich gemeinsam auf drei verschiedenen Pressekonferenzen. Die Verfassungsänderung, die später eine noch viel höhere Entschädigung erlaubt hätte, kritisierten wir – wortgleich mit dem Herausgeber des *Spiegel*, Rudolf Augstein,[42] – als »Ermächtigungsvorschrift«. Dabei rechnete ich unter anderem vor, dass die beiden Hauptakteure Süssmuth und Klose besonders profitieren würden: Allein die steuerpflichtige Entschädigung der Bundestagspräsidentin hätte sich voraussichtlich um fast 12 000 DM monatlich und die der Vizepräsidenten um fast 9000 DM erhöht.[43] Klose hätte – zusammen mit seiner Versorgung als früherer Bürgermeister von Hamburg und der zum Jahresende fälligen 13. Rate – im Dezember sogar rund 40 000 DM erhalten. Dass – entgegen den Verlautbarungen der Parlamentsspitze – auch die Altersrente einfacher Abgeordneter massiv erhöht werden sollte, stellte vor allem den SPD-Partei- und Fraktionsvorsitzenden Rudolf Scharping bloß, hatte die SPD doch zunächst dem Gesetz zugestimmt. Denn Scharpings viel zitierter Satz, die Abgeordneten seien unterbezahlt, aber überversorgt, hätte ja wohl eine Senkung der Versorgung nahegelegt. Tatsächlich war das Gegenteil der Fall.

Kritiker im Kreuzfeuer

Unsere Kritik löste ein wütendes publizistisches Gegenfeuer seitens des Bundestagspräsidiums aus. Schließlich schrieb Augstein einen vernichtenden Kommentar zum Thema, und die Redaktion formulierte eine furiose Titelgeschichte (»Hand auf – Augen zu«).[44] Das *Spiegel*-Heft kam aber so spät – drei Tage vor der abschließenden Lesung des Bundestags am 21. September 1995[45] –, dass es seine Wirkung zunächst verfehlte. Ich wurde in der Plenardebatte rund 20-mal (!) namentlich oder in herablassender Umschreibung (»jener Professor aus Speyer«) genannt und in gewohnter Form diffamiert. Wiederholt wurde mir vorgeworfen, ich hätte meine »ehemals zur Institution gewordene Rolle als Bürgeranwalt gegen die höchst zweifelhafte Rolle des populistischen Demagogen mit Ressentiments gegenüber der Demokratie getauscht«.[46] Ich sei ein »in bürokratischen Gedankengängen befangener Professor«,[47] der »mit seiner Lehrtätigkeit offensichtlich nicht ausreichend ausgelastet« sei[48] und dessen Vorwürfe »so monströs, wie sein selbst erfundenes Zahlenwerk wirr« seien.[49] Der Bundestag nehme mir mit der Verfassungsänderung »eine Spielwiese weg«[50] und schmälere meine »Pfründe«.[51]

Augstein wurde als »schreibender Multimillionär« und »journalistischer Zyniker« bezeichnet. Uns beiden und dem Bund der Steuerzahler wurde vorgeworfen, wir tränken »heimlich Wein« und predigten »öffentlich Wasser«.[52]

In einem Leserbrief in der *Frankfurter Allgemeinen Zeitung* hieß es dazu auszugsweise:

»Der Speyrer Professor schreibt sachlich, kenntnisreich, belegt jede Aussage sehr sorgfältig und wird niemals ausfällig. Böten die Debattenbeiträge im Bundestag sein Niveau, genösse das Parlament ein höheres Ansehen. Warum widerlegen unsere Volksvertreter ihn nicht einfach mit klaren Gegenthesen? Hanno Kaiser hat es in seinem Brief ›Nichts gegen Ermächtigungen‹ (FAZ vom 30. September) auf den Punkt gebracht: ›Der Zustand einer Demokratie zeigt sich nicht zuletzt darin, wie der Staat mit seinen Kritikern umgeht. Ein Wissenschaftler verdient eine Antwort - keine Drohung.‹«[53]

Wenn große Parlamentsdebatten, wie zum Beispiel die zur Hauptstadtfrage, Sternstunden des Parlamentarismus waren, so wurde Donnerstag, der 21. September 1995 – mit dem bloßen Pochen auf Macht und Mehrheit als dem Hauptargument der großen Koalition in Sachen Diäten, mit dem gegenseitigen Sich-auf-die-Schulter-Klopfen und dem gemeinsamen verbalen Einschlagen auf die Kritiker – eine seiner dunkleren Stunden.

Umso mehr war den meisten Medien zu danken, dass sie die Kritik an den Diätenplänen nicht unterdrückt, sondern – trotz intensiver Schelte seitens der Betroffenen – ihre Stimme erhoben hatten (siehe aber auch S. 205 f.).

Um die anschwellende öffentliche Kritik im Keim zu ersticken und Fakten zu setzen, beantragte die große Diäten-Koalition, der Bundesrat, welcher der Grundgesetzänderung zustimmen musste, solle im Eilverfahren, d. h. ohne die sonst übliche Drei-Wochen-Frist beschließen.[54] Der Bundesrat wollte sich aber nicht vorschnell zum Komplizen machen lassen und verschob seine Sitzung um einige Wochen. So blieb mir Zeit, meinen im Blitzverfahren als Taschenbuch gedruckten Text,[55] den der Bund der Steuerzahler vorher schon allen Bundestagsabgeordneten geschickt hatte,[56] mit Schreiben vom 16.9.1995 auch den Ministerpräsidenten als Mitgliedern des Bundesrats zu senden. Gerhard Schröder, damals noch Ministerpräsident von Niedersachsen, griff gleich zum Telefon und fragte: »Herr von Arnim, was soll ich machen?« Meine Antwort: »mit Nein stimmen.« Heide Simonis, Ministerpräsidentin von Schleswig-Holstein, hatte sich der Kritik ebenfalls spontan angeschlossen. Andere, wie der hessische Ministerpräsident Hans Eichel, dankten mir später schriftlich für meine Analyse.[57] Inzwischen hatte der bekannte Schriftsteller Stefan Heym, der als 81-Jähriger im November 1994 die Eröffnungsrede zum 13. Deutschen Bundestag gehalten hatte, aus Protest über den Bundestagsbeschluss sein Abgeordnetenmandat niedergelegt.[58] Ihm als Alterspräsident des Bundestags obliege es, »wenigstens ein Minimum an öffentlicher Moral einzufordern«.[59] Dennoch verbreiteten Union und zunächst auch die SPD unverdrossen Durchhalteparolen.[60]

Der Appell von 86 Staatsrechtslehrern und -lehrerinnen

Die Bundestags-Spitze hatte versucht, in der Öffentlichkeit den Eindruck zu erwecken, ich stünde mit meiner Kritik unter den Verfassungsjuristen alleine da. So erklärte Hans-Ulrich Klose im Bundestag: »Kein Verfassungsjurist mit großem Namen« habe »sich geäußert.«[61] Und der SPD-Abgeordnete Dieter Wiefelspütz meinte: »Ich glaube, Herr von Arnim hat mit seiner Kritik, was die Verfassungsrechtlichkeit unserer Vorstellung angeht, völlig überzogen, er steht damit sehr allein.«[62] Zusammenfassend schrieb *Der Spiegel*: »Außer dem Diäten-Kritiker Arnim regte sich niemand auf. Er sei, hieß es in der Bundestagsdebatte, der einzige Bedenkenträger.«[63]

Ich brauchte deshalb Unterstützung. Zusammen mit einigen Kollegen entwarf ich den Text für einen offenen Brief, den der Älteste, der Heidelberger Ordinarius Hans Schneider, den Mitgliedern des Bundesrats übersenden sollte mit der Aufforderung, die Zustimmung zur Verfassungsänderung zu verweigern.

Anfang Oktober fand die Staatsrechtslehrertagung in Wien statt. Bei einem abendlichen Empfang in der Hofburg sammelten der Frankfurter Kollege Hans Meyer und ich Unterschriften. Immer wieder berieten wir, von wem wir am ehesten Zustimmung erwarten konnten, und spähten mögliche Unterstützer aus. Meine Frau, die uns aus gebührender Entfernung beobachtete, erzählt noch heute davon, wie sie unsere Aktion aufgeregt verfolgt habe: »spannend wie eine Verschwörung«. Doch plötzlich wurden wir unsanft gestoppt. Der damalige Vorsitzende der Vereinigung, Walter Schmitt Glaeser, der zugleich Präsident des später durch Volksentscheid abgeschafften Bayerischen Senats war, untersagte uns das weitere Sammeln. Er hatte wohl einen Wink von unserem Treiben bekommen, das nicht allen Kollegen gefiel. Immerhin unterschrieben am Ende 86 Staatsrechtslehrer und -lehrerinnen, und zwar sowohl eher konservative als auch eher progressive. Unser Appell an den Bundesrat, die Verfassungsänderung abzulehnen, hatte dadurch erheblich an Durchschlagskraft gewonnen.[64]

Am Tag nach der geschilderten Veranstaltung wurde meine Frau von zwei Damen, deren Männer ebenfalls am Vorabend dabei gewesen waren, auf mein »ehrenvolles«, »bewunderungswürdiges«, »wackeres« Engagement angesprochen. In einem Fall saß der Kollege im gleichen Taxi, sagte aber kein Wort zum Lob seiner Frau. Das Echo unter den Staatsrechts-Professoren fiel eben durchaus unterschiedlich aus.

Als wir aus Wien wieder ins heimische Speyer zurückkehrten, waren auf meinem Anrufbeantworter Drohungen (»wir zünden dir das Dach über dem Kopf an«) und Beschimpfungen gespeichert, die uns offenbar einschüchtern sollten. Angesichts des vielen Lobs und der Unterstützung, die ich von Bürgern erfahren hatte, konnte das eigentlich nur von politischer Seite kommen. Jedenfalls stand mein kurz darauf stattfindender Vortrag in Ludwigshafen unter Polizeischutz. Mein Auto in der Tiefgarage wurde bewacht. Auch im persönlichen Gegenüber habe ich Hass erlebt. Vor allem manchem Hinterbänkler schien geradezu das Messer in der Tasche aufzugehen, wenn er meiner ansichtig wurde. In Speyer wechselte die Frau eines Politikers, der seiner Partei ein Landtagsmandat und einen Staatssekretärsposten verdankte, regelmäßig die Straßenseite, wenn sie meiner Frau begegnete.

Der Appell bewirkte, dass aus dem vorher eher halbherzigen Sich-Zieren der kleinen Bundestagsfraktionen bzw. -gruppen (Grüne, FDP und PDS) lautstarker Protest wurde. Auch entwickelte sich ein Aufstand der Parteibasis, besonders in der SPD, an dem die meisten Ministerpräsidenten der Länder, die überwiegend Landesvorsitzende dieser Partei sind, schwerlich vorbeigehen konnten. Als das Fernsehmagazin *Monitor* dann am 5. Oktober 1995 über das geplante Diätengesetz informierte und darlegte, dass Klose durch das neue Gesetz allein im Monat Dezember rund 40 000 DM erhalten würde, und dann noch das Fernsehmagazin *Report Mainz* am 10. Oktober Staatsrechtslehrer zu Wort kommen ließ, die den Appell an den Bundesrat unterschrieben hatten, zeigte die Kritik endlich durchschlagende Wirkung. SPD-Chef Scharping ging vor die Presse, erklärte die Kritik für »teilweise berechtigt« und zog – wohl auch im Hinblick auf die sich schon ankündigende Entscheidung des Bundesrats – die Zustimmung seiner Fraktion zu dem vom Bundestag allerdings schon beschlossenen Gesetz zurück.[65]

Der Bundesrat spielt nicht mit

Am Freitag, dem 13. Oktober 1995, verweigerte der Bundesrat der Verfassungsänderung seine Zustimmung[66] und verwies zur Begründung auch auf unseren Appell.[67] Nur die allein regierenden Ministerpräsidenten der Union, Biedenkopf und Stoiber, votierten *für* die Verfassungsänderung. Die Mehrheit lehnte sie dagegen ab und betonte, auch die Länder seien von der Neuregelung der Bundestags-Diäten betroffen, »weil damit ein Präjudiz für die Regelungen auf Länderebene geschaffen« werde.[68]

Wären die Verfassungsänderungen im eigenen Interesse der politischen Klasse gelungen, hätte es möglicherweise kein Halten mehr gegeben. Einige Fraktionsvorsitzende hatten im Herbst 1995 nämlich bereits öffentlich angekündigt, die Landesparlamente würden dem Bonner Weg folgen. Zu verführerisch ist es, die Diäten und Versorgungen in eigener Sache hochzupuschen, dies vor der Öffentlichkeit zu vernebeln und durch eine Verfassungsänderung auch die gerichtliche Kontrolle auszuhebeln. Und wer hätte die Politiker dann noch daran hindern können, künftig zum Beispiel auch in Sachen Parteienfinanzierung die verfassungsrechtlichen Grenzen zu sprengen und etwa die absolute Obergrenze für die Staatsfinanzierung aufzuheben, die das Bundesverfassungsgericht entwickelt hat,[69] oder verfassungswidrige Parteibuchwirtschaft im öffentlichen Dienst durch eine Änderung der Art. 3 Abs. 3 und 33 Abs. 2 GG zu legalisieren? Wäre das Tabu, dass große Diätenkoalitionen ihre fraktionsübergreifenden Zweidrittelmehrheiten nicht dazu missbrauchen dürfen, die ihnen gesetzten Verfassungsgrenzen zu beseitigen, erst einmal gebrochen, wäre die Gefahr eines Absolutismus der politischen Klasse ganz konkret geworden.[70]

Mit dem Nein des Bundesrats war ein weiterer Versuch der legislativen Korruption, diesmal auf Bundesebene, gescheitert. Eine Grundgesetzänderung, die der Bundestag in eigener Sache durchboxt, bloß um das Bundesverfassungsgericht zu umgehen, gewaltige Gehalts- und Versorgungssprünge zu bewirken und zu weiteren späteren Aufstockungen zu ermächtigen, empfanden viele als grob ungehörig – außer manchen Unbelehrbaren im Parlament und ihren wissenschaftlichen Streithelfern (siehe S. 162). Nicht genug damit, dass die politische Klasse dem Volk seine Souveränität vorenthält und sich, wie Weizsäcker gewarnt hatte, den Staat weitgehend zur Beute macht. Jetzt wollte sie auch noch das Grundgesetz für ihre Interessen einspannen. Das hätte dem Fass den Boden ausgeschlagen. Die Dreistigkeit des Vorgehens fand ihren treffenden Ausdruck darin, dass, wie erwähnt, die Gesellschaft für deutsche Sprache das Wort »Diätenanpassung« zum »Unwort des Jahres 1995« erklärte.

Geschichtsklitterung

Während das Scheitern des Vorhabens zum Beispiel vom Abgeordneten Gerald Häfner (Bündnis 90/Die Grünen) wärmstens begrüßt wurde,[71] konnte der Abgeordnete Horst Eylmann (CDU) es sich nicht verkneifen nachzutreten: Alle, die für die gescheiterte Regelung gestimmt hätten, müssten »sich darüber im Klaren sein«, dass sie vor einem Druck zurückgewichen seien, »der von einem deutschen Hochschulprofessor mit drittklassigen Argumenten erzeugt worden« sei.[72] In dasselbe Horn blies auch die Wochenzeitung *Das Parlament* vom 28. Juni 1996, die bezeichnenderweise von der Bundeszentrale für politische Bildung herausgegeben wird. Die Verfasserin, eine gewisse Sabine Lemke-Müller, war langjährige Angehörige des Wissenschaftlichen Dienstes des Bundestags und damit von der Institution existenziell abhängig, um deren Mitglieder es in ihrem Beitrag ging. Sie unternahm im Nachhinein den Versuch, Ursache und Wirkung umzudrehen: Der Umschlag der öffentlichen Meinung von eher »sachlich-zustimmenden Reaktionen in Medien und Öffentlichkeit« bei der ersten Lesung des Gesetzentwurfs am 29. Juni 1995 »in völlige Ablehnung« vor der abschließenden Beratung nach der Sommerpause sei nicht etwa durch die Aufdeckung von Täuschungsmanövern bewirkt worden, sondern durch zwei angebliche »Entgleisungen«. Diese wurden dem *Spiegel* und dem Speyrer Verfassungsrechtler von Arnim zugeschrieben, der »seit Jahren mit medienwirksamen Publikationen über tatsächliche und vermeintliche Misswirtschaft von Parteien, Fraktionen und Abgeordneten« hervortrete.[73]

Insgesamt handelte es sich um eine Mischung von Auslassungen und unzutreffenden Informationen, die der Leserschaft ein verharmlosendes Bild des Eklats vermitteln sollten. Wer den Beitrag las, dem musste es unverständlich erscheinen, warum maßgebliche Presseorgane und Rudolf Augstein persönlich von einem Skandal sprachen, warum 86 Staatsrechtslehrer und -lehrerinnen protestierten und warum selbst der Vorsitzende einer der Fraktionen, die dieses Gesetz eingebracht hatten, schließlich die Kritik öffentlich als »zum Teil berechtigt« bezeichnete, die Zustimmung der SPD zurückzog und der Bundesrat seine Zustimmung zur Verfassungsänderung versagte. Hier zeigten sich Ansätze einer Öffentlichkeitsarbeit der Parlamentsspitze, die sich bei Entscheidungen des Parlaments in eigener Sache einer Praxis nähert, wie wir sie ansonsten von Staaten mit Einheitsparteien kennen.

Dennoch: Ein neues Diätengesetz mit »Orientierung« an Bundesrichtern

Das Gesetzesvorhaben war zwar mit Pauken und Trompeten gescheitert. Das bedeutete aber keineswegs, dass die Abgeordneten sich nun mit ihrer bisherigen Entschädigung begnügt hätten. Vielmehr wurde sofort ein neuer Versuch unternommen: Sechs Wochen später, am 28. November 1995, unterbreiteten die Fraktionen der Union und der SPD einen neuen Entwurf,[74] der rasch Gesetz wurde.[75] Die Neuregelung nannte nun die Beträge der Entschädigung, die in vier Stufen zum 1. Januar 1998 auf monatlich 12 875 DM steigen sollte, und verzichtete auf die Grundgesetzänderung. Die Frage, ob die vorgesehene stufenweise Erhöhung mit der vom Bundesverfassungsgericht verlangten selbstständigen Entscheidung über jede Erhöhung[76] vereinbar ist,[77] wurde allerdings nicht gestellt und schon gar nicht beantwortet. Zudem schrieb die Bundestagsmehrheit wiederum – diesmal als Postulat – ins Abgeordnetengesetz, die Diäten sollten sich in Zukunft an den Bezügen von Bundesrichtern (Besoldungsgruppe R 6) und Oberbürgermeistern (B 6) »orientieren«.[78]

Auch diese »Orientierung« ist anfechtbar, wie auch die Grünen und die PDS in ihren Alternativentwürfen hervorhoben.[79] Das Bundesverfassungsgericht hatte betont, dass die strukturellen Unterschiede, die auch im finanziellen Status zum Ausdruck kommen, eine besoldungsmäßige Verknüpfung verbieten.[80] Bundestagsabgeordnete können neben ihrem Gehalt, ihren Kosten- und Mitarbeiterpauschalen und ihrer beitragsfreien Versorgung auch noch einem privaten Beruf nachgehen und daraus ein in seiner Höhe unbegrenztes Zweiteinkommen beziehen (siehe S. 83 ff.).

Das ist Bundesrichtern verboten. Richter an einem Bundesgericht kann man nicht ohne hohe juristische Qualifikation und langjährige erfolgreiche Berufsausübung werden. Auch Bürgermeister haben einen ganz eigenen Status. Sie werden wirklich direkt von den Bürgern gewählt und tragen ihnen gegenüber individuell zurechenbare Verantwortung, alles im Gegensatz zu Abgeordneten, die im Wesentlichen von ihren Parteien bestimmt werden, ihre politische Verantwortung hinter der Fraktionsräson verstecken können und zudem keinerlei Ausbildung oder Berufsgang benötigen.

Den Mannheimer Bundesparteitag der SPD von Mitte November 1995 hatte man übrigens vorher passieren lassen, um nicht eine Diskussion der Basis oder gar einen Parteitagsbeschluss der SPD zu provozieren, die das Vorhaben noch hätten aufhalten können.[81] Das war der Parteitag, auf dem Lafontaine überraschend zum SPD-Vorsitzenden gewählt wurde und damit den 1993 von den Parteimitgliedern gekürten Scharping ablöste, der 1994 die Bundestagswahl gegen Kohl verloren hatte.

Resümee: Die Grundgesetzänderung in eigener Sache war zwar gescheitert. Aber die Stoßrichtung galt immer noch: Angleichung des Gehalts an die Bundesrichterbezüge. Doch dagegen noch etwas zu unternehmen, schien aussichtslos. Die Öffentlichkeit war erschöpft und der langen heftigen Diskussion um die Abgeordnetendiäten allmählich auch überdrüssig, eine Entwicklung, wie sie sich ähnlich schon im hessischen und im saarländischen Diätenfall gezeigt hatte. Schließlich war mit dem Scheitern der ursprünglichen Pläne ja auch ein großer Erfolg erzielt und das Schlimmste abgewendet worden.

Immerhin: Das neue Gesetz erhöhte die Entschädigung zunächst einmal erheblich weniger stark als ursprünglich geplant;[82] bei der Altersrente steckte man noch weiter zurück.[83] Hinzu kam, dass der Bundestag sich dann doch eingestehen musste, wie wenig auch die neue Regelung in die allgemeine soziale Landschaft passte, und das Inkrafttreten der drei weiteren jährlichen Erhöhungsstufen um ein Jahr hinausschob: auf die Jahre 1997, 1998 und 1999.[84]

Mit einer weiteren Verfassungswidrigkeit, die auf den gescheiterten Diätencoup von 1995 zurückgeht, haben wir es noch heute zu tun: der Festlegung der Höhe der Kostenpauschale allein im Haushaltsplan, wodurch sie der öffentlichen Kontrolle entzogen wird.[85] Demgegenüber hatte der nordrhein-westfälische Verfassungsgerichtshof – im Anschluss an das Bundesverfassungsgericht[86] – mit

Recht klargestellt, dass »das Recht auf Aufwandsentschädigung kein minderes Recht im Verhältnis zu den eigentlichen Statusrechten« der Abgeordneten darstellt und deshalb genau wie die Entschädigung »durch Parlamentsgesetz festzusetzen« ist.[87] Zunächst hatte man, wie dargelegt, noch die Absicht gehabt, die Rechtsprechung durch Ergänzung des Grundgesetzes um die Wörter »oder aufgrund eines Bundesgesetzes« auszuhebeln und so die Verfassungswidrigkeit zu »heilen«.[88] Nachdem der Plan jedoch am Bundesrat gescheitert war, bleibt es trotzdem dabei, dass die Höhe der Kostenpauschale bloß im Haushaltsplan festgelegt wird und deshalb mit dem verfassungsrechtlich vorgeschriebenen Gesetzesvorbehalt unvereinbar ist. Das gilt in gleicher Weise natürlich auch für die Mitarbeiterpauschale, deren Höhe oft ebenfalls nicht durch das jeweilige Abgeordnetengesetz festgelegt wird.

1997: Der Fall Cornelia Yzer offenbart Haarsträubendes

Ein besonders eindrückliches Beispiel von »Mehrfachversorgung« erlebte ich bei Cornelia Yzer. Die 35-jährige Parlamentarische Staatssekretärin im Bundesministerium für Forschung (CDU) hatte zum 1. März 1997 den Posten einer Hauptgeschäftsführerin des Verbandes Forschender Arzneimittelhersteller mit einem geschätzten Jahresgehalt von mehreren Hunderttausend Mark angenommen. Sie wollte ihr Bundestagsmandat aber behalten und so zwei Herren dienen, obwohl die Diäten ausdrücklich die Funktion haben, die Unabhängigkeit des oder der Abgeordneten zu sichern.[89] Damit jedoch verkaufte Yzer praktisch ihre Unabhängigkeit an den Lobbyverband. Ihr bis dahin ausgeübtes Amt als Parlamentarische Staatssekretärin musste Yzer zwar niederlegen, denn neben diesem Amt ist nun mal kein zweiter Beruf erlaubt. Das daraus fließende üppige Übergangsgeld von 180 000 DM aber wollte sie einstreichen, obwohl sie – wegen ihrer bereits feststehenden Anschluss-Verwendung – keine großen Übergangsprobleme hatte. Ebenso wollte sie die spätere Kumulation der Altersversorgungen aus Amt und Mandat mitnehmen.

Nachdem ich im *Stern*[90] am Beispiel Yzers die Problematik derartiger Kumulationen dargestellt hatte und bekannt wurde, dass auch die Vizepräsidentin des Bundestags, Michaela Geiger (CSU), Übergangsgeld als frühere Parlamentarische Staatssekretärin im Verteidigungsministerium geltend machte, brach ein gewaltiger Medienwirbel los. Fast die gesamte Presse äußerte über viele Tage Kritik, wobei es an Deutlichkeit nicht fehlte. Doch Yzer konnte an ihren finanziellen Ansprüchen zunächst nichts Anstößiges finden:

> *»Ihr Handeln sei rechtens, betonte die CDU-Frau. Ob es auch richtig ist, hat sie sich offenbar nie gefragt. Die Frau Abgeordnete versteckt sich hinter Gesetzen, die das Parlament, dem sie angehört, selber gemacht hat.«*[91]

Als aber die Bundesregierung erklärte, sie werde in Zukunft das neue Erwerbseinkommen auf das Übergangsgeld von Ministern und Parlamentarischen Staatssekretären anrechnen,[92] verzichteten Yzer und Geiger darauf, und Yzer gab schließlich auch ihr Abgeordnetenmandat auf.

Rolf Henkel von der *Tagespost* kommentierte die von der Regierung angekündigte Anrechnung wie folgt:

> *»Hätte es den lauten öffentlichen Protest gegen die bei Bargeld sehr einnehmende Ex-Staatssekretärin Cornelia Yzer nicht gegeben, dann würde nun auch das Bundeskabinett nicht die Praxis der horrend hohen Übergangsgelder unter die Lupe nehmen. Offenbar bringt nur noch lautes Gepolter die Verantwortlichen zur Vernunft.«*[93]

Doch die Reaktion der Regierung ging mir »noch nicht weit genug«.[94] Auch *Der Spiegel* listete mehr als 80 Bundestagsabgeordnete auf, die als frühere Minister, Senatoren oder politische Beamte –

nur unzureichend gekürzte – Pensionen neben ihren Abgeordnetenbezügen erhielten.[95] Und ich unterzog derartige Doppelalimentationen einer grundsätzlichen Kritik.[96] Nun endlich beseitigte der Bundestag auf Antrag der SPD/Grünen-Mehrheit,[97] die seit der Bundestagswahl von 1998 bestand, derartige Auswüchse.[98] Seitdem werden Übergangsgelder von ehemaligen Ministern und Parlamentarischen Staatssekretären, die Abgeordnete bleiben, auf ihre Entschädigung angerechnet (§ 29 Abs. 2 Satz 3 AbgG). Auch von der Pension bleiben nur 20 Prozent, und wenn die Kürzung den Umfang der Abgeordnetenentschädigung erreicht oder überschreitet, wird die ganze Entschädigung weggestrichen (§ 29 Abs. 2 Satz 1 AbgG).

Die Konsequenz, die sich aus dem Fall Yzer für die Medien ergab, fasste die Journalistin Susanne Offenbach so zusammen:

> *»Stark sind Zeitungen und Fernsehen nur, wenn sie – selten genug – zäh sind. […] Lerneffekt für alle: Wir müssen zusammen an Fällen von Missbrauch dranbleiben, nachlegen. Wenn die Partei reichlich Post von Wählern bekommt, die kräftig ihre Meinung sagen, wenn wir nicht müde und vergesslich werden, dann wird das wohl schon Wirkung zeigen. Um die Dickfälligen unter Privilegien-Politikern quer durch die Parteien aufzurütteln, braucht es große Wecker. Die müssen […] rattern. Dann geht's.«*[99]

1998 ff.: Waschen von Schwarzgeld in Bayern und Nordrhein-Westfalen

Am 4. Mai 1998 hatte ich auf einer Pressekonferenz in Berlin das Knaur-Taschenbuch *Diener vieler Herren. Die Doppel- und Dreifachversorgung von Politikern* vorgestellt. Darin wurden die üppigen, jedoch wenig bekannten Zusatzeinkommen von Regierungsmitgliedern in Bund und Ländern und die mit den verschiedenen Funktionen verbundenen Interessenkollisionen dargestellt.[100]

Im Herbst desselben Jahres sollten die Bundestagswahl und die bayerische Landtagswahl stattfinden. In der Vorwahlzeit sind Politiker erfahrungsgemäß besonders ansprechbar. Ich hatte deshalb die Hoffnung, dass sie auch auf Schwachpunkte ihrer eigenen Einkünfte eingehen und wirksame Reformen in Aussicht stellen würden, und so geschah es, jedenfalls teilweise.

Die Lage in Bayern

In Bayern kündigte Ministerpräsident Edmund Stoiber sogleich Einschränkungen an. In den *Nürnberger Nachrichten* vom 7. Mai hieß es:

> *»Kabinett soll weniger verdienen. Stoiber kündigt einen Tag nach der Kritik von Arnims Einschnitte bei den Bezügen an.«*[101]

Der bayerische Regierungschef bezog neben seinem steuerpflichtigen Gehalt noch die halbe Abgeordnetenentschädigung und zusätzlich eine hohe steuerfreie sogenannte Dienstaufwandsentschädigung sowie drei Viertel der Kostenpauschale für Abgeordnete, die Regierungsmitglieder wegen ihrer ohnehin vorhandenen Büro- und Hilfsdienste aber gar nicht benötigen und die deshalb ein steuerfreies Dritteinkommen darstellt. Diese Einkommenskumulation, von der auch andere Regierungsmitglieder profitierten, bewirkte, dass zum Beispiel bayerische Staatssekretäre ein sehr viel höheres Gesamteinkommen hatten als hessische und niedersächsische Ministerpräsidenten. Für dortige Regierungsmitglieder war die unhaltbare Doppel- und Dreifachversorgung nämlich abgebaut worden. Sie erhalten praktisch keine Diäten mehr, und auch die Dienstaufwandsentschädigung ist auf das notwendige Maß reduziert. In Hamburg und Bremen können Senatsmitglieder ohnehin nicht gleichzeitig Abgeordnete sein.

Die von Stoiber angekündigten Einschränkungen betrafen allerdings nur: das Halbieren und Einfrieren der Amtsaufwandsentschädigung von Regierungsmitgliedern, die Anrechnung

»jedweden« Verdienstes auf die Versorgungsleistungen aus dem Regierungsamt bis zum 65. Lebensjahr und das Hochsetzen der Pensionsgrenze auf 60 Jahre bei weniger als acht Amtsjahren.[102] Die Ankündigung wurde noch im Jahre 1998 umgesetzt.[103] Dennoch bestehen Dreifacheinkommen in Bayern bis heute fort, wenn auch auf niedrigerem Niveau.[104]

Besonders krasse Versorgungsprivilegien waren in diesem Bundesland allerdings schon 1993 abgeschafft worden.[105] Bis dahin hatten Regierungsmitglieder, wenn sie vorher im öffentlichen Dienst tätig waren, die Vollversorgung von 75 Prozent schon nach acht Amtsjahren erreichen können. Die Reduzierung war auf die allgemeine Kritik hin erfolgt (siehe S. 179), erfasste allerdings nur künftige Regierungsmitglieder. Die gewisse Reformbereitschaft Stoibers beruhte wohl auch auf der spezifisch bayerischen Situation: Stoiber war damals gerade Ministerpräsident geworden und betont um ein Saubermann-Image bemüht.[106] Denn sein Vorgänger Max Streibl hatte wegen problematischer Verbindungen zu »Freunden« (»Amigo-Affäre«) zurücktreten müssen. Nach den Versorgungsskandalen in Hamburg, im Saarland und nach der Veröffentlichung im *Stern* musste Stoiber sich erst recht offen für notwendige Einschränkungen zeigen.

Die Lage in Nordrhein-Westfalen

In Nordrhein-Westfalen bestand damals immer noch eine unhaltbare Versorgungsregelung. Regierungsmitglieder konnten schon nach vier Amtsjahren einen Ruhegehaltsanspruch von 63 Prozent ihrer Aktiveneinkommen erwerben. Denn die ersten vier Ministerjahre zählten doppelt, sodass schon mal 43 Prozent erreicht waren. Zudem konnten zehn Jahre zum Beispiel für Studium und Ausbildung mit je 2 Prozent angerechnet werden, als seien es Ministerjahre, womit man unter Umständen auf 63 Prozent kam.

Das war lange vor der Öffentlichkeit verheimlicht worden. Denn es gab nicht den Hauch einer Rechtfertigung dafür, Landesminister besser zu versorgen als Bundesminister, die nach vier Amtsjahren

29 Prozent ihrer Aktivenbezüge erhielten (jetzt: 27,74 Prozent). Die schon vor Jahrzehnten unter einer CDU-Regierung eingeführte Regelung war vom nordrhein-westfälischen Landtag in einem regelrechten Geheimverfahren beschlossen worden. Bei den Beratungen war das Gesetz in die Debatte um den Landeshaushalt eingehüllt und derart unverständlich formuliert, dass kein Außenstehender seinen Inhalt begreifen konnte. Um die Opposition (zu der damals vor allem die SPD gehörte) ruhigzustellen, wurden am selben Tag die Abgeordnetendiäten massiv angehoben. Die SPD ließ sich die Kritik an der überzogenen Ministerversorgung, die sie als Opposition eigentlich hätte öffentlich äußern müssen, also »abkaufen«.

Einige Länder wie das Saarland, Bayern, Rheinland-Pfalz und Niedersachsen hatten ihre bis dahin ebenfalls stark überdimensionierte Ministerversorgung ab 1992 auf das Niveau von Bundesministern gesenkt, Mecklenburg-Vorpommern sogar in vorbildlicher Weise mit Wirkung auch für amtierende Minister, Hamburg sogar für frühere Minister und deren Hinterbliebene. In Nordrhein-Westfalen bestanden die grotesken Versorgungsprivilegien aber zunächst fort.

Deshalb veranstaltete ich am 12. Juni 1998 zu meinem Buch *Diener vieler Herren* eine weitere Pressekonferenz in Düsseldorf, die ich mit ganzseitigen Beiträgen in der *Rheinischen Post* und der *Westdeutschen Zeitung* vorbereitet hatte.[107]

Alsbald legte die Düsseldorfer CDU-Fraktion – »angestoßen durch das neue Buch von von Arnim« –, wie es im Landtag hieß,[108] einen Gesetzentwurf zum Abbau der Überversorgung vor.[109] Doch die Fraktionen von SPD und Grünen, die nun die Koalitionsregierung bildeten, verzögerten das Verfahren um ein ganzes Jahr.[110] Der Grund war wohl ihre Absicht, die Privilegien für amtierende Regierungsmitglieder aufrechtzuerhalten und daran auch die vier teilhaben zu lassen, die erst in der Zwischenzeit Minister geworden waren. Ferner versprach Ministerpräsident Wolfgang Clement sich politische Entlastung von der Kommission, die er gerade zusammen mit dem bayerischen Ministerpräsidenten Edmund Stoiber berufen hatte und in der, wie er hervorhob, auch die »äußersten Kritiker des gegenwärtigen Besoldungsrechts der Politiker« vertreten seien.[111] Näheres dazu sogleich auf S. 217 ff.

Michael Vesper und Bärbel Höhn

Politisch heikel war die Sache auch deshalb, weil von der Superrente auch der stellvertretende Ministerpräsident, der damals 47-jährige Michael Vesper von den Grünen profitierte. Dieser hatte im Juli 1998 seinen späteren Versorgungsanspruch sicher. Nach weiteren vier Jahren im Amt konnte er eine noch höhere, dann sogar ab vollendetem 50. Lebensjahr fällige Pension erwarten. Und so sollte es dann tatsächlich auch kommen: Als Vesper am 24. Juni 2005 mit 53 Jahren aus der Landesregierung ausschied, hatte er sogleich Anspruch auf eine lebenslange Riesenpension, dreizehnmal im Jahr und dynamisiert. Das galt auch für die gleichaltrige Bärbel Höhn (Grüne), die zusammen mit Vesper Ministerin geworden war. Dazu hieß es in *Die Welt*:

> *»von Arnim beziffert diesen wirtschaftlichen Gesamtwert pro Minister auf 3,7 Millionen DM oder acht Einfamilienhäuser. Stressgeplagte Bundesminister können dagegen über solche Privilegien nur staunen. Sie werden zwar finanziell auch insgesamt gut ausgestattet, doch Anspruch auf eine Vollversorgung wie in NRW gibt es im Bund erst nach 23 Ministerjahren.«*[112]

Dabei hatten beide grünen Politiker früher, als sie noch in der Opposition standen, die Überversorgung scharf gegeißelt. Zunächst laut protestieren und später leise kassieren, schien hier die Devise zu sein.

Privilegienabbau auch für Amtierende? Die Grünen knicken ein

Bei der ersten Lesung des Änderungsgesetzes in Nordrhein-Westfalen hatte die Sprecherin der Grünen, Gisela Nacken, zusammen mit der CDU noch gefordert, die Einschränkungen müssten auch »für alle amtierenden Minister und Ministerinnen gelten«. Es wäre »ein fatales Signal«, so erklärte sie weiter, wenn das amtierende Kabinett »Bestandsschutz für sich beanspruchen« würde.[113] Doch genau dazu kam es schließlich – und das dann sogar mit Zustimmung auch der Grünen, die »umgefallen« waren.[114] Bei der Absenkung der Pension nur für künftige Mitglieder der Regierung[115] berief diese sich zunächst auf einen angeblich verfassungsrechtlich gebotenen Vertrauensschutz. Wie gesagt: In Mecklenburg-Vorpommern waren auch die amtierenden Regierungsmitglieder in die Pensionskürzung einbezogen worden, in Hamburg sogar die Senatoren im Ruhestand, und dagegen gerichtete verwaltungsgerichtliche Klagen waren abgewiesen worden. Als das bekannt wurde, zog man sich auf einen ausdrücklich nicht rechtlichen, sondern »politischen Vertrauensschutz« zurück. Übrigens: Gisela Nacken, die ein Jahr zuvor die Einbeziehung auch der amtierenden Minister gefordert hatte, war inzwischen aus dem Landtag wegberufen worden und seit Januar 1999 Dezernentin der Stadt Aachen. Eine Kritikerin weniger!

Roland Bergers Hofkommission: Raffinierte Tricksereien

In dieser Gesamtgemengelage sollte eine Kommission offenbar als eine Art »Waschanlage« dienen und mit ihren Empfehlungen den Weg frei machen, die erschlichenen rechtswidrigen Leistungen in rechtmäßige umzuwandeln. Genau das war offenbar die Aufgabe der sogenannten Berger-Kommission, die der damalige Ministerpräsident Nordrhein-Westfalens, Wolfgang Clement, und Bayerns Ministerpräsident Edmund Stoiber einsetzten. Dabei fühlte sich Clement, wie er trotzig erklärte, keineswegs überbezahlt[116] und versuchte, sich lediglich als Opfer einer von meinem Buch *Diener vieler Herren* angestoßenen Kampagne darzustellen,[117]obwohl seiner Regierung geradezu sittenwidrige Privilegien nachgewiesen worden waren.

Dem 15-köpfigen Gremium, das beiden Regierungschefs wohl helfen sollte, aus der Defensive zu kommen, wurde der Unternehmensberater Roland Berger als Vorsitzender vorangestellt. Auch sonst war die Kommission gezielt zusammengesetzt. Sie bestand unter anderem aus hochbezahlten Wirtschafts- und Medienbossen, wie Allianz-Vorstandschef Henning Schulte-Noelle und *Focus*-Chefredakteur Helmut Markwort, die selbst sehr viel mehr als Politiker verdienen, aus Unternehmensberatern wie Jochen Kienbaum und Berger selbst, deren Unternehmen von den beiden Ländern und ihren Parteien immer wieder lukrative Aufträge erhalten hatten, aus parteinahen Professoren wie Joachim Jens Hesse und ehemaligen Politikern.[118] Auch der Präsident des bayerischen Landesverbandes des Bundes der Steuerzahler, Rolf von Hohenau, der vielfach mit der CSU verbandelt ist,[119] wurde in die Kommission berufen, was die bayerische Ökologisch-Demokratische Partei zu der Aufforderung veranlasste, von Hohenau solle »Vorsitzender einer Berufspolitiker-Gewerkschaft« werden.[120]

In die Kommission wurde auch ich als eine Art Feigenblatt berufen, nachdem mein Buch überhaupt erst zu ihrer Einsetzung geführt hatte. Dabei hatte ich kein gutes Gefühl und legte von Anfang an Wert auf die Möglichkeit, notfalls ein Minderheitsvotum abzugeben. Immerhin fiel eine grüne Abgeordnete darauf herein und meinte, meine Mitgliedschaft ließe, »starke Vorschläge [...] erwarten«.[121] Tatsächlich aber erwies sich die große Mehrheit der Kommission sehr bald als Hofkommission. Jetzt wurde mir auch klar, wie zynisch Clements Bemerkung zu verstehen gewesen war, diese sei »außerordentlich gut besetzt«.[122]

Im Abschlussbericht wurden Daten verfälscht und aberwitzige Vorschläge unterbreitet. Berger hatte bei der Zusammenstellung des Berichts getrickst und getürkt,[123] sodass ich ein Minderheitsvotum ankündigte. Die heimlichen, vielfach verfassungswidrigen Zahlungen sollten nicht etwa abgebaut, sondern sozusagen »gewaschen« und draufgeschlagen werden (auch für solche Regierungsmitglieder, die mangels Abgeordnetenmandats große Teile der zusätzlichen Einkommen gar nicht bezogen). Für Ministerpräsidenten, die dann mehr als Bundeskanzler verdient hätten, sollte es noch einen weiteren Zuschlag geben. Zudem war der Berichtsentwurf Bergers mir intern so spät zugestellt worden, dass ich meine Kritik anderen zweifelnden Mitgliedern der Kommission nicht hatte rechtzeitig vorlegen können.

Auch der Zeitpunkt der Veröffentlichung war manipuliert. Um Aufsehen zu vermeiden und wohl auch um mir keine Bühne zu geben, wollte Berger den Bericht der Kommission am Tag vor der Eröffnung der Olympischen Sommerspiele in Sydney (15.9. bis 1.10.2000) auf einer Pressekonferenz vorstellen, und zwar *nachmittags*. Mein Minderheitsvotum, das die Unhaltbarkeit des Berger-Berichts offenlegte, wäre dann medial weitgehend untergegangen. Das beabsichtigte Vorgehen Bergers war nach Inhalt und Verfahren raffiniert manipuliert und verlangte eine deutliche Distanzierung meinerseits.

Deshalb verließ ich die Kommission und machte den versuchten Coup auf einer eigenen Pressekonferenz in Berlin öffentlich.[124] In einem Brief an Clement erläuterte ich den unhaltbaren Inhalt des Berichts und den gezielt ausgetüftelten Veröffentlichungszeitpunkt. Er hatte mich schließlich als Mitglied vorgeschlagen. Darauf wiesen Stoiber und Clement den Berger-Vorschlag, die Ministerbezüge von 300 000 auf 500 000 und die Bezüge von Ministerpräsidenten von 330 000 auf 650 000 Mark anzuheben, sogleich und ganz entschieden zurück.[125]

Berger[126] und von Hohenau[127] hatten versucht, den Bericht der Kommission damit zu rechtfertigen, unter dem Strich ergäben die Vorschläge der Kommission das gleiche Gesamtgehalt wie bisher. Das war abwegig, nicht nur deshalb, weil nun unlauteres, erschlichenes Geld gewaschen werden sollte, sondern auch deshalb, weil viele Regierungsmitglieder gar kein Abgeordnetenmandat innehatten und das daraus fließende Schatteneinkommen deshalb gar nicht bezogen. Von den 182 Regierungsmitgliedern in Bund und Ländern hatte etwa die Hälfte kein Abgeordnetenmandat.[128] Für sie hätten die Berger-Vorschläge eine gewaltige Mehrung auch ihrer Ist-Einkommen bedeutet.

Die Hintergründe zur Berger-Kommission beleuchtete ich in *Politik Macht Geld*, veröffentlicht beim Knaur Verlag Anfang 2001 in Berlin. Das Buch listete die Bezüge sämtlicher Regierungsmitglieder und Parlamentarischen Staatssekretäre in Bund und Ländern auf und zeigte, dass es unter den Regierungen eine heimliche Zweiklassengesellschaft gibt: »einfache« Minister und Minister »de luxe« mit problematischen Zusatzeinkommen, die ich Schatteneinkommen nannte.

Die Aufnahme meiner Thesen war überwältigend. Der *Stern* brachte einen großen Beitrag mit dem Titel: »Wie viel unsere Politiker wirklich verdienen«.[129] Darin hieß es:

> *»Längst nicht alle deutschen Minister sind gleich; manche sind sehr viel gleicher. Ihr Einkommen hängt davon ab, in welchem Bundesland sie amtieren … und ob sie zugleich Abgeordnete sind. Dann profitieren sie extrem von Schatteneinkünften. ›Minister de Luxe‹ nennt sie von Arnim – zu ihnen gehören 97 der insgesamt 182 deutschen Regierungsmitglieder in Bund und Ländern.«*

Die *FAZ* veröffentlichte eine ausführliche Rezension ihres innenpolitischen Chefs, Friedrich Karl Fromme.[130] Fast alle Zeitungen zogen nach. Eine Übersicht umfasst 58 Presseartikel, so zum Beispiel die *Oldenburgische Volkszeitung*:

> *»Seit Jahren legt der Gelehrte seine ganze Faust schmerzhaft auf Wunden, sprich: Fehlentwicklungen in unserem politischen System – mit so viel Erfolg, dass manche allzu plumpen Selbstbedienungsversuche gestoppt wurden.«*[131]

Die Thematik ist auch heute noch hochaktuell in vielen Ländern und auch im Bund. So genießen beispielsweise die Mitglieder der Bundesregierung, die ein Abgeordnetenmandat haben, sowie Parlamentarische Staatssekretäre immer noch gewaltige verfassungswidrige Schatteneinkommen – zusätzlich zu ihren Amtsgehältern. Diese betrugen (ermittelt im Oktober 2022) beim Bundeskanzler 192 432 €, bei Bundesministern 158 832 € und bei Parlamentarischen Staatssekretären 155 272 € im Jahr. Die öffentliche Kritik, ja das Entsetzen, das die damalige Veröffentlichung bewirkte, wäre also auch heute durchaus noch gerechtfertigt.

Der Bund der Steuerzahler – nicht mehr, was er einmal war

Wie schon erwähnt, war der Präsident des bayerischen Bundes der Steuerzahler und CSU-Politiker Rolf von Hohenau ebenfalls in die Kommission berufen worden. Dass er einen Kuschelkurs gegenüber der Landespolitik fuhr und fährt und dies mit dem Prinzip »Kooperation statt Konfrontation« beschönigt, wurde in *Politik Macht Geld* eingehend beschrieben.[132] Vielleicht hätte ich dies im Interesse des Verbandes, mit dem mich so viel verbindet, nicht tun sollen. Aber irgendwie konnte ich nicht anders. Zu sehr widerstrebte mir Hohenaus Anbiederung an die Macht und sein Versuch, die von mir massiv kritisierten Berger-Vorschläge öffentlich zu rechtfertigen. Da sich auch der damalige Präsident des Bundes der Steuerzahler, Karl-Heinz Däke, der, wie später öffentlich bekannt wurde, selbst ein hohes Gehalt aus drei verschiedenen Gliederungen des Verbandes bezog,[133] auf die Seite Hohenaus stellte, kam es zum Bruch mit der Spitze des Bundes der Steuerzahler.

Aus meiner Sicht hat der Bund der Steuerzahler sich gewandelt. Viele seiner Funktionäre sind nun vor allem auf gute Kontakte zur Politik aus, statt Bürger und Steuerzahler mit der nötigen Konfliktbereitschaft zu vertreten. Weitere Beispiele dafür sind die Hinnahme überzogener Bezahlung von Landtagsabgeordneten – anders als noch in früheren Zeiten (siehe S. 80). – und der Beschäftigung von Verwandten auf Staatskosten (siehe S. 242 ff.). Meine entsprechenden Vorhaltungen waren der weiteren Zusammenarbeit nicht zuträglich. Das Einvernehmen war weg, und ich verzichtete schweren Herzens auf meine Beraterfunktion im

Karl-Bräuer-Institut. Meinen Sitz im Verwaltungsrat des Bundes der Steuerzahler Hessen behielt ich aber bei.

Nun hatte ich keine Organisation mehr zum Bundesgenossen, die mir »eine Pressekonferenz im Tulpenfeld« ausrichtete, wie ein Funktionär nicht ohne Häme bemerkte und mir deshalb das Ende meiner öffentlichen Aktivitäten voraussagte.

Dem aber war nicht so. Gerhard Weck, der langjährige Vertreter des Bundes der Steuerzahler in der Hauptstadt, hatte stets unterschieden zwischen Leuten, die durch den Bund der Steuerzahler bekannt werden, und solchen, die den Verband bekannt machen und seine Wirkung stärken. Dafür, dass er mich zur zweiten Kategorie gezählt hätte, spricht Folgendes: Auch nach der Trennung von meinem früheren Verbündeten blieb ich meiner Linie treu, deckte Skandale auf, brachte Gesetze zu Fall und schrieb Bestseller, um politische Defizite zu bekämpfen.

Und doch ist es nicht zu leugnen: Was die mediale Wirkung anlangt, macht es natürlich einen Unterschied, ob der Bund der Steuerzahler, begleitet von einer zugespitzten Fassung des Themas in einem bundesweiten Magazin, eine Pressekonferenz ausrichtet, oder ein Verlag das neue Buch seines Autors präsentiert, mag die darin enthaltene Kritik noch so fundiert sein.

2003: Das Europäische Parlament: Ausholen zum großen Coup

Ein ähnlicher Fall wie 1995 im Bund, Stichwort Diätensprung, ereignete sich einige Jahre später auf EU-Ebene (siehe schon S. 71 f.). Die öffentliche Auseinandersetzung um das europäische Abgeordnetenstatut wurde geradezu als »Medienschlacht«[134] bezeichnet. Den »Kampf einer gegen alle«[135] trat, wie es weiter hieß, »von Arnim los [...], als er die Zahlen öffentlich machte.« Die »EU-Parlamentarier, die mit allen Mitteln dagegen angingen, [scheiterten] aber letztlich aufgrund der gründlichen Sachkenntnis des Autors.«[136]

Ein Aufsatz und ein Brief an den Kanzler

Das seit Längerem diskutierte europäische Abgeordnetenstatut war im Jahre 2003 in eine heiße Phase getreten. Das Europäische Parlament beschloss am 4. Juni 2003 einen Statutstext, der die Entschädigung aller seiner Mitglieder auf hohem Niveau vereinheitlichen und sie an Richtergehälter knüpfen sollte. Sie sollte 50 Prozent des Grundgehalts von EuGH-Richtern betragen. Bis dahin hatte sich die Entschädigung der Europa-Abgeordneten meist an der ihrer nationalen Volksvertreter ausgerichtet. Hinzu waren maßlose Spesengelder gekommen, die schon früher, an Kommission und Ministerrat (in dem die Regierungen der Mitgliedstaaten sitzen) vorbei, bewilligt worden waren.[137] Doch der Ministerrat zögerte mit der erforderlichen Zustimmung zum Statut.

Ich richtete am 23. September 2003 einen persönlichen Brief an den damaligen Bundeskanzler Gerhard Schröder und bat ihn – unter Hinweis auf eine umfassende wissenschaftliche Ausarbeitung, die ich zusammen mit einem Mitarbeiter gerade in einer Fachzeitschrift veröffentlicht hatte[138] –, dem Statut nicht zuzustimmen. Denn es würde der europäischen Idee schweren Schaden zufügen. Genau wie er 1995 als niedersächsischer Ministerpräsident, zusammen mit anderen, im Bundesrat die Anbindung der Diäten von Bundestagsabgeordneten an die Bezüge von Bundesrichtern gestoppt habe, müsse Schröder jetzt im Ministerrat die Koppelung der Diäten von Europa-Abgeordneten an die Grundgehälter von EuGH-Richtern verhindern. Das Kanzleramt antwortete mit Brief vom 28. Oktober 2003 zunächst allerdings hinhaltend.

Das Europäische Parlament verschließt wohlweislich die Augen

Im Rahmen eines Speyerer Forschungsprojekts hatten wir Vergleichszahlen aus den 15 damaligen und den 10 künftigen Mitgliedstaaten der EU erhoben und die Gehälter von Abgeordneten, Ministern und Regierungschefs sowie von Durchschnittsbürgern aller 25 Länder ermittelt. Zugleich stellten wir steuerliche

Musterrechnungen an, um die genauen Auswirkungen des geplanten Statuts abschätzen zu können. Beides hatte das Parlament wohlweislich versäumt. Denn der internationale Vergleich offenbarte die riesigen Kaufkraft- und Einkommensdifferenzen zwischen den verschiedenen Ländern. Diese mussten dazu führen, dass EU-Abgeordnete nach dem Statutsentwurf in der Mehrzahl der 25 Mitgliedstaaten ein höheres Einkommen beziehen würden als ihre nationalen Regierungschefs. Zudem belegten unsere Musterrechnungen, dass sich – auch wegen der steuerlichen Regelungen – die Nettoeinkommen von deutschen Europa-Abgeordneten beträchtlich erhöht hätten.

Ein Fernsehmagazin greift das Thema auf

Zunächst war es etwas mühsam, der Öffentlichkeit den Inhalt des hanebüchenen Projekts nahezubringen. Immerhin strahlte das Fernsehmagazin *Monitor*, welches mein Material exklusiv erhalten hatte, am 24. Juli 2003 bundesweit eine kritische Sendung aus. Darin konnte der Berichterstatter für das Abgeordnetenstatut im Europäischen Parlament, der deutsche Abgeordnete Willi Rothley (SPD), unsere Zahlen nicht bestreiten, und meinte ausweichend, das Steuerrecht sei ohnehin so kompliziert, dass, wer sich damit beschäftige, wie »in den Untiefen des Meeres versinken« müsse. Schließlich sah sich Rothley derart in die Enge getrieben, dass er bereits die Diskussion über das Statut als ungehörig bezeichnete: »Wer nur über das Geld redet, bringt nur seine tiefe Verachtung für dieses Parlament zum Ausdruck. Das hier ist keine Bande von Abzockern, denen das Handwerk gelegt werden muss.« Auch Dr. Ingo Friedrich (CSU), Vizepräsident des Europäischen Parlaments, musste einräumen, dass er zwar für das Statut gestimmt hatte, von den wichtigen steuerlichen Folgen der geplanten Regelung aber keine Ahnung hatte.

Die *Stuttgarter Zeitung*[139] und der *Münchner Merkur*,[140] denen mein Text ebenfalls zugespielt worden war, zogen nach. Kurz darauf konnte ich einen Namensartikel in mehreren Zeitungen platzieren, darunter in *Die Welt* vom 26. August 2003. Daraus spreche, so giftete Rothley in einer Presseerklärung vom 9. September 2009, nicht ein Wissenschaftler, »sondern ein Eiferer, der nur mit Mühe seine antiparlamentarischen und antieuropäischen Ressentiments unterdrücken« könne. Und auch die Hochschule bekam ihr Fett ab: »Das Europarecht scheint in Speyer eine fröhliche Wissenschaft zu sein.«

Die Bild*-Zeitung springt auf*

Am 10. Oktober 2003 erschien dann, von mir angeregt, ein großer Artikel in der *Financial Times Deutschland.*[141] Darin wurde betont, deutsche EU-Abgeordnete würden bei der geplanten Anwendung des Europarechts »nur noch etwa die Hälfte der Steuern« zahlen, die nach deutschem Recht fällig wären. Das war offenbar der Startschuss für *Bild*, bei der mein Text schon lange lag. Am 14. Oktober 2003 machte sie auf Seite 1 mit der Schlagzeile auf: »Politiker wollen Steuern halbieren. Aber nur für sich selbst!« Einen Tag später stellte *Bild* sämtliche deutsche Abgeordnete, die im Juni dem Statut zugestimmt hatten, mit Name, Wohnort, Bild und Partei an den Pranger. Überschrift: »Diese 90 Politiker wollen für sich selbst Steuern halbieren«. Am 16. Oktober wurde Edmund Stoiber zitiert, der durchaus überzeugend dafür eintrat, die EU-Abgeordneten sollten »finanziell genauso gestellt« bleiben »wie die Abgeordneten in den nationalen Parlamenten« und weiterhin »dem gleichen Steuerrecht und den gleichen Steuersätzen unterliegen wie die Bürger in ihren Heimatländern. Denn vom Volk gewählte Abgeordnete sollten auch bei der Steuer nicht anders behandelt werden als ihre Wähler.« Stoiber übernahm damit meine Position.

Eine Streitschrift zum Jahreswechsel

Die kritischen Medienberichte trugen vermutlich dazu bei, dass das Europäische Parlament am 17.12.2003 gewisse Modifikationen des Abgeordnetenstatuts beschloss, um dem Ministerrat die Zustimmung eher schmackhaft zu machen. So sollte zum Beispiel der Beginn der Pensionszahlungen vom 60. auf das 63. Lebensjahr hinausgeschoben werden. In der offiziellen Pressekonferenz nannte Rothley allerdings einen falschen Betrag für die geplante Höhe des Gehalts von EU-Abgeordneten (»rund 8600 €«). In Wahrheit sollte das halbe Richtergehalt ab dem 1. Januar 2004 9053 € betragen. Es ging zwar »nur« um eine Differenz von einigen Hundert Euro. Doch hier wurde mit einem Schlag der ganze Dilettantismus deutlich, mit dem das Parlament in der Person seines Berichterstatters das Projekt behandelt hatte. Über die Feiertage und den Jahreswechsel 2003/4 erarbeitete ich deshalb eine Studie, welche die Problematik des geplanten Abgeordnetenstatuts kompakt zusammenfasste, und legte dar,

- dass die beschlossenen Modifikationen zum Teil nur vordergründiger Natur waren,
- dass das Parlament gezielt mit unrichtigen Zahlen operierte,
- dass die geplante Vereinheitlichung der Abgeordnetendiäten in Mitgliedsländern mit niedrigem allgemeinen Einkommensniveau zu verrückten Konsequenzen führen und
- wie das Statut sich auf deutsche EU-Abgeordnete auswirken würde.

Die Medien fangen richtig Feuer

Meinen Text übersandte ich am 5. Januar 2004 an Bundeskanzler Gerhard Schröder und bezog mich dabei auf den erwähnten Briefwechsel mit dem Kanzleramt. Die Studie wurde auch der österreichischen Ratsvertretung in Brüssel und – in englischer Sprache – den Ratsvertretungen aller anderen 13 Mitgliedstaaten der Europäischen Union zugesandt. Darauf stellte ich den Text dem *Spiegel*[142] zur Verfügung und – in Absprache mit diesem – für Montag, den 12. Januar 2004, auch der *Bild*-Zeitung[143] und dem *heute journal* des ZDF sowie in Englisch der Londoner Zeitung *The Times*[144] und der *Irish Times*,[145] der Hauszeitung des irischen Ratspräsidenten Bertie Ahern. Vorabmeldungen machten die geplanten europäischen Diäten bereits am Wochenende und am folgenden Montag in praktisch allen deutschen Medien zum Thema. *Spiegel* und *Bild* berichteten, dass das Statut einem ledigen deutschen Abgeordneten 1929 € und einem verheirateten mit zwei Kindern 1399 € monatlich mehr bringe. (Das Statut unterschied nicht nach Familienstand, berücksichtigte also nicht die höheren steuerlichen Abzüge bei Verheirateten mit Kindern.)

Noch am selben Montag, dem 12. Januar 2004, reagierte der EVP-Berichterstatter für das Abgeordnetenstatut, der deutsche CDU-Europa-Abgeordnete Klaus-Heiner Lehne, mit einer Pressemeldung »auf die wiederholt erhobenen Behauptungen des Parlamentskritikers von Arnim«: Die Angaben »von Herrn von Arnim sind falsch!«, schrieb er. Aufhorchen ließ allerdings seine Behauptung, seine Angaben seien »mit der Parlamentsverwaltung abgestimmt«. Damit hoffte er seine Glaubwürdigkeit zu untermauern. Doch eine sofort aufgenommene Recherche ergab, dass sich die Parlamentsverwaltung falsche Angaben von Rothley hatte unterschieben lassen.[146]

68 Prozent mehr Rente

Am 15. Januar 2004 nahm die *Bild*-Zeitung dann – auf der Basis meines Materials – die geplante Altersversorgung aufs Korn, titelte auf Seite 1 »Unverschämter Abzockerplan. 68 % mehr Rente für EU-Politiker!« und rechnete vor, dass ein EU-Abgeordneter künftig schon nach drei Jahren im Parlament »etwa so viel, wie ein deutscher Durchschnittsrentner nach 45 Jahren bekommt«. Die Höchstrente, die nach 20 Parlamentsjahren erreicht werde, sei für deutsche Abgeordnete 68 Prozent höher als bisher. *Bild* verwies dabei, wie der *Spiegel*, auf die Internetadresse, unter der der volle Wortlaut meiner Studie zu finden war. Berücksichtigt man, dass deutsche EU-Abgeordnete schon vorher als überversorgt galten, musste eine weitere Steigerung tatsächlich als unverschämt empfunden werden. Die Versorgung erwies sich denn auch als der angreifbarste Teil des Abgeordnetenstatuts, zumindest aus deutscher Sicht.

Auf die Veröffentlichung der Höhe der geplanten Altersversorgung reagierten die Wortführer der deutschen EU-Abgeordneten geradezu hysterisch. Der spätere Präsident des Europäischen Parlaments, Martin Schulz (SPD), und der spätere Präsident des Europäischen Rechnungshofs, Klaus-Heiner Lehne (CDU), gaben noch am selben Tag, an dem die *Bild*-Zeitung erschienen war, fast gleichlautende Presseerklärungen heraus und zogen darin alle Register der Polemik. Dabei richtete sich »der Zorn der EU-Abgeordneten [...] auch gegen den Parteienkritiker Hans Herbert von Arnim«.[147] Ich wurde zum »Fachhochschulprofessor« erklärt,[148] und Schulz warf mir »bewusst falsche« Berichterstattung sowie das Initiieren einer nie da gewesenen »Hetzkampagne« vor. Getreu der Devise: Wenn du nicht überzeugen kannst, musst du verwirren, unternahmen die Abgeordneten regelrechte Vernebelungskampagnen, um die Auswirkungen des geplanten Statuts auf die Altersversorgung zu vertuschen.

Bezeichnend war übrigens, dass beide Abgeordneten – außer gegen mich – nur gegen die *Bild*-Zeitung Front machten und geflissentlich unerwähnt ließen, dass *Der Spiegel* dieselben Zahlen veröffentlicht hatte. Sie hielten es wohl für erfolgversprechender, »Deutschlands ›buntestem‹ Boulevardblatt« (wie sie es abwertend nannten) die Verwendung falscher Angaben vorzuwerfen als einem Nachrichtenmagazin, das sich seiner sorgfältigen Recherchen rühmte. (Damals stand der Fall des *Spiegel*-Reporters Claas Relotius, der große Teile seiner Reportagen erfunden hatte, noch bevor.)

Hätte die *Bild*-Zeitung wirklich »frei erfundene« »Lügenmärchen« aufgetischt, wäre es für alle betroffenen Abgeordneten ein Leichtes gewesen, dies sofort unterbinden zu lassen. Dass sie ein gerichtliches Vorgehen gegen das Blatt und den viel gescholtenen Speyrer nicht einmal androhten, offenbarte einmal mehr, dass sie das große öffentliche Geschrei nur veranstalteten, um die Unhaltbarkeit ihrer Position zu übertönen.

Scheitern des Statuts

Die Diätenpläne der Europa-Abgeordneten lösten in Deutschland einen Sturm der Entrüstung aus, was manche Politiker sogleich zu einer Kehrtwende veranlasste. Nun »waren sich fast alle deutschen Abgeordneten einig, nicht gewollt zu haben, was sie zuvor so heftig verteidigten«, fasste die *Frankfurter Rundschau*[149] die Wende zusammen. Viele Sozial- und Christdemokraten »führen plötzlich den Chor der Kritiker an« (*Handelsblatt*[150]). Selbst Schulz erklärte am 26. Januar 2003 im *Morgenmagazin* von ARD und ZDF entschuldigend, es sei »praktisch nicht möglich, 15 verschiedene nationale Abgeordnetensysteme zu verschmelzen. Seit Jahren wird das versucht. Ich persönlich bin seit acht Jahren dagegen.« Das war glatt gelogen. Bei der Abstimmung am 4. Juni 2003 hatte Schulz *für* das Statut votiert.

Bezeichnend war im Übrigen, dass vielfach nicht auf die sachliche Richtigkeit der Kritik abgehoben wurde, sondern auf den von den Medien erzeugten Sturm der Entrüstung. »Seit sich in Deutschland die *Bild*-Zeitung, der *Spiegel* und der Diätenkritiker Hans Herbert von Arnim auf das Projekt eingeschossen hatten, hat sich der Wind unter den deutschen Sozialdemokraten in Brüssel gedreht. ›Gegen diese heilige Dreifaltigkeit haben wir keine Chance‹«, habe einer von ihnen geseufzt, schrieb die *Süddeutsche Zeitung*.[151]

Wie dem auch sei: Die öffentliche Kritik führte dazu, dass auf der Ratssitzung am 26. Januar 2004 in Brüssel der Beschluss zum Abgeordnetenstatut nicht zustande kam, weil eine qualifizierte Minderheit ihre Zustimmung verweigerte. Deutschland, Österreich, Schweden und Frankreich votierten dagegen.

Ein gerichtliches Nachspiel

Damit aber nicht genug, denn diesmal wehrten sich die zu Unrecht Diffamierten. Die *Bild*-Zeitung war nicht bereit, die grob verfälschenden und ehrenrührigen Beschuldigungen, die die Abgeordneten Lehne und Schulz in ihren Presseerklärungen gegen die Zeitung (und gegen meine Person) erhoben hatten, auf sich beruhen zu lassen. Der Chefredakteur von *Bild*, Kai Diekmann, lud mich ein und fragte, ob meine Berechnungen wirklich hieb- und stichfest seien, was ich nach erneuter Überprüfung bejahen konnte. Darauf beantragte der Springer-Verlag (als Inhaber des Blattes) mit meiner schriftlichen Unterstützung beim Landgericht Hamburg einstweilige Verfügungen gegen beide Abgeordnete, mit denen ihnen die schlimmsten Anwürfe vorläufig untersagt wurden. Auf Widerspruch der beiden hielt das Gericht die Verfügungen durch Urteile vom 16. April 2004[152] in vollem Umfang aufrecht. Martin Schulz wurde gerichtlich untersagt, weiterhin zu behaupten:

- »seit vergangenem Herbst läuft eine beispiellose Hetzkampagne zur Diffamierung des Europäischen Abgeordnetenstatuts, [...] willfährig übernommen von Deutschlands ›buntestem‹ Boulevardblatt«;
- die *Bild*-Zeitung habe »bewusst falsch berichtet«;
- »heute wird nun das nächste Lügenmärchen aufgetischt, um in einer reißerischen Aktion die Auflage in die Höhe zu treiben«;
- die Angabe, EU-Abgeordnete erhielten nach der geplanten Novellierung des Abgeordnetenstatuts bis zu 68 Prozent mehr Rente, sei »frei erfunden«.

Ähnliches wurde Klaus-Heiner Lehne untersagt. Gegen ihn erging am 25. April 2005 ein Urteil in der Hauptsache. Darin bestätigte das Landgericht die vorläufige Entscheidung und auferlegte Lehne die Prozesskosten von rund 16 400 €. Da Schulz erklärt hatte, er werde die genannten Äußerungen in Zukunft unterlassen, war das Gerichtsverfahren gegen ihn in der Sache abgeschlossen. Aber auch er musste natürlich die Prozesskosten tragen.

Die Urteile des Landgerichts Hamburg stellen einen parlamentsrechtlichen Meilenstein dar. Sie sind auch deshalb von besonderem Interesse, weil sie den Abgeordneten den Schutz der parlamentarischen Unverantwortlichkeit (»Indemnität«) verweigerten, auf den Schulz und Lehne sich berufen hatten. Andernfalls wäre es auch hier mit dem Grundsatz der »Waffengleichheit« in öffentlichen Auseinandersetzungen zwischen Abgeordneten und normalen Bürgern oder der Presse schnell zu Ende gewesen. In Diätenfragen ist dies besonders misslich, weil dort Öffentlichkeit, wie das Bundesverfassungsgericht einmal formuliert hatte, »die einzige wirksame Kontrolle« darstelle.[153]

Die Urteilsbegründung der Hamburger Richter liest sich wie eine Anklage gegen die Abgehobenheit der Politik: »In einem demokratischen Rechtsstaat sind und bleiben die Parlamentsabgeordneten Mitglieder des Volkes und stehen nicht etwa über diesem.« Es »verstieße gegen elementare Grundsätze der Demokratie als Volksherrschaft«, wenn Abgeordnete sich im öffentlichen Meinungskampf Privilegien verschaffen wollten. Deshalb müsse der Begriff der Indemnität restriktiv ausgelegt werden. Schon im Preußischen Allgemeinen Landrecht von 1794 komme ein entsprechender allgemeiner Rechtsgrundsatz zum Ausdruck, »der auch gegenwärtig noch Rechtsgeltung beanspruchen« könne: »Privilegien und verliehene Freiheiten müssen, in zweifelhaften Fällen, so erklärt werden, wie sie am wenigsten zum Nachtheile des Dritten gereichen.« Nicht von der Indemnität geschützt seien »Äußerungen, in denen der Abgeordnete – und sei es auch unter Berufung auf seine Stellung als Abgeordneter – sich außerhalb des Parlaments unmittelbar an die Öffentlichkeit wendet und damit auf eine Art und Weise tätig wird, wie es jedem Bürger, der sich zu einer die Öffentlichkeit berührenden Frage äußert, auch zusteht«.

Ein neues Statut, doch Ungleichgewichte bleiben

»Nach dem Statut ist vor dem Statut«. Mit diesen Worten brachte Klaus-Heiner Lehne nach dem Scheitern des Entwurfs die Absicht zum Ausdruck, nach der Europawahl von 2004 einen neuen Anlauf zu unternehmen. Tatsächlich beschloss das Europäische Parlament am 24. Juni 2005 mit großer Mehrheit ein Abgeordnetenstatut in einer abgespeckten Fassung, und der Rat stimmte dem kurz darauf zu. Dies geschah, sicher nicht zufällig, im publizistischen

Windschatten zweier europäischer Großereignisse, die die Öffentlichkeit in Atem hielten: der Absage der Franzosen und Niederländer an die europäische Verfassung und dem Scheitern der Verhandlungen über den mittelfristigen Finanzrahmen der EU für die Jahre 2007–2013. Mit beidem war die Öffentlichkeit so sehr beschäftigt, dass für das Abgeordnetenstatut kaum noch Aufmerksamkeit blieb. Immerhin suchte man der Kritik dadurch gerecht zu werden, dass die Entschädigung nun nicht mehr 50 Prozent des Richtergehalts betragen sollte, sondern 38,5 Prozent. Die Neuregelung sollte 2009, also nach der nächsten Europawahl, in Kraft treten.

Das Statut enthält aber immer noch manches Problematisches. Sinnvoll ist zwar, dass alle Abgeordneten – angesichts der für alle gleichen Kosten in Brüssel und Straßburg – gleich hohe Zahlungen für ihren dortigen Aufenthalt bekommen, vor allem das Tagegeld von 350 € (2024). Aber: Auch das Gehalt (Stand 2023: 9976 € monatlich) und die danach – mit 3,5 Prozent pro Abgeordnetenjahr – berechnete Altersversorgung erhalten alle in derselben Höhe, obwohl beides im Wesentlichen zu Hause verbraucht wird. Das führt dazu, dass Abgeordnete etwa aus osteuropäischen Mitgliedstaaten, wo das allgemeine Einkommensniveau immer noch sehr niedrig ist, das große Los gezogen hatten. Sie stellen die Kolleginnen und Kollegen ihrer nationalen Parlamente einkommensmäßig bei Weitem in den Schatten und beziehen teilweise sogar mehr als ihre Staats- und Ministerpräsidenten.

Das ist aber noch nicht alles. EU-Abgeordnete erhalten zusätzlich noch eine allgemeine Kostenpauschale von monatlich 4950 € (2024). Hinzu kommt: Alle EU-Abgeordneten verfügen über beträchtliche Mittel für Mitarbeiter (2023: monatlich bis zu 28 412 €), von denen sie 75 Prozent im Heimatland verwenden dürfen. Damit können Abgeordnete aus Niedriglohnländern sehr viel mehr Mitarbeiter, etwa aus ihrer Partei, mit Posten versorgen, als ihre Kollegen zum Beispiel in Deutschland, und so auch ihre parteiinterne Position erheblich festigen. Genau wie die Überstülpung des Euro auf Länder unterschiedlicher Produktivität zeigt sich auch hier, zu welchen Ungerechtigkeiten es führen kann, wenn man völlig Ungleiches gleich behandelt. Die EU-Abgeordneten dieser Länder müssen sich wie im Schlaraffenland vorkommen. Was mögen aber wohl die Bürger von der grotesken Überdotierung ihrer Vertreter halten und welchen Eindruck mögen sie von einer EU haben, die Derartiges beschließt? An kaum einer anderen Stelle kommt die Bürgerferne der EU derart unverblümt zum Vorschein wie in den Geldern, die die politische Klasse sich in eigener Sache bewilligt.

Meine Beschäftigung mit der Bezahlung von Abgeordneten drängte förmlich danach, die EU insgesamt in den Blick zu nehmen und darüber ein Buch zu schreiben.[154] Darin wurden neben den privilegiengesteuerten Abgeordnetenstatuten drei Hauptprobleme der gegenwärtigen Verfasstheit der Europäischen Union herausgestellt: ihre geringe Handlungsfähigkeit, die Abgehobenheit ihrer politischen Klasse und die Einflusslosigkeit der Bürger.[155]

Die Kritiken fielen überwiegend positiv aus. So hieß es in der *Zeitschrift für Politikwissenschaft*:

> *von Arnim liefert »durchaus handfeste Argumente für seine Thesen und bietet zudem mögliche Reformvorschläge an. Ein wichtiges Buch für alle überzeugten Europäer, zu denen sich sicher auch der Autor selber zählt.«*[156]

In der *Frankfurter Allgemeinen Zeitung* finde ich meine Haltung zum Thema Europa am unmittelbarsten getroffen:

> *»Wer also angesichts des – vermutlich aus Marketinggründen so gewählten – marktschreierischen Titels ein dezidiert europaskeptisches Buch erwartet, wird enttäuscht. Es handelt sich um das Werk eines vom Grundgedanken des europäischen Integrationsprojekts zutiefst überzeugten Verfassers, der allerdings erhebliche Zweifel an der Funktionsfähigkeit der europäischen Strukturen hat, die sich im Verlauf der zurückliegenden fünf Jahrzehnte entwickelt haben.«*[157]

Indexierung – ja oder nein?

Eine aufschlussreiche Parallele zu den vereinheitlichten Diäten trotz völlig unterschiedlichem Einkommens- und Kaufkraftniveau ergab sich in den letzten Jahren bei einem ganz anderen Thema, dem Kindergeld. In Österreich war 2018 beschlossen worden, die Zahlungen des Kindergelds für nicht in Österreich lebende Kinder an die Lebenshaltungskosten im Wohnsitzland des Kindes anzupassen. Diese 2019 eingeführte Indexierung führte dazu, dass das Kindergeld für in Österreich arbeitende Personen aus Niedriglohnländern entsprechend gekürzt wurde, wenn deren Kinder in der Heimat leben. Österreich berief sich dabei auf ein Rechtsgutachten.[158]

Unabhängig von der europarechtlichen Beurteilung scheint die Indexierung aus Gründen der Gerechtigkeit und Sinnhaftigkeit dringend geboten. Auch die Bundesregierung strebte sie ursprünglich an.[159] Es ist ein Missstand, wenn, wie es in einem Kommentar in der *FAZ* hieß, ein in Wien tätiger Arbeiter allein »mit österreichischen Sozialleistungen – zugespitzt gesagt – in Rumänien die halbe Familie durchfüttert«.[160] Den Briten sollte die Kindergeldindexierung ursprünglich ja auch erlaubt werden, um sie zum Verbleib in der EU zu bewegen.[161] Muss ein Mitgliedstaat erst Austrittswilligkeit demonstrieren, um Sinnvolles durchzusetzen? Gäbe die Kommission den Einwänden jedoch nach, könnten auch andere Ungereimtheiten in die öffentliche Diskussion kommen.

Der Europäische Gerichtshof hat die österreichische Indexierung im Juni 2022 für europarechtswidrig erklärt.[162] Eine tragfähige Begründung hat er m. E. aber nicht geliefert.[163] In einem weiteren Urteil wurde eine ähnliche deutsche Regelung für unzulässig erklärt.[164] Hängt diese Rechtsprechung vielleicht auch damit zusammen, dass das Formalprinzip auch bei den Gehältern und Versorgungen von Richtern, Abgeordneten, Kommissaren und Mitgliedern des Rechnungshofs gilt und diesen in Niedriglohn-Mitgliedsländern, wie etwa Rumänien, Bulgarien, Polen, Ungarn und Slowenien zum Teil höhere Bezüge beschert als den höchsten nationalen Repräsentanten dieser Länder?

2011: Beschwerde erfolgreich - Fünfprozentklausel bei deutschen Europawahlen verfassungswidrig

2004 erklärte das Bundesverfassungsgericht eine vom Bundestag gerade beschlossene Verschärfung für die Beteiligung außerparlamentarischer Parteien an der staatlichen Parteienfinanzierung für sachlich nicht gerechtfertigt und verfassungswidrig.[165] Neben anderen kleineren Parteien hatte ich das gerichtliche Verfahren im Auftrag der ÖDP betrieben. Mit seinem Urteil formulierte das Gericht geradezu so etwas wie eine »Magna Charta für kleinere Parteien«. Zugleich stellte es die grundlegende Bedeutung eines *offenen politischen Prozesses* heraus. Durch dieses Urteil ermutigt und auf der Grundlage mehrerer Veröffentlichungen[166] versuchte ich später die Fünfprozentklausel bei der deutschen Europawahl von 2009 zu Fall zu bringen. Die dabei genutzte Wahlanfechtung ist einer der wenigen Wege, der jedem deutschen Bürger offensteht, um gegen Verfassungswidrigkeiten der Wahl zu klagen.

Nach Zurückweisung meines Einspruchs durch den Bundestag war die Beschwerdeschrift zum Verfassungsgericht vorzubereiten. Das war fachliche Routine. Zusätzlich mussten damals aber noch die Unterstützungs-Unterschriften von mindestens 100 Bürgern beigebracht werden. Das war Neuland für mich. Ich versuchte es zunächst im persönlichen Umfeld. Kaum ein Bekannter war vor meinem Anliegen sicher. Dann kam mir die Speyerer Redaktion der *Rheinpfalz* zu Hilfe und veröffentlichte meinen Aufruf zum Beitritt.[167] Am Ende unterschrieben 500 Bürger die Beschwerde. Auch 35 Staatsrechtslehrer und -lehrerinnen, die ich angeschrieben hatte, unterzeichneten. Das könnte zusätzlichen Eindruck auf den Senat gemacht haben. (Im weiteren Verfahren hatte ich auch die verschärfte Diskriminierung kleinerer Parteien durch die gewaltig angeschwollene Finanzierung der Fraktionen, Parteistiftungen und Abgeordnetenmitarbeiter detailliert vorgetragen, in deren Genuss außerparlamentarische Parteien »natürlich« nicht kamen.)

Meine Beschwerde (und die von zwei weiteren Klägern) hatte schließlich Erfolg:[168] Mit Urteil vom 9. November 2011 erklärte der Zweite Senat die Fünfprozentklausel wegen Verstoßes gegen den Gleichheitssatz für nichtig.[169] Das geschah allerdings nur mit einer 5:3-Mehrheit und erst mit Wirkung ab der nächsten Europawahl von 2014. Die *Berliner Zeitung*, die gerügt hatte, die Republik werde in meinen Büchern als »düster« und »grotesk verkommen« geschildert, meinte nun plötzlich, mit dem Urteil würde ich »als seriöser Verfassungsrechtler in die Annalen der deutschen Rechtsgeschichte« eingehen.[170]

Früher hatte das Gericht Sperrklauseln bei Europawahlen noch als verfassungsmäßig abgesegnet.[171] Das zeigte, dass das neue Urteil auf einer Verschärfung der Gerichtskontrolle beruhte. In der Tat hatte das Gericht nun das Problem von Entscheidungen der Politik in eigener Sache erkannt, wie es ausdrücklich feststellte:

> *»Mit Regelungen, die die Bedingungen der politischen Konkurrenz berühren, [wird] die jeweilige parlamentarische Mehrheit gewissermaßen in eigener Sache tätig. … Gerade bei der Wahlgesetzgebung [besteht] die Gefahr, dass die jeweilige Parlamentsmehrheit sich statt von gemeinwohlbezogenen Erwägungen vom Ziel des eigenen Machterhalts leiten lässt. … [Die im Parlament] vertretenen Parteien könnten an der … Sperrklausel festhalten, um die Konkurrenz durch kleinere Parteien und kommunale Wählergemeinschaften möglichst klein zu halten. … Aus diesem Grund [unterliegt] … die Ausgestaltung des Wahlrechts einer strikten verfassungsgerichtlichen Kontrolle.«*[172]

Dass man denen im Parlament nicht die Entscheidung überlassen dürfe, wer draußen zu bleiben habe, hatte der amerikanische Rechtswissenschaftler John Hart Ely in die treffenden Worte gekleidet:

> *»We cannot trust the ins to decide who stays out.«*[173]

Das hatten DiFabio und Rudolf Mellinghoff in ihrem Minderheitsvotum nicht wahrhaben wollen, als sie ausgerechnet »alle erschienenen Vertreter des Europäischen Parlaments« zum Zeugen für ihre abweichende Auffassung aufriefen.[174]

Die Verstöße gegen den Gleichheitssatz und die Chancengleichheit der Parteien fallen verstärkt ins Gewicht, weil diejenigen Mandate, die kleineren Parteien wegen der Sperrklausel vorenthalten werden, den *Parlaments*parteien zugutekommen; das sind aber gerade diejenigen, die die Wähler *nicht* gewählt haben. Hinzu kommt, dass die Furcht vor der Sperrklausel mögliche Wähler der »gefährdeten« Parteien davon abhalten kann, sie zu wählen. So kann die Klausel faktisch zu einer 6- oder 7-Prozent-Hürde werden.

2014: Dreiprozentklausel ebenfalls verfassungswidrig

Der Wegfall der Sperrklausel ließ den Bundestag nicht ruhen, und er machte sich sogleich daran, das Urteil durch eine Dreiprozentklausel teilweise zu entwerten. Vielleicht waren die Abgeordneten dazu durch den Verriss des Fünf-Prozent-Urteils in zwei Kommentaren so einflussreicher Zeitungen wie der *Frankfurter Allgemeinen*[175] und der *Süddeutschen Zeitung*[176] ermutigt worden. Beide hatten im Urteil eine Herabsetzung des Europäischen Parlaments gesehen. Dabei sind dort die Verhältnisse ganz anders gelagert als in deutschen Parlamenten (bei denen das Gericht an der Sperrklausel festhält): Im Europäischen Parlament schließen sich die Abgeordneten kleinerer Parteien regelmäßig den bestehenden Fraktionen anderer Parteien an, bewirken also gar nicht die Zersplitterung, die eine Sperrklausel sinnvollerweise verhindern soll.

Inzwischen hatten die Parteien den ehemaligen Ministerpräsidenten des Saarlandes, Peter Müller (CDU), in den Zweiten Senat gewählt, obwohl diesem vom saarländischen Verfassungsgericht und Rechnungshof schwere Verfassungs- und Gesetzesverstöße während seiner vorherigen politischen Ämter nachgewiesen worden waren.[177] Aber gerade wegen seiner verfassungsrechtlichen Nonchalance dürften sich die größeren Parteien bei ihm ein geneigtes Ohr für ihre Machtinteressen erhofft haben.

Ein unmögliches Gesetzgebungsverfahren

Das Verfahren, in dem die Dreiprozentklausel per Blitzgesetz durchgezogen wurde, war ähnlich grotesk, wie wir das von manchen Diätencoups kennen. Sämtliche Grundsätze einer ordentlichen Gesetzgebung wurden ignoriert, bloß um die bei Entscheidungen in eigener Sache so wichtige öffentliche Kontrolle auszuschalten: Die Klausel wurde Anfang Juni 2013 in einer wahren Nacht-und-Nebel-Aktion durch den Bundestag gepeitscht. Bei der ersten Lesung meldete sich niemand zu Wort. Die zweite Lesung erfolgte nachts um 23:30 Uhr. Das Ganze geschah im medialen Windschatten der damals herrschenden schrecklichen Überschwemmungen und der gleichzeitig stattfindenden mündlichen Verhandlung zum Europäischen Stabilitätsmechanismus beim Bundesverfassungsgericht in Karlsruhe.

Der Appell von 30 Staatsrechtslehrern, die Finger von einem erneuten Sperrklausel-Gesetz zu lassen,[178] blieb unbeachtet. Eine Analyse des eigenen für Verfassungsfragen zuständigen Innenministeriums, die den Widerspruch auch der Dreiprozentklausel zum gerade ergangenen Fünf-Prozent-Urteil des Bundesverfassungsgerichts hervorhob, wurde unterdrückt.[179] Der Zugang zu dieser Analyse war mir vom Ministerium zunächst verweigert worden. Erst als ich mich auf das Informationsfreiheitsgesetz berief[180] und mit mehreren Mails »nachfasste«, wurde sie mir schließlich übermittelt.[181]

Um den vielen Warnungen dennoch etwas entgegenzusetzen, hatte der Bundestag per Blitz-Einladung vornehmlich solche Sachverständige zu einem Hearing geladen, die ihn im vorangegangenen Fünf-Prozent-Prozess vertreten oder das Gericht in Fachaufsätzen kritisiert hatten. Dies alles war Ausdruck eines schlechten verfassungsrechtlichen Gewissens und geschah in kaum mehr als einer Woche.

Zwischenzeitlich hatte ich Bundespräsident Joachim Gauck angeschrieben und um sorgfältige Prüfung gebeten. Leider unterschrieb er das Gesetz dann doch, und zwar mit der dürftigen Begründung, drei Prozent seien weniger als fünf Prozent. Dafür hatte er drei Monate gebraucht! Dabei unterschlug Gauck, dass auch die Dreiprozentklausel dem Urteil des Bundesverfassungsgerichts direkt widersprach.

Auch gegen dieses Gesetz erhob ich Klage, diesmal nicht persönlich, sondern im Auftrag von ÖDP und Freien Wählern. Knapp drei Jahre nach dem Fünf-Prozent-Urteil erklärte der Zweite Senat am 26. Februar 2014 auch die Dreiprozentklausel für verfassungswidrig, allerdings wiederum nur mit 5:3 Richterstimmen.[182] Das Gericht hob hervor, der schwere Eingriff in das Königsrecht der Demokratie, das gleiche Wahlrecht, lasse sich nur rechtfertigen, wenn andernfalls wirklich wesentliche Einschränkungen der Funktionsfähigkeit des Parlaments drohten. Dass dies, jedenfalls hinsichtlich der deutschen Europawahlen in der damals bestehenden Situation, nicht der Fall war, legte das Gericht akribisch dar. Im Europäischen Parlament hatte es ohnehin 162 Parteien gegeben. Die zusätzlichen sieben deutschen Parteien, denen der Wegfall der Sperrklausel den Weg ins Parlament ermöglicht hätte, hätten sich überwiegend den großen Fraktionen angeschlossen, sodass keine weitere Zersplitterung zu befürchten sei.

Bei den deutschen Europawahlen von 2014, 2019 und 2024 gab es deshalb keine Sperrklausel mehr. Die Urteile bestätigten meine Auffassung, dass Gesetze »einer strikten verfassungsgerichtlichen Kontrolle« unterliegen müssen, wenn die Parteien im Parlament ein politisches Kartell gegen außerparlamentarische Konkurrenten bilden.[183]

Gerichtsbashing und Wiedereinführung der Sperrfrist über Bande?

Die Urteile stießen auf erheblichen Widerspruch, war die Sperrklausel doch lange eine Art heilige Kuh der Bundesrepublik. Das jedenfalls war den Menschen immer wieder eingebläut worden – von Bundes- und Landeszentralen für politische Bildung, welche die etablierten Parteien, die von der Sperrklausel profitieren, im Proporz besetzen. In Wahrheit hatte der Parlamentarische Rat, der zahlreiche Brandmauern gegen Weimarer Fehlentwicklungen ins Grundgesetz schrieb, nicht einmal für die Bundestagswahl eine Sperrklausel vorgesehen. Die war erst auf Wunsch der Ministerpräsidenten durch die Alliierten eingeführt worden.

Vor allem Politiker der regierenden Union sahen sich zu einer an Massivität kaum noch zu überbietenden Schelte ermutigt. Das Ziel war offenbar, das Bundesverfassungsgericht einzuschüchtern und die »Kontroll-Festung« sozusagen »sturmreif zu schießen«. Dem Gericht wurden massive Konsequenzen angedroht,[184] was einige geradezu als »Gerichtsbashing« bezeichneten.[185] Bundestagspräsident Norbert Lammert äußerte sich empört über die Urteile.[186] Der Vorsitzende der Unionsfraktion im Bundestag, Volker Kauder, bemängelte, das Bundesverfassungsgericht beachte den Grundsatz der richterlichen Selbstbeschränkung nicht.[187] In dasselbe Horn stießen Bundesfinanzminister Wolfgang Schäuble und der Vorsitzende des Auswärtigen Ausschusses, Norbert Röttgen.[188] Es wurde moniert, von der Union vorgeschlagene Verfassungsrichter, wie Peter M. Huber, täten so, als hätten sie »nie etwas mit der Union zu tun gehabt«.[189] Damit wurde dem Gericht unverblümt eine parteiische Rechtsprechung nahegelegt. Der CSU-Vorsitzende Horst Seehofer[190] und der Vorsitzende des EU-Ausschusses im Deutschen Bundestag, Gunther Kriechbaum,[191] plädierten dafür, die Sperrklausel im Grundgesetz zu verankern und so dem Verfassungsgericht die Grundlage seiner Sperrklausel-Entscheidungen zu entziehen. Erwogen wurde in Berlin offenbar auch, die Zuständigkeit des Gerichts zu beschneiden oder die zwölfjährige Amtszeit der Richter zu verkürzen,[192] die seinerzeit gerade eingeführt worden war, um die Unabhängigkeit der Richter zu stärken.[193]

Ermutigt offenbar durch das öffentliche Sperrfeuer setzten die vor dem Bundesverfassungsgericht unterlegenen deutschen Parlamentsparteien alles daran, das Sperrklausel-Verbot bei Europawahlen doch noch zu unterlaufen. Zu diesem Zweck betrieben sie eine Änderung des sogenannten EU-Direktwahlaktes, die auch für Deutschland Sperrklauseln von mindestens zwei Prozent zwingend vorschreibt. Da alle Mitgliedstaaten der EU zustimmen müssen, haben Bundestag und Bundesrat den Weg dafür mit qualifizierter Mehrheit allerdings erst im Jahre 2023 frei gemacht. So soll ab 2029 die mühsam erstrittene Barriere-Freiheit bei Europawahlen auf dem Umweg über Brüssel, jedenfalls teilweise, wieder zunichtegemacht werden. Gleichzeitig läuft auf EU-Ebene ein weiteres Gesetzgebungsverfahren zur Umgestaltung des EU-Wahlrechts, das für größere Mitgliedstaaten, speziell Deutschland, eine Sperrklausel von dreieinhalb Prozent vorsieht. Ob es dazu kommt, ist bisher allerdings fraglich.

2013: Ein Bayern-Buch und seine Wirkung

In meiner Klage gegen die Fünfprozentklausel bei der Europawahl, die, wie eben geschildert, 2011 zu deren Aufhebung durch das Bundesverfassungsgericht führte, hatte ich unter anderem aufgezeigt, von welchen Privilegien und Zuwendungen kleinere Parteien, die an der Sperrklausel scheitern, ausgeschlossen sind. Dabei trat das gewaltige Volumen der indirekten Staatsfinanzierung in Erscheinung, die etablierte Parteien sich durch Umleitung der Geldströme etwa auf ihre Fraktionen und Abgeordnetenmitarbeiter beschaffen. Diese Form der »Selbstbedienung« besteht nicht nur im Bund, sondern auch auf Landesebene. Das erregte natürlich meine Neugierde.

Eine Nachprüfung ergab, dass der Bayerische Landtag geradezu deutscher Meister im gezielten Verstecken verbotener selbst bewilligter Zuwendungen war. Nachdem ich Klaus Fricke vom Heyne Verlag eine kurze Zusammenfassung der Thematik geschickt hatte, waren wir uns rasch einig: Das musste in einem Buch im Einzelnen dargestellt werden. Also machte ich mich an die Arbeit, um alles hieb- und stichfest zu recherchieren. Am 15. April 2013 stellte ich die Neupublikation dann in Berlin vor: *Die Selbstbediener. Wie bayerische Politiker sich den Staat zur Beute machen.* Dieser Tag »dürfte in der bayerischen Politik in Erinnerung bleiben«, schrieb die *Augsburger Allgemeine.* »Es ist der Auftakt zu einer handfesten Affäre.«[194] Es folgten Rücktritte, Rückzahlungen und ein neues Gesetz. Worum ging es genau?

Politikfinanzierung: Bayern hat die Nase vorn

Gewiss, auch in anderen Ländern gibt es politische Fehlentwicklungen. Doch Bayern hatte es bei der Finanzierung und Ausstattung der Abgeordneten, der parlamentarischen Funktionsträger und Regierungsmitglieder sowie der Fraktionen auf die Spitze getrieben. Im Klappentext meines Buches hieß es:

> *»Still und heimlich hat die politische Klasse in Bayern die staatliche Politikfinanzierung massiv zu ihren eigenen Gunsten ausgebaut – von der mehr als großzügigen steuerfreien Aufwandsentschädigung für Abgeordnete über die gewaltig aufgestockte Finanzierung ihrer persönlichen Mitarbeiter bis hin zur maßlosen Selbstbewilligung von Geldern durch die Fraktionen im Landtag. Alles handstreichartig und unter Bruch der Verfassung durchs Parlament geschleust; bewusst den Augen der Öffentlichkeit entzogen. Auf diese Weise haben bayerische Politiker es zu Spitzenverdienern unter den Ländern gebracht – mit der Folge, dass man in Bayern noch nicht einmal Minister sein muss, um ein sehr viel höheres Gesamteinkommen zu haben als sogar Ministerpräsidenten anderer Länder: Ein Dasein als bayerischer Staatssekretär reicht dafür völlig aus.«*

Im Sinne einer öffentlichkeitswirksamen Präsentation wurde das Buch nicht in München, sondern in Berlin vorgestellt. Auf dem Podium saßen Hubert Aiwanger, der Vorsitzende der Freien Wähler in Bayern, der sich allerdings wegen seiner weiteren Rolle als deren Fraktionsvorsitzender im Bayerischen Landtag offenbar nicht recht wohlfühlte, Oswald Metzger, der als damaliges Mitglied der Grünen acht Jahre im Bundestag gesessen hatte und die »obszönen« Pensionsansprüche von Politikern rügte, und Anke Domscheit-Berg, die damalige Vorsitzende der Piratenpartei in Brandenburg und spätere Bundestagsabgeordnete der Linken, die in allen Fragen der Finanzierung mehr Transparenz einforderte.[195]

Gegen-Pressekonferenz der Landtagspräsidentin

Die Selbstbediener wurde im bayerischen Landtagswahljahr veröffentlicht. Vielleicht auch deshalb löste das Buch in Bayern fast ein politisches Erdbeben aus, und die CSU musste um ihre Wahlchancen bangen.[196] Zwei Münchner Boulevardzeitungen, die den Text vorab angefordert hatten, berichteten am Tag der Berliner Pressekonferenz in der bayerischen Landeshauptstadt ausführlich,[197] und eine Fülle weiterer bayerischer Zeitungen schloss sich an, zunächst in ihren online-Ausgaben.[198]

Darauf sah die Präsidentin des Bayerischen Landtags, Barbara Stamm, sich veranlasst, zum 17. April in München zu einer Art Gegen-Pressekonferenz einzuladen, wobei sie zu ihrer Verstärkung das langjährige CSU-Mitglied Prof. Heinrich Oberreuter mitbrachte. Dieser war Vorsitzender der bayerischen Diätenkommission, die viele der in dem Buch aufgelisteten Problempunkte übergangen und damit hingenommen hatte.[199] Ganz ähnlich wie Oberreuter hatte auch der Präsident des bayerischen Bundes der Steuerzahler, Rolf von Hohenau, mit einer beschwichtigenden Presseerklärung vom 17. April 2014 (»von Arnim liegt daneben«) versucht, das eigene Versagen zu überspielen. Das Buch und seinen Autor ins Abseits zu stellen, misslang allerdings gründlich.

Eine Journalistin lässt nicht locker

Auf die bohrenden Fragen von Angela Böhm von der Münchner Abendzeitung, die, wie ich später erfuhr, schon früher die Beschäftigung von Verwandten auf Staatskosten aufs Korn genommen hatte, musste Landtagspräsidentin Stamm schließlich einräumen, dass es immer noch viele Abgeordnete gäbe, die seit Langem ihre Ehegatten oder Kinder auf Steuerzahlerkosten anstellten.

Unter den »Tätern« waren der Vorsitzende der CSU-Fraktion, Georg Schmid, und der Vorsitzende des Haushaltsausschusses, Georg Winter, sowie mehrere Mitglieder der Staatsregierung. Schmid bezog zusätzlich zu seinen Diäten monatlich noch 13 700 € von der Fraktion und hatte als Abgeordneter seine Frau für bis zu 5500 € beschäftigt, sodass sich das Familieneinkommen auf monatlich fast 30 000 € summierte. Winter hatte seine damals 13 und 14 Jahre alten Söhne als staatlich bezahlte Mitarbeiter eingestellt.

Beide Abgeordneten mussten nicht nur zurücktreten, sondern wurden auch wegen Scheinselbstständigkeit bzw. wegen unzulässiger Kinderarbeit[200] strafrechtlich belangt. Die betroffenen Regierungsmitglieder mussten auf Druck des Ministerpräsidenten Horst Seehofer Rückzahlung geloben. Inzwischen waren zahlreiche weitere Fälle bekannt geworden, man konnte also nicht mehr von Einzelphänomenen sprechen. Die Beschäftigung von Verwandten auf Staatskosten wurde schließlich untersagt, und zwar mit einer besonders weitgehenden Regelung.[201] Zugleich schrieb der Landtag als erstes Landesparlament überhaupt die bis dahin immer wieder aufgeschobene Transparenz von Nebeneinnahmen seiner Mitglieder vor.[202] Zudem beschloss er, dass die Höhe der Funktionszulagen publiziert werden müsse.[203]

Aufgrund ihrer unerschrockenen Haltung bei Recherchen zur bayerischen Verwandtenaffäre bekam Angela Böhm 2014 den *Wächterpreis der deutschen Tagespresse*.[204] Damit werden couragierte Reporter ausgezeichnet, die »in Wahrnehmung ihrer staatsbürgerlichen Rechte den Kampf um eine saubere Verwaltung aufnehmen, Übergriffe der Bürokratie oder anderer Machtgruppen recherchieren und darüber berichten und dabei ohne Rücksicht auf Namen und bestehende Verhältnisse Missstände schonungslos aufdecken«.[205]

Da die öffentliche Diskussion sich fast ganz auf die Verwandtenbeschäftigung konzentrierte, traten allerdings andere Probleme, die im Buch kritisiert worden waren, etwa die manipulativen Bewilligungs- und Verwendungsverfahren bei der Finanzierung von Fraktionen, Abgeordneten und ihren Mitarbeitern, in den Hintergrund, sodass diese misslichen Verhältnisse heute zum großen Teil immer noch bestehen.

Immerhin sah sich auch der Bayerische Rechnungshof zu einer Überprüfung veranlasst. Er hatte schon früher bestätigt, dass die Gewährung von Funktionszulagen an stellvertretende Fraktionsvorsitzende, Leiter von Arbeitskreisen und Beisitzer verfassungswidrig ist,[206] und hielt daran fest, obwohl ein vom Landtag in Auftrag gegebenes Gutachten[207] einen »Persilschein« ausgestellt hatte.[208] In der Bestellung von Gutachten zum »Unschädlichmachen« von Rügen des Bayerischen Obersten Rechnungshofs zeigt sich eine Methode, mit welcher Politiker leider immer wieder versuchen, unangenehme Kritik ignorieren zu können.

Die Volkswahl von Bürgermeistern: Direkte Demokratie als Reformmotor

Unser politisches System hat gewisse Strukturmängel: So besteht zum Beispiel keine wirkliche Gewaltenteilung zwischen Exekutive und gewählter Volksvertretung. Zudem bestimmen nicht die Wähler die Regierung, sondern letztlich Parteiführer in Koalitionsverhandlungen nach der Wahl. Vor diesem Hintergrund verdient die Direktwahl von Bürgermeistern, die in den 90er-Jahren in allen deutschen Flächenländern eingeführt wurde, besondere Aufmerksamkeit. Denn sie ist bei konsequenter Ausgestaltung in der Lage, beide Mängel zu beheben.

In Baden-Württemberg und Bayern gab es die Volkswahl schon immer. Bei ihrer Durchsetzung in anderen Ländern spielte direkte Demokratie eine wesentliche Rolle. Obwohl die Gegenkräfte lange als unüberwindbar galten, erwiesen sich Volksentscheide (oder das glaubhafte Drohen damit) als geeigneter Motor, mit dem selbst größte Widerstände überwunden werden können. Mit einem Schlag wurde deutlich, welches Reformpotenzial in direkter Demokratie steckt, und dass sich damit Reformen durchsetzen lassen, zu denen das in Eigeninteressen befangene Parlament nicht in der Lage ist.

Gerhard Banner, der Vorstand der Kommunalen Gemeinschaftsstelle für Verwaltungsvereinfachung, hatte mit programmatischen Abhandlungen die institutionelle Überlegenheit der Süddeutschen Ratsverfassung aufgezeigt.[209] Er hatte seine ersten Erfahrungen in Heidelberg gesammelt, wo er rechte Hand des Oberbürgermeisters war, und konnte das dann mit seinen Erfahrungen als persönlicher Referent des Oberstadtdirektors von Essen und als Beigeordneter der Stadt Duisburg vergleichen. Banner hob die besseren institutionellen Voraussetzungen der süddeutschen Gemeindeverfassung vor allem am Beispiel des öffentlichen Haushalts hervor.

Durch seine Erkenntnisse angeregt, strich ich in einem programmatischen Aufsatz nicht nur die Vorteile der baden-württembergischen Gemeindeverfassung heraus, sondern wies auch auf die Möglichkeit hin, sie durch Volksentscheid an allen politischen Widerständen vorbei durchzusetzen.[210] Sie stärkt die beiden zentralen Bestandteile der Demokratie, indem sie mehr »Regierung *durch* das Volk« sowie mehr »Regierung *für* das Volk« bewirkt. Die Partizipation der Menschen am Stadtgeschehen wird durch die Direktwahl des Bürgermeisters, durch Personalwahl der Ratsmitglieder mit der Möglichkeit, seine Stimmen auf bestimmte Kandidaten zu häufen (kumulieren) und auch Kandidaten anderer Wahllisten zu wählen (panaschieren), sowie durch die Eröffnung von Bürgerbegehren und Bürgerentscheid gefördert.

Außerdem wirkt sie der Gefahr von Ämterpatronage entgegen: Während es dem vom Rat gewählten Stadtdirektor schwerfällt, sich den Patronagewünschen der ihn tragenden Parteien zu widersetzen, wenn er seine Wiederwahl durch diese nicht gefährden will, unterliegt der Volksgewählte solchen Zwängen nicht im gleichen Maße. Er würde durch Patronage umgekehrt seine Wiederwahl eher erschweren, weil sie meist doch bekannt wird und er so riskiert, dafür bei der nächsten Wahl die Quittung zu erhalten.[211]

Welche Kraft direkte Demokratie entfalten kann, zeigt sich in einer der größten Verfassungsreformen, die es in der Bundesrepublik seit Langem gegeben hatte, ja, in einer wahren »Verfassungsrevolution«.[212] Die hessische Landesregierung unter ihrem Ministerpräsidenten Walter Wallmann setzte Anfang 1991 – nur wenige Monate nach dem Erscheinen meines Aufsatzes von 1990 – einen landesweiten Volksentscheid an, bei dem die große Mehrheit sich für die Einführung der Direktwahl von Bürgermeistern und Landräten aussprach. Das Bemerkenswerte lag im Ausmaß, das sich hier zeigte: 82 Prozent der Abstimmenden hatten sich für die Direktwahl ausgesprochen. Es gab in der Bevölkerung in diesem Punkt also fast so etwas wie einen Konsens. Schlaglichtartig wurde deutlich, dass die Gemeindeverfassungen vieler Länder davon abwichen, was ihre Legitimation erschütterte, auch wenn die etablierten Parteien sich bemühten, die hessische Abstimmung möglichst nicht zum öffentlichen Thema werden zu lassen.

Wallmann hatte mit seiner Initiative seine Koalitionsfraktionen von CDU und FDP ebenso überfahren wie die Opposition aus SPD und Grünen. Aber alle mussten sich – angesichts der Popularität des Themas – fügen. Wenn auch Wallmanns Regierung die zusammen mit der Volksabstimmung stattfindende Landtagswahl schlussendlich verlor, war doch ganz deutlich geworden, dass sich mit direkter Demokratie das kommunale Regierungssystem – an allen Blockierern vorbei – revolutionieren ließ. In Nordrhein-Westfalen, Niedersachsen und anderen Ländern brauchte von da ab nur noch glaubwürdig mit Volksbegehren gedroht zu werden, um selbst den widerspenstigsten Landesparlamenten Beine zu machen.[213] Damit war der Reformprozess zugleich eine Blamage für die Landtage und die sie beherrschenden

Parteien. Die Entwicklung erhielt einen zusätzlichen Schub aus den neuen Ländern, die, des kommunistischen Jochs ledig, ebenfalls zur Direktwahl ihrer kommunalen Spitzen drängten.

Dass die Reformen im Westen nur mittels direkter Demokratie zustande kamen, wird von parteinahen politikwissenschaftlichen Autoren häufig unterdrückt.[214] Der Grund kann eigentlich nur darin liegen, dass in diesem Punkt ein Strukturmangel der von Parteien dominierten parlamentarischen Demokratie auf kommunaler und Landesebene besonders klar zum Ausdruck kommt – und seine Überwindung durch ein Mehrheitsvotum der Bürger selbst. Vielfach wurde dann auch – trotz aufgedrängter Direktwahl – mit argumentativer Hilfe eben jener Politikwissenschaftler versucht, so viel Parteienmacht wie möglich zu retten, auch wenn dies auf Kosten der Funktionsfähigkeit des neuen Systems ging. Der Reformprozess spiegelt in großer Klarheit den Kampf des Volkes gegen die Übermacht der Parteien wider, indem die Reformatoren zurück zu dem vom Grundgesetz gewollten Zustand strebten, wonach die Parteien an der Willensbildung des Volkes nur mitwirken und sie nicht völlig beherrschen.

Da die Direktwahl von Bürgermeistern eine Sperrklausel bei der Ratswahl erübrigt und es in Baden-Württemberg auch nie eine solche gegeben hatte, war es nur konsequent, dass ich ihre Abschaffung nach dem Siegeszug der Direktwahl von Bürgermeistern und Landräten auch in anderen Ländern forderte (1997[215] und 2000[216]). Das Bundesverfassungsgericht hob sie denn auch auf (2008[217]). Sie besteht jetzt in den meisten Ländern nicht mehr.

Elf bleibende Erkenntnisse

1. Ist Widerspruch gegen Unrecht für einen Professor nicht Pflicht?

Im Laufe meiner wissenschaftlichen Arbeit und meines öffentlichkeitswirksamen Engagements ist mir immer wieder deutlich geworden, welche Pfründe sich Politiker an der Macht selbst zuschustern und in unverständlichen Gesetzen verstecken können, wenn sie glauben, keinerlei Kontrolle befürchten zu müssen.

Meine Versuche, dagegen vorzugehen, hätte man – in Abwandlung des bekannten Bert-Brecht-Zitats – unter das Motto stellen können: Wo Unrecht zu Recht wird, ist Widerspruch Pflicht, erst recht für einen Professor des Staatsrechts, der die versteckten Mängel von Berufs wegen erkennen kann. Jedenfalls wurde mir die reinigende Kraft fundierter öffentlicher Kritik mit der Zeit immer deutlicher. Dass am Ende aber manche meiner kritischen Vorstöße nicht erfolgreich waren, weil die Politik sich erfolgreich dagegen wehrte oder auf Umwegen dann doch noch ihre Ziele ganz oder teilweise erreichte, gehört auch zur Wahrheit.

2. Mediale Unterstützung ist unerlässlich

Die dargestellten Fälle zeigen auch: Erst der geglückten Verbindung von unabhängiger Wissenschaft und Öffentlichkeit gelingt es, der fachlichen Kritik die nötige Durchschlagskraft zu verleihen. Auf diese Weise konnten selbst 90-Prozent-Mehrheiten in den Parlamenten zur Abkehr von missbräuchlichen Regelungen gezwungen werden. Ohne vertrauensvolle Zusammenarbeit mit Journalisten wäre das nicht möglich gewesen, etwa mit Hartmut Palmer vom Magazin *Der Spiegel*. Auch Gisela Reiners von der Hamburger *Welt* hatte meiner Kritik von Anfang an vertraut. Beide wussten, dass sie sich auf meine Recherchen verlassen konnten. Die Stichhaltigkeit meiner fachlichen Arbeit bewog auch den Herausgeber des *Spiegel*, Rudolf Augstein (»Arnims Rechnungen haben bisher immer gestimmt«), zur massiven Kritik an der geplanten Entschärfung des Diätenartikels des Grundgesetzes und den Chefredakteur von *Bild*, Kai Diekmann, zu seiner erfolgreichen Klage gegen Martin Schulz, den späteren Präsidenten des Europäischen Parlaments. Ein nachdenklicher Beobachter der Szene, der Journalist Thomas Leif, beschrieb das wie folgt:

»Skandalberichterstattung« funktioniert »meist nur, wenn mutige kompetente Informanten hinter Journalisten stehen und quasi als innere Navigationssysteme und belastbare Materiallieferanten fungieren.«[218]

3. Einseitige Bestellung von Kontrolleuren

In der rechtsstaatlichen Demokratie können im Wesentlichen fünf Institutionen den Machtmissbrauch beim Handeln der Politik in eigener Sache verhindern: die Öffentlichkeit, wissenschaftlicher Sachverstand, die Verfassungsrechtsprechung, direkte Demokratie und unabhängige Kontrolleure. Damit tritt aber auch ein Problem in den Blick: die Bestellung der Mitglieder von Verfassungsgerichten und Sachverständigengremien.

Beim Gegenhalten gegen missbräuchliche Maßnahmen der politischen Klasse geht es ganz klassisch um einen Streit zwischen »unten« und »oben«. »Kontrollinstanzen« wie Richter und Sachverständige werden aber von den Parlamenten und Regierungen, also »von oben« bestellt. Insofern ist das Auswahlverfahren also grob einseitig. Umso wichtiger wäre es, mit direkter Demokratie ein effizientes demokratisches Instrument zu schaffen, das dieses Ungleichgewicht austariert, ein Instrument, das bei uns auf Bundesebene aber bisher fehlt.

4. Gefälligkeitsgutachten und Gefälligkeitskommissionen

Es kommt leider immer wieder zu Gefälligkeitsgutachten. Hierher gehört ein Gutachten Hans-Jürgen Papiers für den Bayerischen Landtag, in dem er die in Wahrheit verfassungswidrig geregelten Fraktionsmittel absegnete.[219] Kurz danach wurde Papier Präsident des Bundesverfassungsgerichts.[220]

Auch sogenannte Sachverständigenkommissionen glauben gelegentlich, verfassungswidrige Regelungen durchwinken oder sie sogar mit eigener Auslegung des Grundgesetzes heilen und so weiterhin befürworten zu können. Als Beispiel sei die Kommission zum Abgeordnetenrecht unter Vorsitz des früheren Bundesministers Edzard Schmidt-Jortzig genannt, die in Wahrheit eine mit politiknahen Mitgliedern besetzte Hofkommission war.[221] Sie bestätigte zum Beispiel die hohen steuerfreien Aufwandspauschalen, ohne auf die Gründe für deren Verfassungswidrigkeit einzugehen.[222] Ferner hielt sie die durch mehrfache Urteile gefestigte Rechtsprechung des Bundesverfassungsgerichts zu Funktionszulagen für bestimmte Abgeordnete[223] für nicht maßgeblich und empfahl vom Gericht verbotene Zulagen.[224]

5. Den Regierungschef mit in die Verantwortung ziehen

In Hessen und Hamburg wurde das beanstandete Gesetz zur Abgeordnetenversorgung am Ende dadurch zu Fall gebracht, dass der Regierungschef selbst zum Rückzug blies. Ihn von vornherein durch ausdrücklichen brieflichen Hinweis mit in die Verantwortung für das nicht zu rechtfertigende Vorhaben zu ziehen, kann entscheidenden Einfluss auf sein Verhalten haben. Diesen Effekt hatte ich im Hessenfall erstmals beobachten können. Es lag deshalb nahe, den jeweiligen Regierungschef auch in späteren Fällen vorab zu informieren, wie dies etwa im Saarland dann auch geschah.

6. Es geht um Macht. Sachargumente haben wenig Gewicht

Weder Wallmann in Hessen noch Voscherau in Hamburg gaben allerdings die grobe Unangemessenheit des Vorhabens zu, sondern sprachen lediglich von seiner mangelnden Durchsetzbarkeit. Damit war unübersehbar das Ziel angesprochen, um das es bei ihrem Veto ging: Der hessische Ministerpräsident und der Erste Bürgermeister Hamburgs fürchteten, durch Einräumen missbräuchlichen Verhaltens ihre Parteienkoalition gegen sich aufzubringen und so ihre Regierungsmacht zu gefährden.

Die geringe Bedeutung des Sacharguments in der politischen Diskussion, besonders wenn es mit handfesten Eigeninteressen der Parteien und ihrer Politiker kollidiert, zeigte sich auch in der ersten Reaktion auf die von mir initiierten Briefe des Bundes der Steuerzahler, die Spitzenpolitiker erhielten, lange bevor meine Gutachten veröffentlicht wurden. Die Antwort auf die Vorab-Aufklärung war, wenn überhaupt eine erfolgte, beschwichtigend.

Der nötige öffentliche Druck zum Verzicht auf das Vorhaben entstand erst, als die Öffentlichkeit über die grotesk missbräuchlichen Regelungen aufgeklärt worden war.

7. Die Grünen waren damals noch kritikfreudig

In den späten 80er- und frühen 90er-Jahren hatten die Grünen grob missbräuchliche Gesetze noch nachdrücklich kritisiert, waren also an meiner Seite. In Hamburg hatten sie mir die nötigen Unterlagen über die unmäßige Erhöhung der Senatorenpension zur Verfügung gestellt, mit denen ich das Camouflage-Gesetzgebungs-Verfahren von 1987 und seinen inneren Zusammenhang zum unhaltbaren Gesetz von 1991 öffentlichkeitswirksam darstellen konnte.

Allerdings zeigten sich schon damals gewisse Absetzungsbewegungen. Das unmögliche hessische Diätengesetz hatte die stellvertretende Fraktionsvorsitzende im Landtag, Iris Blaul, zwar kritisiert, allerdings ohne seine eigentlichen Haken zu nennen und Durchschlagskraft für den Widerspruch der Grünen zu gewinnen. Auch Joschka Fischer schloss sich äußerlich der Kritik an, war aber, als es um eine mögliche Verfassungsklage seiner Partei gegen das Gesetz ging, eher zurückhaltend, wohl weil er sich die künftige Regierungsperspektive nicht erschweren wollte. Als dann die hessischen Abgeordnetendiäten auf das Gehaltsniveau von Freiberuflern angehoben wurden (bei Unterschlagung der beitragsfreien Altersversorgung, die Abgeordnete zusätzlich bekommen), versuchte er sogar, mich zu beschwichtigen. Mit der Kritik sei es doch nun genug!

Heutzutage sind die Grünen im Bund und in vielen Ländern an der Macht und wollen sich bei deren Ausübung offenbar nicht durch Kritik der inner- und außerparlamentarischen Opposition stören lassen. Von ihrem früheren Widerstand gegen in eigener Sache beschlossene unangemessene Gesetze ist nichts mehr zu bemerken. Im Gegenteil: In Baden-Württemberg, Rheinland-Pfalz und Berlin trugen die Grünen die missbräuchlichen Gesetze selbst voll mit. Neuerlich haben sie sogar die Einführung des wirksamsten Kontrollinstruments aus ihrem Programm gestrichen: die direkte Demokratie auf Bundesebene.

8. Die Kontrolle durch Verfassungsgerichte ist beschränkt. Umso wichtiger ist die Öffentlichkeit

Die Mühlen der Rechtsprechung mahlen meist langsam. Oft kann oder will sie ihre Kontrollaufgabe auch nicht wahrnehmen. So zeigen sich beim Bundesverfassungsgericht manche Irrwege, die später korrigiert werden mussten. Sie erinnern, wie Antje Vollmer von den Grünen formuliert hat, insgesamt an die Echternacher Springprozession (drei Schritte vor und zwei zurück). Vor allem kann das Bundesverfassungsgericht wie jedes Gericht nur auf Antrag entscheiden. Die Bürger, die Steuerzahler und ihre Verbände haben aber meist kein Antragsrecht. Und die Parteien, Fraktionen, Regierungen und Abgeordneten werden sich kaum gegen übermäßig sie begünstigende Regelungen zur Wehr setzen. Die Antrags*willigen* sind also meist nicht befugt, die Antrags*befugten* aber nicht antragswillig. Deshalb muss gerade auch hinsichtlich der *gemeinsamen* Interessen von Politikern Missbrauch, etwa durch überzogene Höhe der selbstbewilligten staatlichen Mittel, möglichst verhindert werden. Dafür ist die Sicherung der öffentlichen Kontrolle unerlässlich – auch gegen den gemeinsamen Wunsch, sie lahmzulegen.

Eine wache Öffentlichkeit und ihre Sicherung sind also unerlässlich, und die dargestellten Fälle sprechen ja auch für sich. Dennoch bleibt die Kontrolle durch die Rechtsprechung wichtig. Immerhin kam es zum Diätenurteil von 1975 (durch Klage eines Abgeordneten gegen eine Unvereinbarkeitsvorschrift) und zum Parteienfinanzierungsurteil von 1992 (durch Klage der Grünen). In beiden Urteilen hob das Bundesverfassungsgericht selbst die Bedeutung der Kontrolle durch Öffentlichkeit und unabhängige Sachverständige bei Entscheidungen des Parlaments in eigener Sache hervor.

Solche Entscheidungen machen den staatlichen Akteur, selbst wenn es der Bundestag ist, nun einmal unübersehbar befangen.

Das verlangt eine intensive Kontrolle seines Tuns auch durch das Bundesverfassungsgericht selbst, wie dieses etwa in den Sperrklausel-Entscheidungen betont hat. Bei der Politikfinanzierung bedeute der Gesetzesvorbehalt, dass der Gesetzgeber auch ihre Höhe exakt festlegen muss. Denn hier liegt die Missbrauchsgefahr, der der Gesetzesvorbehalt bei Entscheidungen in eigener Sache entgegenwirken soll, auf der Hand.

9. Unterstützung durch Staatsrechtslehrer-Appelle

Mit Appellen von Staatsrechtslehrern und -lehrerinnen habe ich bei öffentlichen Anliegen gute Erfahrungen gemacht. Sie können höchst wirksam sein, um bestimmte Entscheidungen am Ende doch noch durchzusetzen. Als Politiker behaupteten, ich sei mit meiner Kritik an der geplanten Änderung des Diätenartikels des Grundgesetzes ganz allein, wurden, wie bereits beschrieben, unter Kolleginnen und Kollegen Unterschriften gesammelt. Schließlich kamen 86 zustande, die – am Ende erfolgreich – an den Bundesrat appellierten, der Verfassungsänderung die Zustimmung zu versagen.

Auch meine Klage gegen die Fünfprozentsperrklausel und die starren Listen bei Europawahlen wurde (neben den rund 500 Bürgern) von 30 Staatsrechtslehrern und -lehrerinnen unterstützt.

Für die Reform des Wahlrechts und die Rückführung des Bundestags auf sein Normalmaß initiierte ich mit drei Kollegen einen Appell von über 100 Staatsrechtlern. Die Ampel-Regierung hat nun zwar ein neues Wahlrecht beschlossen, geht dabei aber über das Sinnvolle hinaus und begründet neues Unrecht, indem sie auch die sogenannte Grundmandatsklausel (die Parteien mit drei Direktmandaten von der Fünfprozentklausel freistellt) abgeschafft hat, sodass die Entscheidung einmal mehr beim Bundesverfassungsgericht liegt.

10. Das Gemeinwohl-Problem

Indizien für fehlende Gemeinwohlorientierung politischer Akteure gibt es viele, etwa weil es Befangene sind, die entscheiden, oder der parlamentarischen Opposition ihre Kontrollbereitschaft genommen wird, indem man auch sie üppig mit Privilegien bedenkt, wie in Rheinland-Pfalz und im Saarland bei Einführung der missbräuchlichen Altersversorgung geschehen. Auch indem die öffentliche Kontrolle durch parlamentarische Blitzverfahren gezielt ausgeschaltet wird, wie zum Beispiel 1987 in Hamburg.

Allerdings ist Gemeinwohl, wie bereits dargestellt, ein schwer operabler Begriff, da er ebenso wie Gerechtigkeit inhaltlich nicht konkret fassbar ist, sondern nur in seiner Umkehrung. Schon Aristoteles definierte Gerechtigkeit, einen Teilbereich von Gemeinwohl, als Abwesenheit von Ungerechtigkeit. Darum und um durchaus feststellbare Mängel des Verfahrens geht es bei berechtigter Kritik aber meist. Es besteht also kein Grund, auf den unverzichtbaren Leitstern »Gemeinwohl« zu verzichten und seine praktische Umsetzung nicht immer wieder einzufordern, gerade in der rechtsstaatlichen Demokratie.

11. Gerhard Leibholz' fatales Erbe

Obwohl die Gleichsetzung von Parteien, Volk und Staat, wie der Rechtswissenschaftler und ehemalige Richter am Bundesverfassungsgericht, Leibholz, sie proklamierte, in der Theorie kaum noch vertreten wird und wir inzwischen wissen, dass diese »Dreieinigkeit« auch auf Einflüssen des Faschismus beruht,[225] müssen wir mit ihren praktischen Ergebnissen immer noch leben, etwa

- mit der üppigen Politikfinanzierung; die staatliche Parteienfinanzierung hatte vor Leibholz als verfassungswidrig gegolten.
- und mit starren Listen bei Europa-, Bundestags- und Landtagswahlen, die, wie Leibholz selbst einräumte, der Direktwahl von Abgeordneten widersprechen.

XI. Themen, die nichts an Aktualität verloren haben: Von Wahlen ohne Auswahl bis hin zu Blitzgesetzen im Parlament

Wahlen ohne Auswahl

Freie Wahlen werden gemeinhin als Kernstück eines demokratischen Staates angesehen. Das ist sicher zutreffend und ein zentrales Gut, für das wir jederzeit engagiert eintreten sollten. Dennoch muss die Frage erlaubt sein, ob Abgeordnete wirklich frei und direkt gewählt werden, wie Art. 38 Abs. 1 des Grundgesetzes verlangt, wenn Wählerinnen und Wähler über starre Listen entscheiden, die allein die Parteien aufstellen, nicht aber unmittelbar über Personen.

Tatsächlich freie Wahlen?

Die Wahl der Abgeordneten durch das Volk sollte eigentlich – schon dem Begriff nach – bedeuten, dass die Bürger eine personale Auswahl besitzen. Doch starre Wahllisten auf Bundes-, Europa- und Landesebene nehmen dem Wähler die Entscheidung aus der Hand, wer Abgeordneter wird. Stattdessen können die Bürger mit ihrer Listenstimme nur Parteien und deren in unveränderbarer Reihenfolge angebotenen Kandidatenblock ankreuzen, nicht aber einzelne Kandidaten vorziehen oder zurücksetzen und schon gar nicht Kandidaten ihre Stimme geben, die auf den Listen anderer Parteien stehen. Wen eine Parlamentspartei also auf einen vorderen Listenplatz setzt, der kann sich seines Mandats sicher sein. Mit dem offiziellen Wahlakt segnen die Bürger dann lediglich noch eine Wahlentscheidung ab, die die Partei längst getroffen hat. Die Wahl degeneriert auf diese Weise zur »Wahl ohne Auswahl«. Können die Bürger ihre Vertreter ohnehin nicht auswählen, scheint es auch ziemlich egal, dass diese ihnen meist ganz unbekannt sind.

Bei Wahlen des Bundestags und der meisten Landtage hat der Wähler zwei Stimmen. Konzentrieren wir uns bei den nun folgenden Ausführungen auf den Bund und gehen dabei zunächst von demjenigen Recht aus, nach dem der Bundestag 2021 gewählt wurde. (Das neue Wahlgesetz der Ampel-Koalition wird dagegen in Kap. XII behandelt; siehe S. 292 f.).

Der größere Teil der Abgeordneten wird mit der sogenannten Zweitstimme nach starren Wahllisten bestimmt (auch die Ausgleichsmandate kommen alle über die Listen). Für sie gilt das soeben Ausgeführte. Der andere Teil wird in den 299 Wahlkreisen mit der Erststimme gewählt. Wer die meisten Stimmen bekommt, ist gewählt (relative Mehrheitswahl). Doch auch hier täuscht oft der Eindruck, der Wähler entscheide, wer im Wahlkreis gewinnt und ins Parlament kommt und wer nicht. Denn wer im Wahlkreis verliert, erlangt häufig ebenfalls ein Mandat, weil die Partei ihn auf ihrer starren Liste abgesichert hat. Insgesamt hängt der Erfolg für die Kandidaten also ganz wesentlich davon ab, ob ihre Partei sie aussichtsreich platziert hat. Insoweit entscheiden nicht die Bürger, wer Abgeordneter wird und wer nicht, sondern die Parteien. Der Wähler bestimmt nur die Größe der Parlamentsfraktion einer Partei. Auf ihre personelle Zusammensetzung hat er mit seiner Listenstimme praktisch keinen Einfluss.

Wie wenig demokratisch dies ist, erkennt man auch im historischen Überblick: Schon in Weimar hatte die Reichsregierung 1924 die starren Listen als verfassungswidrig erkannt (Verstoß gegen das Gebot, Abgeordnete unmittelbar durch die Bürger zu wählen, Art. 22 Weimarer Reichsverfassung). Sie hatte auch bereits ein Änderungsgesetz in den Reichstag eingebracht, welches allerdings am Widerstand führender Mitglieder des Reichstags scheiterte, die um ihre sicheren Listenplätze fürchteten. Bei Ausarbeitung des

Grundgesetzes hatte dann der Parlamentarische Rat auf Vorschlag der SPD das Reichstagswahlrecht für die Hälfte der Mitglieder des Bundestags übernommen. Die bloß indirekte Wahl von Abgeordneten kam ihm offenbar gerade recht, da er ohnehin nicht viel vom Volk hielt (siehe S. 24 ff.). Auch der einflussreiche Verfassungsrichter Gerhard Leibholz hatte zwar die Verfassungswidrigkeit der indirekten Wahl von Abgeordneten klar erkannt. Aber er suchte sie mit seiner Gleichsetzung von Parteien und Volk wegzuinterpretieren, und das Bundesverfassungsgericht folgte ihm dabei. Zwar ist Leibholz' Doktrin inzwischen längst aufgegeben, jetzt aber wollen die Parteien von ihrer durch die indirekte Wahl mitbegründeten Machtstellung nicht mehr lassen.

Besonders eklatant: Die deutsche Europawahl

Bei der deutschen Europawahl hat der Wähler nur eine Stimme. Es gilt eine reine Verhältniswahl mit starren, nicht veränderbaren Listen. Von den 96 Abgeordneten, die Deutschland nach Brüssel entsendet, wissen also regelmäßig rund drei Viertel lange vorher bereits, dass sie ins Europäische Parlament einziehen werden, einfach weil ihre Parteien sie auf sichere Listenplätze gesetzt haben. Es ist deshalb eine semantische Verschleierung der wahren Verhältnisse, von »Europäischen Direktwahlen« zu sprechen, wie dies dennoch vielfach geschieht. Die Wahl der Abgeordneten erfolgt in Deutschland eben nicht direkt durch die Bürger, sondern faktisch durch die Parteien.

Im Rahmen der Europawahl 2009 konnten in Deutschland zum Beispiel die ersten 20 auf der SPD-Liste – allein aufgrund der zu erwartenden Ergebnisse ihrer Partei – sicher sein, ins Europäische Parlament einzuziehen. (Insgesamt erwarben 23 SPD-Abgeordnete einen Sitz.) Dagegen waren die Kandidaten auf den Listenplätzen ab 30 nur Staffage. Bei der Europawahl 2019 hatten von 16 SPD-Abgeordneten mindestens die 12 an den Anfang der Wahlliste gesetzten schon vorher ihr Mandat sicher. Mit dem Grundsatz der Unmittelbarkeit der Wahl der Abgeordneten durch das Volk ist das ebenso wenig vereinbar wie mit der Freiheit der Wahl und der Gleichheit der Wählbarkeit.

Bereits in meiner Rektoratsrede von 1993[1] hatte ich deshalb die für die Demokratie so gefährliche Tendenz der Parteien herausgestellt, aus kurzsichtigem Eigeninteresse an festgezurrten, von den Bürgern nicht veränderbaren Listen festzuhalten, um ja keine Machtanteile abgeben zu müssen, auch nicht an den legitimen Souverän, den Bürger.[2] In dieselbe Richtung gingen mehrere meiner Veröffentlichungen,[3] auch der Vorschlag, Vorwahlen einzuführen, um den Bürgern in sogenannten sicheren Wahlkreisen wirklich eine Auswahl der Kandidaten zu ermöglichen, und ein Gerichtsverfahren, in dem ich versuchte, das Bundesverfassungsgericht zur Beseitigung geschlossener Listen zu bewegen – bisher leider ohne Erfolg.

Personenwahl als demokratische Alternative

Angesichts einer gewissen Angleichung der politischen Programme von Union, SPD und Grünen wissen viele Wähler nicht mehr recht, welche Partei sie wählen sollen. Daher wäre es umso wichtiger, dass sie über offene Wahllisten wenigstens diejenigen *Personen* zu Abgeordneten machen können, denen sie vertrauen. Damit würde auch dem demokratischen Prinzip entsprochen, wonach die Bürger die Abgeordneten nach Ablauf der Legislaturperiode, sei es durch Wiederwahl, sei es durch Abwahl, für ihr politisches Handeln verantwortlich machen können. Schließlich sollten Wahlen der zentrale Hebel sein, mit dem sie in der parlamentarischen Demokratie Einfluss nehmen können.

In den Gemeinden und Landkreisen sind starre Listen in 13 der 16 Bundesländer längst abgeschafft. Dort können die Bürger inzwischen durch Konzentration ihres Votums auf bestimmte Bewerber ihre Vertreter in den Rathäusern auswählen. In Baden-Württemberg und in einigen anderen Ländern können sie sogar Bewerber verschiedener Listen ankreuzen (panaschieren).

Bei Landtagswahlen bestehen teilweise ebenfalls Personenwahlsysteme, wie in Baden-Württemberg und Bayern. In Hamburg und

Bremen haben die Bürger mittels direkter Demokratie die Wahlen so umgestaltet, dass sie ihre Vertreter unmittelbar bestimmen können.

Dass dem Bürger aber ausgerechnet im Bund und in der EU, also auf den Ebenen mit den wichtigsten politischen Kompetenzen, das demokratische Königsrecht, das Wahlrecht, gestutzt wird, erscheint geradezu abwegig. Durch die Vielzahl von Wahlen wird ihm zwar suggeriert, er hätte in Sachen Politik unheimlich viel zu sagen. Dieser Eindruck aber täuscht – leider.

Folgen für die Demokratie

Die Entmachtung der Bürger bei der Personalauswahl hat gravierende Folgen: Da es die Parteien sind, die die Listen aufstellen und dabei auch die Reihenfolge und die Chancen für die Kandidaten festlegen, müssen alle, die sich um Mandate bewerben, primär an guten parteiinternen Kontakten interessiert sein. Starre Listen begünstigen deshalb die Binnenorientierung der Abgeordneten, da diese sich ja regelmäßig wiederbewerben wollen. Außerdem sind sie fast alle Funktionsträger der Parteien. So tendieren Parteien leicht dazu, sich vornehmlich mit sich selbst zu beschäftigen, und ihre eigentliche Aufgabe in der Demokratie, Mittler zwischen Bürgerschaft und Parlament zu sein, zu vernachlässigen.

Hätten die Bürger dagegen die Möglichkeit, mit der Listenstimme Kandidaten auszuwählen, würde es sich für Politiker lohnen, intensiven Kontakt mit den Wählern zu halten, bei ihnen bekannt und geschätzt zu werden. Heute ist viel von der Abgehobenheit und Bürgerferne der Politik die Rede. Die Öffnung der Listen wäre ein probates Instrument, um gegenzusteuern. Dafür müssten die Parteien den Wählern aber eine wirkliche Wahl ihrer Repräsentanten auch mit der Zweitstimme ermöglichen.

Natürlich würde der Wahlausgang für viele Abgeordnete damit unsicherer werden. Das erklärt das Widerstreben gegen eine solche bürgerorientierte Reform, kann es aber natürlich nicht rechtfertigen. Entscheidend ist in der Demokratie die Sicht der Bürger, nicht die ihrer Repräsentanten.

Schiefe Auswahlkriterien der Parteien

Die Auswahl der Abgeordneten durch die Parteien hat auch Auswirkungen auf die Qualität erfolgreicher Kandidaten. Parteigremien legen typischerweise andere Eignungskriterien für ein Mandat an als die jeweilige professionelle Kompetenz. Für sie ist die Nominierung oft Belohnung für langwierige, bedingungslose Treue zur Partei. Nach ungeschriebener innerparteilicher Konvention erdient man sich ein Mandat durch eine zeitraubende sogenannte Ochsentour, in welcher innerparteilicher Goodwill, Seilschaften und Netzwerke aufgebaut werden und man beim Wechsel des Wohnorts alles verliert. »Zeitreiche« und »Immobile« haben dabei die besten Chancen.[4] Damit ist auch der immer wieder unternommene Versuch widerlegt, bescheidenes politisches Personal damit zu erklären, dafür seien ja die Bürger selbst verantwortlich, da sie es ja ausgewählt hätten. Denn eine Auswahl hat der Bürger bei starren Listen und ohne Vorwahlen gerade nicht.

Parteisteuern: Ausdruck eines Rekrutierungsmonopols

Die Parteien demonstrieren auch ganz ungeniert, dass sie es sind, denen die Abgeordneten ihr Mandat verdanken, indem sie ihnen dafür hohe monatliche Zusatzbeiträge abknöpfen, die sogenannten Parteisteuern. Diese betragen etwa bei den Grünen 19 Prozent der Abgeordnetendiäten.[5] Die Absurdität dieser Sonderbeiträge wird dadurch noch gesteigert, dass sie zweifach subventioniert werden (als Steuerbegünstigung beim Mandatsträger und als Bezugsgröße für die staatliche Parteienfinanzierung). Das Rekrutierungsmonopol der Parteien wird also auch noch prämiert, obwohl die Mandatszuteilung in der Demokratie eigentlich Sache der Bürger sein müsste. Dass diese Tatsache kaum noch thematisiert wird,[6] zeigt, wie sehr die Republik sich schon an den exzessiven Parteienstaat und die Entmachtung der Bürger gewöhnt hat.

Dabei fordern Kommissionen und Prominente bis hin zu mehreren Bundespräsidenten seit Langem eine Flexibilisierung der Wahllisten. Damit würde ein Teil der Parteienmacht auf die Bürger zurückübertragen und dem Prinzip entsprochen, dass die Parteien an der politischen Willensbildung des Volkes nur mitzuwirken haben (Art. 21 Abs. 1 GG). Doch die Parteien wollen ihre Monopolstellung wohl nicht gefährden. Diese Selbst-Blockade könnte wohl nur das Gericht oder das Volk mittels direkter Demokratie auflösen.

Klage gegen die Europawahl 2009

Wie oben schon angemerkt, hatte ich in meiner Klage gegen die Europawahl von 2009 – neben der Sperrklausel – auch die starren Listen angegriffen.[7] Dem gab das Gericht in seinem Urteil vom 9. November 2011 nicht statt; auf einer halben Seite wurde das Thema richtiggehend abgewürgt,[8] wobei der Senat mir vorhielt, ich hätte »keine neuen Argumente vorgetragen, die Anlass zu einer anderen Beurteilung geben«.[9] Er bezog sich dabei auch auf die bisherige Rechtsprechung des Bundesverfassungsgerichts. Ich hatte aber sehr wohl neue und triftige Argumente vorgebracht und die bisherigen Gründe des Gerichts widerlegt.[10]

Die Erklärung für den »kurzen Prozess« liegt wohl darin, dass ein Urteil, das die starren Listen bei der Europawahl für verfassungswidrig erklärt hätte, Auswirkungen auch auf die Bundestags- und die meisten Landtagswahlen gehabt hätte, wo ebenfalls starre Listen bestehen.[11] Der Senat wollte die weittragende Frage ihrer Zulässigkeit wohl nicht sozusagen im »falschen Verfahren« abhandeln. Zudem ist bei Europawahlen weder Art. 38 GG noch Art. 28 GG direkt einschlägig, sondern nur das allgemeine Demokratieprinzip. Vor allem aber wäre die knappe 5:3-Mehrheit für die Abschaffung der Sperrklausel vermutlich gefährdet gewesen, wenn der Senat in sein Urteil auch die starren Listen einbezogen hätte; ihre praktische Nichtbehandlung dürfte Teil eines Kompromisses innerhalb der Senatsmehrheit gewesen sein. Insgesamt scheint das Thema »starre Listen« mit dem Urteil zu den Europawahlen also noch keineswegs erledigt.

Überholtes Uralt-Urteil

Vor Jahrzehnten bereits hatte das Gericht die Verfassungsmäßigkeit der starren Listen mit heute völlig überholten Argumenten zu begründen versucht.[12]

Die damalige Rechtsprechung beruhte auf der Parteienstaatsdoktrin des bereits mehrfach genannten früheren Richters am Bundesverfassungsgericht, Gerhard Leibholz, die quasi darauf hinauslief, die Parteien seien das Volk. Das Volk wurde weginterpretiert und durch die Parteien ersetzt, was die theoretische Grundlage und scheinbare Rechtfertigung für die Entmachtung der Bürger bildete. Leibholz erkennt zwar selbst, dass starre Listen gegen die Unmittelbarkeit der Wahl der Abgeordneten durch das Volk verstoßen,[13] wenn die Parteien die Reihenfolge auf den Listen *vor* dem eigentlichen Wahlakt festlegten und der Bürger daran nichts mehr ändern kann. Ob vorher oder nachher, sei aber gleichgültig, wie Leibholz selbst einräumt. So oder so seien es die Parteien, die über das Erlangen eines Mandats bestimmen, und das sei, wie er bestätigt, keine unmittelbare Wahl der Abgeordneten durch das Volk. Leibholz bleibt dabei aber nicht stehen, sondern sucht, den Unmittelbarkeits-Grundsatz »parteienstaatlich« zu modifizieren, ihn also quasi zu beseitigen: Da er Volk und Partei in eins setzt, sei auch die Auswahl der Abgeordneten durch die Partei als Wahl durch das Volk anzusehen.[14] Leibholz meint, sich dabei auf Art. 21 GG berufen zu können, der aber nur von einer *Mit*wirkung der Parteien spricht, und diese wäre auch bei flexiblen Listen gegeben, weil die Parteien weiterhin die Listen aufstellen und die Kandidaten vorschlagen. In Wahrheit widersprechen starre Listen den Grundsätzen der Unmittelbarkeit und Freiheit der Wahl (Art. 28, 38 GG).

Kein Wunder, dass die Parteien Leibholz von Anfang an ins Bundesverfassungsgericht wählten, seine Wahl immer wieder erneuerten und auch seinen Schüler Julius Rinck nach Karlsruhe entsandten. Die Gleichsetzung von Volk und Parteien wird heute zwar kaum noch vertreten. Die früheren Urteile wirken aber fort, obwohl eigentlich offensichtlich geworden sein müsste, dass die

Monopolisierung der Auswahl der Abgeordneten in der Hand der Parteien von Art. 21 GG nicht gedeckt ist.

Das Gericht hat früher auch darauf abgehoben, starre Listen seien »seit jeher unangefochten« als verfassungsgemäß angesehen worden.[15] Doch das ist schlicht falsch. Wie bereits erwähnt, waren sie in der Weimarer Republik durchaus als verfassungswidrig erkannt worden und zwar von keinem Geringeren als der Regierung selbst. Bloß scheiterte die nötige Änderung am Widerwillen der Abgeordneten. Schon damals wurde der Reichstag nach Verhältniswahl mit starren Listen gewählt. Der Reichsregierung aber war klar, dass dies mit den Grundsätzen der unmittelbaren und freien Wahl der Abgeordneten unvereinbar war. Deshalb legte sie im Jahre 1924 einen Reformentwurf vor und führte zu seiner Begründung aus:

> *»Wortlaut und Geist der Verfassung erfordern eine Änderung dieses Zustandes. [...] Die Mängel sind so augenfällig, dass nach den tatsächlichen Verhältnissen die Vorschriften der Verfassung, dass das Wahlrecht ein unmittelbares sein soll, durch das Wahlsystem nicht mehr erfüllt wird.«*[16]

Dennoch kam es zu keiner Änderung. Im Reichstag war die Reform nicht durchzusetzen, weil, wie der Staatsrechtslehrer Friedrich Glum darlegte, »die führenden Abgeordneten sich so daran gewöhnt hatten, dass ihre Wiederwahl gesichert ist, ohne dass sie sich besonders anzustrengen brauchten, dass sie ungern an eine mögliche Erschütterung ihrer Berufsstellung denken mochten«.[17] Heute stehen der Einführung flexible Listen zwar ähnliche Beharrungsmomente entgegen. Anders als in Weimar besteht unter dem Grundgesetz aber eine strikte Bindung des Gesetzgebers an die Verfassung und ein Verfassungsgericht, das ihre Einhaltung überprüft.

Anpassung an die Jetztzeit dringend erforderlich

Im Übrigen schlüge auch nach der Rechtsprechung des Gerichts eine Berufung auf die Tradition nicht mehr durch, wenn sich die Beurteilungsgrundsätze und/oder die tatsächliche Situation gewandelt haben. Genau dies ist heute unübersehbar der Fall. Ein Beispiel für heute völlig veraltete Vorstellungen ist das Urteil des Bundesverfassungsgerichts vom 10. Mai 1957 zur Verfassungsmäßigkeit der seinerzeitigen Strafvorschriften gegen männliche Homosexualität.[18] Die Überholtheit zeigt sich auch darin, dass der Präsident des Bundesverfassungsgerichts Andreas Voßkuhle 2019 in einer Fernsehsendung bekannte, er schäme sich für dieses Urteil.

Ist aber das Urteil, mit dem das Gericht die starren Listen abgesegnet hatte und das aus demselben Jahr 1957 stammt, nicht genauso überholt? Weitere Beispiele für die Korrektur einer überholten Rechtsprechung bieten die Urteile von 2011 und 2014, mit denen das Bundesverfassungsgericht die Sperrklauseln im deutschen Europawahlrecht für verfassungswidrig erklärte. Zu einem früheren Zeitpunkt hatte das Gericht die Sperrklausel noch abgesegnet.

Es wäre also höchste Zeit, dass die unzähligen Empfehlungen, die Listen zu flexibilisieren – von der Enquetekommission »Verfassungsreform« von 1976 bis hin zu zahlreichen Bundespräsidenten – bei Bundestags-, Landtags- und deutschen Europawahlen endlich umgesetzt werden. Das hätte auch Rückwirkungen auf die Rekrutierung von Politikern. Gewönnen die Bürger nämlich mehr Einfluss darauf, welche Personen sie vertreten, müssten die Parteien im eigenen Interesse attraktive Kandidaten aufstellen.

Direktwahl von Ministerpräsidenten

In Umfragen ergeben sich immer wieder große Mehrheiten für die Direktwahl von Ministerpräsidenten und Bundespräsidenten. Neuerdings wird selbst in bundesweiten Befragungen zu den Wahlchancen von Parteien meist mit abgefragt, wer die besten Chancen hätte, »wenn die Spitzenkandidaten direkt gewählt würden«.

Damit wird nicht nur das zunehmende Interesse der Bürger an der Person der Spitzenkandidaten bestätigt, sondern indirekt auch der Frust darüber, dass sie bisher in Wahrheit fast nichts zu entscheiden haben und endlich eine wirkliche Personenwahl haben möchten.

Was für eine Reform der Landesverfassungen spricht

Die erfolgreiche Kommunalverfassungsreform (siehe S. 245 ff.) könnte zum Vorbild auch für eine Reform der Landesverfassungen werden.[19] Das war jedenfalls meine Idee. Genau wie die Kommunen haben die Länder vornehmlich Verwaltungsaufgaben. Sie sind es, die die Gesetze *vollziehen*, auch die meisten Bundesgesetze, während die Gesetz*gebung* beim Bund und bei der EU konzentriert ist. Auch die Volkswahl von Ministerpräsidenten könnte direktdemokratisch durchgesetzt werden, und das wäre durchaus sinnvoll.[20]

Die Direktwahl der Ministerpräsidenten würde mehr Demokratie *und* mehr Rechtsstaatlichkeit schaffen: Mehr Demokratie, weil die Exekutivspitze allein vom Wähler bestimmt würde – und nicht von Parteiführern im Wege von Koalitionsverhandlungen – und damit wirklich demokratisch legitimiert und den Wählern unmittelbar verantwortlich wäre. Mehr Rechtsstaatlichkeit, weil nun echte Gewaltenteilung hergestellt würde.

Bisher sieht die Parlamentsmehrheit ihre Hauptfunktion darin, die von ihr gewählte Regierung zu stützen und erscheint als bloßes Anhängsel der Regierung.[21] Die Opposition kann jederzeit überstimmt werden und besitzt deshalb nur eingeschränkte Kontrollmöglichkeiten. Bei einer Direktwahl des Ministerpräsidenten dagegen gewönne das ganze Parlament an Selbstständigkeit und Macht und könnte den Regierungschef öffentlichkeitswirksam kontrollieren. Damit käme es wirklich zur (in unserem Regierungssystem ja stark geschwächten) Gewaltenteilung.

Auch das – bisher weitgehend nur auf dem Papier stehende – freie Mandat, das den Abgeordneten die Freiheit der Mandatsausübung garantiert (z. B. Art. 38 GG), käme zu seinem Recht, zumal, wenn auch die Listen für die Parlamentswahl flexibilisiert würden. Zugleich würde die Bundespolitik gewinnen, weil direkt gewählte Ministerpräsidenten sich einer parteipolitisch motivierten Blockade im Bundesrat eher verschließen würden. Das immer stärkere programmatische Zusammenrücken der Parteien würde es einem direkt gewählten Ministerpräsidenten auch erleichtern, wichtigen Leuten aus anderen Parteien (oder ganz ohne Parteibuch) ein Ministeramt zu übertragen und gegebenenfalls mit wechselnden Mehrheiten zu regieren. Mangels Koalitionsregierungen in den Ländern würde auch die Blockade durch kleine Koalitionsparteien im Bundesrat entfallen.

In einem solchen (mit dem Grundgesetz voll zu vereinbarenden)[22] Präsidialsystem brauchten kleinere Parteien und ihre Wähler – anders auch bei der Mehrheitswahl der Volksvertretung – nicht mit Sperrklauseln aus dem Parlament gedrängt zu werden.[23]

Was sagen die Kritiker – und was sagen sie nicht

Damit trifft auch keineswegs zu, dass die Direktwahl des Ministerpräsidenten zu einem Machtverlust des Landtags führen würde und es sich um ein Nullsummenspiel handle, sodass der Landtag verliere, was der Regierungschef gewinne, wie Kritiker des Reformvorschlags behaupten.[24] Vielmehr gewinnen, wie eben dargelegt, beide.

Das Mehr an Bürgermitwirkung, das die Reform brächte, beziehen Reformgegner in ihre Bilanz nicht ein und erwähnen es nicht einmal: weder bei der Wahl des Ministerpräsidenten noch beim Wegfall der Fünfprozentklausel, die bei Einführung der Direktwahl nicht mehr benötigt würde – ebenso wenig wie in den Kommunen. Auch die Kontrolle der Regierung durch den Landtag, die durch die Herstellung der Gewaltenteilung bewirkt würde, wird nicht erwähnt, obwohl gerade sie in den exekutivlastigen Ländern besonders wichtig wäre. Den Gegnern der Reform geht es letztlich darum, eine Schwächung der politischen Parteien zu verhindern,[25] die die zwangsläufige Folge der Stärkung von Ministerpräsidenten, Parlament und Abgeordneten wäre. Dabei geht es – aus der allein maßgeblichen Sicht »von unten« – gerade darum, Fehlentwicklungen des exzessiven Parteienstaats auszubügeln.

Dass ausgerechnet Klaus von Dohnanyi in dieser Sache das Wort ergriff, dem Gewinn an demokratischer Legitimation durch die Direktwahl widersprach, Berufungen allein durch die Partei verteidigte und sich über drei Ausgaben des *Hamburger Abendblatts* einen »Schlagabtausch« mit mir lieferte,[26] hat mich dann doch überrascht. Aber der für den Hamburger Diäten- und Senatoren-Versorgungsskandal mitverantwortliche frühere Erste Bürgermeister von Hamburg (siehe S. 164) glaubte damit vielleicht gerade seine Affinität zu den Parteien unterstreichen zu müssen.

Spitzenkandidat sticht Partei(programm)

Erst recht liegt die Direktwahl des Ministerpräsidenten nahe, seitdem die Parteien programmatisch immer stärker zusammenrücken, sodass das personale Moment zunehmend an Gewicht gewinnt. Die CDU/CSU hat sich der SPD und den Grünen immer mehr angenähert, sodass die meisten Wähler, die eine dieser drei Parteien wählen wollen, zunehmend den Blick auf deren Spitzenkandidaten richten, die dann den Wahlkampf auch völlig dominieren. Kleinere Parteien, wie die Linke und die FDP (und erst recht die Anfang 2024 neu gegründeten Parteien) stellen wohl ohnehin keine Kanzler- oder Ministerpräsidenten-Kandidaten auf; und die AfD kommt als Regierungspartei schon gar nicht in Betracht, solange sie – auch wegen ihrer von den Verfassungsschutzämtern angegebenen Nähe zu Radikalen – von den anderen Parteien als möglicher Partner ausgegrenzt wird.

Die zwangsläufige Folge eines solchen Zurücktretens der Partei ist die wachsende Dominanz der Persönlichkeit des künftigen Regierungschefs, im Prinzip eine Art »Präsidentialisierung«.[27] Das zeigt sich nicht nur im Bund, wo Angela Merkel während ihrer Kanzlerschaft die Union »mitzog« (und ihre Koalitionspartner, wie die FDP und die SPD »erdrückte«), sondern zunehmend auch in den Bundesländern, so zum Beispiel 2021 in Baden-Württemberg mit Winfried Kretschmann, in Rheinland-Pfalz mit Malu Dreyer und in Sachsen-Anhalt mit Reiner Haseloff. Die Erringung der Mehrheit war hauptsächlich Sache des Regierungschefs, ob er nun grün, rot oder schwarz war. Auf ihn oder sie hatte die jeweilige Partei im Wahlkampf fast ausschließlich abgehoben.

Reform auf Landesebene ja – auf Bundesebene nein

Die Direktwahl des Ministerpräsidenten wäre nicht nur sachlich angezeigt, sondern könnte auch eine wichtige Maßnahme sein, um in Zeiten akuter Politikverdrossenheit eine neue Brücke zu den Wählern zu schlagen. Die ganz große Mehrheit der Bevölkerung stört am parlamentarischen System mit Verhältniswahl die fehlende echte Gewaltenteilung, das faktisch stark eingeschränkte freie Mandat, weil Abgeordnete – jedenfalls in der Öffentlichkeit – in die Fraktionsdisziplin eingebunden sind, und auch die Regierung wird nicht vom Wähler bestimmt, sondern meist von Parteiführern im Weg von Koalitionsverhandlungen nach der Wahl. Viele dieser Mängel ließen sich, wie eben dargelegt, auf Landesebene beheben: durch den Übergang zum Präsidialsystem.

Im Bund kommt Vergleichbares m. E. nicht in Betracht.[28] Gegen eine Direktwahl des Regierungschefs wie in den USA, bei uns also des Kanzlers (unter Wegfall des Bundespräsidenten-Amts), bestehen in Deutschland berechtigte, auch historisch bedingte Vorbehalte wegen möglichen Machtmissbrauchs. Der direkt gewählte Reichspräsident Hindenburg hatte zur Machtergreifung der Nationalsozialisten wesentlich beigetragen. Abgesehen davon, fehlt es auf Bundesebene auch an direkter Demokratie, mit der die Direktwahl durchgesetzt werden könnte.

Reformvorstöße

Die Direktwahl des Ministerpräsidenten kann wohl nur an der politischen Klasse vorbei, also durch Volksbegehren und Volksentscheid, durchgesetzt werden, da die Parteien, die das Parlament beherrschen, auf die alleinige Bestimmung des Regierungschefs kaum verzichten wollen. Eine durchgreifende Verfassungsreform auf Landesebene hatte ich 1993 in meinem Buch *Staat ohne Diener* vorgeschlagen.[29] Die Frankfurter Intervention, eine Gruppierung von Persönlichkeiten, die sich über Parteigrenzen hinweg in öffentliche Angelegenheiten einmischen wollten, machte sich meinen Vorschlag zu eigen,[30] ohne dass es aber zu weiteren praktischen Schritten kam.

Auch die SPD Thüringens war Mitte der 90er-Jahre drauf und dran, das Projekt zu übernehmen, wurde dann aber von ihrer Fraktion im Landtag zurückgepfiffen.[31] Diese berief eine Art Hearing ein, wählte die Eingeladenen aber so aus, dass von vornherein eine mehrheitliche Ablehnung gesichert war, wie eine von der SPD-Fraktion im Thüringer Landtag herausgegebene Broschüre »Parlamentarische Reformen« aus dem Jahr 1996 dokumentiert.[32]

Ein weiterer Anlauf scheiterte in Rheinland-Pfalz. Dort hatte sich der Landesverband kommunaler Wählervereinigungen für die Direktwahl starkgemacht. Dies geschah aber wohl hauptsächlich mit dem Ziel, bei der Landtagswahl vom März 2001 mit einem populären Thema zu punkten. Als er damals den Einzug in den Landtag verfehlt hatte, verlor er leider das Interesse an der begonnenen Unterschriftensammlung.[33]

Auf der Basis eines von Politikwissenschaftler Frank Decker und mir erarbeiteten Gesetzentwurfs begann auch die ÖDP im Oktober 2012 mit dem Sammeln von Unterschriften in Bayern. Der Weg war allerdings weit und voller Stolpersteine. Für den Antrag hätten 25 000 Unterschriften gesammelt und das Volksbegehren von zehn Prozent der bayerischen Wahlberechtigten unterstützt werden müssen, das sind über 900 000 Stimmen. Erst dann wäre es zum Volksentscheid gekommen, bei dem die Mehrheit entscheidet, die, da es um eine Änderung der Bayerischen Verfassung geht, zusätzlich mindestens 25 Prozent der Wahlberechtigten umfassen muss. Das waren hohe Hürden. Obwohl auch die Freien Wähler Bayerns und der damalige Oberbürgermeister von München, Christian Ude (SPD), das Projekt öffentlich befürworteten, war das Ergebnis am Ende dürftig.

Mögen auch die bisherigen Ansätze gescheitert sein – auch an den hohen Quoren für Volksinitiativen und der Halbherzigkeit der jeweiligen Unterstützer –, so spricht dies nicht dagegen, unter günstigeren Bedingungen den erneuten Versuch zu wagen, eine große Verfassungsreform in einem Bundesland durchzusetzen. Gut Ding will Weile haben.

Zu Wahlverfahren und Rolle des Bundespräsidenten – und seiner überzogenen Pension

Anders als eine Direktwahl des Kanzlers wäre eine Wahl des Bundespräsidenten unmittelbar durch das Volk durchaus positiv zu beurteilen. Die sogenannte Bundesversammlung, die den Bundespräsidenten formal zu wählen hat und die aus sämtlichen Bundestagsabgeordneten und einer gleichen Zahl von durch Landesparlamente gewählten Personen besteht (Art. 54 GG), besitzt – neben dem natürlich fortbestehenden Amt des Kanzlers – kaum eigenes Gewicht. Um der Kür des Präsidenten etwas Flair zu geben, benennen die Fraktionen vielfach bekannte Schauspieler und Spitzensportler zu Mitgliedern der Bundesversammlung, die in der Regel nur vollzieht, was wenige Parteiführer vorher ausgekungelt haben. Dass der Präsident ihnen sein Amt verdankt, kann auch seine Amtsführung prägen.

Als der Parlamentarische Rat das Konstrukt Bundesversammlung 1949 ins Grundgesetz schrieb, war er nach der Hitler-Diktatur von abgrundtiefem Misstrauen gegenüber dem Volk erfüllt, die heute aber nicht mehr in vergleichbarer Form berechtigt ist. Auch zum Beispiel gegen die Direktwahl von Bürgermeistern waren Weimarer Erfahrungen mit direktgewählten Politikern vorgebracht worden. Seitdem die kommunale Spitze jedoch in allen deutschen Flächenländern vom Volk gewählt wird, hat sich gezeigt, wie unberechtigt die Sorge war.

Der Bundespräsident könnte schon jetzt – als ein gewisses Gegengewicht zu immer einheitlicher auftretenden Parteien – Ämterpatronage und verfassungswidrigen Gesetzen entgegentreten, tut dies aber kaum. Würde er direkt gewählt, hätte er eine ungleich höhere demokratische Legitimation und bräuchte weniger Rücksicht auf die Parteienlandschaft zu nehmen. Dann könnte er auch vermehrt wirklich unabhängige Sachverständigenkommissionen berufen und mit seiner Redegewalt wegweisende Debatten anstoßen.

Bei meiner Beschäftigung mit dem Amt des Bundespräsidenten, vor allem in Zusammenhang mit seiner politischen Rolle (die in ihrem Potenzial bei Weitem nicht ausgeschöpft ist), fiel mir auch seine gewaltige Pension auf. Als einziger Amtsträger in Deutschland erhält er nach seinem Ausscheiden einen »Ehrensold« von 100 Prozent seiner aktiven Bezüge (ohne Aufwandsgeld), die neun Zehntel des Amtsgehalts des Bundeskanzlers betragen.

Als ich dieser Merkwürdigkeit nachging, kam Folgendes heraus: Bis 1959 hatte der Bundespräsident nach seinem Ausscheiden, wie früher der Reichspräsident, zunächst 15 Monate Übergangsgeld und sodann lediglich die Hälfte der Amtsbezüge (mit Ausnahme der Aufwandsgelder) als Pension beanspruchen können. Die Verdoppelung war durch Gesetz vom 24.7.1959 in einem regelrechten Geheimverfahren erfolgt: Weder enthielt der Gesetzentwurf eine Begründung noch die Berichte des Ausschusses für Inneres oder des Haushaltsausschusses. In keiner der drei »Lesungen« des Gesetzes im Plenum des Bundestages ergriff ein Abgeordneter das Wort. Offenbar traute sich niemand, den wahren Grund für die Verdoppelung zu nennen: Der Bundestag und sogar die eigene CDU/CSU-Fraktion wollten den damals 83-jährigen Konrad Adenauer, der mit dem Gedanken spielte, Bundespräsident zu werden, als Kanzler loswerden.

Ich schlug deshalb dem Fernsehmagazin *Monitor* eine Sendung vor und empfahl, den späteren Bundesminister Heinrich Windelen (CDU), der 1959 Mitglied des Haushaltsausschusses gewesen war, zu befragen, und dieser räumte in der Sendung ein:

> *»Natürlich haben wir uns gesagt, wenn wir Adenauer nun unbedingt dahin bringen wollten, dass er das Amt des*

Bundespräsidenten übernimmt, dann müssen wir ihm wenigstens eine entsprechende Altersregelung anbieten können. Denn sonst macht er es absolut nicht. Denn das Materielle spielte bei Adenauer immer eine deutliche Rolle.«[34]

Adenauer wurde zwar nicht Bundespräsident, aber die Luxusversorgung besteht immer noch. Ihre Unangemessenheit wurde besonders deutlich, als Christian Wulff im Alter von 52 Jahren nach nicht einmal zwei Jahren Amtszeit als Bundespräsident zurücktreten musste und seitdem seinen 100-prozentigen »Ehrensold« erhält. Nicht einmal Wulffs privatwirtschaftliche Einkünfte werden – mangels entsprechender Änderung des Ruhebezüge-Gesetzes – angerechnet.[35]

Gelegentlich wurde versucht, eine sachliche Begründung für die Verdoppelung nachzuschieben: Einem Alt-Bundespräsidenten entstünden erhebliche Repräsentationsaufwendungen, weil er von vielen Seiten in Anspruch genommen werde.[36] Aber gerade dafür erhalten ehemalige Bundespräsidenten heute eine großzügige Amtsausstattung, sodass auch der Hilfsbegründung für die Verdoppelung des Ehrensolds die Grundlage entzogen ist.[37]

Funktionszulagen: Umgehung des Rechts

Auch die bereits mehrfach erwähnten sogenannten Funktionszulagen, sprich Bezüge über die regulären Abgeordnetendiäten hinaus, fanden meine besondere Aufmerksamkeit. Bei ihnen geht es ums eigene Portemonnaie mächtiger Parteifunktionäre im Bund und zahlreichen Ländern. Das muss man wissen, um zu verstehen, warum diese die Zulagen immer weiter ausweiten wollten und dabei die Stopp-Schilder, die die Verfassungsgerichte aufgerichtet hatten, schlicht ignorierten. Offenbar rechneten sie damit, dass die Bürger ohnehin nicht klagen können und dass sich in den Fraktionen niemand als »aufmüpfiger« Kläger den Zorn der Kollegen zuziehen wollte – und wenn doch, dass die Gerichte jedenfalls keine Rückwirkung anordnen würden. Davon ging anscheinend auch die Schmidt-Jortzig-Kommission aus und empfahl, die Rechtsprechung zu diesem Punkt schlicht zu ignorieren.[38]

Verfassungsrechtlicher Grundsatz: Verbot von Funktionszulagen

Nach der für die Auslegung der Verfassung letztlich allein zuständigen Rechtsprechung sind Zulagen nur ausnahmsweise zulässig. Deshalb gilt: Da Abgeordneten im Bund und in den Flächenländern eine »Vollalimentation« gezahlt wird, werden grundsätzlich auch diejenigen ausreichend bezahlt, die besondere Funktionen wahrnehmen und dadurch voll in Anspruch genommen sind. Denn die Bemessung der Alimentation erfolgt eben »unabhängig davon, ob die parlamentarische Arbeit größer oder geringer ist«.[39] Andernfalls wäre die Gewährung von Zulagen ins »Belieben von Landtag und Fraktion« gestellt und eine »systematische Ausdehnung« zu befürchten,[40] eine Sorge der Gerichte, die durchaus berechtigt war. In Schleswig-Holstein etwa hatten früher zwei Drittel der Abgeordneten eine Extra-Diät bezogen.[41] Deshalb lässt das Bundesverfassungsgericht nur für die Parlamentspräsidenten und ihre Stellvertreter[42] sowie für Fraktionsvorsitzende[43] – wegen ihrer besonders hervorgehobenen Stellung – eine Zulage zu.[44] Andere verstoßen gegen den Grundsatz der Gleichbehandlung von Abgeordneten.

Wird dagegen keine Vollalimentation gewährt, wie in Bremen und Hamburg, gilt anderes.[45] Darauf heben die Landesverfassungsgerichte der beiden Stadtstaaten ab, wenn sie Zulagen für stellvertretende Fraktionsvorsitzende zulassen.[46] Aber auch sie treten einer schrankenlosen Ausweitung von Funktionszulagen entgegen.[47] Auf das Land Berlin trifft dies aber nicht mehr zu, da das dortige Abgeordnetenhaus seine Entschädigung zum Jahresbeginn 2020 um 58 Prozent angehoben und mit Parlamenten von Flächenländern gleichgezogen hat (siehe S. 284 ff.). Auch dort ist die Gewährung von Funktionszulagen an andere als Parlaments- und Vizepräsidenten sowie Fraktionsvorsitzende verfassungswidrig.

Massenhaft Verstöße

Im direkten Widerspruch zu den verfassungsrechtlichen Grundsätzen gibt das Abgeordnetengesetz des Bundes sämtlichen Ausschussvorsitzenden je eine 15-prozentige Zulage zur Entschädigung,[48] wobei der Bundestag sich auf die unsägliche Schmidt-Jortzig-Kommission beruft. Hinzu kommt, dass etwa die Fraktionen von CDU/CSU und SPD weitere Einkommenszulagen gewähren und zwar in sehr viel größerem Umfang, als es die Rechtsprechung zulässt. Auch das ist unzulässig, wird aber auch in den Landesparlamenten massenhaft praktiziert. Doch den Fraktionen, die staatliche Einrichtungen sind und sich fast zu 100 Prozent aus Staatsgeld finanzieren, das sie sich in eigener Sache bewilligen, kann natürlich nicht erlaubt sein, was dem Parlament verboten ist.[49]

Gezielte Camouflage

Aus gutem Grund halten viele Fraktionen die Anzahl und die Höhe verbotener Extra-Diäten geheim. In ihren – nachträglich – veröffentlichten Rechenschaftsberichten steht oft lediglich eine Globalsumme. Fraktionen etwa der Union und der SPD verweigern darüber hinausgehende Auskünfte. Aufgrund der mangelnden Transparenz verstoßen Fraktionszulagen damit zusätzlich gegen den bei Diäten geltenden Gesetzesvorbehalt und das Transparenzprinzip.[50] Das leistet der unkontrollierbaren Aufblähung der Finanzmittel erst recht Vorschub und lässt tendenziell immer größere Teile der Diäten in den parlamentarischen Untergrund abtauchen.

In Ländern wie Niedersachsen,[51] Baden-Württemberg[52] und Bayern[53] nennen die Fraktionen in ihren Rechenschaftsberichten immerhin auch die an die Funktionsträger gezahlten Einzelbeträge. Dies kann, da es post festum erfolgt, allerdings die erforderliche Öffentlichkeitskontrolle bei der Bewilligung nicht ersetzen.

Ausgerechnet Jens Spahn, damals einfacher Bundestagsabgeordneter und als gesundheitlicher Sprecher der Unionsfraktion Empfänger heimlicher Extra-Diäten von 1830 Euro monatlich – wie vermutlich 25 andere Sprecher der Fraktionen auch – forderte mich in einem offenen Brief Anfang 2016 zur Veröffentlichung meiner eigenen Einnahmen auf.[54] Die von mir[55] – als Bedingung dafür – angemahnten Verbesserungen der Transparenz der Funktionszulagen der Unionsfraktion stehen allerdings immer noch aus.

Einige Parlamente suchten die Aufrechterhaltung ihres verfassungswidrigen Zulagengeflechts mithilfe vereinzelter Pro-domo-Autoren zu begründen. Einer war der frühere juristische Mitarbeiter der rheinland-pfälzischen SPD-Fraktion, Lars Brocker, der die Zulagen aus der Fraktionskasse mit dem abwegigen Hinweis auf Bremen (siehe oben) zu rechtfertigen suchte.[56] Damit hatte er sich als parteilich zuverlässig erwiesen, wurde bald darauf Direktor des rheinland-pfälzischen Landtags und dann Präsident des dortigen Oberverwaltungsgerichts und Präsident des Landesverfassungsgerichts.

Die Rolle der Rechnungshöfe

In Thüringen zeigte der Präsident des Rechnungshofs, Sebastian Dette, in einer umfassenden Ausarbeitung die Verfassungswidrigkeit der von den Fraktionen gezahlten Zulagen auf und widerlegte dabei Punkt für Punkt ein vom Staatsrechtslehrer Michael Brenner für die CDU-Fraktion gefertigtes Gutachten.[57] Er erreichte auf diese Weise, dass der Thüringer Gesetzgeber das Abgeordnetengesetz änderte und Funktionszulagen aus der Fraktionskasse untersagte.[58]

Auch der Oberste Bayerische Rechnungshof rügte die Verschiebung der Funktionszulagen in die Fraktionen und bestätigt, dass die Verfassungswidrigkeit dadurch nicht geheilt würde. Dabei wies auch er den »Persilschein« eines vom Landtag beauftragten Staatsrechtslehrers zurück (siehe S. 245).

Ganz anders in Rheinland-Pfalz: Hier wurde der Landtagspräsident zum Initiator einer bundesweit konzertierten Aktion mit dem Ziel, verfassungswidrige Funktionszulagen dadurch aufrechtzuerhalten, dass man sie den Fraktionen übertrug, und legte der Konferenz der Parlamentspräsidenten eine entsprechende Vorlage vor[59] – und der rheinland-pfälzische Rechnungshof griff nicht ein. Als das ARD-Fernsehmagazin *Report Mainz* das Zulagenproblem publik machte,[60] erhob der Landtagspräsident sogar Programmbeschwerde beim Südwestfunk gegen die Verantwortlichen der Sendung.

Überhaupt scheinen die meisten Parlamente darauf zu achten, keine allzu »forschen« Personen an die Spitze der Rechnungshöfe zu wählen, vor allem seit das Bundesverfassungsgericht die volle Überprüfung der Fraktionen durch die Rechnungshöfe angemahnt hat.[61]

Gegen die mangelhafte Kontrolle verdeckter Parteienfinanzierung

Nach den erfolgreichen Klagen gegen die Beschränkung der Staatsfinanzierung für kleinere Parteien und die Sperrklauseln bei der Europawahl (siehe S. 235 ff.) klagte ich als Prozessvertreter der ÖDP gegen die Staatsfinanzierung von Fraktionen, parteinahen Stiftungen und Abgeordnetenmitarbeitern. Diese hatten sich – unter Umgehen der für ihre Mutterparteien geltenden Kontrollen – in meines Erachtens verfassungswidriger Weise gewaltige öffentliche Mittel zugeschustert. Nach den vorherigen prozessualen Erfolgen hoffte ich mit meiner Klage vom 11.6.2012 gegen diese Form der verdeckten Parteienfinanzierung auf den großen Durchbruch. Der Zweite Senat des Bundesverfassungsgerichts verweigerte der Klage allerdings bereits die Zulässigkeit und wies sie, ohne mündliche Verhandlung und ohne auf die Sache einzugehen, mit Beschluss vom 15.7.2015 zurück.[62] Das Gericht hatte »kurzen Prozess« gemacht, ohne mir dies als Prozessvertreter vorher anzukündigen. Das überraschte. Schließlich hatte das Verfahren bereits über drei Jahre gedauert, rund 300 Seiten Schriftsätze waren von den Vertretern beider Seiten gewechselt worden.

Der Beschluss strotzte von Mängeln: Berichte des Bundesrechnungshofs über die Prüfung von Fraktionen, die das Gericht angefordert und verwendet hatte,[63] waren mir nicht zur Kenntnis gegeben worden, sodass ich nicht dazu hatte Stellung nehmen können. Auch sonst wies das Dokument, das – entgegen der Geschäftsordnung des Gerichts – samt Presseerklärung ins Internet gestellt worden war, ehe es mir zugegangen war, ungewöhnliche formale Fehler auf. Unter anderem war seine Gliederung über weite Strecken mängelbehaftet, was später wiederum bereinigt werden musste.[64] Das alles legte die Vermutung nahe, dass der Beschluss in großer Hast hatte abgeschlossen werden sollen, um ihn der öffentlichen Kritik zu entziehen. Seine Veröffentlichung erfolgte nämlich genau im publizistischen Windschatten der Range/Maaßen-Affäre, die Presse und Rundfunk damals völlig beherrschte. Medial wurde deshalb praktisch nicht wahrgenommen, dass das Gericht auf die Frage der Verfassungsmäßigkeit der in eigener Sache bewilligten Zahlungen gar nicht eingegangen war – und dass dies unter Federführung eines Richters geschah, der früher selbst derartigen verfassungswidrigen Unterschleif begangen hatte.

Strategischer Personalwechsel: Statt Michael Gerhardt kommt Peter Müller

Peter Müller, der im Zweiten Senat des Bundesverfassungsgerichts das Referat »Parteien- und Wahlrecht« betreute, war vorher Vorsitzender der saarländischen CDU-Fraktion und dann Ministerpräsident dieses Landes und als solcher verantwortlich für verschiedene Formen der Politikfinanzierung, die das Landesverfassungsgericht und der Landesrechnungshof als verfassungswidrig gebrandmarkt hatten. Nach normalen Grundsätzen hätte er in Verfahren über Politikfinanzierung als befangen gegolten. Aber das Gericht hält seine Mitglieder für bessere Menschen: Sie besäßen in höherem Maße als Richter der Fachgerichtsbarkeiten die erforderliche »innere Unabhängigkeit und Distanz zu den rechtsuchenden Parteien«.[65] Doch das sind »unschlüssige und hochfahrende Argumente«

(Christian Pestalozza), die »Symptome einer »deformation professionelle« (Peter Lamprecht) zeigen. Deshalb hatte ich, schon als die Wahl von Müller angestanden hatte, gewarnt: »Wie soll einer, der gerade vom Verfassungsgerichtshof wegen verfassungswidriger Regierungspropaganda verurteilt [...] wurde, über Parteienexzesse urteilen?«[66]

Aus der Sicht der Parteien mag aber gerade er als der »Richtige« erschienen sein. Hatten die Parteien nach dem Urteil, das die Sperrklausel aufhob, nicht damit gedroht, sie würden in Zukunft zuverlässigere Personen ins Gericht wählen?

Müller war während des Prozesses an die Stelle des parteilosen Michael Gerhardt getreten, der im Frühjahr 2014 plötzlich zurückgetreten war, obwohl seine Amtszeit erst im Juni 2015 zu Ende gegangen wäre. Dafür nannte er »persönliche Gründe«, ohne dass man Genaueres erfuhr.[67] Als Gerhardt noch im Amt gewesen war und wir uns zufällig auf dem Hauptbahnhof in Mannheim trafen, hatte er noch angedeutet, dass er meine Argumentation in Sachen verdeckte Staatsfinanzierung teile (er fragte mich: »Was sollen wir denn jetzt tun?«). Doch als Müller an Gerhardts Stelle getreten war, wurde alles anders.

Der wahre Grund für Gerhardts Rücktritt könnte vielleicht manche bisher offene Frage klären. Jedenfalls erinnert mich sein Schritt an mein eigenes Ausscheiden aus dem Verfassungsgericht von Brandenburg, als dieses ein unhaltbares Urteil fällte (siehe S. 146 f.). Das schrieb ich ihm auch,[68] ohne aber eine Antwort zu erhalten.

Ein weiteres, von mir persönlich betriebenes Verfahren gegen verdeckte staatliche Parteienfinanzierung wies das Gericht 2017 ebenfalls ab.[69] Auch hier war Peter Müller Berichterstatter.

Die Anfechtbarkeit des ganzen Verfahrens beschrieb ich in einer kleinen Schrift *Die Angst der Richter vor der Macht* (2015), die 2020 mit Ergänzungen neu aufgelegt wurde. Dem Senat gefiel das Büchlein gar nicht. Als Peter Huber, selbst Mitglied des Senats, meiner Frau bei einer Feier in Saarbrücken begegnete, meinte er wörtlich: »Ich bewundere Ihren Mann, aber jetzt hat er übertrieben.«

Beugt sich das Gericht der politischen Klasse?

Meine Erfahrungen zeigen, dass das Gericht dem in eigener Sache entscheidenden Bundestag in Fällen geringerer Tragweite noch entgegentritt und Regelungen auf dieser Ebene für verfassungswidrig erklärt. Wie zum Beispiel geschehen beim Erzwingen der steuerlichen Begünstigung von Zuwendungen auch an außerparlamentarische Parteien oder beim Rügen mangelnder Verwendungskontrolle von Abgeordnetenmitarbeitern.

Geht es aber um Größeres, wie die Politikfinanzierung insgesamt mit ihrem gewaltigen Volumen, pflegt das Gericht in der Regel einen Rückzieher zu machen. Gerade wenn der mächtigen politischen Klasse in den Parlamenten eigentlich Schranken gesetzt werden müssten, schreckt es vor einer Konfrontation eher zurück. Das zeigte sich etwa darin, dass das Gericht sich weigerte, den sogenannten Parteisteuern und den hochschießenden Finanzströmen für parteinahe Stiftungen, Fraktionen und Abgeordnetenmitarbeiter entgegenzutreten. Eine andere Strategie bestand offenbar darin, einschlägige Politikfinanzierungs-Verfahren über lange Jahre hinzuschleppen, bis sie sich schließlich von selbst erledigten. Auch der offensichtlich gegen das Gebot der unmittelbaren Wahl von Abgeordneten verstoßenden starren Listenwahl verweigerte das Gericht eine neuere Sachentscheidung.

Wenn es aber doch einmal weiter ausgriff, wie 1975 beim Diätenurteil und 1992 beim Parteienfinanzierungsurteil, ließ es das überhöhte Finanzierungsniveau unberührt – und leistete mit seinen Urteilen sogar einer weiteren Ausdehnung Vorschub.

Hinzu kommt, dass das Bundesverfassungsgericht – wohl unter dem Einfluss seines Berichterstatters Peter Müller – die Rechtskategorie »Entscheidung in eigener Sache« neuerdings offenbar fallen lassen will – mit der gravierenden Folge, dass es auf diese Weise seine Kontrollintensität zu schwächen droht.

2017: Blitzgesetze in Baden-Württemberg: Erhöhungen im Schweinsgalopp

Das »Modell« ist hinlänglich bekannt: Immer wieder versuchen Parlamente bei Entscheidungen in eigener Sache die Öffentlichkeit mit Blitzgesetzen zu überrumpeln, um mögliche Kritik schon im Keim zu ersticken. Derartige Aktionen hatte ich in meinem Buch *Die Hebel der Macht und wer sie bedient* bereits auf der ersten Seite beschrieben. Kaum war das Buch im Februar 2017 erschienen, lieferten Baden-Württemberg und Rheinland-Pfalz passendes Anschauungsmaterial. Eine 140-Seiten-Streitschrift dokumentiert die Vorgänge:[70]

Der Landtag von Baden-Württemberg beschloss im Februar 2017 in nur drei Tagen – inmitten der Beratungen über den Landeshaushalt – zwei Gesetze. Jede Fraktion hatte in der ersten öffentlichen Lesung der Gesetzentwürfe nur fünf Minuten Zeit, und in der zweiten »Lesung«, die bereits tags darauf erfolgte, fand überhaupt keine Beratung mehr statt, weil kein Abgeordneter das Wort ergriff. Der Inhalt hätte, wären die Regeln guter Gesetzgebung beachtet worden, vermutlich keine Chance gehabt.

Das eine Gesetz[71] sollte die (beitragsfreie) staatliche Altersversorgung für seine Mitglieder wieder einführen, die einige Jahre vorher durch eine private Versorgung ersetzt worden war. Die damals als Kompensat für den Wegfall der Staatsversorgung um fast ein Drittel heraufgesetzte Entschädigung wurde allerdings in vollem Umfang beibehalten. Mit dem Schnellschuss wollte man sich ein gewaltiges finanzielles Geschenk machen, dies aber der öffentlichen Kontrolle entziehen. Doch diesmal hatte man sich verrechnet. In den Medien gab es zwar Kritik. Der Hauptgrund für das Scheitern der Aktion aber war folgender: Die zur Wahl des Bundespräsidenten am 12. Februar 2017 nach Berlin angereisten baden-württembergischen Abgeordneten, besonders der Grünen, wurden von ihren Kollegen aus Nordrhein-Westfalen, Schleswig-Holstein und dem Saarland zusammengestaucht. Dort standen nämlich Landtagswahlen bevor, und man fürchtete ein Überschwappen der Kritik auf diese Länder. Also nahmen die Initiatoren (Grüne, CDU und SPD) das Gesetz nach nur einer Woche wieder zurück. Von Einsicht in die inhaltliche Unangemessenheit fehlte allerdings jede Spur.

Das zweite (auch von der FDP/DVP und damit von allen Fraktionen außer der AfD getragene) Gesetz stockte die Mitarbeiterpauschale der Abgeordneten um fast 100 Prozent und die Pauschalen für sonstige Kosten um 40 Prozent auf.[72] Es trat am 1. Mai 2017 in Kraft, wurde also nicht zurückgenommen, obwohl es ebenso durch den Landtag gepeitscht worden war und auch hier die Erhöhungen jeder Begründung entbehrten. Im publizistischen Windschatten der heftigen Diskussion um die Altersversorgung aber ging weitgehend unter, dass auch dieses Gesetzgebungsverfahren grob fehlerhaft war und die Aufstockung der Pauschalen nicht hätten wirksam werden dürfen. Die Öffentlichkeit wurde erneut vorgeführt.

2017: Blitzgesetz in Rheinland-Pfalz - und ein politstrategischer Trick

Das unwürdige Spiel wiederholte sich kurz darauf im Nachbarland Rheinland-Pfalz, als der Mainzer Landtag eine mehrstufige Diätenerhöhung mit einem Blitzgesetz durchsetzte.[73] Auf die erste Lesung im Plenum am 23. März 2017 folgte bereits am nächsten Tag die abschließende zweite Lesung, bei der sich – genau wie zuvor in Baden-Württemberg – niemand mehr zu Wort meldete. Damit wurde verschleiert, dass die Begründung für die Erhöhung auf einer groben Fälschung beruhte.

Es wurde nämlich behauptet, die Abgeordnetenentschädigung sei im Vergleich zur Beamtenbesoldung in den letzten 20 Jahren um über 1000 Euro monatlich zurückgeblieben und dieser Rückstand müsse durch die Diätenerhöhung, die auch auf die Altersversorgung durchschlug, abgebaut werden. In Wahrheit bestand keinerlei Rückstand.[74]

Da der redliche Betrachter einem deutschen Parlament eine solche absichtliche Täuschung normalerweise nicht zutraut, bedarf es hier einer kurzen Erläuterung: Der Trick bestand darin, zur Begründung der Erhöhung nur die Entwicklung des Monats*grund*gehalts von Beamten in den letzten 20 Jahren heranzuziehen. Das Grundgehalt enthielt anfangs den Ortszuschlag und das 13. Gehalt von Beamten noch nicht. Diese Gehaltsbestandteile wurden vielmehr zusätzlich gezahlt. Erst 1996 und 2008 wurden sie ins Grundgehalt eingebaut, sodass dieses dadurch optisch aufgebläht wurde und ein gewaltiges Wachstum der Beamtenbesoldung vorspiegelte, obwohl die Einbauten die Gesamtbezüge von Beamten gar nicht erhöht hatten.

Durch gezielte Beschränkung des Blicks auf das Grundgehalt wurde also der fälschliche Eindruck erweckt, die Beamtenbesoldung sei um rund 1000 € monatlich stärker gestiegen als die Entschädigung der Abgeordneten. Vergleicht man dagegen richtigerweise die Jahres*gesamt*bezüge von Beamten mit denen der Abgeordneten, ergibt sich keinerlei Rückstand der Entschädigung, der durch eine Diätenerhöhung hätte ausgeglichen werden müssen.

Mit diesem Trick wurde auch verschleiert, dass die Erhöhung de facto einen stillschweigenden Austausch der Bezugsgröße bedeutete: statt A 15 nun A 16. Vorher hatte die Abgeordnetenentschädigung noch unter den Gesamtbezügen eines A-15-Beamten gelegen. Die Erhöhung nahm dagegen auf das Endgrundgehalt eines A-16-Beamten Bezug, das zum Zwecke der Erhöhung in § 5 Abs. 1 AbgG festgelegt worden war.[75]

Hinzu kam: Am Ende versuchte der Präsident des rheinland-pfälzischen Landtags auch noch, die Täuschung der Öffentlichkeit mithilfe einer Gefälligkeits-Stellungnahme seines Wissenschaftlichen Dienstes zu leugnen, verstrickte sich dabei aber umso tiefer. Beide Instanzen folgten offenbar der Devise von Populisten: Wenn du nicht überzeugen kannst, musst du verwirren.[76] Gibt es aber etwas politisch Unlautereres, als die Öffentlichkeit erst gezielt anzulügen und dies dann, um sie zu verwirren, zu leugnen – und das seitens des Präsidenten des höchsten Repräsentativorgans des Landes?[77]

Doch die Parteien im rheinland-pfälzischen Landtag setzten Mitte 2021 noch einen drauf, erhöhten die Diäten in drei Stufen von 6993 auf 7754 Euro monatlich, also um 761 Euro, und begründeten dies wiederum mit dem gestiegenen Endgrundgehalt von Beamten.[78] Dabei ist zu berücksichtigen, dass die Anpassung an die allgemeine Einkommensentwicklung bereits durch die nach § 5 Abs. 4 im rheinland-pfälzischen Abgeordnetengesetz vorgesehene Dynamisierung ermöglicht wird.

Die abschließende Beschlussfassung über die Diätenerhöhung war am 14. Juli 2021 vorgesehen, unmittelbar nach den schrecklichen Überschwemmungen im Ahrtal, und wurde deshalb zunächst ausgesetzt, dann aber am 23. September 2021 beschlossen. Eine Anhörung von Sachverständigen, die ich angeregt hatte, erfolgte nicht. Sie hätte ja auch den Betrug an der Öffentlichkeit aufgedeckt. Ja, es erfolgte spät am Abend nicht einmal eine Aussprache, in der auch hätte erklärt werden müssen, wie – angesichts der noch nicht ausgestandenen Coronakrise und den Folgen der Überschwemmungen – die Diätenerhöhung gerechtfertigt werden kann.[79]

Das grundsätzliche Problem aber geht weit über solche Einzelfälle hinaus. Beschlüsse in eigener Sache und zum eigenen Vorteil stehen stellvertretend für eine Reihe von Entwicklungen, mittels derer Parteien und Berufspolitiker im Laufe der Zeit unsere Demokratie zu einem reinen Parteienstaat machen, in dem sie an die Stelle der Bürger treten und über deren Köpfe hinweg entscheiden, sodass ihrem Zugriff auf staatliche Ressourcen, sei es Geld und/oder Posten, kaum noch jemand wirksam entgegentreten kann.[80]

2020: Abgeordnetenhaus von Berlin. Ein Tollhaus

Das Abgeordnetenhaus von Berlin ist größer als nötig.[81] Zudem hat es zum 1. Januar 2020, also mitten in der laufenden Wahlperiode, die Entschädigung seiner Mitglieder von 3944 € auf 6250 € monatlich erhöht, also um 58 Prozent. Damit haben sich die Abgeordneten eines Stadtstaats einen in der Parlamentsgeschichte der Bundesrepublik wohl einmaligen Zuschlag beschert. Eine 58-prozentige Aufstockung des eigenen Gehalts mit rückwirkender Erhöhung der Versorgung – und das in der laufenden Wahlperiode – hat es meines Wissens bisher noch nicht gegeben.

Das Buch zum Diätenhoch

Den Berliner Diätenfall habe ich in einem kleinen Buch, *Der Griff in die Kasse*, dargestellt, das am 8. März 2020 in Berlin auf einer Pressekonferenz vorgestellt wurde.[82] Am selben Tag gab es einen Börsencrash. Die Aktienkurse in aller Welt fielen gewaltig. Die Corona-Epidemie begann, und die politischen Maßnahmen, die dagegen ergriffen wurden, starteten genau zur Zeit der Pressekonferenz. Deshalb überlagerte die politische Großwetterlage medial alles andere und drängte das Thema zurück. Den fünf Fraktionen im Berliner Abgeordnetenhaus, die das Gesetz beschlossen hatten, dürfte das natürlich sehr zupassgekommen sein. Zwar gab es einige Presseberichte, aber wirklich »gezündet« hat die Kritik damals nicht.

Die Pressekonferenz in Berlin war ohnehin ein Wagnis. Die Berliner Medien hatten den Beschluss des Abgeordnetenhauses vom September 2019, die Diäten um 58 Prozent zu erhöhen, zwar kritisiert, ohne aber – angesichts der Kürze der Zeit, der Kompliziertheit der Materie und der gezielten Ausschaltung der Kontrollen durch die Betreiber – die weit darüber hinausgehenden Problempunkte der Neuregelungen zu thematisieren. Nach meiner Erfahrung, etwa in Hessen, ist es nicht sinnvoll, ein Buch, welches das Land selbst betrifft, in seiner Hauptstadt zu veröffentlichen, weil die Politik immer wieder versucht, die von dort berichtenden Journalisten einzubinden. Wo aber hätte eine Pressekonferenz, die Berlin betrifft, anders stattfinden können als dort?

Ich war darauf gefasst, dass fast niemand zur Präsentation erscheinen würde. Es hatten sich vorab nur zwei Teilnehmer angemeldet. Aber immerhin, das verabredete Interview mit *radioeins* von Radio Berlin-Brandenburg fand statt, und die Deutsche Presseagentur, die im Vorfeld von mir informiert worden war, hatte einen größeren Beitrag zum Thema geschrieben. Schließlich kamen doch einige Journalisten: vom *Tagesspiegel*, der *Süddeutschen Zeitung*, der *BZ* und der *Jungen Freiheit*.

Niemand kam leider vom ZDF, obwohl seine Spitzenleute sich zunächst interessiert gezeigt hatten und ich sie mit Unterlagen versorgt hatte. Den Intendanten Thomas Bellut hatte ich daran erinnert, dass er 1993, damals noch in anderer Funktion im ZDF, eine einstündige Sendung gemacht hatte, die dazu beitrug, dass die unberechtigte Überversorgung von Regierungsmitgliedern in mehreren Bundesländern abgebaut wurde (siehe S. 179). Nun wies ich ihn auf den »mindestens ebenso brisanten Fall in Berlin« hin. Er reagierte sogleich sehr freundlich und teilte mit, er habe das Thema an den Politikchef Dr. Peter Frey und den Berliner Korrespondenten des ZDF Stephan Merseburger weitergegeben. Dort schlief es dann leider nach mancherlei Hin und Her ein. Hatte ich übersehen, dass Bellut mit einem Jahresgehalt von 369 000 Euro und, wenn er alsbald in den Ruhestand treten würde, einer Pension von monatlich mindestens 20 000 Euro,[83] vielleicht nicht der richtige Adressat für eine Kritik an der Berliner Diätenerhöhung war? Hätte er im Falle einer kritischen Sendung des ZDF befürchten müssen, mit seinen eigenen Bezügen konfrontiert zu werden?

Unverdienter Lotteriegewinn für »langgediente« Abgeordnete

Die Abgeordneten der fünf Fraktionen (SPD, CDU, Grüne, Linke und FDP), die das Gesetz beschlossen, hatten gewusst, zu welchen Bedingungen sie ins Parlament gewählt worden waren. Dass sie ihre Bezüge dennoch so gewaltig anhoben, kommt einem so vor, als würden Handwerker mitten in der Arbeit mehr als die Hälfte auf ihren Voranschlag aufschlagen. Vor allem hatten sie mit diesem Schritt auch ihr Übergangsgeld und ihre Altersversorgung um denselben aberwitzigen Prozentsatz von 58 Prozent erhöht, was in der

Öffentlichkeit jedoch kaum wahrgenommen wurde. In einer Zeit, in der für Renten um jedes Prozent gerungen und nach 33 Arbeitsjahren eine Grundrente angestrebt wird, wollten Berliner Parlamentarier sich nicht damit begnügen, schon nach 20 Parlamentsjahren und bereits im Alter von 57 Jahren die Höchstpension von 65 Prozent ihres Gehalts (»Entschädigung«) zu bekommen. Vielmehr stockten sie ihre Versorgungsbezüge auch noch um mehr als die Hälfte auf – und dies sogar mit Rückwirkung. Eine wahre Selbstbewilligungsorgie.

Für all diejenigen, die zur Zeit der Beschlussfassung im September 2019 dem Abgeordnetenhaus angehörten, wirkt die Erhöhung auf den Zeitpunkt ihres Eintritts ins Parlament zurück, sodass auch frühere Jahre und Jahrzehnte mitzählen. Da die Versorgung umso höher ausfällt, je länger die Abgeordneten Mitglied des Parlaments sind, haben »langgediente« Vertreter den Wert ihrer Anwartschaften auf Übergangsgeld und Altersrente auf einen Schlag um mehrere Hunderttausend Euro erhöht.

Das neue Gesetz hat alle 160 Abgeordnete zusammen – die Ansprüche aus Versorgungen eingerechnet – um 51 Millionen Euro reicher gemacht, sodass auf jeden Volksvertreter und jede Volksvertreterin im Durchschnitt eine Vermögensmehrung von 320 000 Euro entfällt,[84] und das ohne jede wirkliche Rechtfertigung, fürwahr ein Griff in die öffentliche Kasse!

Krösus durch Selbstbedienung

Ralf Wieland, der als Präsident des Abgeordnetenhauses den Gesetzentwurf hätte beanstanden müssen (es aus gutem Grund aber nicht tat) und die Hauptverantwortung für den Griff in die Kasse trägt, profitierte als langjähriger Parlamentarier in besonderem Maße von der Rückwirkung. Er konnte für sich persönlich einen Vermögensgewinn von über 600 000 € verbuchen. Erstens kassierte er doppelt, weil seine Entschädigung und seine Funktionszulage zum 1. Januar 2020 um 58 Prozent erhöht wurden. Zweitens erhielt er, als er am Ende der Wahlperiode im Herbst 2021 altersbedingt ausschied, das doppelt erhöhte Übergangsgeld 18 Monate lang. Drittens bekommt er nun eine Altersrente, die aufgrund ihrer rückwirkenden Erhöhung um rund 440 000 € wertvoller ist als vor der Gesetzesänderung.

Kaum Hoffnung auf wirksame Kontrolle

Mit einem gerichtlichen Vorgehen gegen das missbräuchliche Gesetz ist leider nicht zu rechnen. Bürger und Steuerzahler können nicht klagen. Die drei Abgeordneten der Grünen und die Mitglieder der AfD-Fraktion, die gegen das Gesetz gestimmt hatten (letztlich aber auch von ihm profitieren), haben die Frist für eine mögliche sogenannte Organklage verstreichen lassen. Zwei ehemalige Abgeordnete wollten die Versorgungserhöhung nicht kippen, sondern im Gegenteil an ihr teilhaben.[85] Sie sind mit ihrer Klage beim Verwaltungsgericht Berlin im Herbst 2022 erst einmal gescheitert.[86]

Eine wirksame Kontrolle könnte wohl nur mittels direkter Demokratie erfolgen, die die Verfassung von Berlin auch bereithält. *Wie die Selbstbereicherung noch gestoppt werden kann* (so der Untertitel), hatte ich in *Der Griff in die Kasse* ausführlich dargelegt.[87] Aber leider waren weder der Bund der Steuerzahler noch die AfD, die als einzige Fraktion gegen das Gesetz gestimmt hatte, bereit, mittels Volksbegehren gegen den krassen Missbrauch vorzugehen.

XII. Zur aktuellen Lage: XXL-Parlamente und Abgeordnetenkorruption

Der überdimensionierte Bundestag

Seit Sommer 2019 beschäftigte ich mich verstärkt mit den übergroßen deutschen Parlamenten, zuvorderst natürlich mit dem Bundestag. Hier zeigt sich besonders deutlich, wie schwer es Politikern fällt, ihre eigenen Interessen zugunsten des Gemeinwohls zurückzustellen. Im Herbst 2019 initiierte ich mit den Kollegen Jochen Frowein (Heidelberg), Hans Meyer (Frankfurt) und Christian Pestalozza (Berlin) einen Appell an den Bundestag, das Wahlrecht so zu ändern, dass dieser wieder auf seine Normalgröße von 598 Mitgliedern zurückgeführt werde. Wie das geschehen solle, ließen wir offen, weil wir nicht in den kleinlichen Interessenstreit zwischen den Parteien verwickelt werden wollten. Aber Hans Meyer hatte bereits in einem Aufsatz einen Weg gewiesen,[1] dem dann später das Ampelkonzept zunächst folgte, um dann doch erhebliche Abweichungen vorzunehmen. Dem Appell, den ich an den damaligen Bundestagspräsidenten Wolfgang Schäuble schickte, hatten sich 102 Kollegen und Kolleginnen angeschlossen.[2] Da nur Mitglieder der Staatsrechtslehrervereinigung unterschrieben hatten, was viele Gesprächspartner beklagten, legte ich, wieder zusammen mit den drei Kollegen, zusätzlich eine Petition bei *change.org* auf, die im Oktober 2020 120 000 Unterstützer gefunden hatte und die ich ebenfalls an Schäuble sandte.

Von 598 auf 736

Derzeit besteht der Bundestag aus 736 Abgeordneten. Von Legislaturperiode zu Legislaturperiode ist er größer geworden. Nach der Wahl von 2009 hatte er 622 Mitglieder, 2013 waren es 631, 2017 709 und seit 2021 eben 736.[3] Damit ist der Bundestag das größte Parlament aller demokratischen Staaten. Zum Vergleich: Das amerikanische Repräsentantenhaus hat nur 435 Mitglieder, obwohl es viermal so viele Menschen wie der Bundestag repräsentiert.

Das deutsche Wahlgesetz sieht bekanntlich eine Normalgröße von 598 Abgeordneten vor. Mit seinen 736 Mitgliedern ist der Bundestag also um 138 Mandate zu groß. Das erschwert die parlamentarische Arbeit und bringt unnötige Kosten mit sich. Besonders schlimm aber erscheint es, wenn sich der Eindruck verfestigt, dass die politische Klasse aus purem Egoismus nicht in der Lage ist, in eigener Sache das Nötige zu tun.

Das bisherige Wahlrecht macht es möglich …

Wie konnte es zu dieser Form der öffentlichen Verschwendung überhaupt kommen? Dazu muss man sich das Wahlrecht genauer ansehen: Die eine Hälfte der Abgeordneten wird mit der Erststimme in den aktuell 299 Wahlkreisen nach (relativer) Mehrheitswahl bestimmt.[4] Wer die meisten Wählerstimmen erhält, gewinnt das Mandat. Mit der Zweitstimme werden Parteien auf Landeslisten gewählt. Dabei erhält jede Partei so viele Sitze, wie es dem Verhältnis der für sie in dem betreffenden Land abgegebenen Wählerstimmen entspricht.[5] Davon werden die von der Partei in den Wahlkreisen des Landes errungenen Direktmandate abgezogen.

Ist die Zahl der Direktmandate nun höher als die der Listenmandate, die der jeweiligen Parteien auf Landesebene zustehen, entstanden bisher Überhangmandate.

... ist durch den Wandel der Verhältnisse aber überholt

In den ersten Jahrzehnten der Republik, als nur die beiden Volksparteien und die FDP sich die Zweitstimmen teilten, gab es noch kaum Überhangmandate. Nur selten gewann eine Partei auf Landesebene mehr Wahlkreise, als ihr nach ihren Zweitstimmen zustanden. Inzwischen aber hat sich die Parteienlandschaft grundlegend verändert. Mit dem Einzug der Grünen 1983 in den Bundestag, dem Hinzutreten der früheren PDS und heutigen Linken seit der Wiedervereinigung 1990 und dem Entstehen der AfD und ihrem Bundestagseinzug seit der Wahl 2017 sind drei weitere Bundestagsparteien hinzugekommen, die der CDU, der CSU und der SPD Zweitstimmen »wegnehmen«. Die Kandidaten der ehemaligen Volksparteien aber ergattern, obwohl sie prozentual abgenommen haben, immer noch mehr Stimmen als ihre kleineren Konkurrenten, sodass sie die meisten Wahlkreise gewinnen. So kam es – angesichts der deutlich geringeren Listenstimmen ihrer Parteien – bei den letzten Wahlen zu immer mehr Überhangmandaten.

Diese wurden seit 2013 durch Ausgleichsmandate kompensiert, welche solche Parteien erhielten, die wegen der Überhangmandate anderer Parteien unterrepräsentiert waren, um die Gesamtzahl der Mandate dem Zweitstimmenergebnis proportional anzugleichen. Da die CSU, die bezogen auf das Bundesgebiet relativ klein ist, meist mehrere Überhangmandate hatte, profitierten davon andere Parteien besonders stark. Deshalb war über die Einführung von Ausgleichsmandaten leicht Einigkeit zu erzielen.

Die durch die Überhangmandate bewirkte Aufblähung des Bundestags wurde jedoch durch die Ausgleichsmandate massiv weiterverschärft.

Das hat den öffentlichen Druck erhöht, durch eine Änderung des Wahlrechts wieder zur Normalgröße des Bundestages zurückzukehren. Zudem hatte die unerhörte Verkomplizierung unserer zentralen Demokratieinstitution, des Wahlrechts, dazu geführt, dass kaum ein Bürger sein Funktionieren noch verstand.

Das neue Wahlgesetz der Ampel-Parteien: Ein Tohuwabohu

Schließlich beschlossen die Abgeordneten der Ampel-Koalition am 17. März 2023 ein neues Bundeswahlgesetz.[6] Der Schlüssel für die Verkleinerung des Parlaments liegt in der Verhinderung von Überhangmandaten. Damit sind auch Ausgleichsmandate nicht mehr erforderlich. Dies geschieht nach dem neuen Wahlgesetz dadurch, dass eine Partei maximal so viele Wahlkreise gewinnen kann, wie ihr Listen-Abgeordnete zustehen. Wenn ihre Kandidaten in mehr Wahlkreisen die meisten Stimmen erhalten, scheiden diejenigen »Wahlkreissieger« mit den relativ schlechtesten Ergebnissen aus. Dann entsenden diese Wahlkreise keinen direkt gewählten Vertreter ins Parlament. Insoweit entspricht das neue Gesetz dem Appell der 100 Staatsrechtslehrer und -lehrerinnen von 2019 (siehe S. 254). Ursprünglich hatten die Pläne der Ampel vorgesehen, die Nichtberücksichtigung von Wahlkreissiegern solle dadurch gemildert werden, dass die Wähler zusätzlich eine Ersatzstimme erhalten, mit deren Hilfe sie dann einen alternativen Vertreter des Wahlkreises bestimmen könnten.[7] Das hätte das Wahlrecht zwar zusätzlich kompliziert, den Direktwahl-Gedanken aber auch bei solchen Mandaten annähernd bewahrt, woran die Ampel-Parteien wohl kein Interesse hatten.

Zwei weitere Änderungen sind hinzugekommen: Ursprünglich hatte die Ampel geplant, den Bundestag auf seine Normalgröße von 598 Sitzen zu verkleinern. Das Gesetz sieht nun aber 630 Mandate vor. Zudem ist die sogenannte Grundmandatsklausel entfallen, nach der kleineren Parteien, die sonst an der Fünfprozentsperrklausel scheitern würden, drei gewonnene Wahlkreise reichen. Aktuelles Beispiel ist Die Linke, die seit 2021 aufgrund ihrer drei in Berlin gewonnenen Direktmandate mit 39 Abgeordneten im Bundestag vertreten war,[8] obwohl sie nur 4,8 Prozent der Zweitstimmen bekommen hatte. Bei der nächsten Wahl käme sie, bei gleichem Wahlergebnis, nicht mehr in den Bundestag. Leidtragende könnte auch die CSU werden. Sie hatte 2021, bundesweit gerechnet, nur 5,2 Prozent der Zweitstimmen gewonnen. Würde sie bei der nächsten Wahl weniger als 5 Prozent erhalten, schiede sie nach dem Ampel-Gesetz ganz aus dem Bundestag aus.

Die Oppositionsparteien haben Klagen gegen das Ampel-Gesetz erhoben, und am 23./24. April 2024 hat das Bundesverfassungsgericht darüber eine mündliche Verhandlung durchgeführt, sodass noch 2024 mit einem Urteil zu rechnen ist. Die Streichung der Grundmandatsklausel wäre in abstracto zwar zulässig. Die verfassungsgerichtliche Bewertung sieht aber vermutlich anders aus, wenn die Streichung durch Konkurrenzparteien – im Zusammenspiel mit einer auf das ganze Bundesgebiet bezogenen Sperrklausel – große Regionalparteien wie die CSU ausschalten könnte. Diese Konsequenz würde allerdings auch durch Entschärfung der Sperrklausel vermieden, gegen welche die NGO »Mehr Demokratie« beim Bundesverfassungsgericht klagt. Das von der Ampel in eigener Sache beschlossene Wahlgesetz bedarf zweifelsohne einer strengen verfassungsgerichtlichen Prüfung.

Drei große Player zerren das Wahlrecht also in verschiedene Richtungen: zwei Selbst-Interessierte, die derzeitige und die mögliche zukünftige Mehrheit, und das Verfassungsgericht. Das Ergebnis ist eine schreckliche Unklarheit ausgerechnet bei der wichtigsten demokratischen Äußerungsmöglichkeit der Bürger. Die Ampel erwägt, das Bundesverfassungsgericht vor aufkommenden Rechten dadurch zu schützen, dass die (derzeit nur im einfachen Gesetz stehende) Wahl der Richter mit qualifizierter Mehrheit und ihre 12-jährige Amtszeit ins Grundgesetz aufgenommen werden. Man fragt sich aber, ob damit nicht von dem selbst angerichteten Tohuwabohu hinsichtlich der Wahl der Bürger abgelenkt werden soll.

Wahlrecht als Hebel der Parteimacht

Da es kaum Regelungen gibt, die für den Machtgewinn bzw. Machterhalt der Parteien wichtiger sind als das Wahlrecht, liegt die Versuchung nahe, es an ihren eigenen Interessen auszurichten. Das kann in zwei Richtungen gehen:

- So können Abgeordnete von Regierung *und* Opposition an einem übergroßen Parlament festhalten, um ihre Wiederwahl-Chancen zu erhöhen. Bei einer Verkleinerung müssen zahlreiche Parlamentarier nämlich befürchten, nicht mehr in den Bundestag zu kommen. Das ist sicher ein Grund, warum es mit der Wahlrechtsreform so lange nicht wirklich voranging und warum das Bundeswahlgesetz der Ampelkoalition jetzt 630 (statt 598) Mandate vorsieht.
- Die Regierungsmehrheit kann das Wahlrecht auch allein an ihren Machterhalts-Interessen und damit auf Kosten der Opposition ausrichten. Dieser Versuchung scheint nun die Ampel erlegen zu sein. Denn durch den Wegfall der Grundmandatsklausel könnte sie ihre Chance erhöhen, die Regierungsmehrheit nach den Wahlen zu behalten.

Natürlich betrifft das Problem der XXL-Parlamente nicht nur die Bundes-, sondern auch die Landesebene: In Berlin gab es – wegen Überhang- und Ausgleichsmandaten – 2016 bis 2021 30 Mehrmandate gegenüber der in der Landesverfassung vorgesehenen Mindestgröße von 130.[9] Seit 2023 sind es 29. Mit 24,5 Prozent Mehrmandaten hatte der Hessische Landtag (2018–2023) lange an der Spitze aller deutschen Parlamente gestanden. Sie hatten der damaligen schwarz-grünen Landesregierung sogar ihre Ein-Stimmen-Mehrheit beschert. Seit 2023 ist der Hessische Landtag immer noch um 21 Prozent zu groß.

Prozessdesaster: Die Bundestagswahl 2021 in Berlin

In Sachen Wahlrecht lieferte die Bundestagswahl vom 26. September 2021 besonderes Anschauungsmaterial: Gleichzeitig mit ihr wurde im Bundesland Berlin das Abgeordnetenhaus und die Bezirksvertretungen gewählt sowie ein Volksentscheid abgehalten.

Dem war die Organisation nicht gewachsen, sodass der Wahlprozess an mehreren Stellen aus dem Ruder lief:

In Wahllokalen wurden Wahlzettel teilweise vertauscht oder fehlten gänzlich; andere Lokale mussten vorübergehend schließen; in fast der Hälfte von ihnen wurde noch nach 18 Uhr gewählt, als längst die Prognosen und Nachwahlumfragen über den Äther schwirrten, sodass die Berliner »strategisch« wählen konnten.

Darauf trat die Landeswahlleiterin von Berlin zurück, und der Berliner Verfassungsgerichtshof kündigte an, dass er die gesamte Wahl des Abgeordnetenhauses für ungültig erklären würde, sodass Neuwahlen erforderlich würden. Was die Bundestagswahl in Berlin anbelangt, fürchtete die Ampel-Koalition allerdings, Mandate zu verlieren, und wollte deshalb die Bundestagswahl dort nur auf einem kleinen Teil des Berliner Wahlgebiets wiederholen. Diese Begrenzung erschien fraglich. Denn die krassen Mängel betrafen die Wahl des Abgeordnetenhauses und die des Bundestags in gleicher Weise.

Letztlich musste also das Bundesverfassungsgericht über die erneute Wahl befinden. Danach wurde sie am 11. Februar 2024 lediglich in 455 der 2256 Berliner Wahlbezirke wiederholt, womit das Gericht zwar über den Beschluss der Ampel leicht hinausging, ihr aber doch weitgehend folgte. Denn eine darüber hinausgehende Wahlwiederholung wurde abgelehnt.[10]

Straftatbestand: Abgeordnetenkorruption (§ 108e StGB) - endlich wird auch das Ausnutzen der Abgeordnetenstellung erfasst (§ 108f StGB)

Für Abgeordnetenbestechung sieht das Strafrecht den 1994 eingeführten Paragraf 108e Strafgesetzbuch vor, eine Vorschrift, die lange auf sich hatte warten lassen.[11] Früher war die Bestechung von Mandatsträgern gänzlich straflos gewesen. Auch die neue Vorschrift war so eng gefasst, dass man einem Abgeordneten theoretisch einen ganzen Sack Geld auf den Tisch stellen konnte, ohne mehr zu riskieren, als dass er einen rauswirft. Die seit 2014 geltende Verschärfung der Vorschrift war durch internationale Verträge erzwungen worden. Sie ist aber – trotz Verschärfung der Strafdrohung von 2021 – immer noch zu schwach.[12] In den meisten anderen Ländern ist der Straftatbestand weiter gefasst. So gelten Abgeordnete in Österreich und der Schweiz als Amtsträger, sodass die für Beamte und Minister geltenden (strengeren) Strafvorschriften zur Anwendung kommen. Die Lückenhaftigkeit des § 108e StGB war besonders deutlich geworden bei bestimmten Maskendeals im Zuge der staatlichen Corona-Maßnahmen.

Im Februar 2021, kurz vor den Landtagswahlen in Baden-Württemberg und Rheinland-Pfalz, die das Superwahljahr 2021 eröffneten, wurde bekannt, dass Unionsabgeordnete sich an der Corona-Pandemie bereichert hatten. Der CSU-Bundestagsabgeordnete Georg Nüßlein hatte über seine Beraterfirma mehr als eine halbe Million Euro Provision für die Beschaffung von Corona-Schutzausrüstung durch öffentliche Stellen erhalten. Der Mannheimer CDU-Bundestagsabgeordnete Nikolas Löbel nahm für die Vermittlung eines Geschäfts vom Lieferanten der Masken eine Viertelmillion Euro an, und der CSU-Landtagsabgeordnete und frühere bayerische Justizminister Alfred Sauter profitierte von derartigen Geschäften gar siebenstellig. Das war nicht illegal, machte aber gerade deshalb die Lückenhaftigkeit der »Nebenerwerbs-Regelungen« umso deutlicher. Jedenfalls stießen diese Machenschaften in der Öffentlichkeit auf Unverständnis. Dass Volksvertreter die Krise – unter Ausnutzung ihrer politischen Beziehungen – für profitable Geschäfte nutzten, während die Menschen im ganzen Land darunter litten, ließ bei vielen Bürgern die Zornesader schwellen.

Einige ertappte Abgeordnete traten, zumeist gedrängt von ihrer Partei, aus Parlament und Partei aus. Zu allem Überfluss war auch noch rausgekommen, dass ausgerechnet Nüßlein und Sauter das Bundesverdienstkreuz erhalten hatten, womit pro Wahlperiode rund 30 Bundestagsabgeordnete im Stärkeverhältnis der Fraktionen ausgezeichnet werden.[13] Einen solchen »Proporzorden« hatte ich schon vor Jahren als besondere Form parlamentarischer Selbstbedienung kritisiert. Ferner sickerte durch, dass manche Politiker, wie der CSU-Bundestagsabgeordnete Mark Hauptmann, die zugleich in der Parlamentarischen Versammlung des Europarats saßen, vom autoritär regierten ölreichen Aserbaidschan geschmiert worden waren, um für dessen Regime gut Wetter zu machen und von den dortigen Menschenrechtsverletzungen abzulenken. Man sprach geradezu von der »Aserbaidschan-Connection«.[14]

Schon 2020 war auch der 27-jährige CDU-Bundestagsabgeordnete Philipp Amthor negativ aufgefallen, der von einem von ihm protegierten Unternehmen wertvolle Aktienoptionen und einen Direktorenposten erhalten hatte. Beides musste er nach öffentlicher Kritik zurück- bzw. aufgeben. Dennoch wurde er 2021 auf Platz 1 der CDU-Landesliste von Mecklenburg-Vorpommern wieder in den Bundestag gewählt.

Einen schalen Nachgeschmack hinterließ auch die Nachricht, dass der bekannte Rechtsanwalt und langjährige CSU-Europa-Abgeordnete Peter Gauweiler in den Jahren 2008 bis 2015 im Sold des Milliardärs August von Finck gestanden hatte. Gauweiler hatte vierteljährlich 350 000 € Honorar bezogen, zusammen elf Millionen, und zusätzlich noch Zahlungen an prominente Gutachter abgerechnet, die er für seine Klagen gegen die Rettungsschirme für Griechenland und für den Euro herangezogen hatte.[15]

Als die öffentliche Kritik zunahm und einen Tag vor den Landtagswahlen in Baden-Württemberg und Rheinland-Pfalz auch noch eine Titelgeschichte über »schwarzen Filz« im Magazin *Der Spiegel* erschien,[16] mussten alle Unionsabgeordneten im Wege einer Selbstauskunft der Fraktionsführung mitteilen, ob sie entgeltliche Vermittlungsdienste bei der Beschaffung von Anti-Corona-Schutzbekleidung geleistet hätten.

In einem von der *Süddeutschen Zeitung* erbetenen Gastbeitrag[17] wies ich darauf hin, dass das Privileg der Abgeordneten, neben dem Mandat einen zweiten Beruf ausüben und daraus unbeschränkt viel Einkommen beziehen zu dürfen, mindestens volle Transparenz und das wirksame Einschreiten gegen Interessenkollisionen voraussetzt. Gefreut hat mich die Bemerkung von Detlef Esslinger, des in der *Süddeutschen Zeitung* für Gastbeiträge zuständigen Redakteurs, mein Beitrag sei »sehr gelungen und schmückt uns sehr«. Dabei hatte ich auf Aufsätze zurückgreifen können, mit denen ich schon früh ausreichende Vorkehrungen angemahnt,[18] unzureichende Regelungen kritisiert und Verschärfungen angeregt hatte.[19]

Zugleich mit der *Süddeutschen Zeitung* (und dem Deutschlandfunk) hatte die Wochenzeitung *Junge Freiheit* wegen eines Beitrags angefragt. In diesem behandelte ich vor allem die zahlreichen Verfassungswidrigkeiten in den Diätenregelungen und schloss mit dem Satz: »Das Parlament, das vom Bürger Rechtstreue verlangt, ist seinerseits ans Grundgesetz gebunden und darf sich nicht darüber erheben.«[20] Gleichzeitig in einer linksliberalen und einer rechtskonservativen Zeitung zu schreiben, hatte einen gewissen Reiz, und ich empfand dies auch als Stellungnahme gegen jede Cancel Culture.

Insgesamt hinterließen die genannten Affären einen zwiespältigen Eindruck: Einerseits erscheint der Abgeordnete mit Beruf durchaus als erwünscht. Denn das bringt Lebenserfahrung ins Parlament und wirkt seiner übermäßigen Abhängigkeit von der Partei entgegen. Andererseits sind die bekannt gewordenen Selbst-Bereicherungen zu geißeln, und es muss sichergestellt werden, dass sie in Zukunft wirklich unterbunden werden.

Die vorstehend genannten Handlungen von Abgeordneten fallen jedenfalls nicht unter § 108e StGB, weil sie jenseits der eigentlichen politischen Arbeit und deshalb nicht bei Wahrnehmung des Mandats vorgenommen worden waren.[21] Doch auch Fälle von Einflusshandel von Abgeordneten müssen unter Strafe gestellt werden.[22] Vorerst hatte der Bundestag – in Reaktion übrigens auf die genannten Deals – Derartiges zwar verboten (siehe den neuen § 44a Abs. 3 Abgeordnetengesetz), nicht aber unter Strafe gestellt.

Hier bestand also dringender Reformbedarf.[23] Vielleicht hat der Fall der Politikertochter Andrea Tandler schließlich den nötigen

Anstoß gegeben. Tandler hatte für die Vermittlung von Käufen von Masken und Schutzkleidung sagenhafte 48,3 Millionen Euro an Provision kassiert und war dafür zu einer Gefängnisstrafe verurteilt worden, allerdings wegen Steuerhinterziehung (die sie zusätzlich begangen hatte), nicht wegen Korruption.[24] Schließlich hat die Ampel mit ihrer Mehrheit (und den Stimmen der AfD) bei Enthaltung der Union und der Linken einen § 108f eingeführt, der auch das Ausnutzen der durch das Mandat erlangten Stellung unter Strafe stellt.[25]

XIII. Hat der öffentliche Wind sich gedreht?

Meine arbeitsintensive Phase mit durchschlagenden Erfolgen flaute in den letzten Jahren merklich ab. Das dürfte mit meinen – aufgrund des Alters – nachlassenden Kräften zusammenhängen, andererseits aber agiert die Politik vielleicht auch vorsichtiger, weil sie die Kritik an Missbräuchen inzwischen fürchten gelernt hat. Ein Kollege, der guten Einblick in Parteien besitzt, hat diese indirekte Wirkung erfolgreicher früherer Aktionen wiederholt bestätigt.

So oder so kann ich eine gelegentliche Frustration nicht leugnen, wenn sich wieder mal zeigt, wie Politiker wichtige Positionen in Kontrollorganen (wie Rechnungshöfen, Sachverständigengremien oder Gerichten) mit geneigten Personen besetzen und Kritik am Ende leerlaufen lassen. Genauso ärgerlich ist es, zuschauen zu müssen, wie die öffentliche Kontrolle, die bei Entscheidungen in eigener Sache besonders wichtig ist, durch raffinierte Kunstgriffe entschärft wird: durch Blitzgesetze, durch Überkomplizierung der Regelungen oder durch Verstecken anfechtbarer Erhöhungen im Haushaltsplan. Die politischen Akteure in ihrer Gesamtheit greifen inzwischen immer entschiedener auf die Kontrollinstanzen und entsprechende Institutionen zu und versuchen, diese aus- oder gleichzuschalten. Hinzu kommen weitere Entwicklungen, die der Kritik an Parteimissbräuchen entgegenwirken.

Wertewandel

Der allgemein zu beobachtende Wertewandel vom Gemeinsinn hin zur Selbstentfaltung hat auch auf die Politik durchgeschlagen. Parteienforscher berichten: Wenn Parteien überhaupt noch Nachwuchs bekommen, werden junge Leute vor allem der eigenen Karriere wegen Mitglieder und nicht unbedingt aufgrund ihres politischen Gestaltungswillens. Während früher viele Politiker bei Skandalfällen selbst entsetzt waren über das, was andere ihnen eingebrockt hatten, setzt sich selbst bei klaren Fehlaktionen zunehmend trotziges Beharren auf der eigenen Machtposition durch.

Bund der Steuerzahler: Kooperation statt Konfrontation

Bemerkenswert ist auch eine Art »feindliche Übernahme« des Bundes der Steuerzahler durch die Parteien. Früher galt es als selbstverständlich, dass die Führungskräfte des Verbandes keine Parteifunktion innehaben durften. Man verstand sich, und erst recht das zugehörige wissenschaftliche Institut, als Vertreter von Bürger-Interessen. Da alle Steuern zahlen, zumindest indirekte Steuern, und an vernünftiger Ausgabenpolitik des Staates interessiert sind, ging es letztlich um gemeinwohlorientierte Politik. Vielleicht habe ich dieses Verständnis in meinen Veröffentlichungen über Aufgaben und Ziele des Verbandes etwas idealisiert.[1] Das aber war in der Tat der Kern und parteipolitische Neutralität ein zentrales Merkmal allen Tuns.

Früher stellte sich der Verband ganz selbstverständlich hinter die von mir ausgearbeiteten Gutachten etwa über missbräuchliche Formen der Politikfinanzierung und publizierte sie auf Pressekonferenzen, auch wenn dabei Spitzenpolitiker direkt angeprangert werden mussten. Damit feierte er oft seine größten Erfolge, die ihm auch direkt zugeschrieben werden konnten. Ein großer Vorteil, denn andernfalls ließ sich oft nicht wirklich belegen, dass günstige Änderungen tatsächlich auf seinem Einfluss beruhten; genau das aber ist für das Werben von Mitgliedern wichtig. Und in der Tat zeigten sich auch in dieser Hinsicht die positiven Folgen seines Wirkens.

Doch diese Zeiten sind vorbei. Die Organisation, die in den 80er- und 90er-Jahren mit meiner Hilfe die tollsten Dinge aufgedeckt hatte, ist handzahm geworden und scheut sich, mit den Etablierten wirklich aneinanderzugeraten. Der Verband meidet ganz bewusst, wie es intern formuliert wird, die *Konfrontation* und ist zur *Kooperation* übergegangen. Der Vorsitzende des bayerischen Landesverbandes, Rolf von Hohenau, schoss sogar gezielt quer gegen meine, wie sich herausstellte, voll berechtigte Kritik an Auswüchsen in Bayern und an den Vorschlägen der Berger-Kommission. Der Bundesverband ist besonders stolz darauf, Spitzenpolitiker für seine Veranstaltungen zu gewinnen. Sogar Bundeskanzlerin Merkel trat als Rednerin auf. Diese Tendenz findet ihren Ausdruck auch im Führungspersonal, welches teilweise selbst parteipolitisch eingebunden war (oder immer noch ist).

Wo ist die betont parteipolitische Neutralität des Bundes der Steuerzahler geblieben? Kritik, die der politischen Klasse an den Nerv geht, findet kaum noch statt. Im Forschungsinstitut und, wenn ich recht sehe, auch in den Vorständen und selbst unter den Referenten des Verbandes gibt es auch kaum noch qualifizierte Juristen. Dabei kamen frühere Erfolge oft nicht ohne juristische Expertise aus. Kehrseite des grundlegenden Wandels der Verbandspolitik ist ein rapider Schwund an Mitgliedern, deren Zahl zur Zeit der genannten Erfolge – entgegen dem Trend etwa bei Gewerkschaften und Parteien – deutlich zunahm, in den letzten gut 20 Jahren aber auf weniger als die Hälfte geschrumpft ist.

Mit Recht kritisiert ein Kenner der Verbandsszene, dass Verbände vor allem mit ihren »›persönlichen Beziehungen‹ zur politischen Elite« in der Öffentlichkeit protzen.[2] Diese Kritik gilt auch für Funktionäre des Bundes der Steuerzahler. Der Verband sollte Fehlentwicklungen aus der Sicht der Allgemeinheit kritisieren. Er hat eine Verpflichtung seinen Mitgliedern gegenüber und sollte sich notfalls auch als unerbittlicher Kritiker staatlicher Missbräuche verstehen. Er darf politische Würdenträger nicht schonen, nur um sich in deren Gunst weiter sonnen zu können.

Allerdings hat die Politik mit dem Erteilen oder Versagen steuerlicher Gemeinnützigkeit für Spenden und Beiträge auch einen gewissen Hebel in der Hand: Die Einstufung als »gemeinnützig« erlaubt es Mitgliedern und Spendern, ihre Zuwendungen steuerlich abzusetzen. Neuerdings wurde mehreren Verbänden die Gemeinnützigkeit entzogen und dies auch dem Bund der Steuerzahler angedroht. Diese Gefahr wird bei innerverbandlichen Diskussionen denn auch als Argument genutzt, einen stärkeren Konfrontationskurs zu umgehen. Dabei gibt es Landesverbände, wie den niedersächsischen, die von vornherein auf die Gemeinnützigkeit verzichtet haben, ohne dass sich dies auf ihre Mitgliederentwicklung negativ auszuwirken scheint.

Abschreckende Beispiele im Ausland

Darüber hinaus könnten manche meiner Reformvorschläge durch neueste Entwicklungen im In- und Ausland an Überzeugungskraft verloren haben, jedenfalls auf den ersten Blick. So mag vielleicht die Direktwahl von Erdogan in der Türkei und die Wahl und mögliche Wiederwahl von Donald Trump in den USA (2017–2021 und evtl. ab 2025) den Vorschlag in ein schiefes Licht gerückt haben, den deutschen Bundespräsidenten direkt durch das Volk wählen zu lassen.

Doch mir geht es ja gerade nicht um die Direktwahl eines machtvollen Präsidenten mit all den Missbrauchsgefahren (siehe S. 271 ff.). Der deutsche Bundespräsident ist allenfalls mit dem direktgewählten österreichischen zu vergleichen, und Alexander Van der Bellen (2017–2023 und erneut seit 2023) macht ja auch einen guten »Job«. Von den lediglich auf Landesebene zu wählenden Ministerpräsidenten ganz zu schweigen (siehe S. 265 ff.).

Damit soll allerdings nicht geleugnet werden, dass es durchaus Beispiele für positives Wirken direkt gewählter Präsidenten mit erheblichen Kompetenzen gibt, wie etwa den 2014 in Rumänien gewählten und 2019 wiedergewählten Klaus Johannis. Für Deutschland aber kommt Derartiges m. E. mit Blick auf die Historie unseres Landes nicht in Betracht.

Den Brexit-Entscheid der Engländer geben manche als Grund an, auch Volksentscheide zu Sachthemen abzulehnen. Zu berücksichtigen wäre allerdings, dass der Abstimmung kein ausgearbeiteter Austrittsvertrag zugrunde gelegen hatte. Vor allem aber war sie nach Art und Zeit »von oben« angesetzt, und derartige politische Schachzüge sind seit Napoleon als Prämien auf die Macht abzulehnen. Sie gehören »zum typischen Arsenal der ›Machterhaltungswaffen‹«.[3]

Themen, die alles überschatten

Großthemen wie der Klimawandel und seine Bekämpfung, ab 2015 auch das Flüchtlings- und Asylthema und natürlich die Coronakrise ab März 2020 sowie der Angriffskrieg auf die Ukraine seit Februar 2022 und die Krise im Nahen Osten seit dem Überfall der Terrororganisation Hamas auf Israel im Oktober 2023 haben selbst krasse Selbstbedienungsaktionen der Politik ähnlich in den Schatten gestellt, wie es – kürzerfristig – auch die Begeisterung vor Weltmeisterschaften oder sonstigen sportlichen Großereignissen vermag, hinter der missbräuchliche Entscheidungen der Politik in eigener Sache gern versteckt werden.

Kann das »gute Deutschland« denn Mängel haben?

Auch die mentale Kluft, die sich innerhalb Deutschlands spätestens durch die Willkommenskultur im Herbst 2015 aufgetan hat und die inzwischen auch die ganze EU durchzieht, verdrängt manches andere. Wenn viele von uns Deutschen sich als die »besseren« Menschen gerieren, stoßen wir nicht nur bei den sogenannten Visegrad-

Staaten Polen, Tschechien, Slowakei und Ungarn auf Widerwillen, sondern auch bei manchen anderen Mitgliedstaaten der EU. Dazu schrieb Berthold Kohler in der *Frankfurter Allgemeinen Zeitung*:

> *»Die innen- und außenpolitischen Debatten vermitteln regelmäßig den Eindruck, dass man in Deutschland im Grunde alles besser weiß als anderswo. Und daher anderen gute Ratschläge geben kann, was sie tun sollten: Migranten als Bereicherung betrachten, Staatshaushalte nach deutschen Vorstellungen sanieren […] Aus polnischer, italienischer oder auch französischer Sicht können deutsches Lob und deutscher Tadel leicht danach aussehen, als wolle der heimliche Hegemon Europas seine Nachbarschaft nach seinem Ebenbild formen […] Deutschland muss darauf achten, nicht zu jener Kraft zu werden, die stets das Gute will, dabei aber böses Blut schafft.«*[4]

Dieses Gefühl der moralischen Überlegenheit hemmt uns dann aber leicht, die eigenen politischen Mängel zu thematisieren; denn das könnte ja unseren Anspruch, die »Besseren« zu sein, schwächen.

Die AfD

Ein weiterer Grund dafür, dass auch die öffentliche Kontrolle an Durchschlagskraft verloren hat, ist paradox und hängt mit dem Aufkommen der AfD zusammen. Diese Partei vertritt in ihrem Programm etwa die Einführung von Volksentscheiden auch auf Bundesebene, was auch ich empfehle,[5] und stimmt in den Parlamenten oft gegen Übergriffe, die andere Parteien in eigener Sache vornehmen. Diese Parallelität in bestimmten Punkten wird medial gelegentlich ausgeschlachtet, weshalb manche Journalistinnen und Journalisten sich scheuen, mich zu unterstützen und gegen Fälle von offensichtlich missbräuchlicher Selbstbedienung nachdrücklich Front zu machen. Denn dies könnte der AfD politischen Rückenwind geben; und wer will das schon?

Dies gilt erst recht, wenn man die Unfairness gewisser Regeländerungen zulasten der AfD kritisiert, die jedem für die politische Chancengleichheit Eintretenden aufstoßen muss. Ein Beispiel war die Änderung der Geschäftsordnung des Bundestags, um nicht den ältesten Abgeordneten zum Sitzungspräsidenten bei der Konstituierung des Parlaments nach der Wahl von 2017 zu machen, der zur AfD gehörte, sondern den »Dienstältesten« (Wolfgang Schäuble).

Ähnlich war der Landtag von Rheinland-Pfalz vorgegangen: Nach der Wahl von 2016 hätten der AfD laut bisherigem Reglement zwei Sitze pro Fachausschuss zugestanden. Das erschien angesichts der Zahl ihrer Abgeordneten auch sinnvoll. Doch nach einer von der Mehrheit betriebenen Ad-hoc-Änderung der Geschäftsordnung des Landtags erhielt sie dann nur noch einen Sitz pro Ausschuss. Aufgrund dieser Manipulation glaubte ich, eine Bitte der AfD um Gutachten und Klagevertretung nicht ablehnen zu können, wobei letztere aber beim Landesverfassungsgericht unter seinem Präsidenten Brocker scheiterte.

»Populismus«-Vorwürfe

Die pauschale Kritik an »denen da oben« gilt als typisch für »Populismus«. Kern des Begriffs ist die Mobilisierung der Wähler gegen angebliche Eliten in Politik, Medien und Wirtschaft, die für die Gemeinschaft wichtige Entscheidungen treffen.[6] Da Wahlkämpfe, bei denen die Konkurrenten sich an das Volk richten, und die Möglichkeit, die Mächtigen zu kritisieren, geradezu zum Wesen der Demokratie gehören, verlangt der abwertend gebrauchte Begriff »Populismus« noch etwas Negatives: Er setzt die Verwendung unangemessener Mittel oder die Verfolgung illegitimer Ziele voraus. Als Beispiel für Populismus gilt etwa die Unterschriftskampagne gegen den Doppelpass, die 1999 kurz vor der hessischen Landtagswahl zum Sieg der CDU beitrug. Roland Koch, der damals gegen die von SPD und Grünen im Bund propagierte doppelte Staatsbürgerschaft wetterte, obwohl das Land Hessen dafür gar nicht die Gesetzgebungskompetenz besitzt, wurde Ministerpräsident.

Kritik an Parteien und Machtzentren hat populistische Strömungen auch in westlichen Ländern erstarken lassen. Populistische »Führer« haben etablierte Parteistrukturen geschwächt oder ganz hinweggefegt. Beispiele sind Italien mit der 5-Sterne-Bewegung und die USA mit Trump.

In Deutschland wird dagegen bei Kritik an demokratischen Parteien – wohl auch wegen unserer geschichtlichen Erfahrungen – eher Zurückhaltung geübt. Es sei vor allem die AfD, die auf Populismus setze, so die herrschende Meinung. Wenn aber Unzufriedenheit mit dem Erscheinungsbild von Politik besteht, müssen wir mit Kritik an ihr leben und sachgerechte Kritik von populistischem Handeln unterscheiden.

Der schnelle Vorwurf des angeblichen Populismus aber, der mir immer wieder begegnet, kann die Bereitschaft von Bürgern und Medien sehr wohl verringern, sich Kritik überhaupt anzuschließen, selbst wenn offensichtliche Mängel und Fehlentwicklungen angeprangert werden. Wie oft wurden mir populistische Absichten unterstellt, allein um von tatsächlich existierenden Missständen abzulenken! Dass Demokratie fundierter Kritik geradezu ihre Lebensfähigkeit verdankt, überging man dabei geflissentlich.

Einseitigkeit in Medien und Politikwissenschaft?

Kritik an unzureichenden demokratisch-rechtsstaatlichen Verfahren, für die Parteien hierzulande verantwortlich sind, stößt bei gewissen Medien auf Widerstand. Medien, besonders der öffentlich-rechtliche Rundfunk, sind, wie allgemein anerkannt, vornehmlich links. Sie pflegen grundlegende Kritik am Parteienstaat tendenziell zurückzuweisen. Eine Analyse über Volontäre der ARD zeigte, dass 37,1 % von ihnen die Grünen wählen, weitere 23,4 % die Linke; Union und FDP gemeinsam würden nur 3,9 % ihrer Stimmen erhalten. Das ergibt eine ziemliche Schlagseite, auch wenn unklar ist, in welchem Umfang die Einstellung von Medienleuten auf ihre Berichterstattung abfärbt.[7]

Vertreter der Politikwissenschaft wiederum scheinen oft großzügiger gegenüber Interessenkonflikten, Korruption, Ungerechtigkeiten und Machtmissbrauch von Parteien zu sein als vielleicht Juristen, die die Feststellung von Unzulässigem quasi mit der Ausbildung inhaliert haben.

Die politikwissenschaftliche Disziplin war in Deutschland als Reaktion auf den Nationalsozialismus etabliert worden. Sie hatte den Menschen die Notwendigkeit von Parteien im demokratischen System nahegebracht und dieses Bewusstsein auch auf dem Sektor der politischen Bildung verankert. Offenbar aus dieser Aufgabe heraus missverstehen Politikwissenschaftler heute Kritik an bestimmten Handlungsmustern politischer Parteien oft als Generalverriss und neigen leicht dazu, sie auch gegen berechtigte Angriffspunkte zu verteidigen.

Die Grünen gehören inzwischen zum Establishment

Die Grünen gingen früher stets gegen parteilichen Machtmissbrauch vor und gehörten etwa in Hessen und Hamburg zu meinen wichtigsten Verbündeten. Seitdem sie aber nicht mehr vornehmlich in der Opposition stehen, sondern an zahlreichen Regierungen in Bund und Ländern beteiligt sind, scheuen sie sich, ihre Koalitionspartner durch harte Kritik zu verprellen. Selbst unhaltbare Regelungen lassen sie häufig passieren. Auch wenn ich deren Abwegigkeit oder sogar Verfassungswidrigkeit aufgezeigt hatte, blieb es bei den kritisierten Maßnahmen, und die Politik, die sich mit allen Kräften gegen Kontrollen sträubt, frohlockt. Da auch verantwortungsbewusste »elder Statesmen«, wie der SPD-Politiker Hans-Jochen Vogel, auszusterben drohen, bleiben selbst nachweisbar betrügerische Zugriffe ungesühnt, die Parlamente in eigener Sache vornehmen, ja, die Grünen haben sie selbst mit initiiert, wie etwa 2017 in Rheinland-Pfalz[8] und 2020 im Berliner Abgeordnetenhaus.[9] Auch Ämterpatronage üben sie in teilweise rücksichtsloser Weise.

Dass auch bei den Grünen inzwischen die Machtperspektive vorherrscht, wurde zuletzt ganz deutlich, als sie im Herbst 2020 die Forderung nach direkter Demokratie (auch auf Bundesebene) aus ihrem Programm strichen. Von den Medien ist in diesem Punkt wenig Gegenwind zu erwarten. Sie sind vor allem im öffentlich-rechtlichen Rundfunk eher links gestrickt und stehen den Grünen nahe, was ihrer Kritikbereitschaft an den Regierenden nicht gerade förderlich sein dürfte.

Und noch in einem weiteren Punkt agieren die Grünen mit veränderter strategischer Agenda: Zusammen mit allen anderen Bundestagsparteien (mit Ausnahme der AfD) treten sie für eine Verlängerung der Wahlperiode im Bund auf fünf Jahre ein.[10] Der Bürger hätte dann in zwei Jahrzehnten nur noch vier- statt bisher fünfmal die Möglichkeit, in Wahlen seinen (ohnehin stark beschränkten) demokratischen Willen kundzutun.

Der Grund für diese überparteiliche Einigkeit: »Eine längere Wahlperiode liegt sowohl im Interesse der Abgeordneten als auch der Parteien. Den Erstgenannten verspricht sie eine bessere Berufs- und Lebensplanung, den Letztgenannten eine Schonung ihrer insbesondere durch die kostenträchtigen Bundestagswahlkämpfe arg strapazierten Finanzen.« Die Verlängerung der Wahlperiode wäre also eine geradezu klassische Entscheidung »in eigener Sache«.[11] Früher waren SPD und Grüne dazu allenfalls bereit, wenn gleichzeitig direkte Demokratie im Bund eingeführt würde. Von diesem Junktim ist bei beiden heute nicht mehr die Rede.

Angleichung der etablierten Parteien und institutionalisierte Verantwortungslosigkeit

Die bundesdeutsche Parteienlandschaft hat sich gewandelt. Aus den früheren beiden Volksparteien und der FDP sind seit dem Einzug der Grünen, der Linken und der AfD in Bundes- und Landtage sechs und möglicherweise mit der neuen Wagenknecht-Partei sieben Parlamentsparteien geworden. Das geht vor allem auf Kosten der CDU/CSU und der SPD, die ihre frühere Dominanz verlieren oder verringert sehen. Jetzt reichen nicht mehr Zweierkoalitionen zur Bildung einer Regierungsmehrheit. Oft ist der Zusammenschluss von drei oder mehr Parteien erforderlich. Umso intensiver versuchen die Parteien »koalitionabel« zu sein. Das begünstigt eine gewisse Angleichung ihrer Programmatik.

Hinzu kommt, dass der Bundesrat oft mehrheitlich in der Hand der Bundestags-Opposition ist, und die droht, zu Regierungsprojekten meist Nein zu sagen. Viele wichtige Gesetze aber können nur wirksam werden, wenn der Bundesrat zustimmt. Der mögliche Blockade-Effekt wird noch verschärft, weil Koalitionsvereinbarungen in den Ländern jeden Partner berechtigen, bei unterschiedlichen Auffassungen eine Enthaltung des Landes im Bundesrat zu verlangen, und Enthaltungen werden in der Länderkammer bei Abstimmungen wie ein Nein des betreffenden Landes gewertet. Das liegt an der Vorschrift des Art. 52 Abs. 3 Satz 1 GG, die eigentlich längst abgeschafft gehört. Mit Recht werden Enthaltungen normalerweise nicht mitgezählt.

Wenn es am Ende der Regierung doch gelingt, alle erforderlichen Zustimmungen für ein Projekt zu erlangen, blickt kaum noch einer durch. Wen soll der Wähler dann noch verantwortlich machen? Politik mit dem Stimmzettel zu belohnen oder zu bestrafen, wie es das Demokratieprinzip verlangt, ist ihm dann kaum noch möglich. Mit vollem Recht sprach der frühere Bundespräsident Johannes Rau in seiner Abschiedsrede von einer »Verflechtungsfalle« und einem Zustand »institutionalisierter Verantwortungslosigkeit«.[12]

Gezielte Besetzung von Kontrollorganen

Dass die Parteien bei der Wahl von Verfassungsrichtern und Spitzen von Rechnungshöfen und Verfassungsschutzämtern sowie bei der Ernennung von Sachverständigen verstärkt auf ihnen geneigte Personen achten, wird an vielerlei Stellen offensichtlich.

So wurde zum Beispiel der frühere saarländische Ministerpräsident Peter Müller ins Bundesverfassungsgericht gewählt, obwohl er vorher wegen seiner Verstrickung in missbräuchliche Politikfinanzierung vom saarländischen Verfassungsgericht und Rechnungshof streng gerügt worden war. Offenbar unter dem Einfluss dieses Richters, der auch Berichterstatter für Parteien und Wahlen war, ist das Gericht von der Rechtskategorie »Entscheidung in eigener Sache« abgerückt und tritt bei Beurteilung von Regeln der Macht für eine weniger strikte Kontrolle ein. Müller hatte diese Auffassung schon in seinem Minderheitsvotum zum Urteil über die Verfassungswidrigkeit der Dreiprozentsperrklausel bei Europawahlen von 2014 vertreten.

Ein anderes Beispiel für gezielte Berufungen durch den Bundestag ist die sogenannte Schmidt-Jortzig-Kommission. Sie erleichterte es dem Bundestag, die Diäten den Bundesrichter-Bezügen anzugleichen, obwohl das Bundesverfassungsgericht dies ausdrücklich untersagt hatte. Auch sonst glaubte die Kommission, die verfassungsgerichtliche Rechtsprechung schlicht ignorieren zu können. Man verließ sich offenbar darauf, dass die Bürger keine Klagebefugnis besitzen und die Begünstigten nicht vor Gericht gehen würden.

Umgehungstaktik via EU

Eine weitere Methode, um Begrenzungen zu umgehen, zeigte sich darin, dass ab der Europawahl 2029 eine Sperrklausel europarechtlich vorgeschrieben wird. Dadurch wird das Verbot des Bundesverfassungsgerichts, in Deutschland bei Europawahlen eine Sperrklausel zu errichten, ausmanövriert.

Neue Formen der Kritik? Der Satiriker und die Verlockung politischen Komforts

Der Satiriker Martin Sonneborn erhielt nach Wegfall der Sperrklausel bei der Europawahl 2014 mit Die PARTEI (Partei für Arbeit, Rechtsstaat, Tierschutz, Elitenförderung und basisdemokratische Initiative) ein Mandat und bei der Europawahl 2019 sogar zwei. An sich ist es durchaus eine interessante Frage, ob Satire eine geeignete Form ist, wirksam auf bestimmte Missstände aufmerksam zu machen. Sonneborn hatte aber ursprünglich angekündigt, seine Partei werde ständig rotieren, d. h. jeden Monat einen neuen Vertreter an seiner Stelle »Parlamentarier spielen« lassen. Doch davon wollte er nach seiner eigenen Wahl nichts mehr wissen. Stattdessen blieb er die ganzen fünf Jahre selbst Abgeordneter in Brüssel (und wurde 2019 auch wiedergewählt). Als Begründung für diesen Wortbruch berief Sonneborn sich immer wieder genüsslich auf mich. Denn ich hatte ein solches Rotieren natürlich als offensichtlich verfassungswidrig bezeichnet. So entstand letztlich der Eindruck, dass vor allem die Allround-Versorgung europäischer Abgeordneter Sonneborn zum Verbleiben in Brüssel veranlasst.

Angesichts all dieser Wandlungen komme ich mir neuerdings manchmal vor wie der Hase im hoffnungslosen Wettlauf mit dem listenreichen Igel. Darf einen das aber von notwendiger Kritik an Missständen und dem Einfordern von Reformen abhalten?

XIV. Der kritische Blick auf das Parteiensystem als Motor demokratischer Weiterentwicklung

In meiner zu Beginn dieses Buches erwähnten Rektoratsrede hatte ich bereits auf einzelne Demokratiedefizite unseres stark parteilich dominierten Staatswesens hingewiesen und Abhilfevorschläge gemacht. Inzwischen aber, und auch das zeigten meine Ausführungen, sind die Probleme noch größer und vielfältiger geworden. Parteien sind in einer Demokratie zwar unerlässlich. Doch haben sie sich im Laufe der Zeit in illegitimer Weise an die Stelle der Bürger gesetzt und diese weitgehend entmachtet, sodass Ohnmachtsgefühle, Verdrossenheit und fortschreitende Entfremdung der Bürger von der Politik zunehmen. Gleichzeitig droht die »parteiliche Kolonisierung« von Staat und Gesellschaft Opportunismus und politische Willfährigkeit in den Köpfen all derer zu fördern, die etwas in unserem Staate werden wollen.

Das zentrale Defizit besteht sicher darin, dass die Parteien ihre entscheidende Funktion, den Bürger als den eigentlichen Souverän in der Demokratie in die politische Willensbildung einzubeziehen, nur mangelhaft erfüllen. 60 Millionen Wahlberechtigte können selbst bei Wahrnehmung ihres Königsrechts, der Wahl der Parlamentsabgeordneten, die meisten ihrer sogenannten »Volksvertreter« im Bund, in den Ländern und der Europäischen Union nicht wirklich auswählen. Das tun vielmehr die Parteien selbst. Wem sie einen sicheren Listenplatz oder einen sicheren Wahlkreis geben, der hat es schon geschafft; die offizielle Wahl ist bloß noch Formsache. Und wer dann die Regierung stellt, kungeln Parteiführer –

am Wähler vorbei – in Koalitionsverhandlungen aus. Sachentscheidungen durch Volksbegehren und Volksentscheid sind Bürgern auf der wichtigsten Ebene, dem Bund, verwehrt. Dieser – für eine Demokratie eigentlich ungeheuerliche – Tatbestand scheint mir die wichtigste Ursache für das zunehmende politische Unwohlsein in unserem Land zu sein. Dass dieses Defizit wenig thematisiert wird, liegt wohl daran, dass die Parteien auch die sogenannte politische Bildung in der Hand haben.

Doch die Entmachtung der Bürger geht noch weiter: Die Entstehung zusätzlicher Parteien und der Wandel der Parteienlandschaft führen dazu, dass die Etablierten in Bund und Ländern eine Vielzahl ganz unterschiedlicher Regierungskoalitionen bilden können. Der Wunsch, »koalitionabel« zu sein, trägt zu ihrer programmatischen Annäherung bei, erschwert dem Wähler aber erst recht die Orientierung. Wenn sich nicht nur drei Koalitionsparteien auf ein Projekt einigen müssen, sondern über den Bundesrat auch die Opposition zustimmen muss, weil sie in den Ländern mitregiert, entsteht organisierte Unverantwortlichkeit. Wen soll der Bürger wählen, wenn alle und damit niemand für wichtige Maßnahmen verantwortlich sind? Für viele bleibt dann nur noch die Protestwahl.

Umso wichtiger ist es, diese Fehlentwicklung immer wieder transparent zu machen, das Bewusstsein dafür zu schärfen und neue Handlungsimpulse anzustoßen. Denn jahrzehntelange parteidominierte Praxis kann leicht den Eindruck entstehen lassen »das müsse eben so sein«. Muss es aber nicht!

Bürger sind auch nicht etwa zu dumm für Politik. Nur fehlt es an Anreizen, sich für die Politik zu interessieren. Jeder weiß ja, dass man am Ende doch kaum etwas entscheiden kann, und die Parteien wissen das auch und glauben deshalb, die Bürger nicht wirklich informieren zu müssen. Ganz anders wäre es, wenn wir unsere Abgeordneten, Ministerpräsidenten und Bundespräsidenten wirklich wählen und die Parteien auch im Bund mit selbst initiierten Volksentscheiden (oder durch Drohen damit) in die Schranken weisen könnten. Dann wäre auch die mediale Berichterstattung sachhaltiger, und die Zufriedenheit mit dem eigenen politischen System könnte wachsen.

Die derzeitige Machtlosigkeit der Bürger erleichtert es dagegen den Parteien, ungeniert auf staatliche Ressourcen zuzugreifen. Ihre Finanzierung aus öffentlichen Kassen hat eine gewaltige Ausweitung erfahren. Die Verteilung auf eine Vielzahl von Positionen verschleiert allerdings den Gesamtumfang, für dessen Ermittlung die Auswertung von über 50 Gesetzen und Haushaltsplänen erforderlich wäre. Kein Wunder, dass diejenigen Finanzierungsformen besonders stark gewachsen sind, bei denen die unerlässlichen Vorkehrungen gegen missbräuchliche Entscheidungen in eigener Sache, welche das Parteiengesetz vorsieht (wie Obergrenze und Regelung auch der kritischen Bereiche durch Gesetz), fehlen (etwa bei Fraktionen, Abgeordnetenmitarbeitern und Parteistiftungen).

Zusätzlich weiten die Parteien mittels Ämterpatronage ihren Einfluss auf Gebiete von Staat und Gesellschaft aus, in denen sie nichts zu suchen haben. Auch schwächen sie diejenigen staatlichen Organe, die Missbrauch eigentlich verhindern sollten, wie Gerichte, Rechnungshöfe und Sachverständigenräte, oder suchen sie ganz »gleichzuschalten«. Klassische Kontrollen wurden ohnehin abgebaut. Wie wenig die Gewaltenteilung noch gilt, zeigt der Umstand, dass Kanzler, Minister und Parlamentarische Staatssekretäre gleichzeitig Abgeordnete sind. Auch der zentrale Mechanismus der Demokratie, die Konkurrenz der Parteien um die Gunst der Wähler, funktioniert nicht, wenn Regierung und Opposition gemeinsame Sache machen, um eigene Privilegien durchzusetzen – dabei aber die Wähler aus den Augen verlieren, die doch überhaupt erst die Legitimationsbasis der ihnen anvertrauten Macht sind.

Trotzdem konnte ich mit akribisch belegter Kritik und der Unterstützung von Medien sowie eines damals noch »bissigen« Verbandes zahlreiche überraschende Erfolge erzielen. Neuerdings aber ist ein Wandel eingetreten, und es gelingt den Parteien immer wieder, auch missbräuchliche Regelungen durchzubringen.

Warum schreibe ich das alles und sage es immer wieder? Nicht weil ich mit meiner Parteienkritik unseren demokratischen Rechtsstaat verwerfen möchte. Im Gegenteil: Als Verfassungsrechtler, Staatsbürger und Demokrat bin ich der festen Überzeugung, dass nur der kritische Blick unseren demokratischen Rechtsstaat durch Beseitigung von Schwachpunkten fortentwickeln und immer wieder neu beleben kann. Damit bestehende Fehlentwicklungen sich nicht zu dauerhaften Missständen verfestigen und die Stärke unserer unersetzlichen rechtsstaatlichen Demokratie voll zur Geltung kommt.

Anhang

Anmerkungen

Einleitung: Konstruktive Kritik hält Demokratie lebendig

1 Z.B. die Beiträge in: von Arnim (Hrsg.), Erosion von Demokratie und Rechtsstaat?, 2018.

2 Im Gegensatz zu den schlechten Umfrageergebnissen bezüglich des Funktionierens unserer konkreten Politik und der darin zum Ausdruck kommenden Politiker- und Parteienverdrossenheit standen die stabil hohen Zustimmungswerte zur Demokratie im Allgemeinen.

3 www.deutschlandfunk.de/politikwissenschaft-kongress-steinmeier-ruft-zu.680.de.html?dram:article_id=429104

4 Frankfurter Allgemeine Zeitung vom 20.11.2019, S. 1: »Vertrauen der Deutschen in das politische System deutlich gesunken.« Siehe auch Steinmeier (Hrsg.), Zur Zukunft der Politik, 2022.

5 Angelika Nußberger: Regieren: Staatliche Systeme im Umbruch, VVdStRL 81 (2021), S. 7 (8–11).

6 von Arnim, Hat unsere Demokratie Zukunft?, Vortrag anlässlich der Rektoratsübergabe und der Eröffnung des Wintersemesters 1993/94, Speyerer Vorträge Heft 24.

7 Richard von Weizsäcker im Gespräch mit Gunter Hofmann und Werner A. Perger, 1992.

8 Bundespräsidialamt (Hrsg.), Empfehlungen der Kommission unabhängiger Sachverständiger zur Parteienfinanzierung, 1994. Der Bericht, der auch als Bundestagsdrucksache veröffentlicht wurde, war dem Bundespräsidenten am 17. Februar 1993 übergeben worden.

9 von Arnim, Staat ohne Diener, 1993; ders., Staat als Beute, 1993.

10 von Arnim, Demokratie ohne Volk, 1993.

11 Frankfurter Allgemeine Zeitung vom 27.11.1993.

12 Tele-Akademie, Sendung am 13.2.1994.

13 Bundestag, 12. Wahlperiode, 190. Sitzung, Sten. Protokoll vom 12.11.1993, S. 16.414–16.421.

14 Joachim Hörster, Sten. Protokoll, S. 16.416.

15 Torsten Wolfgramm, Sten. Protokoll, S. 16.419.

16 Hans Meyer, Die Fraktionen auf dem Weg zur Emanzipation von der Verfassung, Festschrift für Mahrenholz, 1994, S. 319. Siehe auch Hans Meyer, Archiv des öffentlichen Rechts 1994, S. 492 (496).

17 Werner Schulz, Sten. Protokoll, S. 16.419.

18 Siehe von Arnim, Politische Parteien: Populismus von oben?, DVBl 2017, S. 1057.

19 Hamburger Morgenpost vom 14.1.1994.

20 von Arnim, Der Bundesrechnungshof in Speyer: Ein Schuss auf die Hochschule, der nach hinten losging, Speyer Journal. Sonderheft zum Jubiläumsjahr 2022, S. 48 f.

21 Theodor Heuss, Parlamentarischer Rat, Stenographische Berichte über die Plenarsitzungen, 1949/1969, S. 40 (43).

22 Siehe dazu: Wilhelm Greve, Über Verfassungswesen in unserer Zeit, Merkur 1949, S. 430 f.

23 Eckard Jesse, Der Wähler kauft die Katze im Sack, Rotary Magazin, September 2021, S. 62 (65).

24 So auch Jesse, ebenda.

25 Dietrich Herzog, Politische Führungsgruppen, 1982, S. 71 f.

26 Helmut Trautmann, Innerparteiliche Demokratie im Parteienstaat, 1975, S. 36 ff.; Helmut Schulze-Fielitz, Der informale Verfassungsstaat, 1984, S. 105 f.

27 Mehr Demokratie e. V., Bürgergutachten Demokratie, Die Empfehlungen des Bürgerrats in Leipzig 13./14. und 27./28. September 2019.

28 Francis Fukuyama, Das Ende der Geschichte, 1992.

29 Siehe von Arnim/Drysch, Drittkommentierung des Art. 48 GG im Bonner Kommentar, 2019.

30 Richard von Weizsäcker im Gespräch mit Gunter Hohmann und Werner A. Perger, 1992, S. 135 ff.

31 Siehe auch Wilhelm Hennis, Wie wären die »eigentlichen Kernbereiche« der Politikwissenschaft heute zu definieren?, In: H. H. Hartwig (Hrsg.), Policy-Forschung in der Bundesrepublik Deutschland. Ihr Selbstverständnis und ihr Verhältnis zu den Grundfragen der Politikwissenschaft, 1985, S. 122 (131); von Arnim, Zur normativen Politikwissenschaft. Versuch einer Rehabilitierung, Der Staat 1987, S. 477 (490–492).

32 So auch der Herrenchiemsee-Entwurf zum Grundgesetz. Die endgültige Formulierung des Grundgesetzes brachte keine sachliche Änderung. Dazu von Arnim, Gemeinwohl und Gruppeninteressen – Die Durchsetzungsschwäche allgemeiner Interessen in der pluralistischen Demokratie, 1977, S. 13 mit weiteren Nachweisen.

33 von Arnim, Staatslehre der Bundesrepublik Deutschland, 1984, S. 25 ff.

34 Hans-Jochen Vogel hob öffentlich »die kritischen Beiträge des Herrn von Arnim« in Sachen Politikfinanzierung ausdrücklich als förderlich hervor, weil sie sich nicht in »allgemeiner Pauschalierung« ergingen, sondern »die konkrete Grundlegung und die Nennung von Ross und Reiter nie zu vermissen war«. Vogel ließ es sich auch nicht nehmen, einen Beitrag zur Festschrift zu meinem 65. Geburtstag beizusteuern (Hans-Jochen Vogel, Politikverdrossenheit, Enttäuschung und falsche Erwartung, in: Brink/Wolff (Hrsg.), Gemeinwohl und Verantwortung, 2004, S. 505 ff.). – Ernst Benda meinte, bei meinen peinlich genau recherchierten Analysen komme mir niemand gleich (John Dornberg, Hans Herbert von Arnim – The Man Polticians Fear, Manuskript für Reader's Digest, 1992, S. 6). – Hildegard Hamm-Brücher, »the elder stateswoman« des deutschen Parlamentarismus und fleischgewordene Verkörperung politischer Moral, ergänzte, ich täte mehr für die Demokratie in unserem Land als irgendjemand anderes, den sie kenne (Dornberg, ebenda).

35 Helmut Kohl, Erinnerungen 1982–1990, 2005, S. 358 f.

36 Wolfgang Janisch, »Parteienkritiker mit Herz und Verstand«, Süddeutsche Zeitung vom 2.5.2012, S. 1; Dietmar Hipp, »Großkritiker des deutschen Parteienwesens«, Der Spiegel vom 2.5.2012.

37 So ein anonymes »Streiflicht« in der Süddeutschen Zeitung vom 22.12.2011, S.1. Der Kernsatz neben aller sonstigen Häme lautete, Arnim »hätte alle Fragen zum Finanzgebaren Christian Wulffs schon beantwortet, bevor andere sie überhaupt stellen«. Es stellte sich dann aber heraus, dass die von mir früh gesetzten Themen und aufgeworfenen Fragen in der Causa Christian Wulff durchweg ins Schwarze trafen. Siehe z. B. von Arnim, Der Bundespräsident. Kritik des Wahlverfahrens und des finanziellen Status, FÖV-Discussion Paper Nr. 71, 2012; ders., Warum der Bundespräsident nicht zurücktreten kann, Neue Zeitschrift für Verwaltungsrecht – Extra 4/2012. Der Erhalt der gewaltigen Versorgung war nur bei Rücktritt aus persönlichen (Krankheit) oder politischen Gründen vorgesehen, und die lagen in Wahrheit nicht vor.

38 Z.B. von Arnim, Gemeinwohl und Gruppeninteressen, Frankfurt a. M. 1977; ders., Der Einfluss von Interessengruppen auf die Verwaltung, in: Manfred Bulling (Hrsg.), Verwaltung im Kräftespiel der politischen und gesellschaftlichen Institutionen, Baden-Baden 1985, S. 79 ff.; ders., Staat und Verbände, Wirtschaftsdienst 2000, S. 139 ff.

39 Z.B. von Arnim, Volkswirtschaftspolitik, 6. Aufl., 1998; ders., Die Deutschlandakte. Was Politiker und Wirtschaftsbosse unserem Land antun, 2008, S. 257 ff.

40 Z.B. von Arnim, Staatslehre der Bundesrepublik, 1984, S. 439 ff.

I. Die prägenden Anfänge: Auf dem Weg zum »Parteienkritiker«

1 Wolfgang Fischer, »Nach zehn Minuten war das Gesetz reif für den Papierkorb. Rachegefühle nach dem Nein des Bundesrats zum Bonner Diätengesetz – Der Kritiker von Arnim will ›wachsam bleiben‹«, Rhein-Neckar Zeitung vom 14.10.1995.

2 Schreiben von Gladys Fisher vom 19.10.1995.

3 Die spätere Vorsitzende Richterin am Bundesarbeitsgericht, Marie-Luise Hilger, hatte das Thema in ihrer Habilitationsschrift (»Das betriebliche Ruhegeld – Zugleich ein Beitrag zum Recht der betrieblichen Arbeitsbedingungen«, 1959) aufgeworfen und es Weitnauer für eine Promotionsarbeit vorgeschlagen.

4 von Arnim, Die Verfallbarkeit betrieblicher Ruhegeldanwartschaften, Heidelberg 1970; ders., Die Einschränkung der Verfallbarkeit von betrieblichen Ruhegeldansprüchen, Der Betriebs-Berater 1971, S. 1065–1075, abgedr. auch in: Betriebliche Altersversorgung 1971, S. 167.

5 Siehe den Überblicksartikel »Die betriebliche Altersversorgung hat Nachholbedarf«, Frankfurter Allgemeine Zeitung vom 20.9.2012. Siehe auch FAZ vom 13.11.2019, S. 17: »Spahn will Betriebsrentner schnell entlasten«; FAZ vom 29.7.2023, S. 27: »Betriebsrente neuen Stils«.

6 So auch Wolfgang Grunsky, Besprechung von »Die Verfallbarkeit von betrieblichen Ruhegeldanwartschaften«, Arbeit und Recht 1971, S. 148.

7 So später auch BVerfGE 89, 214 (Leitsatz) – 1993: Die Zivilgerichte haben die »Pflicht zur Inhaltskontrolle von Verträgen, die einen der beiden Vertragspartner ungewöhnlich stark belasten und das Ergebnis strukturell ungleicher Verhandlungsstärke sind«.

8 Grunsky, ebenda, Arbeit und Recht 1971, S. 148 (150).

9 Ebenda, S. 149.

10 Ebenda, S. 149.

11 Ebenda, S. 150.

12 Aktenzeichen 3 AZR 278/71, BAGE 24, 177 (181, 191, 192); auszugsweise auch veröffentlicht in: Der Betriebs-Berater 1972, S. 1005.

13 Siehe auch von Arnim, Durchsetzung der Unverfallbarkeit von Ruhegeldanwartschaften durch das Bundesarbeitsgericht. Der Richter als Ersatzgesetzgeber, Der Betriebs-Berater 1972, S. 1411–1415.

14 Gesetz zur Verbesserung der betrieblichen Altersversorgung (Betriebsrentengesetz) vom 19.12.1974 (BGBl. I S. 2759), zuletzt geändert durch Gesetz vom 20.12.2022 (BGBl. I S. 2940).

15 § 1b BetrAVG.

16 Siehe auch Oskar Lafontaine in Frankfurter Allgemeine Zeitung vom 11.9.2011, S. 27.

17 BVerfGE 81, 242 (254 f.).

18 BVerfGE 89, 214 (233). – Hierher gehört auch das vom Bundesarbeitsgericht entwickelte »Gebot fairen Verhandelns«. Dazu BAG vom 24.2.2022, NJW 2022, S. 1970 mit Anmerkung Philipp S. Fischinger.

19 von Arnim, Ungleichgewichte in der finanzpolitischen Willensbildung und ihre verfassungstheoretischen Konsequenzen, in: Carl Böhret/Heinrich Siedentopf (Hrsg.), Verwaltung und Verwaltungspolitik, 1983, S. 109 ff.

20 von Arnim, Ungleichgewichte, S. 112 f.

21 von Arnim, Die Schlüsselrolle von politischen Institutionen, in: von Arnim (Hrsg.), Adäquate Institutionen: Voraussetzung für »gute« und bürgernahe Politik, 1999, S. 9 ff.

II. Das Gemeinwohl im Sinn: Am wissenschaftlichen Institut des Bundes der Steuerzahler

1 So die Journalistin Marianne Bäumler in ihrem Blog der Republik.

2 Schreiben von Dr. Klaus Schelle, dem zuständigen Vorstandsmitglied des KBI, vom 19.3.1968.

3 Siehe schon von Arnim, Ungleichgewichte in der finanzpolitischen Willensbildung und ihre verfassungstheoretischen Konsequenzen, in: Böhret/Siedentopf (Hrsg.), Verwaltung und Verwaltungspolitik 1983, S. 109 (109 f.).

4 Grundgesetz (mit Grundvertrag und anderen Gesetzen), Beck-Texte im Deutschen Taschenbuchverlag, 20. Aufl., Stand: Oktober 1980, S. 19.

5 Josef Isensee, Steuerstaat als Staatsform, Festschrift für Hans-Peter Ipsen, 1977, 409 (412).

6 Heinz Haller, Finanzpolitik, 2. Aufl., 1961; Günter Schmölders, Finanzpolitik, 3. Aufl., 2007.

7 Walter Eucken, Grundsätze der Wirtschaftspolitik, 3. Aufl., 1960, S. 325 ff.

8 Karl-Bräuer-Institut des Bundes der Steuerzahler, Zur gegenwärtigen Problematik der Staatsverschuldung, Nr. 1 der Reihe »Stellungnahmen«, September 1968. Darin findet sich auch eine kritische Auseinandersetzung mit dem Gutachten des Wissenschaftlichen Beirats beim Bundesministerium für Wirtschaft vom 23.7.1968, Kriterien und Konsequenzen der Staatsverschuldung, Bulletin der Bundesregierung 1968, S. 860 ff., welches einer Ausweitung der Kreditfinanzierung seinerzeit Vorschub leistete. Siehe auch KBI, die Problematik der Staatsverschuldung im Jahre 1972 (Nr. 10 der KBI-Stellungnahmen).

9 von Arnim, Grundprobleme der Staatsverschuldung, BayVBl 1991, S. 514–523.

10 BVerfG, Urteil vom 15.11.2023, Az.: 2 BvF 1/22.

11 Siehe z. B. Frankfurter Allgemeine Zeitung vom 5.8.2021, S. 23: »Im Durchschnitt 20 Jahre Rente«.

12 Uwe Sunde, »Land der Verdränger«, Frankfurter Allgemeine Zeitung vom 2.8.2021, S. 18.

13 Philipp Krohm, »Was bei der Rente schiefläuft«, Frankfurter Allgemeine Zeitung vom 2.8.2021, S. 26.

14 von Arnim (zusammen mit Rolf Borell, Dieter Lau, Klaus Schelle und Reiner Weitz), Der Weg zu einem zeitgemäßen Steuersystem, Wiesbaden 1971.

15 Paul Kirchhof, Bundessteuergesetzbuch, 2011, S. V f.: Das geltende Steuerrecht werde »von Ausnahmen, Privilegien und Lenkungstatbeständen so überwuchert, dass die Grundprinzipien des Steuerrechts kaum noch erkennbar sind«. Sein Steuerreform-Entwurf sieht deshalb einen »Verzicht auf Ausnahmen und Privilegien« vor.

16 Siehe z. B. den 26. Subventionsbericht: Bericht der Bundesregierung über die Entwicklung der Finanzhilfen des Bundes und der Steuervergünstigungen für die Jahre 2015–2018, Anlage 2 (S. 78–90).

17 BVerfGE 40, 296.

18 Siehe Teilurteil vom 21.1.1975: BVerfGE 38, 326.

19 von Arnim, Abgeordnetenentschädigung und Grundgesetz. Ein verfassungsrechtliches Gutachten über die finanziellen Privilegien der Parlamentsabgeordneten in Bund und Ländern, veröffentlicht als Heft 32 in der Schriftenreihe des KBI.

20 Siehe von Arnim, Die Hebel der Macht und wer sie bedient, 2017, S. 289 f.

21 BVerfGE 40, 296.

22 von Arnim, Parlamentsreform, 1970; ders., Die Steuerfreiheit von Abgeordnetendiäten ist verfassungswidrig, Der Betrieb 1972, S. 889 ff.; ders., Steuerfreie Diäten sind verfassungswidrig, Frankfurter Allgemeine Zeitung vom 4.9.1972; ders., Die Abgeordnetendiäten. Dokumentation, Analyse und Reformvorschläge zur Abgeordnetenbesoldung in Bund und Ländern, April 1974; ders., Abgeordnetenentschädigung und Grundgesetz, 1975. Siehe dazu auch Frankfurter Allgemeine Zeitung vom 31.10.1975, S. 1 und 5 sowie ferner Der Spiegel vom 12.11.1979, S. 45: »Glatt unterlaufen«. Darin: von Arnim hatte »den Verfassungshütern mit einem Gutachten die Rechtsfindung erleichtert«.

23 von Arnim, Die Hebel der Macht, 2017, S. 18 ff., 221 ff.

24 Zitiert nach Josef Isensee, Nemo judex in sua causa – auch nicht das Parlament?, in: Dieter Dörr/Udo Funk/Christian Hillgruber/Bernhard Kempen/

Dietrich Murswiek (Hrsg.), Die Macht des Geistes, Festschrift für Hartmut Schiedermair, 2001, S. 181 (182).

25 Wilhelm Henke, Geld, Parteien, Parlamente, Der Staat 1991, S. 89 ff.

26 Zitiert nach Isensee, ebenda.

27 von Arnim, Die Hebel der Macht, 2017, S. 20–23.

28 Schmitt Glaeser, Das Bundesverfassungsgericht als »Gegengewalt« zum verfassungsändernden Gesetzgeber? – Lehren aus dem Diätenstreit 1995, in: Joachim Burmeister (Hrsg.), Festschrift für Klaus Stern zum 65. Geburtstag, 1997, S. 1183 (1195).

29 Klein, Die Entscheidung des Abgeordneten – eine notwendige Erinnerung, ZParl 2000, S. 401.

30 Klein, in: Maunz/Dürig/Herzog, Grundgesetz-Kommentar (Loseblatt), Art. 48 (Bearbeitung Dezember 2007), Rn. 152.

31 Müller, so schon in seinem Minderheitsvotum zum Urteil des Bundesverfassungsgerichts über die Dreiprozentsperrklausel bei Europawahlen vom 26.2.2014, BvE 2/13 u.a, Rn 1, 10.

32 Carl Schmitt, Die geistesgeschichtliche Lage des heutigen Parlamentarismus, 7. Aufl., 1991, S. 5 ff., 9 ff.

33 Gerhard Leibholz, Das Wesen der Repräsentation und der Gestaltwandel der Demokratie im 20. Jahrhundert, 3. Aufl., 1966, S. 245.

34 von Arnim, Zweitbearbeitung Art. 48, Bonner Kommentar, März 1980, 130 Seiten; Drittbearbeitung (zusammen mit Thomas Drysch), 2010; Aktualisierung 2019 (zusammen mit Thomas Drysch).

35 Bild am Sonntag vom 17.5.1992, S. 14.

36 Willi Geiger, »Der Abgeordnete und das Geld. Was die Parlamente aus dem ›Diäten-Urteil‹ vom 9. November 1975 gemacht haben«, Frankfurter Allgemeine Zeitung vom 9.6.1978.

37 Geiger, ebenda; von Arnim/Drysch, Bonner Kommentar, Art. 48 GG, 2019, Randnummern 309 ff. – Zum ebenfalls bestehenden Verstoß gegen den Gesetzesvorbehalt siehe unten h, Punkt 4.

38 BVerfGE 40, 296 (297, Leitsatz 5).

39 von Arnim, Das Verbot von Interessentenzahlungen an Abgeordnete, 1976 (Reihe Kurzanalysen des KBI).

40 Die staatsfinanzierte Altersversorgung war übrigens zuerst von Landesparlamenten eingeführt worden. So hatte der nordrhein-westfälische Landtag schon 1965 eine Altersversorgung beschlossen; der Landtag von Schleswig-Holstein war 1967 gefolgt.

41 von Arnim, Die Selbstbediener. Wie bayerische Politiker sich den Staat zur Beute machen, 2. Aufl., 2013, S. 125–131.

42 Geiger, »In keinem Land über 4000 DM«, Stellungnahme des Bundesverfassungsrichters a. D. zum umstrittenen Diäten-Urteil des BVG, Badische Neueste Nachrichten vom 22. Juli 1978.
43 Hans Wüllenweber, »Parlamentarier im Proteststurm unsicher geworden. Rückzug der Landtagsabgeordneten im Düsseldorfer Diäten-Streit – Geringere Erhöhung vorgesehen«, Der Tagesspiegel vom 31.5.1978.
44 Siehe von Arnim, Die Selbstbediener, 2. Aufl., Juni 2013, S. 130.
45 BVerfGE 40, 296 (327).
46 von Arnim, Die Hebel der Macht, 2017, S. 332–334.
47 BVerfGE 40, 296 (327): »Die parlamentarische Demokratie basiert auf dem Vertrauen des Volkes.«
48 von Arnim, Fetter Bauch regiert nicht gern, 1997, S. 115 ff.
49 Siehe auch Anonymus, Der Fall Barschel, ZRP 1988, S. 62 (65 f.); von Arnim, Fetter Bauch regiert nicht gern, 1997, S. 154 f.
50 Siehe von Arnim, Die Hebel der Macht, 2017, S. 40 f.
51 von Arnim, ebenda, S. 41 ff.
52 von Arnim, Politik Macht Geld, 2001, S. 109–111.
53 Siehe von Arnim, ebenda, S. 101–109; ders. Volksparteien ohne Volk, 2009, S. 38–40.
54 So schon von Arnim, Gemeinwohl und Gruppeninteressen, 1977, S. 305 ff. und 313 f.
55 BVerfGE 40, 296 (327).
56 von Arnim, Die Hebel der Macht, 2017, S. 318 ff.

III. Der interdisziplinäre Blick: Wirtschaftspolitik für Juristen

1 von Arnim, Volkswirtschaftspolitik. Eine Einführung, 1974; 6. Aufl. (zusammen mit Diplom-Volkswirt Hermann Knödler), 1998.

IV. Gemeinwohldefizite im Fokus: Habilitationsschrift und echtes demokratisches Anliegen

1 von Arnim, Gemeinwohl und Gruppeninteressen, 1977.
2 Lion Hirth, Hans-Werner Sinn, »Klimaskepsis im Realitätscheck«, Frankfurter Allgemeine Zeitung vom 28.8.2023, S. 17.
3 Siehe vor allem Mancur Olson, Die Logik des kollektiven Handelns, 1968.
4 Näheres bei von Arnim, Gemeinwohl und Gruppeninteressen, 1977, S. 5 ff.

5 Ulrich Scheuner, DÖV 1978, S. 531.

6 Ulrich Battis und Andreas Polk, »Lobby-Transparenz, aber richtig!«, Frankfurter Allgemeine Zeitung vom 27.3. 2021, S. 22. Siehe auch Andreas Polk, Mehr Transparenz durch das Lobbyregister?, Wirtschaftsdienst 2021, S. 121–126; ders., What do we know about Lobbying in Germany, Review of Economics 2020, S. 43–71; Hartmut Rodenwoldt, Geschmäckle, Rheinpfalz am Sonntag vom 6./7.1.2024, S. 1; ders., Die Einflüsterer, ebenda, S. 3.

7 Frido Wagener, Der öffentliche Dienst im Staat der Gegenwart, VVDStRL 37 (1979), S. 215 (243).

8 von Arnim, Wirtschaftlichkeit als Rechtsprinzip, 1988, S. 13 ff.

9 Ulrich Scheuner, Verantwortung und Kontrolle in der demokratischen Verfassungsordnung, Festschrift für Gebhard Müller, 1970, S. 379 (399).

10 BVerfG, a. a. O., Rn 7.

11 BVerfG, a. a. O., Rn 202.

12 BVerfG, a. a. O., Rn 203.

13 Johannes Müller-Salo/Rupert Pritzl, Klimaschutz durch Innovation und Marktwirtschaft, APuZ 3–4/2022, S. 36 (40).

14 Hans-Werner Sinn, »Ein Plädoyer gegen Alleingänge in der Klimapolitik«, Frankfurter Allgemeine Zeitung vom 24.8.2023, S. 19; Lion Hirth, Hans-Werner Sinn, »Klimaskepsis im Realitätscheck«, FAZ vom 28.8.2023, S. 17; Joachim Weimann, »Faktencheck ohne Fakten«, FAZ vom 13.9.2023, S. 17; Gerhard Wieners, »Überrannt von Flüchtlingen« (Leserbrief), FAZ vom 19.9.2023, S. 13.

15 Z. B. von Arnim, Wer kümmert sich um das Gemeinwohl? Von der Auflösung der politischen Verantwortung im Parteienstaat, Zeitschrift für Rechtspolitik 2002, S. 223–232; von Arnim/Sommermann (Hrsg.), Gemeinwohlgefährdung und Gemeinwohlsicherung, 2004.

16 Zu den gängigen Einwänden gegen die Verwendung des Gemeinwohlbegriffs: von Arnim, Gemeinwohl und Gruppeninteressen, 1977, S. 5–8.

17 von Arnim, Gemeinwohl im modernen Verfassungsstaat am Beispiel der Bundesrepublik Deutschland, in: von Arnim/Sommermann (Hrsg.), Gemeinwohlgefährdung und Gemeinwohlsicherung, 2004, S. 63 ff. m.w. N.

18 Siehe auch von Arnim, XXL-Parlamente: Gut für Abgeordnete und Parteien – schlecht für die Demokratie?, in: Hermann K. Heußner/Arne Pautsch/Fabian Wittreck (Hrsg.), Direkte Demokratie. Festschrift für Otmar Jung, 2021, S. 289 (290).

V. Ämterpatronage – Das schleichende Gift im Parteienstaat. Versuchtes Entrée in Bayreuth und was daraus wurde

1 Wolfgang Franz, Dilettanten im Amt. Zu Rechtsbruch und Inkompetenz in Politik und Verwaltung, 2007.

2 Ein Beispiel ist die Habilitationsschrift »Die Personalgewalt öffentlicher Dienstherren«, 1977, von Helmut Lecheler, der das Kunststück fertigbringt, in seinem ganzen Buch Fragen der Ämterpatronage völlig auszusparen. Später hat Lecheler die Probleme zunehmenden Parteieneinflusses auf den öffentlichen Dienst aber sehr wohl behandelt: Helmut Lecheler, Der öffentliche Dienst, in: Isensee/Kirchhof (Hrsg.), Handbuch des Staatsrechts, 3. Aufl., Bd. 5, 2007, § 110, Rn 74–82.

3 von Arnim, Ämterpatronage, 1980.

4 Baum/Benda/Isensee/Krause/Merritt, Politische Parteien und öffentlicher Dienst, 1982.

5 Z.B. Klaus Seemann, Gewaltenteilung und parteipolitische Ämterpatronage, Die Verwaltung 1981, S. 133 ff.

6 So z. B. meine ganze Schrift »Ämterpatronage durch politische Parteien« in: Die Personalvertretung 1981, S. 129 ff.

7 Siehe z. B. Welt vom 12.2.1981: »Weizsäcker legt Programm gegen die Ämterpatronage in Berlin vor«.

8 Brief von Weizsäckers an mich vom 23.2.1981.

9 BVerfGE 7, 155 (162); 117, 372 (380). Siehe auch Hans D. Jarass, Politik und Bürokratie als Elemente der Gewaltenteilung, 1975.

10 So der Vorschlag von Frey/Serna, Eine politisch-ökonomische Betrachtung des Rechnungshofs, Finanzarchiv 1990, S. 244 (263 f.).

11 Süddeutsche Zeitung vom 7.4.2014, S. 17.

12 Manfred Schäfers, »Der Großkritiker vom Rhein«, Frankfurter Allgemeine Zeitung vom 15.4.2021, S. 20.

13 Bundesrechnungshof, Strukturelle Defizite bei der Fraktionsfinanzierung beseitigen, 2021.

14 So schon von Arnim, Ämterpatronage durch politische Parteien, Die Personalvertretung 1981, S. 129 (131 f.).

15 von Arnim, in: Volk oder Souverän?, Podiumsdiskussion im Landtag Rheinland-Pfalz am 20.6.2000, S. 43 (48).

16 Ebenda, S. 48.

17 Christian Lindenschmidt, Zur Strafbarkeit der parteipolitischen Ämterpatronage in der staatlichen Verwaltung, 2004, S. 28 mit ausführlicher Übersicht über das Schrifttum.

18 BVerwGE 128, 329 (333 f.), Beschluss vom 25.4.2007. Dazu Wolfgang Franz, Zur Geltung des Leistungsprinzips bei sog. politischen Beamten, DÖV 2009, 1141.

19 BVerfGE 121, 205, Rn. 97.

20 So auch Joachim Wieland, Interview, Weser-Kurier vom 16.8.2014.

21 Stefan Braun, Ämterpatronage – Praxisprobleme bei Stellenbesetzungsverfahren mit beamtenrechtlichen Konkurrenzsituationen, NJOZ 2019, 1585 (1592).

22 BVerwGE 138, 102 (117).

23 Stefan Braun, ebenda, S. 1585.

24 Braun, ebenda, S. 1592.

25 Walter Perron, in: Schönke-Schröder, Strafgesetzbuch, Kommentar, 30. Aufl., 2019, § 266 Rn 44; Lackner/Kühl, StGB, Kommentar, 29. Aufl., 2018, § 266 Rn 6; Werner Schmidt-Hieber, Strafbarkeit der Ämterpatronage, NJW 1989, S. 558; Schmidt-Hieber/Ekkehard Kiesswetter, Parteigeist und politischer Geist in der Justiz, NJW 1992, 1790. Siehe auch von Arnim, Bleibt Ämterpatronage straflos?, DVBl 2021, S. 481 ff.

26 Wilfried Berg, Politisierung der Verwaltung als Steuerungsinstrument, in: von Arnim/Helmut Klages (Hrsg.), Probleme der staatlichen Steuerung und Fehlsteuerung in der Bundesrepublik Deutschland, 1986, S. 141 (152 ff.).

27 Michael Kloepfer, Politische Klasse und Ämterpatronage, in: von Arnim (Hrsg.), Politische Klasse und Verfassung, Berlin 2001, S. 107 ff.

28 Kloepfer, S. 115.

29 Werner Schmidt-Hieber, Ämterpatronage in Verwaltung und Justiz, in: von Arnim (Hrsg.), Korruption. Netzwerke in Politik, Ämtern und Wirtschaft, 2003, S. 84.

30 Werner Schmidt-Hieber, ebenda, S. 85 f.

31 Rainer Wahl, Ämterpatronage – ein Krebsübel der Demokratie?, in: von Arnim (Hrsg.), Die deutsche Krankheit: Organisierte Unverantwortlichkeit?, 2005, S. 107 ff.

32 Siehe auch schon Rainer Wahl, Kann es die Gesundheit und das Leben kosten, in einem Rechtsstaat sein Recht zu wollen? Überlegungen zu Martin Walser: »Finks Krieg«, NJW 1999, S. 1920.

33 OVG Koblenz, Urteil vom 27.8.2020, Aktenzeichen 2 B 10849/20.

34 Bleibt Ämterpatronage straflos?, DVBl 2021, S. 481–490. Den Aufsatz hatten dankenswerterweise vorab drei Öffentlichrechtler und ein Strafrechtler kritisch durchgesehen.

35 Beschluss vom 27.8.2020, Leitsätze 1 und 2 mit Rn 16 und 17.

36 Beschluss vom 27.8.2020, Rn 18.

37 Beschluss vom 27.8.2020, Rn 16.
38 Beschluss vom 27.8.2020, Rn 22.
39 Beschluss vom 27.8.2020, Rn 17.
40 Arno Becker, »CDU: Höfken duckt sich weg«, Rheinpfalz vom 14.11.2020.
41 Siehe auch Beschluss der 4. Kammer des Verwaltungsgerichts Mainz vom 19.12.2014, Aktenzeichen 4 L 1467/14.MZ, Rn 9.
42 Pressemeldung 6/2013 des Verwaltungsgerichts Mainz vom 29.8.2016.
43 Dazu Christoph Heidemann, Missachtung der Justiz, BVDR-Rundschreiben (Bund der Verwaltungsrichter) 2/2012, S. 97 f.
44 Brocker/Messer, Fraktionszulagen für Abgeordnete und Oppositionszuschläge, Neue Zeitschrift für Verwaltungsrecht 2005, 895 ff.
45 BVerfGE 64, 301 (317 f.).
46 Siehe von Arnim, Die Hebel der Macht, 2017, S. 69 f.
47 Jörg Lau, »Auf höheres Drängen«, Die Zeit 46/2002 vom 7.11.2002, www.zeit.de/2002/46/Auf_hoeheres_Draengen [aufgerufen am 17.11.2020].

VI. Lehrstuhl in Speyer und ein politisch nicht immer bequemer Professor

1 Pascale Cancic u. a. (Hrsg.), Streitsache Staat. Die Vereinigung der Deutschen Staatsrechtslehrer 1922–2022, 2022; Helmuth Schulze-Fielitz, Die Wissenschaftskultur der Staatsrechtslehrer im Spiegel der Geschichte ihrer Vereinigung, 2022.
2 Alexandra Kemmerer, »Der Herrenclub lädt heute auch Ladys zum Lunch«, Frankfurter Allgemeine Zeitung vom 5.10.2022, S. N3.
3 Hans Herbert von Arnim und Paul Kirchhof, Besteuerung und Eigentum, Veröffentlichungen der Vereinigung der Deutschen Staatsrechtslehrer, Heft 39, 1981, S. 213 ff. bzw. 286 ff. mit Aussprache (S. 361–423).
4 Helmut Quaritsch, Empfiehlt es sich, das Beamtenrecht unter Berücksichtigung der Wandlungen von Staat und Gesellschaft neu zu ordnen?, Verhandlungen des 48. Deutschen Juristentags, Sitzungsberichte, 1970, S. O 34 (41 ff.).
5 Näheres zur Besserungsaufgabe des Professors bei von Arnim, Gemeinwohl und Gruppeninteressen, S. 316 ff.; im Anschluss an Klaus Vogel, Veröffentlichungen der Vereinigung Deutscher Staatsrechtslehrer Bd. 27 (1969), S. 200 f.; ganz ähnlich Kai Hailbronner, Die Freiheit der Lehre als Funktionsgrundrecht, 1979, dessen Kernthese Vogel und ich schon längst dargelegt hatten, ohne dass Hailbronner das aber erwähnte.

6 Ernst Fraenkel, in: Ders., Reformismus und Pluralismus, 1973, S. 337 (344).

7 Christian Wulff, »Die Republik gehört auf den Prüfstand«, Der Tagesspiegel vom 8.5.2000.

8 von Arnim, Parteienfinanzierung, 1982, S. 11.

9 https://de.wikipedia.org/wiki/Flick-Aff%C3%A4re (aufgerufen am 12.11.2020).

10 von Arnim, Parteienfinanzierung. Eine verfassungsrechtliche Untersuchung, September 1982 (Heft 52 der Schriftenreihe des Karl-Bräuer-Instituts des Bundes der Steuerzahler).

11 Siehe von Arnim, Die Partei, der Abgeordnete und das Geld. Parteienfinanzierung in Deutschland, 1996, S. 76.

12 Bericht der vom Bundesministerium des Innern eingesetzten Parteienrechtskommission, 1957, S. 218; Herbert Wehner, Deutscher Bundestag, Sitzung vom 15.4.1964, Protokoll, S. 5777 f.

13 BVerfGE 8, 51 (63).

14 BVerfGE 24, 300 (339); Kaack, Anhörung des Innenausschusses des Deutschen Bundestages vom 21.11. 1983, S. 117 f.; von Arnim, Die neue Parteienfinanzierung, 1989, S. 65 ff.

15 von Arnim, Die Partei, der Abgeordnete und das Geld, 1996, S. 131 ff.

16 Näheres bei von Arnim, Die Partei, der Abgeordnete und das Geld, S. 58 ff.

17 von Arnim, a. a. O.

18 BVerfGE 24, 300 (350 ff.).

19 BVerfGE 111, 382 (397 ff.).

20 BVerfGE 129, 30 und 135, 229.

21 Hans Hugo Klein, Parteien sind gemeinnützig – das Problem der Parteienfinanzierung, NJW 1982, S. 735.

22 BVerfGE 73, 40 (70–84).

23 BVerfGE 85, 264.

24 Dies betont auch Richard von Weizsäcker, im Gespräch mit Gunter Hofmann und Werner A. Perger, 1992, S. 146 f.

25 Ilona Klein, Die Bundesrepublik als Parteienstaat, 1991, S. 280, 284.

26 von Arnim, Die neue Parteienfinanzierung, DVBl 2002, S. 1065 (1066), im Anschluss an Herud.

27 Matthias Herud, Die Empfehlungen zur Änderung des Parteiengesetzes, Politische Vierteljahresschrift 2001, S. 492.

28 Siehe auch von Arnim, in: von Arnim (Hrsg.), Reform der Parteiendemokratie, 2003, S. 173.

29 von Arnim, DVBl 2002, S. 1074.

30 BVerfGE 111, 382.

31 von Arnim, DVBl 2002, S. 1065 (1068). Die Lücke soll nun endlich gestopft werden, nachdem auch die AfD sie sich zunutze gemacht hatte: § 27 Abs. 1a des Entwurfs eines Gesetzes zur Änderung des Parteiengesetzes, BT-Drs. 20/9147. Dazu Frankfurter Allgemeine Zeitung vom 9.11. 2023, S. 4: »Parteien wollen mehr Geld vom Staat«.

32 von Arnim, Parteienfinanzierung, 1982, S. 29–31 und 110–114.

33 von Arnim, Staatliche Fraktionsfinanzierung ohne Kontrolle?, 1987.

34 von Arnim, Finanzierung der Fraktionen, 1993.

35 Prantl, Süddeutsche Zeitung vom 31.8.1993, S. 4.

36 von Arnim, Finanzierung der Fraktionen, 1993, S. 43 ff.; ders. Der Verfassungsbruch, 2011, S. 31 f.; Sendler-Kommission, S. 86.

37 Peter Radunski, Fit für die Zukunft? Die Volksparteien vor dem Superwahljahr 1994, Sonde 1991/4, S. 3 (5).

38 Heiner Geißler, Diskussionsbeitrag, in: Dimitris Th. Tsatsos (Hrsg.), Politikfinanzierung in Deutschland und Europa, 1979, S. 34.

39 Thomas Poguntke, Parties in a Legalistic Culture: The Case of Germany, in: Richard S. Katz/Peter Mair, How Parties Organize, 1994, S. 185 ff.

40 Die Erhöhung auf 190 Millionen Euro erfolgte unter Verletzung der absoluten Obergrenze (Urteil des Bundesverfassungsgerichts vom 24. Januar 2023, Az. 2 BvF 2/18). Mit der rückwirkenden Anhebung der Obergrenze auf 187,6 Mio. Euro soll nun die mangelhafte Begründung von 2018 besser nachgeholt werden (Gesetzentwurf zur Änderung des Parteiengesetzes von SPD, CDU/CSU, Bündnis 90/Die Grünen und FDP, BT-Drs. 20/9147 vom 7.11.2023). Ob das ganze Verfahren der bei Entscheidungen des Parlaments in eigener Sache erforderlichen strengen Kontrolle genügt, erscheint mir allerdings fraglich.

41 GRECO-Bericht vom 22. März 2019, veröffentlicht am 4. Juni 2019. Der Bericht monierte auch, dass die deutsche Regelung der Parteienfinanzierung immer noch »hinter den europäischen Regelungen zurückbleibt«. Es fehle seit Jahren »an dem politischen Willen zur Verbesserung des Systems«.

42 von Arnim, Die Partei, der Abgeordnete und das Geld, Mainz 1991.

43 von Arnim, Die Partei, der Abgeordnete und das Geld. Parteienfinanzierung in Deutschland, Neuaufl., München 1996.

44 Buchbesprechung durch Walter Schmidt, DÖV 1992, S. 414 (415).

45 Wilhelm Henke, Das Recht der politischen Parteien, 1964, 2. Aufl., 1972; ders., Zweitkommentierung des Art. 21 GG im Bonner Kommentar, 1992.

46 Wilhelm Henke, Geld, Parteien, Parlamente, Der Staat 1992, S. 98–108.

47 Andrew Ross Sorkin, Too big to fail (deutsch: Die Unfehlbaren, 2010).

48 Schreiben vom 10.6.1996 an den Droemer Knaur Verlag (Dorothee Grisebach).

49 von Arnim, Staatslehre der Bundesrepublik Deutschland, 1984.

50 Besprechungen der Staatslehre etwa in DVBl 1985, S. 350 (Willi Thiele); Hessischer Staatsanzeiger 1985, S. 603 (Wolfgang Hannappel).

51 von Arnim, Zur normativen Politikwissenschaft – Versuch einer Rehabilitierung, Der Staat 1987, S. 477; ders., Ist Staatslehre möglich? Anforderungen und Schwierigkeiten einer zeitgenössischen Staatslehre, Juristenzeitung 1989, S. 157.

52 Arnold Brecht, Politische Theorie, 2. Aufl., 1976, S. 191–193, 432–434.

53 Brecht, The American Political Science Review 32 (1938), S. 1173 (1174 f.).

54 Brecht, The New German Constitution, Social Research 16 (1949), S. 425 (460 ff.).

55 BVerfGE 7, 198 (205), ständige Rechtsprechung.

56 von Arnim, Staatslehre der Bundesrepublik Deutschland, 1984, Kapitel 2: Das überlieferte Fundament (S. 15–102).

57 Siehe auch Stefan Brink, Die richterliche Entscheidungsbegründung, 1999; von Arnim/Brink, Methodik der Rechtsbildung unter dem Grundgesetz. Grundlagen eine verfassungsorientierten Rechtsmethodik, 2001.

58 Hans Meyer, Archiv des öffentlichen Rechts 1994, 492 (496).

59 Gerhard Scheu, CSU, 13. Wahlperiode, 55. Sitzung, Sten. Protokoll vom 21.9.1995, S. 4.599.

60 Kurt Biedenkopf, Regierungs- und Verwaltungsprobleme in einem neuen Bundesland, Vortrag anlässlich der Eröffnung des Sommersemesters 1994 am 19.5.1994, Speyerer Vorträge, Heft 26.

61 Jutta Limbach, Das Bundesverfassungsgericht als politischer Machtfaktor, Vortrag anlässlich der Eröffnung des Sommersemesters 1995 am 3.5.1995, Speyerer Vorträge, Heft 30.

62 Wolfgang Schäuble, Zur politischen Befindlichkeit Deutschlands, Abendvortrag am 15.12.1993, Speyerer Vorträge, Heft 25.

63 Siehe zum Ganzen auch Antwort der Bundesregierung auf die Kleine Anfrage der Abgeordneten Dr. Winfried Wolf, Dr. Dagmar Enkelmann und der Gruppe der PDS, Bundestagsdrucksache 13/3706 vom 29.2.1996.

VII. Verfassungsrichter in Brandenburg – und eine Frage der inneren Einstellung

1 Verfassungsgericht Brandenburg, Urteil vom 25.1.1996, Deutsches Verwaltungsblatt 1996, S. 363 ff.

2 Statt vieler: Horst Sendler, (Un-)vereinbarkeit von Amt und Mandat, Neue Justiz 1996, S. 225.

3 von Arnim, Sondervotum, dem sich die Richterin Harm-Ziegler angeschlossen hatte, Deutsches Verwaltungsblatt 1996, S. 367 ff.

VIII. Von den USA über Lübeck in den »Ruhestand«, der keiner war und ist

1 von Arnim, Das System, 2001, S. 322–330.

2 von Arnim, Der Staat als Beute, Wechselwirkungen & Zukünfte (Teil 1), Mai/Juni 2002, S. 14; und Teil 2, Juli/August 2002, S. 30.

3 Trierischer Volksfreund vom 17.10.2000, S. 1 und 4 mit einem Kommentar von Joachim Winkler auf S. 2.

IX. David gegen Goliath: Was ein Einzelner bewegen kann

1 In: Hans-Peter Schneider/Wolfgang Zeh (Hrsg.) Parlamentsrecht und Parlamentspraxis, 1989, S. 523–553.

2 Hans Schueler, »Wieder auf Diät. Späte Einsicht im hessischen Diätenskandal«, Die Zeit vom 5.8.1988.

3 Frankfurter Allgemeine Zeitung vom 28.1.1988.

4 Reinhard Breidenbach, »Gigantische Schachpartie der Parteien: mit Tricks zum Geld«, Allgemeine Zeitung (Mainz) vom 28.10.1988.

5 Der Spiegel vom 27.6.1988, S. 21: »Nicht haltbar«.

6 Entwurf eines Gesetzes zur Änderung des Hessischen Abgeordnetengesetzes und anderer Rechtsvorschriften vom 26.1.1988, Landtagsdrucksache 12/1489.

7 Darmstädter Echo vom 3.2.1988.

8 Hessenschau vom 2.2.1988.

9 Uwe Krüger, Meinungsmacht, 2. Aufl., 2019.

10 Bundesverwaltungsgericht, Urteil vom 18.9.2019, NVwZ 2020, S. 305, Rn 26 f., 34. Das Urteil war von Jost Müller-Neuhof vom Berliner Tagesspiegel beim Streit um sein Auskunftsrecht erstritten worden.

11 Andreas Hofmann, Anmerkung zur genannten Entscheidung des Bundesverwaltungsgerichts: NVwZ 2020, S. 310 (311).

12 Gesetz zur Änderung des Hessischen Abgeordnetengesetzes und anderer Rechtsvorschriften vom 11.2.1988, GVBl. I S. 62.

13 von Arnim, Macht macht erfinderisch. Der Diätenfall: ein politisches Lehrstück, 1988.

14 Martin Hirsch, Kurzgutachten vom 1.9.1988, S. 1.

15 Dringlicher Gesetzentwurf der Fraktionen der CDU, der SPD und der F. D. P. für ein Gesetz zur Änderung des Hessischen Abgeordnetengesetzes, Hessischer Landtag, Drucksache 12/2630 vom 12.7.1988. Erste Lesung am 13. Juli 1988, 12. Wahlperiode, 46. Sitzung, S. 2437–2467.

16 Frankfurter Rundschau vom 23.7.1988, S. 3.

17 Hessischer Landtag, Drucks. 12/2755 vom 28.7.1988.

18 Hessischer Landtag, 12. Wahlperiode, 51. Sitzung vom 28.7.1988, Protokoll S. 2663–2684.

19 Der Spiegel vom 4.9.1989, S. 15: »Kräftig drauf«.

20 Näheres bei von Arnim, Die Partei, der Abgeordnete und das Geld, 1991, S. 220 ff.

21 von Arnim, Staat ohne Diener, 1993, S. 210.

22 Bericht vom 3.6.1993, Bundestagsdrucksache 12/5020, S. 10.

23 Veit Ruppersberg, »Bescheidenheit eines Standhaften«, Abendblatt vom 14./15.12.1991, S. 10; Die Welt vom 10.12. 1991, S. 23: »Klarmann oder ›Die Stunde des Siegers‹«.

24 Gesetzentwurf vom 30.10.1991, Bürgerschaft, Drucks. 14/524 vom 30.10. 1991.

25 von Arnim, Stellungnahme vom 29.8.1991 zum Entwurf eines Hamburgischen Abgeordnetengesetzes vom 26.6.1991 (Bürgerschaft Drucks. 14/13).

26 So in einem Brief Thiemes vom 19. August 1991, auf den Dr. Martin Willich (CDU), der Vorsitzende des Verfassungsausschusses der Bürgerschaft, und Dr. Gerd Weiland (SPD), der Vorsitzende des Haushaltsausschusses, sich bei ihrer Behauptung, der Gesetzentwurf sei verfassungsgemäß, beriefen. Siehe von Arnim, Der Staat als Beute, 1993, S. 75.

27 Hamburger Morgenpost vom 30.8.1991, S.1.

28 Gisela Reiners, »Gegner des Nebels«, Die Welt vom 10.9.1991, S. 26.

29 Matthias Naß, Die Zeit vom 3.1.1992, S. 2.

30 Weiland: »Das Gutachten ist juristisch oberflächlich, verwendet zum Teil falsche Bezugszahlen und falsche Vergleiche.« Willich: »Selbstverständlich ist der Gesetzentwurf in keinem Punkt verfassungswidrig.« Beide zitiert nach Die Welt vom 30.8.1991, S. 23.

31 Bürgerschaft, Drucks. 14/524, Anlage, S. 20: Die Pension von Senatoren hatte Modell für die geplante Versorgung von Fraktions- und Bürgerschaftsvorsitzenden gestanden.

32 von Arnim, Dritte Stellungnahme, abgedruckt auch in der Frankfurter Rundschau vom 22.11.1991 unter dem Titel »Wie kommt ein Politiker schnell zu einer hohen Pension?«.

33 Siehe zum Beispiel Frankfurter Allgemeine Zeitung vom 11.7.2019, S. 8:

»Wichtig ist vor allem, dass der politische Kampf um die Sache geht – nie aber in persönliche Angriffe mündet.«

34 von Arnim, Öffentliche Erklärung vom 11.11.1991: Erwiderung auf persönliche Angriffe.

35 Zum Beispiel Abendblatt vom 11.11.1992; Die Welt vom 12.11.1992.

36 Handelsblatt vom 13.11.1991: »Zorn über das ›Gesetz zur Funktionärsversorgung‹«.

37 von Arnim, »Wie der erfolgreiche Coup wiederholt werden soll«, Frankfurter Rundschau vom 27.11.1991, S. 18.

38 Hamburger Morgenpost vom 16.12.1991, S. 1 und 10 f.

39 Rolf Jaksch, »Spendenaffäre: Kritik am Krisenmanagement«, Die Welt vom 12.1.2006.

40 Gisela Reiners, »Diätengesetz: Zum ›Urknall‹ kam es am Nikolaustag«, Die Welt vom 27.12.1991, S. 24.

41 Uwe Bahnsen, »Beutezug durch die Staatskasse. Vor 20 Jahren«, Welt am Sonntag um 27.11.2011.

42 Matthias Naß, »›Möpse für ganz wenige Leute‹. Nach dem Diätendebakel wird die Hamburger SPD von Verbitterung und Hass umgetrieben«, Die Zeit vom 2.1. 1992, S. 2.

43 Uwe Bahnsen, »Die Trümmerhaufen nach dem Diätencoup«, Welt am Sonntag vom 19.12.1991

44 So die Hamburger Arbeitsgemeinschaft sozialdemokratischer Juristinnen und Juristen über die SPD- und ihre Fraktionsführung. Siehe Der Spiegel 16/1992 vom 13.4.1992: »Das ist der neue Adel«.

45 Klaus Brill, Süddeutsche Zeitung vom 9.12.1991.

46 Schreiben von Konrad Hesse an mich vom 9.12. 1991.

47 Bild (Hamburg) vom 17.1.1992: »Diäten-Professor gibt Hamburg einen Korb«.

48 Die Welt vom 18.1.1992, S. 31: »Hamburger Experten beteiligen«.

49 Gisela Reiners, z. B. in: Die Welt vom 30.8.1991, S. 23: »›Verfassungswidriger‹ Griff in den Steuertopf« und »Bedient«; dies., Die Welt vom 17.9.1991, S. 25: »Diäten: Diskussion von durchziehen bis absitzen«; dies., Die Welt vom 16.11.1991, S. 31: »Selbst der Finanzsenator wurde davon überrascht«.

50 Die Welt (Hamburg Teil) vom 23.12.1991: »Diätenkrach geht jetzt vor Gericht weiter: Willich verklagte Arnim«.

51 Dazu taz vom 10.12.1991, S. 21: »Martin Willich drohte von Arnim mit Klage«.

52 Vgl. Die Welt vom 24.12.1991, S. 19.

53 Die Welt (Hamburgteil) vom 24.12.1991: »Arnim lehnt Vergleichsvorschlag ab«.

54 Hamburger Tagespresse vom 24.12.1991, z. B. Morgenpost vom 24.12.1991: »Der Diäten-Kritiker konnte Punkte sammeln. Erster Prozesstag im Fall CDU-Willich gegen den Verwaltungsrechtler von Arnim«; Abendblatt vom 24.12.1991: »Kein Maulkorb für Staatsrechtler von Arnim. Diäten-Streit: Vergleich gescheitert«.

55 Siehe zum Beispiel den Kommentar »Die Hamburger Blamage« in: Süddeutsche Zeitung vom 9.12.1991.

56 von Arnim, Die finanziellen Privilegien von Ministern in Deutschland, 1992. Dazu Tagespresse vom 23.7.1992.

57 Wilfried Krahwinkel, Bezüge von Politikern II, Nr. 22 der Stellungnahmen des Karl-Bräuer-Instituts des Bundes der Steuerzahler, 1986, S. 9 ff. Dort war die Bedeutung des fehlenden Wortes »weitere« und der Anrechnung von Abgeordnetenjahren nicht erkannt worden.

58 Die hier weggelassenen weiteren Regelungen des damaligen § 13 Saarländisches Ministergesetz sind in von Arnim, Die finanziellen Privilegien von Ministern in Deutschland, S. 11–14, wiedergegeben.

59 Zur Entstehungsgeschichte von Arnim, ebenda, S. 48–59.

60 Der vollständige Wortlaut des § 13 des damaligen saarländischen Abgeordnetengesetzes ist auch abgedruckt bei von Arnim, Der Staat als Beute, 1993, S. 158 f.

61 Der Spiegel, Heft 20/1992 vom 11.5.1992, S. 26 ff.: »Das Kartell der Vertuscher«.

62 Presseinformation des Innenministeriums des Saarlandes Nummer 67/92 vom 11.5.1992.

63 Saarbrücker Zeitung vom 13.5.1992.

64 von Arnim, Die finanziellen Privilegien von Ministern in Deutschland, 1992, S. 30–37.

65 Oskar Lafontaine, Das Herz schlägt links, 1999, S. 95.

66 Näheres bei von Arnim, Der Staat als Beute, 1993, S. 167–173.

67 Gesetz Nr. 1320 vom 13.10.1993, ABl Saarland S. 1098. Es trat zum 1. Januar 1994 in Kraft (Art. 3).

68 Landtag des Saarlandes, Sitzung vom 7. Juli 1993, S. 2836 f.

69 Gesetz zur Änderung des Saarländischen Ministergesetzes vom 13. Oktober 1993, Art. 2 Abs. 1.

70 von Arnim, Die finanziellen Privilegien von Ministern in Deutschland, Wiesbaden, 1992, S. 41 f.

71 von Arnim, Die finanziellen Privilegien von Ministern in Deutschland, 1992 (Heft 74 der KBI-Reihe).

72 Tagespresse vom 23.7.1992; Stern, ebenfalls vom 23.7.1992.

73 Einen Überblick über die überzogenen damaligen Pensionsregelungen gibt Anlage 7 in von Arnim, Die Privilegien von Ministern in Deutschland, S. 112–121.

74 ZDF-Sendung vom 22.7.1992.

75 Ähnlich auch schon beim Hamburger Senatsgesetz (siehe oben S. 168).

76 So Jürgen Steinhoff, »Raffen für den Ruhestand«, Stern vom 30.4.1998, S. 214.

77 Wilhelm Hennis, »Macht macht erfinderisch«, Badische Zeitung vom 3.11.1988.

78 Barbara Schmid und Klaus Becker, »Der Mann, der den Politikern den Geldhahn zudreht«, Bild am Sonntag, vom 15.12.1991, S. 3.

79 Bild am Sonntag vom 17.5.1992, S. 14.

80 Robert Leicht, »Als Einmann-Instanz gegen die Parteien. Hans Herbert von Arnim weist die Begehrlichkeit der Politiker in die Schranken«, Die Zeit vom 3.1.1992, S. 2.

81 Gunter Hofmann und Werner A. Perger, »Wo bleibt der politische Wille des Volkes«, Die Zeit vom 19.6.1992. Siehe auch: Richard von Weizsäcker im Gespräch mit Gunter Hofmann und Werner A. Perger, 1992, S. 135–182. Rezension dieses Buches von Hans-Jochen Vogel, »Wo bleibt das Prinzip Verantwortung«, Die Zeit vom 10.7.1992.

82 Zum Beispiel Ernst-Gerhard Scholz, »Leise treten ist nicht sein Stil«, Hamburger Abendblatt vom 19.1.1992, S. 2; Winfried Folz, »Den Griff in die Staatskasse vermiest«, Speyerer Tagespost vom 1.2.1992; Stefan Geiger, »Einmischen hilft«, Stuttgarter Zeitung vom 12.5.1992; Martin Noé, »Ein Professor lehrt die Mächtigen das Fürchten. Hans Herbert von Arnim: Deutschlands populärster Parteienkritiker ist nicht mehr mundtot zu machen«, Mannheimer Morgen vom 29.5.1992; ders., »Kämpfer gegen die Selbstversorger der Politik«, Kölner Stadt-Anzeiger vom 6./7.6.1992, S. 4; Renate Berthold, »Gegen den Strom schwimmen«, Sächsische Zeitung vom 7.12.1992, S. 4; Wulf Schmiese, »Er will die Säckel der Parteien lichten«, Sächsische Zeitung vom 31.8.1993. – Die Journalistin, die mir schon zu Beginn des Hamburger Diätenskandals als Erste ausdrücklich die Stange gehalten hatte, war Gisela Reiners in ihrem Porträt »Gegner des Nebels«, in: Die Welt vom 17.9.1991, S. 26. Siehe auch den Bericht von Heribert Prantl in der Süddeutschen Zeitung vom 14.12.1992: »Münchhausen-Problem«.

83 Daily Mail vom 20.12.1991.

84 R.L. Cope bei Rezension einiger meiner Bücher, in: Legislative Studies: Official Publication of the Australian Study of Parliament Group, Vol. 9, No. 2 (Autumn 1995), S. 80 (83).

85 L'Espresso, 2 Settembre 1994, S. 81. Di Pietro war der bekannteste der damals in Italien entschieden gegen politische Korruption ermittelnden Staatsanwälte.

86 Stefan Immerfall, Die letzte Dekade westdeutscher Parteienforschung, Zeitschrift für Parlamentsfragen 1992, S. 172 (188 f.).

87 Göttrik Wewer, Politikwissenschaft und Zeitdiagnose in der Bundesrepublik Deutschland, Aus Politik und Zeitgeschichte B 46/89, S. 32 (38).

88 Immerfall, a. a. O.

89 Klaus von Beyme, Der Parteienstaat und die Vertrauenskrise in der Politik, in: Siegfried Unseld (Hrsg.), Politik ohne Projekt? Nachdenken über Deutschland, 1993, S. 23 (30).

90 Nachweise in von Arnim, Die Hebel der Macht, S. 420, Fußnote 198.

91 Klaus Stolz, Die Entdeckung der politischen Klasse. Aktualität und Grenzen der Theorie Gaetano Moscas, in: Michael Erdinger/Werner Patzelt (Hrsg.), Politik als Beruf, PVS-Sonderheft 44/2010, S. 33 (34 f.).

92 von Beyme, Der Parteienstaat und die Vertrauenskrise in der Politik, a. a. O., S. 23 (28 f.). von Beyme ließ seinen Beitrag gekürzt auch in der Frankfurter Rundschau abdrucken. – Näheres zu Beymes Darstellung bei von Arnim, Die Hebel der Macht, 2017, S. 263 mit der langen Fußnote 186.

93 von Beyme, Die politische Klasse im Parteienstaat, 1993; 2., unveränderte Aufl., 1995.

94 von Beyme, ebenda, S. 31.

95 Stolz, a. a. O., S. 35.

96 von Beyme, ebenda, S. 194.

97 Dazu schon von Arnim, Fetter Bauch regiert nicht gern, 1997, S. 45 mit Fußnote 48 auf S. 415 f.

98 So von Beyme in einem Brief an mich vom 13.1.1992.

99 Michael Greven, Parlamentsgröße und Wahlrecht in der aktuellen Diskussion, Vorgänge 1995, S. 79 (84).

100 Michael Greven, Die Parteien in der politischen Gesellschaft sowie eine Einleitung zur Diskussion über die ›allgemeine Parteientheorie‹, in: Niedermayer/Stöss (Hrsg.), Stand und Perspektiven der Parteienforschung in Deutschland, 1993, S. 277 (290).

101 Richard S. Katz/Peter Mair, Changing Models of Party Organization and Party Democracy. The Emergence of Catel Party, Party Politics 1995, S. 5 ff. Dazu auch von Arnim/Heiny/Ittner, Politik zwischen Norm und Wirklichkeit, 3. Aufl., 2007, S. 19 ff.

102 Katz/Mair, A Restatement, 2009, S. 759.

103 Paul Kirchhof, z. B. Das Gesetz der Hydra. Gebt den Bürgern ihren Staat zurück, 2006.

104 Udo Di Fabio, Die Kultur der Freiheit, 2005.

105 von Arnim, Fetter Bauch regiert nicht gern, 1997, S. 326–329; im Taschenbuch, S. 334–337.

106 Ähnlich Herfried Münkler/Carsten Fischer/Harald Bluhm, Korruption und Gemeinwohl. Probleme und Chancen politische Ordnung in der Krise. Neue Rundschau 2000, Heft 2, S. 91 (94), in Bezug auf politische Korruption.

107 So Albert O. Hirschman, Engagement und Enttäuschung, 1984, S. 137, in Bezug auf politische Korruption.

108 Thilo Koch, Die politische Klasse, Südkurier vom 25.2.2000.

109 Christoph Degenhart, »Demokratie hat ohne Verantwortung keine Zukunft. Der Staatsrechtler Hans Herbert von Arnim plädiert für eine stärkere Kontrolle der politischen Klasse«, Sächsische Zeitung vom 18. April 2000.

110 Norbert Blüm, im Rahmen der Sendereihe »Das politische Buch« des Senders Freies Berlin (SFB) am 21.8.2000.

111 Hans-Jochen Vogel, »Vom schönen Schein der Demokratie«, Abendzeitung (München) vom 28. April 2000.

112 Guido Westerwelle, »Der Staat gehört den Bürgern. Und nicht den Parteien. Deshalb plädiert Hans Herbert von Arnim vehement für eine Grundsanierung der Demokratie«, Die Welt vom 11. März 2000.

113 Christian Wulff, »Die Republik gehört auf den Prüfstand. Mehr Föderalismus und direkte Demokratie: Reformprojekt Deutschland«, Der Tagesspiegel vom 8.5.2000.

114 Peter John, Hessischer Rundfunk vom 2.4.2000.

115 Warnfried Dettling, Die Zeit vom 16.3.2000.

116 Patrick Horst, Norddeutscher Rundfunk, 4. Programm, Sendung »Politische Bücher« vom 9.7.2000.

117 Patrick Horst, Ein elitär-populistischer Regenbogen, Zeitschrift für Parlamentsfragen 2000, S. 494–496.

118 Schreiben von Patrick Horst an mich vom 17.9.2020.

119 Schreiben von Thaysen an mich vom 25.9.2000.

120 Andreas Wirthensohn, Dem »ewigen Gespräch« ein Ende setzen: Parlamentarismuskritik am Beispiel von Carl Schmitt und Hans Herbert von Arnim – nur eine Polemik?, Zeitschrift für Parlamentsfragen 1999, S. 500–534. Siehe aber auch die Erwiderung von Otmar Jung, Ein fragwürdiger Personenvergleich, wo es um die Sache geht. Kritische Stellungnahme zu Andreas Wirthensohns Beitrag, Zeitschrift für Parlamentsfragen 2000, S. 167–182.

121 Schreiben von Prof. Dr. Beate Kohler-Koch vom 26.2.2002.
122 So Kohler-Koch in einem Telefongespräch mit mir am 26.2.2002.

X. Kritisches Engagement – Spiegel der Verfasstheit unserer Republik

1 BVerfGE 82, 264.
2 von Arnim, Die neue Parteienfinanzierung, 1989.
3 Siehe z. B. Friedhelm Boyken, Die neue Parteienfinanzierung, 1998, S. 144, 231.
4 Kai Hermann, »Allein gegen die Raffia«, Stern vom 15.4.1992, S. 18–24.
5 Hans Heinrich Rupp, Legitimation des Parlaments zu Entscheidungen in eigener Sache, Zeitschrift für Gesetzgebung 1992, S. 285–293.
6 Hans-Jochen Vogel, Entscheidungen des Parlaments in eigener Sache, Zeitschrift für Gesetzgebung 1992, S. 293–302.
7 Siehe Richard von Weizsäcker im Gespräch mit Gunter Hofmann und Werner A. Perger, 1992, S. 135 ff.
8 Bundespräsidialamt (Hrsg.), Empfehlungen der Kommission unabhängiger Sachverständiger zur Parteienfinanzierung, 1994.
9 Frankfurter Rundschau vom 29.6.1992, S. 4.
10 Zu einigen weiteren Kritikpunkten, etwa dem von der Kommission nicht gerügten verfassungswidrigem Fehlen eines die Höhe der Subventionen konkret nennenden Stiftungsgesetzes, siehe mein Minderheitsvotum: Bundespräsidialamt, ebenda, S. 124 (126 und 137–142). Das Gericht hat das Fehlen eines Gesetzes neuerdings ausdrücklich bemängelt (siehe sogleich).
11 BVerfG, Urteil vom 22.2.2023, Az.: 2 BvE 3/19.
12 BVerfG, ebenda, Rn 186: Es sei Sache des Gesetzgebers, selbst »die Anspruchsvoraussetzungen und Verteilungskriterien solcher Leistungen zu bestimmen«.
13 Vorkehrungen, »um missbräuchliches, allein auf die Erlangung staatlicher Mittel gerichtetes Verhalten zu verhindern«, werden nur als zulässig, nicht aber als geboten dargestellt: BVerfG, ebenda, Rn 242.
14 BGBl I, Nr. 383 vom 22.12.2023, S.1.
15 von Arnim, Die Hebel der Macht, 2017, S. 31 f.
16 Bundespräsidialamt, ebenda, S. 86 ff.
17 von Arnim, DÖV 2020, S. 593 (596).
18 Bundespräsidialamt, S. 109.
19 BVerfGE 146, 327, Randnummern 112–114. Dazu auch von Arnim, Mangelnde Kontrolle von Abgeordnetenmitarbeitern, DVBl 2019, S. 8–11.

20 BVerfG, Urteil vom 24.1.2023. Siehe auch schon mein Minderheitsvotum, Bundespräsidialamt, ebenda, S. 137–142; von Arnim, Parteienfinanzierung in Deutschland, DÖV 2020, S. 593 (594).

21 von Arnim, Bleibt Ämterpatronage straflos, DVBl 2021, S. 481 (484 f.). Siehe auch Marianne Czisnik, Die verfassungsrechtliche Stellung der politischen Beamten, DÖV 2020, S. 503–512.

22 von Arnim, DVBl 2021, S. 481 ff.

23 Gemeinsamer Gesetzentwurf der CDU/CSU und SPD vom 28.6.1995, BT-Drucks. 13/1825. Zum ebenfalls problematischen Gesetzgebungsverfahren, das dem Transparenzgebot bei Entscheidungen des Parlaments in eigener Sache widersprach, von Arnim, »Der Staat sind wir!« Das neue Diätengesetz, 1995, S. 17 ff.; ders., Das neue Abgeordnetengesetz, 1997, S. 30 ff.

24 von Arnim, »Der Staat sind wir!«, 1995, S. 33.

25 von Arnim, S. 34 f.

26 BVerfGE 40, 296 (316 f.).

27 Rudolf Augstein, »Die Ladenhüter«, Der Spiegel 38/1995 vom 18.9.1995, S. 24.

28 BVerfGE 40, 296 (327).

29 von Arnim, »Der Staat sind wir!«, S. 137–142.

30 Der Spiegel 38/1995 vom 18.9.1995, S. 22–31: »Hand auf – Augen zu«.

31 Rita Süssmuth, Protokoll der ersten Lesung des Gesetzentwurfs am 29.6.1995, S. 3853 (D).

32 Diese Vorlage beruhte auf Vorschlägen einer sog. Rechtsstellungskommission des Ältestenrats des Bundestags, veröffentlicht in BT-Drs. 13/1803 vom 26.6.1995. Dazu von Arnim, »Der Staat sind wir!«, 1995, S. 17 ff.

33 Dazu von Arnim, »Der Staat sind wir!«, 1995, S. 17 ff.; ders., Das neue Abgeordnetengesetz, 1997, S. 30 ff.

34 Gemeinsamer Gesetzentwurf der Regierungs- bzw. Oppositionsfraktionen, der CDU/CSU und der SPD, vom 27.6.1995: Bundestagsdrucksache 13/1825 vom 28.6.1995.

35 Stenografischer Bericht der ersten Beratung vom 29.6.1995, S. 3851 ff.

36 DPA-Meldung vom 13.10.199

37 von Arnim, »Der Staat sind wir!«, 1995, S. 71 ff.; Ebbighausen u. a., Die Kosten der Parteiendemokratie, 1996, S. 198 ff.

38 von Arnim, »Der Staat sind wir!«, 1995, S. 44 ff.

39 von Arnim, ebenda, S. 52.

40 Siehe auch von Arnim, Das neue Abgeordnetengesetz, 1997, S. 10–13.

41 Wolfgang Hoffmann, »Für höhere Diäten die Verfassung kneten. Ein Gutachten bringt Licht in das Versteckspiel des Bundestages um die Abgeordneten-Bezüge«, Die Zeit vom 8.9.1995, S. 6.

42 Rudolf Augstein, »Die Ladenhüter«, Der Spiegel 38/1995 vom 18.9.1995, S. 24 (25).
43 von Arnim, »Der Staat sind wir!«, 1995, S. 34 f.
44 Der Spiegel 38/1995.
45 Deutscher Bundestag, 13. Wahlperiode, 55. Sitzung vom 21.9.1995, Sten. Protokoll, S. 4.584–4635.
46 So der Abgeordnete Gerhard Scheu (CDU/CSU) mit Bezug auf Michael Greven, Sten. Protokoll, S. 4599. Siehe auch Scheu, Sten. Protokoll, S. 4615.
47 So der Abgeordnete Hans Klein (CDU/CSU), Sten. Protokoll, S. 4601.
48 So der Abgeordnete Peter Conradi (SPD), Sten. Protokoll, S. 4610.
49 So wiederum Hans Klein, Sten. Protokoll, S. 4602.
50 So der Abgeordnete Andreas Schmidt (CDU/CSU), Sten. Protokoll, S. 4615.
51 So die Abgeordnete Antje Vollmer (Bündnis 90/Die Grünen), Sten. Protokoll, S. 4607.
52 So wiederum Conradi, Stenografisches Protokoll, S. 4611.
53 Dietmar Nilgen, »Vom neuen Feudaladel entmachtetes Volk«, Frankfurter Allgemeine Zeitung vom 13.10.1995.
54 Erich Böhme, »Nur nicht im Dunkeln«, Berliner Zeitung vom 23./24.9.1995, S. 3.
55 von Arnim, »Der Staat sind wir!«, 1995.
56 Gerhard Scheu, Bundestag, a. a. O., S. 4.598 f.
57 Schreiben Hans Eichels vom 13.11. 1995.
58 Die Tageszeitung vom 30.9./1.10.1995.
59 Süddeutsche Zeitung vom 30.9.1995
60 Kölner Rundschau vom 30.9.1995: »Union und SPD wollen keinen Schritt zurück.«
61 Hans-Ulrich Klose, Deutscher Bundestag, a. a. O., S. 4.590 (A).
62 NDR-Morgenecho vom 21.9.1995.
63 Der Spiegel vom 2.10.1995, S. 35.
64 Tagespresse vom 11.10.1995. Siehe auch Joachim Linck, Kritisches zur Diätenkritik von 86 Staatsrechtslehrern, Zeitschrift für Parlamentsfragen 1995, S. 683 ff.
65 Tagespresse vom 7.10.1995.
66 Siehe hierzu von Arnim, Das neue Abgeordnetengesetz. Inhalt, Verfahren, Kritik und Irreführung der Öffentlichkeit, Speyerer Forschungsbericht Nr. 169, 2. Aufl., Speyer 1997. Instruktiv auch der Bericht des Spiegel vom 2.10.1995, S. 32 ff.: »Ding um die Ohren«, der die Entscheidung des Bundesrats ankündigte, und das Interview mit Hans Meyer, Der Spiegel, ebenda, S. 34 ff.: »Alle in einem Boot«.

67 So Minister Dr. Hans Otto Bräutigam (Brandenburg): »Die verfassungspolitischen Bedenken, die dagegen vorgebracht worden sind, insbesondere die Bedenken gegen einen Automatismus der Anhebung der Diäten, sind gewichtig. Darauf haben auch zahlreiche unabhängige Staatsrechtslehrer in den letzten Tagen hingewiesen.« Stenografischer Bericht der 689. Sitzung des Bundesrats am 13.10.1995, S. 456.

68 So z. B. die zu Protokoll gegebene Erklärung des Ministers Gerd Walter (Schleswig-Holstein), ebenda, S. 483.

69 BVerfGE 85, 264 (290 ff.).

70 Zum später leider gelungenen Versuch, mithilfe einer Gefälligkeitskommission auch ohne Verfassungsänderung die Bezahlung von Abgeordneten an die von Bundesrichten anzugleichen, siehe S. 71 und 311.

71 Gerald Häfner, Deutscher Bundestag, 13. Wahlperiode, 78. Sitzung vom 8.12.1995, Sten. Protokoll, S. 6.886.

72 Horst Eylmann, Deutscher Bundestag, 13. Wahlperiode, 78. Sitzung vom 8.12.1995, Sten. Protokoll, S. 6.896.

73 Näheres bei von Arnim, Das neue Abgeordnetengesetz, 2. Aufl., 1997, S. 36–40.

74 Gesetzentwurf der Fraktionen der CDU/CSU und der SPD vom 28.11.1995, Bundestagsdrucksache 13/3121.

75 19. Gesetz zur Änderung des Abgeordnetengesetzes vom 15.12.1995, BGBl. I S. 1718.

76 BVerfGE 40, 297 (316 f.).

77 Wohlbegründete Bedenken bei Christian Pestalozza, Die Staffeldiät oder: Das Parlament als Dunkelkammer, NJW 1987, S. 818.

78 § 11 Abs. 1 Satz 1 Abgeordnetengesetz.

79 Gesetzentwurf der Fraktion Bündnis 90/Die Grünen vom 28.11.1995 (BT-Drs. 13/3139); Änderungsantrag der Gruppe der PDS vom 7.11.1995 (BT-Drs. 13/2862).

80 BVerfGE 40, 296 (316 f.).

81 Siehe auch Der Spiegel vom 6.11.1995, S. 36.

82 Siehe das Schaubild 1 in: von Arnim, Das neue Abgeordnetengesetz, 2. Aufl., 1997, Speyrer Forschungsberichte (169), S. 41.

83 Ebenda, Schaubild 2 auf S. 42.

84 20. Gesetz zur Änderung des Abgeordnetengesetzes vom 19.6.1996, BGBl. 1996 I, S. 843.

85 § 12 Abs. 2 Sätze 2 und 3 AbgG.

86 BVerfGE 40, 296 (327).

87 OVGE 45, 285 (285, 288 ff.).

88 Siehe auch Braun/Jantsch/Klante, Abgeordnetengesetz. Kommentar, 2002, § 11 Rn. 23 (S. 92).

89 Art. 48 Abs. 3 GG: »ihre Unabhängigkeit sichernde Entschädigung«.

90 von Arnim, »Mit 35 ausgesorgt«, Stern vom 6. Februar 1997, S. 21–24. Siehe auch von Arnim, Diener vieler Herren, 1998, S. 39 ff.

91 So Susanne Offenbach, »Große Wecker wirken«, Sonntag aktuell vom 16.2.1997. Siehe auch die Leserbriefe in Sonntag Aktuell vom 23.2.1997.

92 Bild-Zeitung vom 15.2.1997, S. 1 und 2; Frankfurter Allgemeine Zeitung vom 20.2.1997. Heute § 14 Abs. 6 BMinG: »Auf das [...] Übergangsgeld werden ab dem zweiten Monat alle Erwerbseinkünfte aus einer privaten Berufstätigkeit angerechnet.«

93 Rolf Henkel, »Hintertürchen«, Tagespost vom 17.2.1997, S. 2.

94 von Arnim, Berliner Zeitung vom 17.2.1997.

95 Der Spiegel vom 31.3.1997, S. 22 f.

96 von Arnim, Diener vieler Herren, 1998, S. 165 ff.; Frank Decker, Regieren im »Parteienbundesstaat«, 2011, S. 91 ff.

97 Gesetzentwurf der Fraktionen SPD und Bündnis 90/Die Grünen, Bundestags-Drucks. 14/2235 vom 30.11.1999.

98 Einundzwanzigstes Gesetz zur Änderung des Abgeordnetengesetzes und Achtzehntes Gesetz zur Änderung des Europaabgeordnetengesetzes vom 20.7.2000, BGBl. S. 1037.

99 Offenbach, ebenda.

100 von Arnim, Diener vieler Herren. Die Doppel- und Dreifachversorgung von Politikern, 1998.

101 Nürnberger Nachrichten vom 7.5.1998, S. 21.

102 Rede des Bayerischen Ministerpräsidenten Dr. Edmund Stoiber am 27.6.1998, Manuskript »Für Bayern. Mit Herz und Verstand«, S. 45.

103 Gesetz vom 10.7.1998, GVBl S. 385, und Gesetz vom 29.12.1998, GVBl S. 1014.

104 Siehe von Arnim, Die Selbstbediener, 2. Aufl., 2013, S. 169 ff.

105 Siehe Bulletin der Bayerischen Staatsregierung 13/93 vom 29.6.1993, S. 2 ff.

106 Christina Maria Berr, »Streibls verhängnisvolle Freunde«, Süddeutsche Zeitung vom 15.1.2007.

107 von Arnim, »Politiker verdienen doppelt und dreifach«, Rheinische Post vom 11.6.1998; ders., »So werden Politiker reich«, Westdeutsche Zeitung vom 11./12.6.1998.

108 So die Abgeordnete Gisela Nacken (Grüne) bei der ersten Lesung des Gesetzentwurfs im Landtag am 17.6.1998, Plenarprotokoll 12/90, S. 7397 C.

109 Gesetzentwurf des CDU-Fraktion zur Änderung des Landesministergesetzes vom 28.5.1998, Landtagsdrucksache 12/3112.

110 Siehe Abg. Lothar Hegemann (CDU) bei der 3. Lesung des Gesetzes am 6.5.1999, Plenarprotokoll 12/115, S. 9551.

111 Wolfgang Clement, Plenarprotokoll vom 6.5.1999, 12/115, S. 9554 f.

112 Helmut Breuer, »Pension für Landesminister auf den Prüfstand«, Die Welt vom 6.5.1999.

113 Gisela Nacken, a. a. O., S. 7398.

114 So auch der Vorwurf der CDU laut Beschlussempfehlung und Bericht des Hauptausschusses des Landtags vom 18.3.1999, LT-Drucks. 12/3820, S. 10.

115 Nr. 7 des fünften Gesetzes zur Änderung des Landesministergesetzes vom 18. Mai 1999, GV.NRW. S. 206.

116 Clement bei der ersten Lesung des Gesetzes am 17.6.1998, Plenarprotokoll 12/90, S. 7400 D.

117 Clement, S. 7401 B.

118 Näheres über die besonders politiknahe Zusammensetzung der Kommission in von Arnim, Politik Macht Geld, 2001, S. 180 ff.

119 Dazu Politik Macht Geld, 2001, S. 182 f.

120 Presseerklärung der ÖDP vom 14.9.2000.

121 So Christiane Bainski (Grüne) in der 3. Lesung des Gesetzes am 6.5.1999, Plenarprotokoll 12/115, S. 9553 C.

122 Plenarprotokoll vom 6.5.1999, S. 9554 D.

123 von Arnim, »Berger-Methode zielt auf Überrumpelung, nicht auf Überzeugung«, MUMM 3/2001, S. 8; ders., Politik Macht Geld, 2001, S. 120 ff.

124 Spiegel Online vom 11.9.2000: »Politikerbezüge: Experte verlässt Kommission verärgert« www.spiegel.de/nachrichtenarchiv/artikel-11.09.2000.html (aufgerufen am 20.7.2022).

125 Spiegel Online vom 14.9.2000: »Stoiber und Clement verzichten auf mehr Geld.«

126 Spiegel Online vom 12.9.2000, 12:09 Uhr: »Expertenkommission: 650.000 DM jährlich für Stoiber und Clement.«

127 Alwin Schröder, Spiegel Online vom 12.9.2000, 16:21 Uhr: »Expertenkommission: Stoiber soll mehr verdienen als der Kanzler.«

128 von Arnim, Politik Macht Geld, 2001, S. 15 und 224 (Tab. 8).

129 Andreas Hoidn-Borchers, »Wie viel unsere Politiker wirklich verdienen«, Stern vom 25.1.2001, S. 56–68.

130 Friedrich Karl Fromme, »Ungerecht geht es zu in dieser Welt. Die Einkünfte der Politiker: Hans Herbert von Arnims überzeugende Kritik an der Berger Kommission«, Frankfurter Allgemeine Zeitung vom 26.2.2001.

131 Cornelius Riewerts, Oldenburgische Volkszeitung vom 10.2.2001.

132 von Arnim, Politik Macht Geld, 2001, S. 180 ff. mit weiteren Nachweisen.

133 Süddeutsche Zeitung vom 22.3.2005, S. 6: »Kritik, die sich dreifach lohnt. Der Präsident des Bundes der Steuerzahler und seine vielfältigen Einkünfte«.

134 Zum Beispiel Klaus Mümpfer, Mainzer Allgemeine und Wiesbadener Tageblatt vom 1.6.2006.

135 Rüdiger Zuck (Besprechung des Buchs Das Europakomplott), NJW 2006, S. 1387.

136 Regina Karolyi (Besprechung des Europakomplott), www.media-mania.de (aufgerufen am 26.4.2006).

137 von Arnim, Diätenwildwuchs im Europäischen Parlament, NJW 2004, S. 1422 ff.

138 Hans Herbert von Arnim/Martin Schurig, Das Abgeordneten-Statut des Europäischen Parlaments, DVBl 2003, S. 1176 ff.

139 Stuttgarter Zeitung vom 30. Juli 2003 (»Kritik an Diätenexplosion in der EU«).

140 Münchner Merkur vom 31. Juli 2003 (»Europas Politiker ›harmonisieren‹ – mit höchsten Gehältern«).

141 Financial Times Deutschland vom 10.10.2003 (»EU-Diätenerhöhung steht vor dem Scheitern. Kritik an höheren Bezügen und niedrigeren Steuern für Brüsseler Parlamentarier wächst. Zustimmung im EU-Rat unwahrscheinlich«).

142 Der Spiegel vom 12.1.2004, S. 28 f.: »Meister der Verschleierung«.

143 Bild-Zeitung vom 12.1.2004: »EU-Abgeordnete erhöhen sich die Diäten«.

144 The Times vom 12.1.2004: »MEPs to be paid more than their government leaders«.

145 Irish Times vom 12.1.2004: »Germany may oppose new pay rise for MEPs«.

146 Näheres bei von Arnim, Das Europa-Komplott, 2006, S. 351 f.

147 Financial Times Deutschland vom 15.1.2004.

148 Fachhochschulen haben – im Gegensatz etwa zur Deutschen Hochschule für Verwaltungswissenschaften Speyer – kein Promotions- und Habilitationsrecht, und ihre Professoren sind in der Regel nicht habilitiert.

149 Frankfurter Rundschau vom 16.1.2004.

150 Handelsblatt vom 19.1.2004.

151 Süddeutsche Zeitung vom 26.1.2004.

152 Siehe auch Bild-Zeitung vom 17.4.2004, S. 2.

153 BVerfGE 40, 296 (327).

154 von Arnim, Das Europa-Komplott, 2006.

155 von Arnim, ebenda, S. 93 ff.

156 Andreas Eis, Zeitschrift für Politikwissenschaft 2006, S. 1124.

157 Jürgen Elwert, »Viel zu wenig Kontrolle. Die Strukturen der EU bedürfen einer klaren Demokratisierung«, Frankfurter Allgemeine Zeitung vom 28.2.2007.

158 Wolfgang Mazal, Rechtsgutachten zur Neugestaltung der Familienbeihilfe für Kinder, die im EU-Ausland leben, 2017.

159 Rheinpfalz vom 8.5.2017, S. 2: »Kindergeld-Plan: Widerstand in EU«.

160 Hendrik Kafsack, »Unglaubwürdig«, Frankfurter Allgemeine vom 25.1.2019, S. 17.

161 Siehe Kafsack, ebenda.

162 EuGH, Urteil vom 16.6.2022, JZ 2022, S. 1060.

163 Siehe auch Katharina von Koppenfels-Spies, Anmerkung zum EuGH-Urteil vom 16.6.2022, JZ 1065 (1068 f.).

164 Frank Schorkopf, »Der mächtige Sog des ›sozialen Europas‹«, Frankfurter Allgemeine Zeitung vom 7.9.2022, S. 16.

165 BVerfGE 111, 382 (397 ff.).

166 Z.B. von Arnim, Politikfinanzierung, Wahlrecht und legislative Manipulation. Strenge Gerichtskontrolle bei Entscheidungen der Politik in eigener Sache, Festschrift für Martin Kriele, 1997, S. 627 (647).

167 Stefan Keller, »Von Arnim sägt an Fünf-Prozent-Hürde in Europa. Verwaltungsrechtler will ›persönlichkeitsorientiertes Wahlrecht‹ – Einspruch abgelehnt – Suche nach Unterstützern für Beschwerde«, Speyerer Rundschau der Rheinpfalz vom 20.8.2010.

168 Zur mündlichen Verhandlung, bei der sich der Erfolg der Klage schon abzeichnete, siehe Dietmar Hipp, »Kippelnde Hürde«, Der Spiegel vom 2.5.2011, S. 47; Wolfgang Janisch, »Europas verlorene Stimmen«, Süddeutsche Zeitung vom 2.5.2011, S. 1.

169 BVerfGE 129, 300.

170 Christian Bommarius, »Kein Paradies ohne Schlange«, Berliner Zeitung vom 9.11.2011.

171 BVerfGE 51, 222: Urteil vom 22.5.1979.

172 So zum Beispiel BVerfGE 120, 82 (105, 113 f.).

173 John Hart Ely, Democracy and Distrust. A Theory of Judicial Review, 1980, p. 120.

174 BVerfGE 129, 300 (355).

175 Georg Paul Hefty, »Absichtliche Atomisierung«, Frankfurter Allgemeine Zeitung vom 10.11.2011, S. 1.

176 Heribert Prantl, »Ist schon Wurst, Absurdes Sperrklausel-Urteil«, Süddeutsche Zeitung vom 10.11.2011, S. 4.

177 von Arnim, Die Angst der Richter vor der Macht, 2. Aufl., 2020, S. 110–118 mit weiteren Nachweisen.

178 Der Spiegel vom 3.6.2013; siehe auch mein Interview in Die Rheinpfalz vom 10.6.2013: «Das ist mir unerklärlich«.

179 Stellungnahme des Bundesministeriums des Innern vom 16.11.2011.

180 Mein Schreiben vom 22.5.2013.

181 Mail des Innenministeriums vom 8.7.2013.

182 BVerfGE 135, 259.

183 von Arnim, »Das Parteienkartell lähmt die Republik«, Die Welt vom 27.7.2002.

184 Siehe von Arnim, Kritisches zur Kritik der Sperrklausel-Rechtsprechung des Bundesverfassungsgerichts, DÖV 2014, S. 1489 (1495).

185 So zum Beispiel die Bundestagsabgeordnete Halina Wayzyniak (Die Linke), zitiert in: Jochen Gangele/Günther Lachmann, »Verfassungsrichter erleben Sturm der Entrüstung«, Die Welt online vom 16.3.2014.

186 Süddeutsche Zeitung vom 1.3.2014, S. 5: »Lammert empört«; Christian Rath, Das Parlament vom 17.3.2014, S. 6: »Würde los nach Straßburg«.

187 Volker Kauder, Welt am Sonntag vom 16.3.2014, S. 4.

188 Süddeutsche Zeitung vom 3.3.2014, S. 5: »Röttgen kritisiert Karlsruher Urteil«.

189 Der Spiegel 15/2014 vom 7.4.2014, S. 6: »Ketten für Karlsruhe«.

190 Der Spiegel 12/2014 vom 17.3.2014, S. 15.

191 Der Spiegel 10/2014 vom 3.3.2010, S. 14: »Noch nicht vom Tisch«.

192 Der Spiegel 15/2014, ebenda.

193 Dazu von Arnim, Zum Regierungsentwurf eines vierten Gesetzes zur Änderung des Gesetzes über das Bundesverfassungsgericht, 1970.

194 Stefan Drescher, »Die Öffentlichkeit wurde gezielt getäuscht«, Augsburger Allgemeine vom 17. Mai 2013: Mit seinem Buch »Die Selbstbediener« brachte Hans Herbert von Arnim die ›Verwandtenaffäre‹ ins Rollen. Für den Parteienkritiker ist sie allerdings nur die Spitze des Eisbergs.«

195 Benedikt Warmbrunn, »Zum Abwatschen bestellt. Hans Herbert von Arnim präsentiert sein Buch ›Die Selbstbediener‹ – und Hubert Aiwanger muss sich rechtfertigen«. Süddeutsche Zeitung vom 16.4.2013, S. 30.

196 Albert Schäffer, »Saisonale Filzallergie. Die CSU bangt im Wahljahr um ihren Ruf«, Frankfurter Allgemeine Zeitung vom 26.4.2013, S. 3.

197 tz vom 15.4.2013, S. 1 und 2: »Regieren und kassieren! Professor rechnet vor: Wie sich in Bayern die Politiker selbst bedienen«; Abendzeitung vom 15.4.2013, S. 1 und 5: »So bedienen sich Bayerns Politiker«.

198 Zum Beispiel Merkur-online vom 15.4.2013: »So zocken Bayerns Politiker ab«; Nürnberger Zeitung vom 15.4.2013: »Besserverdiener und bestens ver-

sorgt«; Main-Echo vom 15.4.2013: »Bayerische Politiker haben sich den Staat zur Beute gemacht«.

199 Zur Parteiennähe von Oberreuter siehe von Arnim, Die Selbstbediener, erweiterte Neuausgabe 06/2013, S. 190 f.

200 Stefan Mayr, »Staatsanwaltschaft prüft Anzeigen gegen Winter. Ehemaligem Vorsitzenden des Haushaltsausschusses im Landtag droht eine Geldbuße«, Süddeutsche Zeitung vom 10.5.2013, S. R 15 (Bayern).

201 Gesetz zur Änderung des Bayerischen Abgeordnetengesetzes vom 22.5.2013, GVBl S. 299.

202 Landtagsdrucksache 16/17938. Siehe auch Frankfurter Allgemeine Zeitung vom 16.7.2013, S. 4: »Neue Regeln für Nebeneinkommen.«

203 Änderungsgesetz zum Fraktionsgesetz vom 16.7.2013, GVBl S. 449.

204 www.anstageslicht.de/themen/vetternwirtschaft/familienwirtschaft-im-bayerischen-landtag/chronologie-der-csu-selbstbediener/ (aufgerufen am 4.10.2020).

205 Der Spiegel vom 8.4.2014, 15:30: »Renommierte Auszeichnung, Journalistin der ›Abendzeitung‹ mit Wächterpreis geehrt«.

206 Bayerischer Oberster Rechnungshof, Jahresbericht 2012, Nr. 20.4.4 und 20.4.5.

207 Udo Steiner, Rechtsgutachten zur Frage der Verfassungsmäßigkeit der Gewährung von Zulagen an die Mitglieder des Bayerischen Landtags mit besonderen Funktionen innerhalb einer Fraktion, erstattet im Auftrag des Bayerischen Landtags, Februar 2012.

208 Dazu von Arnim, Die Selbstbediener, 2. Aufl., Juni 2013, S. 57.

209 Gerhard Banner, z. B. Kommunale Steuerung zwischen Gemeindeordnung und Parteipolitik, DÖV 1984, S. 364.

210 von Arnim, Möglichkeiten unmittelbarer Demokratie auf Gemeindeebene, Die Öffentliche Verwaltung 1990, S. 85 ff.

211 Hans-Georg Wehling, Der Bürgermeister und »sein« Rat. Kommunalpolitik in der Bundesrepublik Deutschland im Vergleich, Politische Studien 1984, S. 27 (33).

212 Uwe Andersen, Die kommunale Verfassungsrevolution, in: Ders., Kommunalpolitik in Nordrhein-Westfalen im Umbruch, 1996, S. 46 ff.

213 Näheres über die Reformprozesse bei von Arnim: Die politische Durchsetzung der Kommunalverfassungsreform der neunziger Jahre, Die Öffentliche Verwaltung 2002, S. 585 ff.

214 Z.B. Norbert Kersting, Die Zukunft der lokalen Demokratie, 2004, S. 128; ders., Zum Siegeszug der süddeutschen Kommunalverfassung. Sackgasse oder Segen?, in: Thomas von Winter/Volker Mittendorf (Hrsg.), Perspek-

tiven der politischen Soziologie im Wandel von Gesellschaft und Staatlichkeit, Festschrift für Theo Schiller, 2008, S. 221 (225 f.).

215 von Arnim, Politikfinanzierung, Wahlrecht und legislative Manipulation. Strenge Gerichtskontrolle bei Entscheidungen der Politik in eigener Sache, Festschrift für Martin Kriele, 1997, S. 627 (647).

216 von Arnim, Die Unhaltbarkeit der Fünfprozentklausel bei Kommunalwahlen nach der Reform der Kommunalverfassungen, Festschrift für Klaus Vogel, 2000, S. 453 ff.

217 BVerfGE 120, 82.

218 Thomas Leif, Skandale in der Mediengesellschaft, in: von Arnim (Hrsg.), Integrität in Staat und Wirtschaft, 2010, S. 115 (116).

219 Hans-Jürgen Papier, Zur Verfassungsmäßigkeit der Fraktionsfinanzierung nach dem bayerischen Fraktionsgesetz, BayVBl 1998, S. 513. Zur Kritik daran: von Arnim, Die Selbstbediener, 2. Aufl. Juni 2013, S. 45–47.

220 von Arnim, Die Hebel der Macht, 2017, S. 45.

221 Bericht der Unabhängigen Kommission zu Fragen des Abgeordnetenrechts, BT-Drucks. 17/12500, S. 33.

222 Kommissionsbericht, S. 31 f.

223 BVerfGE 40, 296 (318); 102, 242; 119, 302 (309).

224 Kommissionsbericht, S. 34.

225 Das kommt besonders in Leibholz' akademischer Antrittsvorlesung »Zu den Problemen des faschistischen Verfassungsrechts« zum Ausdruck. Siehe Susanne Benöhr, Leibholz' Parteienstaatslehre im Spiegel des faschistischen Verfassungsrechts, Quellen und Forschungen aus italienischen Archiven und Bibliotheken 81 (2001), S. 504 ff.

XI. Themen, die nichts an Aktualität verloren haben: Von Wahlen ohne Auswahl bis hin zu Blitzgesetzen im Parlament

1 von Arnim, Hat unsere Demokratie Zukunft?, Vortrag anlässlich der Eröffnung des Wintersemesters 1993/94, Speyerer Vorträge, Heft 24, S. 13–33.

2 von Arnim, Hat unsere Demokratie Zukunft?, S. 24 f.

3 von Arnim, Staat ohne Diener, 1993, S. 43 ff., 50 ff., 62 ff. – im Anschluss an politikwissenschaftliche Forschungen der 70er-Jahre: Bodo Zeuner, »Wahlen ohne Auswahl«. Die Kandidatenaufstellung im Bundestag, Parlamentarismus ohne Transparenz, Band 3, 1973, S. 165 ff. Siehe auch von Arnim, Wählen wir unsere Abgeordneten unmittelbar?, JZ 2002, S. 578 (582 ff.); ders., »Wer gewählt wird, bestimmt die Partei«, Rheinische Post

vom 10.8.2002; ders., »Die Wahlen sind zum Teil schon gelaufen«, Focus vom 12.8.2002, S. 48; ders., »Wahl ohne Auswahl«, Die Welt vom 21.8.2002, S. 9. Ein Beispiel für die unzureichende Auseinandersetzung heutiger Politikwissenschaftler mit dem Problem bietet Eckhard Jesse an: (Über-)Scharfe Kritik am »Versagen der Politik«, Zeitschrift für Politikwissenschaft 2009, S. 421 (427 f.).

4 Ulrich Pfeiffer, Eine Partei der Zeitreichen und Immobilen, Die Neue Gesellschaft/Frankfurter Hefte, 1997, S. 392 ff.

5 Beschluss der außerordentlichen Bundesdelegiertenkonferenz von Bündnis 90/Die Grünen in Hannover vom 26./27.1.2018.

6 Siehe aber von Arnim, Parteienfinanzierung in Deutschland, DÖV 2020, S. 593 (601).

7 Siehe meine Beschwerdeschrift vom 5.9.2010 (www.uni-speyer.de/fileadmin/Ehemalige/Hans_Herbert_von_Arnim/BeschwerdeBverfG_6.9.2010_.pdf), S.33–56 sowie Schriftsatz vom 23.5.2011 (www.uni-speyer.de/fileadmin/Ehemalige/Hans_Herbert_von_Arnim/ErwiderungaufdenSchriftsatzdesBundestages.pdf)

8 BVerfGE 129, 300 (Rn 130).

9 Ebenda, Rn 133.

10 Beschwerdeschrift, S. 31–38.

11 von Arnim, Kartell-Parteien in die Schranken gewiesen, ödp-Journal, Sonderausgabe Dezember 2011; ders., Die Hebel der Macht und wer sie bedient, 2017, S. 168.

12 BVerfGE 7, 63.

13 Gerhard Leibholz, z. B. in: Parteien, Wahlrecht, Demokratie. Vorträge und Diskussionen einer Arbeitstagung der Friedrich-Naumann-Stiftung und der Großdeutschen Gruppe der Liberalen Weltunion vom 17. bis 19.3.1967 im Kurhaus Baden-Baden, 1967, S. 40 (47 f.).

14 So schon Leibholz, VVdStRL 7, S. 159 (172).

15 BVerfGE 7, 63 (71).

16 Reichstagsdrucksachen 1924, Nr. 445, S. 32.

17 Friedrich Glum, Das parlamentarische Regierungssystem in Deutschland, Großbritannien und Deutschland, 1965, S. 238.

18 BVerfGE 6, 389.

19 von Arnim, Systemwechsel durch Direktwahl des Ministerpräsidenten?, Festschrift für Klaus König, 2004, S. 371 ff.; Jan L. Backmann, Direktwahl der Ministerpräsidenten. Als Kern einer Reform der Landesverfassungen, 2006; Frank Decker, Regieren im »Parteienbundesstaat«, 2011, S. 307 ff. Siehe auch schon von Arnim, Staat ohne Diener, 1993, S. 344 ff.; ders., »Die

politische Klasse kapselt sich vom Volk ab. Ein Verfassungsmodell für die Bundesländer«, Frankfurter Rundschau vom 7.6.2000, S. 4; ders., »Den Ministerpräsidenten direkt wählen«, Sonntag Aktuell vom 25.6.2000, S. 4; ders., »Ministerpräsident direkt vom Volk wählen lassen«, Frankfurter Allgemeine Sonntagszeitung vom 9.7.2000, S. 4.

20 von Arnim, Staat ohne Diener, 1993, S. 324–332.

21 Siehe den unvoreingenommenen Blick von außen eines Solschenizyn: Im parlamentarischen System hören die Glieder der Mehrheit »auf, unabhängige Volksvertreter zu sein, die der Regierung die Stirn bieten, sondern sie dienen ihr mit allen Kräften und stützen sie, damit sie sich nur um jeden Preis halten kann. Das heißt: Die Glieder der Legislative sind der Exekutive untergeordnet.« So Hans Hirsch, Die politischen Ideen Alexander Solschenizyns, in: Reinhold Breil/Stefan Nachtsheim (Hrsg.), Festschrift für Gerd Wolandt zum 65. Geburtstag, 1993, S. 83 (89).

22 Dazu Art. 28 Abs. 1 GG.

23 Jan L. Backmann, Direktwahl der Ministerpräsidenten. Als Kern einer Reform der Landesverfassung, 2006. Backmann hat in dieser Speyerer Dissertation die Einzelheiten einer Reform und ihre Auswirkungen sorgfältig abgeklopft.

24 So z. B. Everhard Holtmann, Direkt gewählte Ministerpräsidenten der Länder, Zeitschrift für Parlamentsfragen 2011, S. 194 (196, 201). Auch wird behauptet, bei unterschiedlichen Mehrheiten drohe die Gefahr, dass an die öffentlichen Bediensteten »kein Gehalt ausgezahlt« werde, weil der Landtag den Haushalt blockiere (so z. B. Peter Lösche, Systemkritiker und Populist, Jahrbuch für Extremismus und Demokratie, Band 22, 2010, S. 317, 319). Doch das trifft nicht zu. Lösche ist offenbar entgangen, dass alle Landesverfassungen bei Nichtverabschiedung des Haushalts ausdrücklich vorsehen, dass notwendige Ausgaben weiterbezahlt werden können.

25 Das räumt Holtmann (S. 204 f.) auch offen ein.

26 von Arnim, »Vier Dinge, die die Politik jetzt ändern muss«, Hamburger Abendblatt vom 20.7.2010; Replik von Klaus von Dohnanyi, Hamburger Abendblatt vom 21.7.2010; Duplik von Arnim, Hamburger Abendblatt vom 22.7.2010.

27 Thomas Poguntke/Paul Webb (Hrsg.), The Presidentialisation of Politics, 2005.

28 Gelegentlich wird gegen die Reform eingewandt, ihre Befürworter müssten in Wahrheit auch für die Direktwahl des Bundeskanzlers eintreten. So z. B. Hans Meyer, Die Zukunft des Wahlrechts zwischen Unverständnis, Interessenkalkül, obiter dicta und Verfassungsverstoß, in: Joachim Wieland

(Hrsg.), Entscheidungen des Parlaments in eigener Sache, 2011, S. 41 (56). Das überrascht bei Meyer, weil er früher gemeinsam mit mir für die Direktwahl der Ministerpräsidenten gestritten hatte, etwa bei einer Anhörung in Thüringen, und wir beide uns stets über die großen Unterschiede zwischen Bund und Ländern im Klaren waren, die eine Erstreckung der Direktwahl auf den Kanzler verbieten.

29 von Arnim, Staat ohne Diener, 1993, S. 322 ff.

30 von Arnim, Wege aus der Krise des Parteienstaats. Thesen der »Frankfurter Intervention«, Recht und Politik, Heft 1/1995, S. 16–26.

31 Näheres bei von Arnim, Fetter Bauch regiert nicht gern, Taschenbuch, 1997, S. 401.

32 von Arnim, Volksparteien ohne Volk, 2009, S. 254.

33 Näheres bei von Arnim, Das System, 2001, S. 370 f.

34 ARD-Fernsehmagazin Monitor, Sendung vom 1.3.2012: »Dank Adenauer: Wie aus dem Ehrensold Ehrengold wurde.«

35 FAZ vom 18.4,2024, S.1 (»Wulffs Ehrensold wird nicht gekürzt. SPD scheitert an FDP/Einkünfte von früheren Präsidenten werden nicht verrechnet«). Bei frühzeitig pensionierten Beamten erfolgt eine Anrechnung, wenn sie vor Erreichen der normalen Beamten-Altersgrenze Nebeneinkünfte erzielen. Diese Grenze erreicht Wulff erst im August 2025.

36 Theodor Eschenburg, Der Sold des Politikers, 1959, S. 66.

37 Zum Ganzen von Arnim, Der Bundespräsident. Kritik des Wahlverfahrens und des finanziellen Status, 2012: Discussionpaper Nr. 71 des Deutschen Forschungsinstituts für öffentliche Verwaltung.

38 Bericht der Unabhängigen Kommission zu Fragen des Abgeordnetenrechts, BT-Drs. 17/12500, S. 33.

39 BVerfGE 40, 296 (318).

40 BVerfGE 102, 224 (241).

41 Vgl. von Arnim, Diener vieler Herren, 1998, S. 126 f.

42 BVerfGE 40, 296 (318).

43 BVerfGE 102, 224.

44 Allenfalls für Parlamentarische Geschäftsführer könnte vielleicht noch eine weitere Ausnahme gemacht werden, wenn Vorkehrungen gegen die befürchtete übermäßige Ausdehnung getroffen werden. Dazu von Arnim/Drysch, Art. 48 GG, Rn 231.

45 BVerfGE 102 224 (240).

46 Bremer Staatsgerichtshof, Urteil vom 5.11.2004, NVwZ 2005, 929; Hamburgisches Verfassungsgericht, Urteil vom 23.6.1997, NJW 1998, 911.

47 StGH Bremen, 931.

48 § 11 Abs. 2 AbgG.

49 Martin Morlok, Gesetzliche Regelung des Rechtsstatus und der Finanzierung der Bundestagsfraktionen, NJW 1995, S. 29 (31). Weitere Belege für diese ganz herrschende Auffassung in der Staatsrechtslehre bei von Arnim, Der Verfassungsbruch. Verbotene Extra-Diäten – Gefräßige Fraktionen, 2011, S. 74, Fußnote 235; ders., Die Hebel der Macht, 2017, S. 124; von Arnim/Drysch, Bonner Kommentar. Grundgesetz, Art. 48 (Aktualisierung Juli 2019), Rn 235.

50 von Arnim, Der Verfassungsbruch. Verbotene Extra-Diäten – Gefräßige Fraktionen, 2011, S. 14 ff., 49 ff.

51 § 33a Abs. 3 Nr. 2 Buchst. a Abgeordnetengesetz Niedersachsen.

52 § 7 Abs. 1 Nr. 2 Buchst. a Fraktionsgesetz Baden-Württemberg. Dort ist allerdings fälschlicherweise von »Aufwandsentschädigungen« die Rede.

53 Art. 9 Abs. 3 Nr. 2 Buchst. a Fraktionsgesetz Bayern.

54 Offener Brief, veröffentlicht am 19.1.2012: »Wie ist es um Ihre Transparenz bestellt, Herr von Arnim?«

55 Antwort von Arnims vom 22.1.2012 auf den offenen Brief des Abgeordneten Spahn: »Sie sollten erst einmal vor Ihrer eigenen Tür kehren, Herr Spahn!«

56 Lars Brocker/Thomas Messer, Fraktionszulagen für Abgeordnete und Oppositionszuschläge – Fortentwicklung der verfassungsgerichtlichen Rechtsprechung durch den BrenStGH, Neue Zeitschrift für Verwaltungsrecht 2005, S. 895 ff. Zu den groben Argumentationsmängeln des vorstehenden Aufsatzes und anderer Pro-domo-Autoren siehe von Arnim, Der Verfassungsbruch, S. 76 ff.

57 Beratung des Präsidenten des Thüringer Rechnungshofs vom 17.2.2015, S. 25 ff.

58 Elmar Otto, »Ramelow hinterfragt Scherers Persilschein«, Thüringer Landeszeitung vom 23.6.2012.

59 Bericht von Erich Röper, Funktionszulage versus Freiheit und Gleichheit der Abgeordneten, DÜV 2002, S. 655 (658).

60 Report Mainz, Sendung vom 7.3.2017.

61 BVerfGE 80, 188 (214).

62 BVerfGE 140, 1.

63 BVerfG, a. a. O., Rn. 55, 83 und 87.

64 Dazu von Arnim, Die Angst der Richter vor der Macht, 2. Aufl., 2020, S. 53 mit Fußnote 22. – Zur Unhaltbarkeit des Urteils insgesamt: von Arnim, ebenda, S. 58 ff.

65 BVerfGE 35, 171 (173 f.).

66 n-tv.de vom 10.12.2010 (aufgerufen am 3.7.2020).

67 www.stuttgarter-zeitung.de/inhalt.wechsel-in-karlsruhe-ein-verfassungsrichter-will-gehen.d5ba7fef-4b74-4b0f-9bbd-dc9d8e93ad96.html (abgerufen am 8.2.2024).

68 Mail vom 22.5.2014.

69 BVerfGE 146, 327.

70 von Arnim, Selbstbedienung in Südwest-Manier. Die Diätencoups in Baden-Württemberg und Rheinland-Pfalz, 2017.

71 Gesetz zur Änderung des Abgeordnetengesetzes vom 7.3.2017, GVBl. S. 97.

72 Gesetz zur Änderung des Abgeordnetengesetzes vom 3.3.2017, GVBl. S. 77.

73 Zehntes Landesgesetz zur Änderung des Abgeordnetengesetzes Rheinland-Pfalz und des Fraktionsgesetzes Rheinland-Pfalz vom 4.4.2017, GVBl. S. 78.

74 von Arnim, Selbstbedienung in Südwest-Manier, 2017, S. 56–61.

75 von Arnim, Selbstbedienung in Südwest-Manier, 2017, S. 61 und 135.

76 Dazu von Arnim, Selbstbedienung in Südwest-Manier, S. 62–64.

77 von Arnim, Selbstbedienung in Südwest-Manier, 2017, S. 63 f.

78 Gesetzentwurf der Fraktionen der SPD, CDU, Bündnis 90/Die Grünen, FDP und Freie Wähler eines Gesetzes zur Änderung des Abgeordnetengesetzes Rheinland-Pfalz und des Fraktionsgesetzes Rheinland-Pfalz, Drucksache 18/538 vom 7.7.2021, S. 1 und 5.

79 Sonja Hoffmann/Karin Dauscher, »Weitgehende Einigkeit bei der Diätenerhöhung«, Rheinpfalz vom 23.9.2021; Sonja Hoffmann, »Peinlich berührt?«, Rheinpfalz vom 23.9.2021.

80 Siehe auch von Arnim, Politische Parteien im Wandel. Ihre Entwicklung zu wettbewerbsbeschränkenden Staatsparteien – und was daraus folgt, 2011.

81 Statt 130 Mandate: 160 (2016), 147 (2021), 159 (seit 2023).

82 von Arnim, Der Griff in die Kasse, 2020.

83 Markus Wiegand, Kress News vom 23.9.2020 https://kress.de/news/detail/beitrag/145950-die-ueppige-altersversorgung-der-chefs-von-ard-und-zdf.html [aufgerufen am 12.11.2020].

84 von Arnim, Der Griff in die Kasse, 2020, S. 68.

85 Robert Kissel, »Wie zwei Ex-Abgeordnete von den höheren Diäten in Berlin profitieren wollen«, Der Tagesspiegel vom 5.2.2020.

86 Robert Kissel, Tagesspiegel vom 23.9.2023.

87 von Arnim, Der Griff in die Kasse. Wie das Abgeordnetenhaus von Berlin seine Bezüge maßlos erhöht – und wie die Selbstbereicherung noch gestoppt werden kann, 2020, S. 82–86.

XII. Zur aktuellen Lage: XXL-Parlamente und Abgeordnetenkorruption

1 Hans Meyer, Welche Medizin empfiehlt sich gegen einen adipösen Bundestag?, AöR 2019, S. 521 ff.

2 Detlef Esslinger, »102 Staatsrechtslehrer fordern Wahlrechtsänderung«, Süddeutsche Zeitung vom 20.9.2019; Frankfurter Allgemeine Zeitung vom 20.9.2019: »102 Staatsrechtslehrer fordern Reform des Wahlrechts.«

3 Im Internet findet sich ein Programm (www.mandatsrechner.de) von Christian Brugger, das zeigt, wie groß der Bundestag, die jeweils aktuellen Umfrageergebnisse zugrunde gelegt, wäre.

4 Ein Wahlkreis kann zum Beispiel auch mit 20 Prozent der Stimmen gewonnen werden, wenn alle anderen Kandidaten weniger Stimmen bekommen haben.

5 Würde nur die Anzahl der Abgeordneten, welche die Parteien auch personell bestimmen, der Verhältniswahl unterworfen, spräche man von einem Grabenwahl-System. Dabei kann es natürlich nicht zu Überhangmandaten kommen.

6 BGBl 2023 I Nr. 147 vom 13.6.2023.

7 Sebastian Hartmann, Konstantin Kuhle und Till Steffen, »Wie der Bundestag verkleinert werden kann«, Frankfurter Allgemeine Zeitung vom 18.5.2022, S. 8.

8 Im Herbst 2023 haben die Abgeordneten um Sahra Wagenknecht die Partei und Fraktion der Linken allerdings verlassen.

9 Art. 38 Abs. 2 Verfassung von Berlin.

10 BVerfG, Urteil vom 19.12.2023, Aktenzeichen 2 BvC 4/23.

11 Zur Notwendigkeit, eine Strafvorschrift gegen Abgeordnetenkorruption endlich zu erlassen, von Arnim, Abgeordnetenkorruption, Juristenzeitung 1990, S. 1014–1017.

12 von Arnim/Drysch, Bonner Kommentar, Art. 48 GG, Bearbeitung 2019, Rn 367.

13 Robert Rossmann, »Verdienstorden und Provision«, Süddeutsche Zeitung vom 22.3.2021, S. 5.

14 Jüngst wurde auch gegen andere ehemalige Bundestagsabgeordnete und Mitglieder der Parlamentarischen Versammlung des Europarats Anklage erhoben, weil sie von Aserbaidschan Geld angenommen hätten, um sich für die Interessen dieses Landes einzusetzen. Siehe die Fernseh-Dokumentation im Anschluss an den Spielfilm »Am Abgrund«, ARD, 6.3.2024, 20:15 Uhr.

15 Roman Deininger/Andreas Glas/Klaus Ott, »Mehr als 11 Millionen Euro für Gauweiler«, Süddeutsche Zeitung vom 26.3.2021, S. 1.

16 Der Spiegel vom 13.3.2021.

17 von Arnim, »Härte zeigen«, Süddeutsche Zeitung vom 20. März 2021, S. 5.

18 von Arnim, Abgeordnetenkorruption, Juristenzeitung 1990, S. 1014–1017.

19 von Arnim, Der gekaufte Abgeordnete – Nebeneinkünfte und Korruptionsproblematik, Neue Zeitschrift für Verwaltungsrecht 2006, S. 249–254; ders., Nebeneinkünfte von Bundestagsabgeordneten – Die Rechtslage nach dem Urteil des Bundesverfassungsgerichts vom 4. Juli 2007, Die Öffentliche Verwaltung 2007, S. 897–907.

20 von Arnim, »Versagen in eigener Sache«, Junge Freiheit vom 19.3.2021, S. 1.

21 So auch der Bundesgerichtshof, Urteil vom 5.7.2022, NJW 2022, S. 2856. Dazu die Besprechung von Till Zimmermann/Frank Zimmermann, Politischer Einflusshandel und Maskendeals. Eine Strafbarkeitslücke bei der Mandatsträgerkorruption, NJW 2022, S. 2804.

22 So auch Zimmermann/Zimmermann, ebenda, S. 2804 (2806).

23 Der Koalitionsvertrag der 2021 gebildeten Ampel von SPD, Grünen und FDP benennt § 108e StGB als Reformkandidaten: Mehr Fortschritt wagen – Koalitionsvertrag 2021–2025, S. 10.

24 Rheinpfalz vom 16.12.2023, S. 2: »Haft nach Masken-Deals«. – Tatsächlich brachten die Fraktionen der Ampel jüngst einen Gesetzentwurf vom 20.2.2024 in den Bundestag ein (20/10376), mit dem die Strafbarkeitslücke durch Einfügung eines neuen § 108f ins Strafgesetzbuch geschlossen werden soll.

25 FAZ vom 27.4.2024, S. 6 (»Regeln zur Bestechung von Abgeordneten verschärft«).

XIII. Hat der öffentliche Wind sich gedreht?

1 von Arnim, Strukturschwächen der finanzpolitischen Willensbildung, in: Günter Schmölders/Günther Wöhe/Edwin H. Buchholz, Der Bürger als Objekt der staatlichen Finanzpolitik, Festschrift für Willy Haubrichs zum 65. Geburtstag, 2. Aufl., 1977, S. 199–212; ders., Über Aufgaben und Bundesgenossen des Bundes der Steuerzahler, in: Willy Haubrichs (Hrsg.), An den Grenzen der Belastbarkeit, Festschrift für Günter Schmölders zum 75. Geburtstag, 1978, S. 29–56.

2 Christoph Münzer, »Verbände müssen raus aus den Hinterzimmern«, Frankfurter Allgemeine Zeitung vom 22.10.2020, S. 18.

3 Gertrude Lübbe-Wolff, Demophobie. Muss man die direkte Demokratie fürchten?, 2023, S. 35 ff.

4 Berthold Kohler, »Am deutschen Wesen«, Frankfurter Allgemeine Zeitung vom 11.7.2019, S. 1.

5 Siehe hierzu auch das sorgfältig belegte Plädoyer für mehr direkte Demokratie von Gertrude Lübbe-Wolff, Demophobie. Muss man direkte Demokratie fürchten?, 2023.

6 Reinhard Heinisch/Christina Holtz-Bacha/Oscar Mazzoleni (Hrsg.), Political Populism, Handbook of Concepts, Questions and Strategies of Research, 2. Aufl. 2021.

7 Christian Hoffmann, Das Herz des Journalismus schlägt links – so what?, medienpolitik.net (aufgerufen am 27. Februar 2021).

8 von Arnim, Selbstbedienung in Südwest-Manier, 2017.

9 von Arnim, Der Griff in die Kasse, 2020.

10 Siehe z. B. Frank Decker, »Weniger Demokratie wagen?«, Frankfurter Allgemeine Zeitung vom 4.9.2023, S. 7.

11 So auch Decker, a. a. O.

12 Johannes Rau, Vertrauen in Deutschland – eine Ermutigung, Bilddatei der Bundesregierung Nummer 48 von 2004, S. 1 (11).

Register